पवन कुमार वर्मा

जन्म : 1953 में नागपुर में।

शिक्षा : दिल्ली के सेंट स्टीफंस कॉलेज से इतिहास में ऑनर्स करने के बाद उन्होंने दिल्ली विश्वविद्यालय से क़ानून की परीक्षा उत्तीर्ण की।

भारतीय विदेश सेवा के सदस्य के रूप में बल्गारिया व रोमानिया में नियुक्ति के अलावा पवन कुमार वर्मा ने न्यूयॉर्क में संयुक्त राष्ट्र स्थित भारतीय मिशन में भी महत्त्वपूर्ण उत्तरदायित्व का निर्वहन किया। वे मास्को स्थित भारतीय दूतावास के जवाहरलाल नेहरू सांस्कृतिक केन्द्र के निदेशक और भारतीय विदेश मंत्रालय के आधिकारिक प्रवक्ता भी रहे।

प्रकाशित कृतियाँ : 'द ग्रेट इंडियन मिडिल क्लास' (यह किताब राजकमल प्रकाशन से 'भारत के मध्य वर्ग की अजीब दास्तान' शीर्षक से प्रकाशित है); अन्य किताबें—'गालिब : द मैन', 'द टाइम्स', 'कृष्णा : द प्लेफुल डिवाइन', 'युधिष्ठिर एंड द्रौपदी : ए टेल ऑफ लव', 'पैशन एंड द रिडिल्स ऑफ एक्जिस्टेंस', 'मैंशंस एट डस्क : द हवेलीज ऑफ ओल्ड डेलही', 'बीइंग इंडियन' और 'बिकमिंग इंडियन : द अनफिनिश्ड रेवोल्यूशन ऑफ कल्चर एंड आइडेंटिटी'।

भारत के मध्य वर्ग की अजीब दास्तान

पवन कुमार वर्मा

अनुवाद

अभय कुमार दुबे

राजकमल पेपरबैक्स

पहला पुस्तकालय संस्करण
राजकमल प्रकाशन प्राइवेट लिमिटेड द्वारा
1999 में प्रकाशित

राजकमल पेपरबैक्स में
पहला संस्करण : 2009
दूसरा संस्करण : 2015
दूसरी आवृत्ति : 2023
This book is printed on **Print on Demand** Technology : 2025

राजकमल पेपरबैक्स : उत्कृष्ट साहित्य के जनसुलभ संस्करण

राजकमल प्रकाशन प्रा. लि.
1-बी, नेताजी सुभाष मार्ग, दरियागंज
नई दिल्ली-110 002
द्वारा प्रकाशित

शाखाएँ : अशोक राजपथ, साइंस कॉलेज के सामने, पटना-800 006
पहली मंजिल, दरबारी बिल्डिंग, महात्मा गांधी मार्ग, प्रयागराज-211 001
36-ए, शेक्सपियर सरणी, कोलकाता-700 017
वेबसाइट : www.rajkamalprakashan.com
ई-मेल : info@rajkamalprakashan.com

मूल्य : ₹ 299

BHARAT KE MADHYA VARG KI AJEEB DASTAN
by Pavan Kumar Varma

ISBN : 978-81-276-1638-8

सत्यशील की दोस्ती के नाम

वतन की फ़िक्र कर नादाँ
मुसीबत आने वाली है
तेरी बरबादियों के मशवरे हैं आसमानों में
ना समझोगे तो मिट जाओगे ऐ हिंदोस्ताँ वालो
तुम्हारी दास्ताँ तक न मिलेगी दास्तानों में।

—इक़बाल

हिंदी संस्करण की भूमिका

मुझे बेहद खुशी है कि इस पुस्तक का हिंदी संस्करण प्रकाशित हो रहा है। मैं समझता हूँ कि भारत का प्रभु वर्ग मनोवैज्ञानिक रूप से पूरी तरह अंग्रेजी भाषा की जकड़ में फँसा हुआ है। इसे सिर्फ एक खास तरह के सांस्कृतिक व्यभिचार और संकीर्णता के रूप में ही परिभाषित किया जा सकता है। साधनसंपन्न तबके की यह प्रवृत्ति मुझे हमेशा बेचैन करती रही है। दरअसल, अंग्रेजों ने हमारा शारीरिक ही नहीं बल्कि हमारे चिंतन का भी औपनिवेशीकरण कर दिया था। मध्यवर्गीय मनोजगत के इस आयाम पर इस पुस्तक में विस्तार से विचार किया गया है।

मुझे यकीन है कि हिंदी में छपने के बाद इस पुस्तक में विश्लेषित कई विचारों पर और भी व्यापक चर्चा का मौका मिलेगा। इसकी काफी जरूरत है और हिंदी प्रकाशन ही यह भूमिका निभा सकता है। हालाँकि, पुस्तक अंग्रेजी में काफी लोकप्रिय हुई है, लेकिन अंग्रेजी पाठक वर्ग की संख्या बहुत सीमित है। जबसे यह किताब छपी है, मध्य वर्ग की भूमिका उत्तेजक बहस के केंद्र में आ गई है। कुछ लोगों का ख्याल है कि मैंने मध्य वर्ग को कुछ ज्यादा ही आड़े हाथों ले लिया है। मुझ पर अत्यंत आदर्शवादी रवैया अपनाने का आरोप भी लगाया गया है और सच्चाई को सामने रखने के लिए मेरी प्रशंसा भी हुई है। हिंदी प्रकाशन से इस चर्चा का दायरा बढ़ेगा और संबंधित विषय-वस्तु के नए आयामों का उद्घाटन होने की स्वागतयोग्य संभावनाएँ पैदा होंगी। पुस्तक पर हुई इतनी ज्यादा प्रतिक्रियाएँ और अनुक्रियाएँ इस बात का सबूत हैं कि यह विषय कितना महत्त्वपूर्ण और सामयिक है, एवं इस पर आगे और अध्ययन व विचार-विमर्श की कितनी जरूरत है। आखिरकार हम एक नागरिक समाज की रचना करने के गुरुतर दायित्व को उठाए हुए नई सहस्राब्दि की दहलीज पर खड़े हैं। केवल यही नागरिक समाज हमारे देश को एक संपूर्ण और एकीकृत दृष्टि से संपन्न कर सकता है।

तकरीबन साल भर पहले यह पुस्तक अंग्रेजी में प्रकाशित हुई थी। तभी से मेरे समय का अधिकांश हिस्सा मध्य वर्ग पर बोलने और बहस-मुबाहिसे में खर्च होता रहा है। न जाने कितने तरह के सार्वजनिक मंचों से मैं इस विषय में अपने विचार

व्यक्त कर चुका हूँ। इस तरह के निमंत्रणों का सिलसिला आज भी जारी है। जाहिर है कि इस किताब ने कहीं न कहीं लोगों के मानस को अंतरंगता के साथ स्पर्श किया है। न जाने कितने लोगों ने मुझसे कहा है कि यह पुस्तक उन्हें आईना दिखा गई है। अगर यह आकलन मुँह-देखा और बढ़ा-चढ़ा नहीं है, तो आजादी के पचास साल बाद और नई सहसाब्दि में प्रवेश के ऐतिहासिक क्षणों में इसके हिंदी अनुवाद की प्रासंगिकता और बढ़ जाती है।

श्री अभय कुमार दुबे ने इस किताब का श्रेष्ठ अनुवाद किया है। मुझे लगता है कि उनकी मेधा और बौद्धिकता के कारण हिंदी संस्करण की भाषा-शैली अंग्रेजी के मुकाबले कुछ बेहतर ही हो गई है। अभयजी से मिलवाने के लिए मैं अपने मित्र श्री योगेंद्र यादव का शुक्रगुजार हूँ। मैं राजकमल प्रकाशन के प्रबंध निदेशक श्री अशोक महेश्वरी का भी आभारी हूँ क्योंकि उनकी रुचि के बिना इसका हिंदी प्रकाशन संभव नहीं हो सकता था।

—पवन वर्मा

अप्रैल, 1999

अनुवादक की ओर से

भारतीय मध्य वर्ग पर लिखी गई पवन कुमार वर्मा की इस पुस्तक का अनुवाद करते हुए मुझे लगातार आत्मालोचना के दौर से गुज़रने का एहसास होता रहा। शायद यही वजह थी कि अनुवाद में मूल रचना जैसा आनंद आया। इस अध्ययन में तर्कबुद्धि के साथ-साथ नैतिक आवेश का भी अनूठा संयोग मिलता है। राष्ट्र-निर्माण में प्रमुख भूमिका निभाने के मध्यवर्गीय दावे की कलई खोलने वाली इस किताब के शुरुआती पन्ने पलटते ही पाठकों को एहसास हो जाएगा कि पवन वर्मा इसके हिंदी प्रकाशन के लिए इतने उत्सुक क्यों थे।

1998 की गर्मियों में मेरे समाजविज्ञानी मित्र योगेंद्र यादव ने अनुवाद का यह प्रस्ताव रखा था। मुझे लगता है कि योगेंद्र और पवन ने मिल कर मुझसे इसके बहाने समाज सेवा का एक काम करा लिया है। जाहिर है कि प्रयास मेरा है, लेकिन श्रेय इन दोनों को जाता है। पवन ने विदेश सेवा की व्यस्तताओं में से समय निकाल कर अपनी कई धारणाओं को स्पष्ट करने में बार-बार मेरी मदद की। मेरे पत्रकार मित्र मनोहर नायक ने पूरे अनुवाद को परिश्रमपूर्वक पढ़ा और उसकी गुणवत्ता सुधारने में सहायता की। हिंदी के चर्चित कवि और पत्रकार मंगलेश डबराल से बीच-बीच में हुए विचार-विमर्श से भी अंग्रेजी की कई अभिव्यक्तियों के लिए हिंदी के आमफ़हम शब्द तलाशने में सुविधा हुई। वर्तनी के मानकीकरण में राजकमल के संपादकीय विभाग के साथी रामकुमार चेतनक्रांति ने मदद की। पुस्तक का हिंदी शीर्षक खोजने में इन सभी मित्रों के अलावा आचार्य नामवर सिंह से हुई बातचीत की भी भूमिका रही।

—अभय कुमार दुबे
अप्रैल, 1999

अनुक्रम

प्राक्कथन

भारत ने 1991 में आर्थिक सुधारों का अभियान शुरू किया और अर्थव्यवस्था के दरवाजे खोल कर विदेशी पूँजी के लिए पलक-पाँवड़े बिछा दिए। यही वह प्रक्रिया थी जिसके कारण मध्य वर्ग पर नए सिरे से रोशनी पड़ी। उसके संख्यात्मक आकार पर बहस शुरू हो गई। उसकी उपभोग संबंधी पसंद-नापसंद का आकलन किया जाने लगा और अंदाजा लगाया गया कि आने वाले वर्षों में मध्य वर्ग किस रफ्तार से बढ़ेगा। लेकिन, परिवर्तन और उसके पूर्वानुमान के इस खुशनुमा माहौल में एक तथ्य अनदेखा कर दिया गया कि मध्य वर्ग कोई अचानक, रातों-रात प्रकट नहीं हो गया था। उपभोक्तावादी लालसाओं से भरे हुए परभक्षी के तौर पर मान्यता मिलने से पहले भी इस वर्ग का एक अतीत और एक इतिहास था।

इसी वर्ग को परखना और समझना इस पुस्तक का मकसद है। इसमें केवल मध्य वर्ग के उपभोक्ता-रूप को जानने की कोशिश ही नहीं है, कि यह वर्ग क्या खरीदना चाहता है और कैसी चीजें अपने पास रखना चाहता है, यह पुस्तक इस वर्ग के जन्म और विकास के बारे में भी है। इसीलिए यह अध्ययन आजादी से पहले के वर्षों में मध्य वर्ग के बढ़ने की प्रक्रिया के विश्लेषण से शुरुआत करके 1947 के बाद वाले दशक में उसकी प्रगति को रेखांकित करता है। इस समय तक स्वतंत्रता आंदोलन की स्मृतियाँ बासी नहीं हुई थीं और गाँधी-नेहरू विरासत का मध्य वर्ग के सदस्यों पर खासा असर था। पुस्तक में 1964 में नेहरू की मृत्यु के बाद मध्य वर्ग के रूपांतरण की जाँच भी की गई है कि कैसे भारतीय राज्य के क्रम-विकास के साथ-साथ इस वर्ग ने भी अपनी मासूमियत खो दी और उसका आकार व चरित्र बदल गया। मध्य वर्ग के मन में झाँकने का प्रयास भी इस अध्ययन में शामिल है। परिणामस्वरूप उसके चिंतन और व्यवहार-शैलियों के कुछ सुराग मिले हैं जिनसे पता चलता है कि मध्य वर्ग की अपने बारे में धारणा क्या है और वह दरअसल है क्या? मध्य वर्ग के सभी पहलुओं को यंत्रवत् संकलित करने के बजाय मैंने तथ्यों को इस अध्ययन की जरूरतों के हिसाब से चुन कर अपने विश्लेषण के खाँचे में फिट किया है।

मेरे ख्याल से पुस्तक का सबसे महत्त्वपूर्ण पहलू वह सवाल है जो वह भविष्य के बारे में उठाती है। अगर भारतीय समाज के सुविधाभोगी वर्ग अपने संकीर्ण स्वार्थ से परे किसी हित अथवा प्राथमिकता को देखने से इनकार करते रहे तो क्या हमारा देश दीर्घकालीन और स्थायी समृद्धि के रास्ते पर बढ़ पाएगा? किसी असंभव किस्म के आदर्शवाद का आह्वान करना या किसी अवास्तविक परोपकार की अपील करना इस प्रश्न का उद्देश्य नहीं है। मैं तो इस बात पर बल देना चाहता हूँ कि अपने दूरगामी हित में मध्य वर्ग को स्वयं ही कुछ ठहर कर चिंतन करना चाहिए। एक ऐसी दृष्टि का विकास करके उस पर अमल करना चाहिए जो उसे यदा-कदा आर्थिक लक्ष्यों के एकांगीपन से ऊपर उठा सके। मेरी दलील यह है कि केवल इसी तरीके से मध्य वर्ग के अपने आर्थिक स्वास्थ्य की भी गारंटी हो सकती है। कोई राष्ट्र तब तक खुशहाल नहीं हो सकता जब तक उसके साधन-संपन्न नागरिक यह समझते रहते हैं कि अधिकांश जनता की अकथनीय गरीबी, विपन्नता, बीमारी और निरक्षरता खत्म करने का सबसे अच्छा तरीका इन समस्याओं को ज्यादा से ज्यादा नजरअंदाज करना ही हो सकता है।

पुस्तक में जोर देकर कहा गया है कि मध्य वर्ग को इस सच्चाई का एहसास दिलाना आधुनिक भारत के लिए अब सर्वाधिक महत्त्वपूर्ण हो गया है। भारतीय राज्य ने पिछले पचास सालों में कई उपलब्धियाँ अर्जित की हैं, लेकिन इसके मध्य और अभिजात वर्गों में वैचारिक बंजरपन इस कदर बढ़ चुका है कि वे खुद तो अशक्त हो ही गए हैं, यह धरती उनकी अनैतिक और संवेदनशून्य कामनाओं के बोझ से दब जाने के खतरे से भी ग्रस्त हो गई है। दूसरी तरफ लोकतांत्रिक व्यवस्था लगातार साधनहीनों को अधिकार-संपन्न करती जा रही है जिससे समाज के सफल हिस्सों का अलगाववादी रवैया असफल होने के लिए अभिशप्त हो गया है। चूँकि सुविधाभोगी लोग गरीबों से कटे हुए किसी पृथक आनंदलोक का सृजन कर ही नहीं सकते, इसलिए क्या उनके लिए बेहतर नहीं होगा कि वे अपनी संकीर्ण दुनिया के ठीक बाहर स्थित 'दरिद्र' भारत की जरूरतों पर भी निगाह डालें ताकि भारत सभी के लिए बेहतर व सुखी जीवन जीने लायक देश बन सके?

पुस्तक में किसी भी तरह के विचारधारात्मक मतवाद से बचने की कोशिश की गई है। वैसे भी यह राष्ट्र और इसका मध्य वर्ग विचारधारा के फरेब से आजिजआ चुका है। इरादा यह है कि मध्य वर्ग में उसके दीर्घकालीन हित के अनुसार ही सामाजिक संवेदनशीलता का एहसास और सामाजिक सरोकार जगाए जाएँ। न्यूनतम लगने वाली यह परियोजना बड़े गंभीर महत्त्व की है। जब तक बुनियादी रूपांतरण का यह प्रयास नहीं होता और राष्ट्र के सर्वाधिक प्रभावशाली नागरिकों द्वारा समुदाय और समाज के कल्याण से हाथ खींचने की प्रवृत्ति पर अंकुश नहीं लगता, तब तक इस देश में कोई भी नीति सफल नहीं हो सकती।

जाहिर है कि इस परियोजना पर अमल कोई आसान काम नहीं है। लेकिन

मुश्किलों की आड़ में वर्तमान नकारवादी हालात ऐसे ही नहीं रहने दिए जा सकते। दाँव पर काफी कुछ लगा है–भारतीय राज्य की साख तक। शुरुआत छोटे पैमाने पर ही करनी होगी। प्रेरणा के नए स्रोत खोजने होंगे। नई विचारधारा के माध्यम से समाज के प्रति चिंतित लोगों का गठजोड़ बनाना होगा। और, हर हालत में अव्यावहारिक और कट्टर आग्रहों से सावधानीपूर्वक परहेज करना होगा क्योंकि भारत को इस समय एक व्यावहारिक और परिणामवादी क्रांति की जरूरत है। एक ओर महात्मा गाँधी द्वारा दिखाया गया समाज सेवा का रास्ता है जिस पर चलना अब असंभव-सा है, और दूसरी ओर आज के मध्य वर्ग की मुख्य प्रवृत्ति के तौर पर सामाजिक सरोकारों के प्रति संपूर्ण संवेदनशून्यता है। इन दोनों अतियों के बीच का रास्ता इसी परिणामवादी क्रांति के गर्भ से निकलेगा।

आजकल मध्य वर्ग के संस्थागत आकार, उसकी आमदनी और उपभोग संबंधी मानकों की सही-सही गणना करने का बड़ा चलन है। मैं अपने अध्ययन में इससे जान-बूझ कर बचा हूँ। मैंने यह सांख्यिकीय कसरत इन कामों में निपुण उन बाजार सर्वेक्षण एजेंसियों के लिए छोड़ दी है जो क्रय-विक्रय में लगी कंपनियों द्वारा नियुक्त की जाती हैं। मैंने तो मध्य वर्ग की संख्यात्मक शिनाख्त मोटे तौर पर की है और इसे एक ऐसे वर्ग के रूप में लिया है जिसने आधुनिक भारत की रचना में अपने आकार की तुलना में कहीं ज्यादा महत्त्वपूर्ण भूमिका का निर्वाह किया है।

अपनी पिछली पुस्तकों की तरह ही मुझे इस पुस्तक के लिए अनुसंधान और लेखन करने में अतीव आनंद की अनुभूति हुई, लेकिन कुछ अंतर भी रहा। किसी सामयिक विषय पर यह मेरा पहला प्रयास था। संदर्भ-सामग्री और वस्तुनिष्ठता की आवश्यकता के संदर्भ में इस काम की चुनौतियाँ अलग किस्म की थीं। लेकिन, साथ-साथ इस अध्ययन ने मुझे अपने आस-पास विकसित हो रहे जीवन के बारे में अपने विचारों पर सोचने के लिए मजबूर भी किया। मेरी पिछली पुस्तकों का लेखन मेरे राजनय संबंधी काम से मिलने वाली फुर्सत पर निर्भर था, लेकिन इस पुस्तक का लेखन मुझे एक निर्धारित समय में पूरा करना पड़ा क्योंकि पेंग्विन ने भारतीय आजादी के पचास वर्ष पूरे होने के उपलक्ष्य में किए जाने वाले प्रकाशन के रूप में यह पुस्तक लिखने का दायित्व मुझे सौंपा था। चूँकि समय कम था, इसलिए पहली बार मैंने कुछ महीने की छुट्टी का इस्तेमाल पूर्णकालिक लेखन के लिए किया। मेरा अध्ययन कक्ष ही मेरा दफ्तर बन गया। मेरी पत्नी का अगर मुझमें भरोसा न होता, तो मैं शायद ही कभी कुछ लिख पाता। उन्हें भी कुछ दिन के लिए मुझे एक घरघुस्सू पति मान लेना पड़ा। मेरे बच्चे कई दिनों में ऐसे पिता के अभ्यस्त हो पाए जो उनकी स्कूल से वापसी पर उनके साथ ही दोपहर का भोजन करने लगा था। और जब मैंने फिर दफ्तर जाना शुरू किया तो मेरी माँ ने बताया कि उन्हें अब भी मेरे आस-पास होने का एहसास होता रहता है। कहना न होगा कि मेरे दफ्तर जाना शुरू करने के बाद ही सभी ने संतोष की साँस ली। लेकिन,

आज जब मैं पीछे मुड़ कर देखता हूँ, तो मुझे महसूस होता है कि वह समय वास्तव में कितना बेहतरीन था जब मैं पूरे-पूरे दिन एक सृजनात्मक लय से तरंगित रहता था। उस आनंद की अनुभूति में एक सहजता और स्वायत्तता थी। दफ्तर की नीरस व्यस्तता में यह सब कहाँ मिल सकता है!

मास्को में मेरे साथ काम करने वाले सहयोगियों लेना, नीना और गिरीश का मैं बेहद कृतज्ञ हूँ। मैं हमेशा की तरह *इंडिया इंटरनेशनल सेंटर* के पुस्तकालय और उसके संचालकों का अमूल्य सहायता और समर्थन के लिए आभारी हूँ। और, पेंग्विन इंडिया के शीर्ष-पुरुष डेविड डेविडार के प्रति व्यक्त कोई भी आभार मैं कम मानता हूँ क्योंकि इस पुस्तक को लिखने का विचार उन्हीं की देन है। पेंग्विन के रवि सिंह को भी मैं धन्यवाद देता हूँ जिन्होंने बड़े शांत भाव और कुशलता से पांडुलिपि पर काम किया। इस अध्ययन में मैंने कई प्रतिष्ठित लोगों के विचारों से लाभ उठाया। उनकी संख्या इतनी है कि उनका जिक्र नहीं किया जा सकता। इन जानकार लोगों के प्रति भी मैं आभार व्यक्त करता हूँ। लेखन के दौरान मेरे अध्ययन कक्ष में मेरे कुत्ते सुल्तान ने लगातार मेरा साथ दिया। उसकी धीरज-भरी वफादारी का मूल्य तो मैं कभी चुका ही नहीं सकता।

1

धूप-छाँह

अस्वीकार और अनुमोदन के बीच

मौसम के लिहाज से नई दिल्ली की उस रात में कोई खास बात नहीं थी। उसमें वही गर्मी, वही उमस और वही चिपचिपापन था जो अगस्त की बारिश अपने पीछे छोड़ जाती है। लेकिन, करोड़ों भारतवासियों के लिए 14 अगस्त 1947 को वह रात एक मायने में असाधारण थी। इस महादेश के दूर-दूर तक फैले हुए विशाल मैदानी इलाकों, सरसब्ज तटीय क्षेत्रों और पर्वत-मालाओं की बाँहों में सिमटे हुए कस्बों और देहातों में रहने वाले जनगण धड़कते दिलों से बारह बजने की प्रतीक्षा कर रहे थे। घड़ी की दोनों सुइयाँ मिलते ही उन्हें दो सौ साल के ब्रिटिश शासन से मुक्ति मिलने वाली थी। यह जनता अधिकांशतः अशिक्षित व भूखी-नंगी थी, पर उसने इस अद्‌भुत क्षण की प्राप्ति के लिए चले लंबे संघर्ष में भागीदारी की थी। महानगरों, खासकर राजधानी दिल्ली में तो आजादी मिलने की सन्निकट संभावना से रोमांचित लोग जगह-जगह भीड़ लगाए हुए एक-एक पल जोह रहे थे। खास बात यह थी कि इस विराट जन-जाँगर को इस ऐतिहासिक क्षण के महत्त्व का पूरा एहसास था, पर वह आसन्न आजादी के अर्थों के बारे में निश्चित नहीं था। वह साफ तौर पर नहीं बता सकता था कि आने वाले वर्षों में उसे आजादी से क्या मिलने वाला है। लेकिन, यह अवसर संभावनाओं से इतना भरा हुआ था कि उसकी आगत अस्पष्टता भी उन लोगों को खुशियाँ मनाने से रोक नहीं सकती थी। वे अपने प्रिय नेता जवाहरलाल नेहरू का भाषण सुनने के लिए बेताब थे। आशानुरूप रात के ठीक बारह बजे नेहरू ने उन्हें संबोधित किया भी, लेकिन अंग्रेजी में।

नेहरू के शब्द भावनाओं से ओत-प्रोत थे। उनके अनुभूतिप्रवण भाषण में भवितव्य का पारदर्शी बोध झलक रहा था। उन्होंने कहा, "वर्षों पहले हमने नियति के साथ एक मुलाकात तय की थी। अब वह कसम पूरी करने का वक्त आ गया है।" अंग्रेजों द्वारा लाल बलुआ पत्थर से निर्मित भव्य संसद भवन के मखमली कक्ष

में बैठे भारतीय जनता के प्रतिनिधि इस ऐतिहासिक मौके पर नेहरू का भाषण पूरे ध्यान से सुन रहे थे। दुर्भाग्य से इनके अलावा नेहरू की वक्तृता कलात्मक और सारगर्भित होने के बावजूद केवल मुट्ठी-भर भारतवासियों को ही प्रेरित कर पाई। इनमें से ज्यादातर रेडियो सुनने वाले मध्यवर्गीय लोग थे। विशेष बात यह थी कि ये लोग अंग्रेजी समझ सकते थे जबकि ब्रिटिश शासन में वर्षों तक रहने के बावजूद बाकी बचे अधिकांश भारतवासियों के लिए अंग्रेजी एक भाषा और जीवन-शैली के प्रतीक के तौर पर विजातीय और असंप्रेषणीय ही थी।

आखिर ब्रिटिश उपनिवेशवाद के खिलाफ लड़ाई में सारा जीवन बिता कर जनमानस में स्वतंत्रता संघर्ष के प्रतीक बन जाने वाले नेहरू ने ऐसे महत्वपूर्ण मौके पर जनता को संबोधन के लिए अंग्रेजी जैसे अजनबी माध्यम को ही क्यों चुना?

इस स्वाभाविक तौर पर उठने वाले सवाल का जवाब न केवल भारत पर ब्रिटिश उपनिवेशवाद के प्रभाव को समझने की कुंजी साबित हो सकता है वरन् इसके जरिये भारतीय राष्ट्रीय आंदोलन के उद्गम और तात्पर्य को भी ग्रहण किया जा सकता है। यही नहीं, इन दोनों प्रक्रियाओं की अन्योन्यक्रिया के परिणामस्वरूप 1947 तक उभर चुके भारतीय मध्य वर्ग को समझने की शुरुआत भी की जा सकती है।

भारत में ब्रिटिश उपनिवेशवाद ने अपनी आत्मछवि के अनुरूप एक देसी प्रभु वर्ग की रचना की थी। यह उपनिवेशवादियों की सर्वाधिक शानदार और स्थायी उपलब्धि थी। 1835 में ही मैकाले ने अपने विख्यात शिक्षा संबंधी कार्यवृत्त-विवरण में इस इरादे को किसी हिचक और द्वैध के बिना इस प्रकार व्यक्त कर दिया था: 'हमें इस समय एक ऐसे वर्ग की रचना करने के लिए भरसक कोशिश करनी चाहिए जो हम और हमारे करोड़ों शासितों के बीच दुभाषिये की भूमिका निभा सके *अर्थात व्यक्तियों का एक ऐसा वर्ग जो रक्त और त्वचा के रंग में तो भारतीय हो लेकिन रुचि, अभिमत, नैतिक मानदंडों और प्रतिभा में अंग्रेज हो* (जोर मेरा)।' सहस्रों वर्ष पुरानी सभ्यता-संस्कृति वाले देश में इस तरह की नीति-उद्घोषणा सचमुच ढिठाई और हिम्मत की बात थी। लेकिन, इस नीति में अंग्रेजों को इतनी जबर्दस्त कामयाबी मिली जितनी मैकाले को सपने में भी उम्मीद नहीं रही होगी। इस सफलता के तीन वस्तुगत आधार थे—अंग्रेजों को विचारधारात्मक रूप से अपनी प्रजाति, धर्म और संस्कृति की श्रेष्ठता में पक्का यकीन था। उपनिवेशवाद के शुरुआती दौर में शासकों ने भारतीय सभ्यता-संस्कृति का आदर जरूर किया था पर यह स्थिति ज्यादा दिनों तक चली नहीं। जल्दी ही नई ब्रिटिश पीढ़ी चार्ल्स ग्रांट और विलियम विल्बरफोर्स के ईसाई मत-प्रचार संबंधी धर्मोत्साह और मिल्स बंधुओं के उपयोगितावाद के प्रभाव में आ गई। उन्नीसवीं सदी के अंत तक इस पीढ़ी का बोलबाला हो चुका था। उसकी निगाह में भारत गैर-ईसाई काफिरों की उस पिछड़ी और अनैतिक बुराइयों में लिप्त होने के कारण निरंतर क्षयग्रस्त होती धरती का

नाम था जिसे पूर्वग्रहों व अंधविश्वासों के बोझ ने निराशा के अंधकार में झोंक दिया था और जो अपने ही सामाजिक अंतर्विरोधों से अशक्त हो चुकी थी। यह नई ब्रिटिश पीढ़ी मानती थी कि केवल ईसाई मत के प्रबुद्ध मूल्यों से संपन्न ब्रिटिश शासन ही भारत की अभिशप्त धरती को मुक्ति दिला सकता है। उसे विश्वास था कि यही भारतवासियों के हित में भी होगा।

एक साम्राज्यवादी शक्ति के लिए इस तरह का दावा स्वाभाविक ही था। लेकिन, मैकाले की नीति की सफलता के पीछे अंग्रेजों की इस श्रेष्ठता-ग्रंथि को ज्यादा से ज्यादा दूसरे नंबर के कारण की हैसियत दी जानी चाहिए। इससे कहीं अधिक महत्त्वपूर्ण तो उन्नीसवीं सदी का वह हिंदू पुनरुत्थानवादी आंदोलन था जिसका नेतृत्व अंग्रेजी पढ़े-लिखे मध्य और उच्च वर्ग के हाथों में था। इस वर्ग ने पश्चिम के नवजागरण से नया-नया परिचय प्राप्त किया था और यह मानवतावाद व विज्ञान पर दिए गए उसके जोर का सच्चे मन से प्रशंसक था। पश्चिमी नवजागरण के विमर्श को यह वर्ग वैध मान कर पूरी तरह आत्मसात कर चुका था। हिंदू सामाजिक पुनर्जागरण के शीर्ष नेता वैसे तो अपनी धार्मिक-सामाजिक संस्थाओं में सदियों से धीरे-धीरे जगह बना चुके विभिन्न कदाचारों का उन्मूलन करने के बड़े आदर्श से अनुप्राणित थे लेकिन ऐसा करने की प्रक्रिया में उन्होंने शासकों की निगाह में ऊँचा उठने के लिए स्वयं को विज्ञान व तर्कणावाद के उन विचारों को समझने लायक बनाने का प्रयास भी किया जिनका वाहक होने का अंग्रेज दावा किया करते थे। ऐसे पुनरुत्थानवादी आंदोलनों में सर्वाधिक प्रमुख थे ब्रह्म समाज और आर्य समाज। 1830 में ब्रह्म समाज की स्थापना करने वाले राजा राममोहन राय स्वयं भी अंग्रेजी शिक्षा के महान समर्थक थे। आर्य समाज ऊपर से तो कुछ कम अंग्रेजीदाँ लगता था लेकिन ज्ञान और प्राधिकार के एकमात्र आगार के रूप में वेदों की व्याख्या करने वाला उसका चुनौतीपूर्ण आग्रह भी अंततः 'ईसाइयत के वैचारिक और सांगठनिक गुणों'[1] को अपना कर फिरंगियों की निगाह में ऊँचा उठने का तरीका ही था।

तीसरा आधार था फ्रांसीसी और डच उपनिवेशवादियों की अपेक्षा अंग्रेजों द्वारा अंग्रेजी शिक्षित भारतवासियों को प्रशासन में विभिन्न पदों पर काम करने देने की कहीं अधिक उदार नीति अपनाना। अगर मुगल दरबार और अन्य रियासतों में नौकरी पाने के लिए फारसी का ज्ञान जरूरी था तो अंग्रेजी सरकार में नौकरी करने के लिए अंग्रेजी भाषा जानना जरूरी था। अंग्रेजी भाषा कानूनी पेशे में प्रवेश का पासपोर्ट भी थी। यह पेशा पारंपरिक रूप से नौकरी-पेशा समुदायों के लिए उन्नति के अवसर प्रदान करता था। शुरुआत में न्यायपालिका पर ब्रिटिश बैरिस्टरों का वर्चस्व था। लेकिन, जल्दी ही भारतीय अधिवक्ताओं की एक दूसरी कतार खड़ी हो गई। इन्हें वकील कहा गया। इनमें से कई वकीलों ने प्रिवी कौंसिल की उद्घोषणाओं की न्यायिक पेचीदगियों पर महारत हासिल करके धन और प्रतिष्ठा

हासिल की। हालत यह थी कि 'मुकदमों की संख्या तेजी से बढ़ती जा रही थी ... ... इनका कारण था 1857 के बाद अंग्रेज सरकार द्वारा स्थापित नए संपत्ति-विषयक संबंध। देहाती इलाकों से शहर की अदालतों में आने वाले कानूनी वकालतनामों की आवक बहुत ज्यादा थी।'[2]

अंग्रेजी भाषा-ज्ञान से फायदा उठाने वाले नए लाभार्थियों का उद्‌गम दरअसल वही पारंपरिक समुदाय था जिसके परिवारों को हमेशा से सरकार के राजस्व, न्याय अथवा पुलिस प्रशासन में नौकरी मिलती रही थी। इस तरह शिक्षित पृष्ठभूमि वाले ये मध्यवर्गीय भारतीय एक तरह के सामाजिक नैरंतर्य का प्रतिनिधित्व भी करते थे। मध्य वर्ग की इसी ऐतिहासिक स्मृति के प्रभाव में वेब्सटर का शब्दकोश आज भी 'बाबू' का अर्थ 'अंग्रेजी लिखने वाला देसी क्लर्क' बताता है। अंग्रेजों द्वारा भारतीय भाषाओं में प्राथमिक शिक्षा की जान-बूझ कर उपेक्षा व अंग्रेजी में उच्च शिक्षा को दिया गया बढ़ावा भी अधिकांश भारतवासियों के निरक्षर रहने का एक बड़ा कारण था। जनसाधारण के इस अशिक्षित बहुलांश के मुकाबले बाबुओं की संख्या बहुत कम जरूर थी लेकिन एक नए किस्म की सामाजिक संस्कृति के प्रमुख तत्त्व के रूप में उनकी शिनाख्त करने के लिए पर्याप्त भी थी। 1873 में बंकिम चंद्र चटर्जी ने कटाक्ष करते हुए लिखा था, *'ये बाबू काफी बातूनी, एक खास विदेशी भाषा में पारंगत और अपनी मातृभाषा को नीची निगाह से देखने वाले होंगे....कुछ बेहद योग्य बाबू तो ऐसे भी होंगे कि अपनी मातृभाषा में बातचीत तक कर पाने में अक्षम निकलेंगे....विष्णु की तरह उनके भी दस अवतार होंगे— क्लर्क, अध्यापक, ब्रह्म समाज के सदस्य, मुनीम, डाक्टर, वकील, मजिस्ट्रेट, जमींदार, संपादक और बेरोजगार....ये बाबू घर में जलपान और दोस्तों के घर पर सुरापान करेंगे। ये तवायफों के अड्डों पर गालियाँ और मालिकों के यहाँ फटकार खाएँगे।'*[3]

उल्लेखनीय यह है कि उन्नीसवीं सदी के नवजात भारतीय मध्य वर्ग के सदस्य अंग्रेजी शासन की विभिन्न संस्थाओं के साथ सहयोग-समझौते में अपमान का अनुभव नहीं करते थे। उलटे उन्होंने ब्रिटिश शासन को बनाए रखने के साथ अपने हितों को जोड़ लिया था। वे इस शासन द्वारा प्रदत्त रोजगार के अवसरों को भुनाना चाहते थे। वे इसके सभ्यतामूलक मानकों के प्रशंसक थे और उसकी भौतिक उपलब्धियों के प्रति हसरतों से भरे हुए थे। वे माई-बाप शैली के ब्रिटिश शासन की संरचना के भीतर सामाजिक स्वीकृति पाने के लिए लालायित रहते थे। उन्हें अपने ऊपर शासन करने के लिए भेजे गए प्रभुओं की जीवनशैली की नकल करने में कोई शर्म नहीं थी। ऐसा नहीं है कि अंग्रेजों द्वारा नस्ली श्रेष्ठता के भद्दे प्रदर्शन से इन लोगों को कभी क्षोभ नहीं होता था। ब्रिटिश साहबों द्वारा फासला और अलगाव बनाए रखने के प्रत्यक्ष आग्रह से उनकी देशी प्रतिकृतियों को कभी-कभी ठेस भी

लगती थी। ट्रेनों में अंग्रेजों के लिए डिब्बे आरक्षित रहते थे। आचरण और बर्ताव में कोई भारतीय कितना भी अंग्रेजीदाँ क्यों न हो और ट्रेन के अन्य हिस्सों में भले ही जगह न हो, फिर भी आरक्षित डिब्बों में उसके लिए प्रवेश दुर्लभ ही था। सार्वजनिक पार्कों में यूरोपियनों के लिए अलग बेंचें थीं। अपमान की यदाकदा होने वाली इस छोटी-मोटी तिलमिलाहट को यह अंग्रेजी पढ़ा-लिखा वर्ग या तो बर्दाश्त कर लेता था या कभी-कभी आजिजी के साथ विरोध भी जता देता था। लेकिन, ब्रिटिश शासन की वैधता को चुनौती देने वाली व्यापक सामाजिक-राजनीतिक जागरूकता से इसका कोई लेना-देना नहीं था।

आज हमारे पास घटनाओं की पश्चात-दृष्टि है। हम आत्मगत अथवा आलोचनात्मक विश्लेषण से बच सकते हैं। हमें इस बिंदु पर उस युग के शिक्षित भारतवासियों द्वारा ब्रिटिश सरपरस्ती में समृद्धि हासिल करने के प्रयासों की समीक्षा उनके लिए उपलब्ध तत्कालीन अवसरों और परिस्थितियों की रोशनी में करनी चाहिए। दरअसल, इस तबके की अधिकांश गतिविधियाँ और प्रतिक्रियाएँ उपनिवेशवाद के शिकार अन्य देशों के प्रभु वर्ग जैसी ही थीं। भारतीय प्रभु वर्ग की भाँति वहाँ भी देसी अभिजन अपने यहाँ के जनसाधारण से कटे हुए थे। एक परायी सभ्यता के राजनीतिक प्रभुत्व से उनका सामना हाल ही में हुआ था और यह विदेशी सभ्यता उनके आचरण को अपने मानकों और मूल्यों की कसौटी पर कस कर परखती थी। इस देसी अभिजन के रवैये के बारे में एक दलील यह भी है कि वह अपने उपनिवेशवादी स्वामियों के मॉडल की नकल तो करता ही था लेकिन वह उसके प्रति वैरभाव भी रखता था। वह नकल इसलिए करता था क्योंकि उसने विदेशी संस्कृति के सभ्यतामूलक मानकों की श्रेष्ठता को स्वीकार कर लिया था और वैरभाव इसलिए था क्योंकि इस प्रक्रिया में एक अस्वीकार भी शामिल था। 'वस्तुतः यह अस्वीकार दो तरह का था और दोनों अस्वीकारों में द्वैधवृत्ति थी: पहले अस्वीकार में आक्रामक और कब्जा करके बैठ गए विदेशी को अमान्य करते हुए भी उसके अनुकरण व उसकी ही कसौटी के मुताबिक उससे आगे निकल जाने की भावना थी; दूसरे अस्वीकार में प्रगति में बाधक समझी जा रही पुरखों की जीवन-शैली का बहिष्कार करते हुए भी अस्मिता के एक चिह्न के रूप में उसकी कदर करने की प्रवृत्ति थी।'[4]

अस्वीकार और अनुमोदन के बीच स्थित इस मनोवैज्ञानिक धूप-छाँह को देसी प्रभुओं के इस वर्ग के कई सदस्यों ने जिया। इन्हीं में से एक थे मोतीलाल नेहरू जिनकी मिसाल से इस वर्ग की तत्कालीन प्रवृत्तियों को समझने में मदद मिल सकती है। मोतीलाल की शुरुआती शिक्षा केवल अरबी और फारसी में हुई थी। घर के अंदर उनका बचपन कश्मीरी पंडितों के पारंपरिक माहौल में ही बीता। किशोरवय में ही वे अंग्रेजी सीखना शुरू कर पाए। एक शैक्षिक प्रतिमान से दूसरे

में संक्रमण निश्चित रूप से काफी मुश्किल रहा होगा। शायद इसीलिए मोतीलाल पढ़ाई-लिखाई में अच्छे नतीजे कभी नहीं ला पाए। वे स्नातक की परीक्षा भी पास नहीं कर सके। परंतु, हाई कोर्ट के वकील की परीक्षा में उनके परिणाम बेहद अच्छे रहे। (जीवन के इस दौर में मोतीलाल एक सामान्य मध्यवर्गीय की ही तरह प्रगत्याकांक्षी थे। मध्य वर्ग से ऊपर उठाने वाली समृद्धि और राजनीतिक प्रतिष्ठा तो उन्हें बाद में हासिल हुई थी।) युवा वकील के तौर पर मोतीलाल ने पुरखों की धरोहर के कई तत्त्वों के प्रति अपने तिरस्कार को कभी नहीं छिपाया। 'वे भारत में प्राचीन युग की फिर से स्थापना नहीं चाहते थे। उन्हें पुराने जमाने से न कोई हमदर्दी थी और न ही उसकी कोई समझ। वे कई पुराने रीति-रिवाजों और जाति जैसी बातों को सख्त नापसंद करते थे और उन्हें प्रतिक्रियावादी मानते थे।'[5] यूरोप से लौटने पर उन्होंने सामान्य तौर पर किए जाने वाले प्रायश्चित करने अथवा शुद्धिकरण समारोह में भाग लेने से इनकार कर दिया था। इस तरह के रिवाजों के प्रति मोतीलाल के आक्रामक और उपेक्षापूर्ण रवैये को लेकर परंपरावादी कश्मीरी समुदाय में तीखी प्रतिक्रिया हुई थी। 'लेकिन, इसके साथ-साथ वे उस जमाने में पश्चिमी परिधानों व पश्चिमी तौर-तरीकों के प्रति आकृष्ट थे जब कलकत्ता और बंबई सरीखे महानगरों के भारतवासियों को छोड़ कर उनका सामान्यतः प्रचलन नहीं था....उन्हें लगता था कि उनके देशवासियों का पतन हो चुका है जो तकरीबन इसी काबिल थे....वे पश्चिम को मिसाल मानते थे और पश्चिमी प्रगति के प्रति बेहद आकर्षित थे। उनका विचार था कि ऐसी प्रगति केवल इंग्लैंड के साथ जुड़ने से ही हो सकती है।'[6]

यही था वह संदर्भ जिसमें भारतीय राष्ट्रीय कांग्रेस की स्थापना हुई। कांग्रेस की स्थापना के बारे में इस धारणा को तर्कसंगत मानना संभवतः मुश्किल है कि ह्यूम नामक अंग्रेज द्वारा इसकी स्थापना भारतवासियों में बढ़ते हुए असंतोष को 'सेफ्टी वाल्व' के जरिये निकालने के लिए की गई थी। कांग्रेस ने भारतीय अभिमत को स्वर देने के लिए पहली बार एक अखिल भारतीय मंच अवश्य प्रदान किया, लेकिन वह अनिवार्यतः एक उच्च और मध्यवर्गीय संगठन ही था जो ब्रिटिश शासन को चुनौती देने के बजाय उसके साथ कई मसलों पर संवाद स्थापित करना चाहता था, जैसे--ब्रिटिश सरकार द्वारा गठित विधायी परिषदों में इस तबके की अधिकाधिक भागीदारी और प्रशासनिक सेवाओं व फौज का उत्तरोत्तर भारतीयकरण। इन लक्ष्यों की प्राप्ति के लिए कांग्रेस कानून के दायरे में रहते हुए संविधानसम्मत आंदोलन, याचिकाओं और अपीलों का तरीका अपनाती थी। कांग्रेसी राजनीति के इस दौर के बारे में जवाहरलाल नेहरू ने बड़ी साफगोई से लिखा है, 'मेरी राजनीति मेरे वर्ग यानी पूँजीपति वर्ग की राजनीति थी। दरअसल उस जमाने की (काफी हद तक आज की भी) समस्त मुखर राजनीति मध्य वर्गों की राजनीति ही थी। नरमपंथी और गरमपंथी उन्हीं का प्रतिनिधित्व करते थे और अलग-अलग

ढंग से उन्हीं की बेहतरी चाहते थे। नरमपंथी विशेष तौर पर ब्रिटिश सरपरस्ती में समृद्ध हुए मुट्ठी-भर उच्च-मध्य वर्ग की नुमाइंदगी करते थे। वे अपने रुतबे और हितों को नुकसान पहुँचा सकने वाले किसी भी आकस्मिक परिवर्तन के खिलाफ थे। उनका ब्रिटिश सरकार और बड़े जमींदार वर्ग से घनिष्ठ संबंध था। और, गरमपंथी मध्य वर्गों की निचली कतारों के भी प्रतिनिधि थे।'[7] कांग्रेस के नेतृत्व में सर्वाधिक प्रमुखता वकीलों को प्राप्त थी। उनके बाद भूस्वामी अभिजनों और शिक्षित मध्य वर्ग से आए हुए पत्रकारों और शिक्षाविदों जैसे नए व्यवसायियों का बोल-बाला था। कांग्रेस का समर्थन-आधार ज्यादातर शहरों और कस्बों के मध्य और निम्न मध्य वर्ग तक सीमित था। कांग्रेस की बैठकों और तौर-तरीकों का पता उसके कार्यक्रमों में भाग लेने वालों की सामाजिक पृष्ठभूमि और प्रयोजन से लगाया जा सकता था। नेहरू ने 1912 के बाँकीपुर कांग्रेस अधिवेशन में भाग लेने के बाद लिखा था, 'वह तो काफी कुछ अंग्रेजी जानने वाले उच्चवर्गीय लोगों के कार्यक्रम जैसा था जिसमें सुबह के समय पहने जाने वाले कोटों और बढ़िया इस्त्री किए हुए पतलूनों की भरमार थी। हर हालत में यह किसी भी तरह के राजनीतिक तनाव या उत्तेजना से रहित सामाजिक जमावड़ा ही था।'[8]

कांग्रेसी 'राजनीति' के दायरे के बाहर मध्य वर्ग की मुख्य चिंता सरकारी ढाँचे में नौकरी और सेवायोजन पर केंद्रित थी। जिन्हें नौकरी मिल गई थी, और खास तौर से जिन्होंने थोड़े ऊँचे हलकों में नौकरी हासिल कर ली थी, उनके आचरण का उल्लेखनीय पहलू अंग्रेज अफसरों की तर्ज पर अपने व्यक्तित्व का विकास करने की कोशिश था। नेहरू ने इस प्रवृत्ति की एकदम सटीक व्याख्या इन शब्दों में की, 'अफसरी और नौकरी का यह माहौल भारतीय मध्य वर्ग पर छा गया और उसी ने इस वर्ग की जीवन-शैली निर्धारित कर दी। विशेषकर अंग्रेजी जानने वाले बुद्धिजीवी वर्ग....वकालत, डाक्टरी और ऐसे ही विभिन्न पेशों में लगे अन्य लोगों ने भी यही प्रवृत्ति अपना ली। अर्द्ध-शासकीय विश्वविद्यालयों के अकादमीय विभाग भी ऐसे लोगों से ही भर गए। ये सभी लोग जनसाधारण से ही नहीं बल्कि निम्न-मध्यम वर्ग से भी कटी हुई दुनिया में रहते थे।'[9]

1920 में गाँधी के राजनीतिक उभार ने पहली बार राष्ट्रीय आंदोलन के चरित्र को जनोन्मुख बनाया। यह जानना हमारे अध्ययन के लिए अत्यंत महत्त्वपूर्ण होगा कि इस घटना-क्रम ने मध्य वर्ग के तत्कालीन वर्चस्व को किस तरह प्रभावित किया, उसके द्वारा नियंत्रित नीति-निर्धारण की प्रक्रिया व उसकी अंतर्वस्तु पर क्या असर डाला तथा इससे राष्ट्रीय राजनीति व आकांक्षाओं के चरित्र व रूप पर क्या फर्क पड़ा। हम देख चुके हैं कि अभी तक बुद्धिजीवी वर्ग और मध्य वर्ग से नीचे के तबकों यानी औद्योगिक मजदूरों और किसानों सरीखी आबादी के विशाल बहुमत की भागीदारी इस प्रक्रिया में न के बराबर थी। 1903 में शुरू हुए स्वदेशी आंदोलन ने गणपति और शिवाजी महोत्सव जैसे परंपरागत लोकप्रिय त्योहारों व

मेलों पर जोर दे कर तथा बंगाल के जात्रा जैसे लोक नाट्य रूपों का इस्तेमाल करके अपने संदेश को भद्र लोक के बैठकखानों की सीमाओं से परे ले जाने में सफलता प्राप्त की थी। लेकिन, इसका असर न तो टिकाऊ साबित हुआ और न ही शहरी मध्य वर्ग से आगे बढ़ पाया। एनी बेसेंट का होमरूल आंदोलन भी लोकप्रिय हुआ, लेकिन केवल शिक्षितों में ही सिमट कर रह गया। 1908 से 1918 तक चला क्रांतिकारी आतंकवादी आंदोलन राष्ट्रवादी भावनाओं के विकास में सहायक तो सिद्ध हुआ, लेकिन अनिवार्यतः मध्य व निम्न-मध्यवर्गीय सीमाओं और संकुचित जनाधार के कारण चुक गया। आम जनता को पहली बार स्थायी आधार पर आंदोलन से जोड़ने का श्रेय तो गाँधी को ही जाता है। गाँधी की यह उपलब्धि उनकी निजी जीवन-शैली, सबसे दरिद्र और वंचित के साथ स्वयं को जोड़ सकने की क्षमता तथा अपने लक्ष्यों व आदर्शों की अभिव्यक्ति के लिए भारतीय मूल्यों का आह्वान करने की विशेषताओं के संयोग का फलितार्थ थी। बीस और तीस के दशक में असहयोग आंदोलन के दौरान और 1942 के भारत छोड़ो आंदोलन में जनता की यह भागीदारी साफ तौर पर उभर कर सामने आ गई। चरखा और स्वदेशी मुहिमों एवं सामाजिक-आर्थिक सुधारों की नीतियों के लिए गाँधी को मिले समर्थन से भी यही प्रमाण मिला।

समस्या यह थी कि गाँधी के नेतृत्व में हुआ यह लोकप्रिय रूपांतरण समाज में अरसे से जड़ जमाए बैठे सामाजिक ढाँचे या आर्थिक विषमताओं को छेड़े बिना ही संपन्न हुआ था। जनता आंदोलन में भाग तो लेती थी पर उसे *अधिकारसंपन्न* करने की कोई प्रक्रिया नहीं चल रही थी। इस भागीदारी से स्वतंत्रता संघर्ष को जनांदोलन का स्वरूप अवश्य मिल गया था, लेकिन सत्ता का केंद्र और नीति-नियंत्रण पूर्व की भाँति ही प्रभुत्वशाली अभिजात वर्ग के हाथों में था। एक तरफ विदेशी शक्ति के खिलाफ ताकतवर राजनीतिक आंदोलन चल रहा था और दूसरी तरफ समाज का आंतरिक दायरा किसी भी तरह के आमूलवादी रूपांतरण से वंचित था। इस विलक्षण विरोधाभास को कांग्रेस द्वारा गाँधी की व्यापक अपील का लाभ उठाने के लिए अख्तियार की गई जन-गोलबंदी की रणनीति से समझा जा सकता था। हर क्षेत्र और इलाके में कांग्रेस नेतृत्व के पास जनता से संवाद कायम करने के लिए ऐसे 'प्रभावी लोग और शक्तिशाली सामाजिक समूह' मौजूद थे जो 'संघर्ष के आधार को विस्तृत करने व नए सामाजिक वर्गों की गोलबंदी के लिए अपनी शक्ति, प्रभाव और अपनी राष्ट्रवादी प्रतिबद्धताओं का इस्तेमाल करते थे। शहरों और देहातों में जनता के बहुसंख्यक वर्गों को संगठित करने के मामले में साम्राज्यवाद-विरोधी गठजोड़ के समूहन की इस रणनीति के शानदार परिणाम निकले।'[10] लेकिन, 'वर्चस्वशाली हितों के माध्यम से जन-समूहों तक पहुँचने के इस तरीके' ने पहलकदमी सुविधासंपन्न और आर्थिक रूप से ताकतवर तबके के हाथ में ही रखी। प्रतिष्ठित इतिहासकार प्रोफेसर रवींद्र कुमार ने इसीलिए निष्कर्ष

निकाला है: 'वास्तव में इस मान्यता का आधार है कि 1930 के दशक तक राष्ट्रीय आंदोलन में उच्च और मध्यवर्गीय हित कुछ इस तरह जम चुके थे कि देहाती और शहरी निम्न वर्गों की इसमें भागीदारी केवल संपत्तिशाली वर्गों की प्रधानता में ही हो सकती थी।'[11]

सबाल्टर्न (निम्न वर्ग के) इतिहासकारों द्वारा हाल ही में किए गए तमाम अकादमीय शोधकार्यों से भी इसी निष्कर्ष की पुष्टि होती है। ये विद्वान ऐतिहासिक घटनाक्रम की जाँच उसके विकास में प्रभुत्वशाली वर्गों द्वारा निभाई गई प्रकट भूमिका के प्रस्थान-बिंदु से न करके साधारण जनता पर पड़े उसके असर की जनचेतना के संदर्भ में पड़ताल के माध्यम से करते हैं। कांग्रेस का नेतृत्व अधिकांशतः शहर-आधारित, शिक्षित और मध्यवर्गीय था। वह स्वतंत्रता संघर्ष के लक्ष्यों और इस प्रक्रिया में अपनी पूर्वनिर्धारित भूमिका के प्रति आत्म-सचेत था और आम जनता राष्ट्रीय मंच पर गाँधी के आगमन के बाद फिरंगियों से मुक्ति मिलने के विचार से रोमांचित थी। जाहिर था कि दोनों के बीच समागम का क्षेत्र काफी विशाल था, लेकिन आम जनता को स्फुरण देने वाली प्रेरणाओं तथा उसके मानस में बनी घटनाओं व नेताओं की छवि भारतीय राष्ट्रवाद की प्रचलित भव्य और ओजस्वी धारणाओं से मेल नहीं खाती थी। शाहिद अमीन ने 1921 में गाँधी के गोरखपुर दौरे से संबंधित अपने गहन शोध में 'अभिजातवर्गीय राष्ट्रवाद' और उससे अलग विकसित हुई 'जनसामान्य के क्षेत्रों की संस्कृति' के बीच अंतर को बड़ी खूबी से दर्शाया है। गोरखपुर जिले के साधारण मजदूरों और किसानों के लिए गाँधी वास्तव में एक पूजनीय हस्ती में बदल गए थे, लेकिन उनके इस रूप को आस्था, परंपरा और मिथकशास्त्र के संदर्भ में ही समझा जा सकता था। वहाँ के लोग उन्हें हिंदू परंपरा का एक अवतार समझते थे जिसके दर्शन मात्र से ही कल्याण हो सकता था और जो अन्य महात्माओं की भाँति चमत्कार दिखाने में भी सक्षम था। 'उन लोगों के लिए महात्मा के दर्शन करना और उनका भक्त बन जाने के अलावा कोई और भूमिका शेष नहीं थी। इस फैलते जा रहे विश्वास को एक संगठित आंदोलन में बदलने का जिम्मा तो शहरी बुद्धिजीवियों और पूर्णकालिक पार्टी कार्यकर्ताओं पर था।'[12] आंदोलन में दो किस्म की इन भागीदारियों के बीच जबर्दस्त अंतर लखनऊ से प्रकाशित अंग्रेजी दैनिक *पायनियर* की संपादकीय टिप्पणियों और गोरखपुर के स्थानीय हिंदी दैनिक *स्वदेश* में उस समय छपी खबरों के माध्यम से देखा जा सकता है। यहाँ उल्लेखनीय यह है कि 'किसान भक्तों और उनके महात्मा के बीच विकसित संबंधों में भी महात्मा के आर्थिक रूप से संपन्न और सामाजिक रूप से ताकतवर अनुयायियों द्वारा मध्यस्थता के लिए गुंजाइश थी। इसी तरह 'देवत्वप्राप्त' महात्मा के लिए अभिजातवर्गीय हथकंडों और नियंत्रण से स्वतंत्र हो कर जनता के मानस और गतिविधियों को प्रेरित करने की गुंजाइश बहुत ही कम थी।'[13]

एक बेहद ताकतवर दुश्मन के खिलाफ संघर्ष की पद्धति में गाँधी का सर्वाधिक क्रांतिकारी योगदान उनका अहिंसा संबंधी सिद्धांत था। यह आंदोलन का एक ऐसा औजार था जो गाँधी के व्यापक और गहन दार्शनिक चिंतन और उसके प्रति अटल आस्था की देन था। कई बार अंग्रेज समझ ही नहीं पाते थे कि अहिंसा का प्रभावी प्रत्युत्तर कैसे दिया जाए। अहिंसा की विरासत ने भारतीय स्वतंत्रता आंदोलन को एक नैतिक आभामंडल प्रदान कर दिया। यह अहिंसक चरित्र ही आगे चल कर इस आंदोलन की विशिष्ट पहचान बन गया। विडंबना यह रही कि दुनिया की सबसे ताकतवर औपनिवेशिक ताकत को उखाड़ देने वाली संघर्ष की अहिंसक रणनीति भारत की तत्कालीन सामाजिक-आर्थिक संरचना में कोई स्थायी परिवर्तन कर पाने में सक्षम साबित नहीं हुई। ऐसा नहीं है कि गाँधी और उनके राजनीतिक उत्तराधिकारी नेहरू भारतीय सामाजिक संरचना की विषमताओं को खत्म नहीं करना चाहते थे। इस संबंध में उनके इरादों पर जरा भी संदेह नहीं किया जा सकता। लेकिन, यह एक तथ्य है कि बाहरी शत्रु के खिलाफ चलाया गया अहिंसक असहयोग आंतरिक परिवर्तन के विरोधी यथास्थितिवादी निहित-स्वार्थों को *समझाने-बुझाने* के अहिंसक और नैतिक तौर-तरीकों के अलावा कुछ नहीं निकला। इतिहास बताता है कि इस तरह के नैतिक दबाव से किसी समाज की पुनर्रचना शायद ही कभी हुई हो। गाँधी ने स्वतंत्रता संघर्ष में जनसाधारण की भागीदारी अवश्य सुनिश्चित की, लेकिन इसके परिणामस्वरूप उन्होंने कांग्रेस नेतृत्व पर काबिज मध्य और उच्चवर्गीय नेतृत्व को अपदस्थ करने का प्रयास नहीं किया। उनका तरीका अलग था। वे मौजूदा सामाजिक ढाँचे को बदले बिना अपने निजी जीवन की मिसाल और नतीजतन उससे उत्पन्न उज्ज्वल नैतिक दबाव के माध्यम से ढाँचे में मौजूद सामाजिक संबंधों को बदलना चाहते थे। हरिजनोत्थान के लिए किए गए उनके अभूतपूर्व काम को इसी संदर्भ में देखा जाना चाहिए। गाँधी का यही आग्रह उनके ट्रस्टीशिप के सिद्धांत (अमीरों द्वारा स्वयं को गरीबों के ट्रस्टी के रूप में संपत्ति का रखवाला समझना) के आधार में था।

यह दलील भी दी जा सकती है कि गाँधी असल में एक चतुर परिणामवादी थे। उनका मकसद भारत के लिए आजादी हासिल करना और ब्रिटिश शासन का खात्मा करना था। बड़े पैमाने पर सामाजिक उथल-पुथल इस काम में बाधा डाल सकती थी। लेकिन, आजादी को केवल अंग्रेजों की अनुपस्थिति मानने से बार-बार किए गए उनके इनकार के कारण यह व्याख्या पूरी तरह तर्कसंगत नहीं लगती। सच तो यह है कि गाँधी क्रांतिकारी न हो कर सुधारवादी थे। हमारे अध्ययन का मकसद इन दोनों रवैयों की तुलना करने का नहीं है। कई समाजों को हिंसक सामाजिक आंदोलनों और उनके कारण हुए क्रांतिकारी परिवर्तनों से फायदा हुआ है और कइयों को नहीं। इतना कहना काफी होगा कि सामाजिक रूपांतरण के प्रति गाँधी का रवैया साधनहीनों के हालात के प्रति गहरी व्यथा से भरा हुआ था और

उसमें दूरगामी सामाजिक पुनर्रचना की संभावनाएँ निहित थीं। लेकिन, उससे कांग्रेस पर काबिज उच्च और मध्यवर्गीय हितों पर न के बराबर चोट पहुँचती थी।

उल्लेखनीय है कि कांग्रेस के साथ अनिवार्यतः टकराव की हालत में रहते हुए भी अंग्रेजों को दरिद्र जन-जाँगर के बजाय इस पार्टी के शहर-आधारित, मध्यवर्गीय, अंग्रेजीभाषी घटकों से निपटने में सुविधा लगती थी। वैसे भी गरीबों के पास अपना कोई स्वतंत्र मंच था भी नहीं। वे गुरबत और जहालत के दलदल में फँसे हुए थे और सामाजिक श्रेणी-क्रम की दासता में जकड़े होने के कारण अंग्रेज प्रभुओं के साथ कोई भी संवाद स्थापित कर पाने में असमर्थ थे। औपनिवेशिक सत्ता के रूप में अंग्रेजों का मुख्य उद्देश्य अपने शासन को जारी रखना था। इस मामले में वे पहले भी कुशाग्रता और दक्षता दिखा चुके थे। मसलन, 1857 के विद्रोह के बाद उन्होंने बड़ी खूबी के साथ अपने साथ पहले से जुड़े मुसलमान सामंतों के एक तबके को अपनी कृपाओं से वंचित करके सामाजिक रूप से निम्न, पर राजनीतिक रूप से अधिक भरोसेमंद व्यापारी वर्ग के एक हिस्से की पीठ पर हाथ रखना शुरू कर दिया था। इसी तर्ज पर वे कांग्रेस नेतृत्व से परे जा कर साधारण जनता के विभिन्न तबकों से गठजोड़ कर सकते थे। पर, उन्होंने संभवतः ऐसा करने के बजाय मैकाले की विरासत से जन्मे लोगों से जुड़ने को प्राथमिकता दी। इसमें उन्हें अधिक सुविधा हुई क्योंकि मैकाले की संतानें भी उन्हीं के साँचे से ढल कर निकली थीं, उन्हीं की भाषा बोलती थीं और ब्रिटिश संवैधानिक इतिहास की बारीकियों से वाकिफ थीं। एक परंपरावादी औपनिवेशिक शक्ति के रूप में अंग्रेजों को बेतहाशा सामाजिक उथल-पुथल के प्रति अरुचि थी। 1857 में हुआ खून-खराबा उनकी स्मृति का स्थायी अंग बन चुका था। अधिकांश मध्यवर्गीय भारतीय भी उन्हीं की भाँति इस तरह की आशंका से डरे हुए थे और अंग्रेजों को इसका एहसास था। यह तबका उन उदारतावादी सिद्धातों में यकीन करता था जो कुछ समय पहले ही पश्चिम में प्रचलित हुए थे। वे चाहते थे कि परिवर्तन की रफ्तार सिर्फ इतनी हो कि उनके नियंत्रण के बाहर न जा सके। राजनीतिक आंदोलन की रणनीति मूलतः संविधानसम्मत प्रतिरोध और बीच में यदा-कदा कुछ गर्म आंदोलनों की थी। इस पर एक आम सहमति थी क्योंकि इसके जरिए मध्य वर्ग के वर्चस्व को जोखिम में डालने वाली सामाजिक उथल-पुथल के बिना इच्छित लक्ष्य की प्राप्ति की जा सकती थी।

गाँधी के व्यवहार के बारे में पूर्वानुमान लगाना मुश्किल था। उनकी कार्यविधि और सामाजिक सरोकार, देश के विकास की उनकी वैकल्पिक दृष्टि, यहाँ तक कि वेश-भूषा संबंधी प्राथमिकताएँ ऐसी थीं कि अंग्रेजों को उनसे निबटने में अक्सर दिक्कत होती थी। बावजूद इसके अंग्रेज यह भी समझते थे कि अगर आंदोलन की बागडोर गाँधी और उनके सहयोगियों के हाथों से निकल गई तो स्वतंत्रता संघर्ष चौरी-चौरा की घटना की भाँति राजनीतिक हिंसा और उथल-

पुथल में फँस जाएगा। फिर, अंग्रेजों की निगाह में गाँधी अंततः एक ऐसे व्यक्ति भी थे जो सुशिक्षित थे, जिन्होंने इंग्लैंड में ब्रिटिश कानून का अध्ययन किया था, जो ब्रिटिश इंग्लिश लिख सकते थे और अंग्रेजों से उनकी भाषा में बात कर सकते थे। इसके अलावा सबसे बड़ी बात तो यह थी कि उन्होंने जनता को अंग्रेजों के खिलाफ भड़काने की अपनी राजनीतिक क्षमता स्वयं ही अहिंसा का मार्ग चुन कर सीमित कर ली थी। यद्यपि अंग्रेजों ने अहिंसक आंदोलन की शक्ति को सबसे पहले पहचान लिया था, लेकिन चौरी-चौरा जैसी घटनाओं अथवा छिट-पुट रूप से सक्रिय आतंकवादी तत्त्वों की अपेक्षा उन्हें यही आंदोलन अनुकूल लगता था।

कांग्रेस के उच्च और मध्यवर्गीय रुझान का अगर कोई लगातार और अनुभूतिक्षम आलोचक था, तो वे जवाहरलाल नेहरू थे। हम उन्हें अपनी वर्गीय पृष्ठभूमि साफ तौर पर कबूलते हुए और गाँधी-पूर्व युग के अंग्रेजीभाषी व बैठकबाज राजनीति करने वाले कांग्रेसी नेतृत्व की अस्वीकारात्मक आलोचना करते हुए देख चुके हैं। गाँधी की राजनीति को लेकर भी उनके मन में कई दिक्कतें थीं– 'वर्षों से मैं इस समस्या में उलझा रहा हूँ: वंचितों के प्रति अपने समस्त प्रेम और व्याकुलता के बाद भी वे उस व्यवस्था का समर्थन कैसे करते हैं जो उन्हें अधिकारहीन करती है और कुचलती है? अहिंसा के प्रति अपने समस्त आग्रह के बावजूद वे उस राजनीतिक और सामाजिक ढाँचे का समर्धन कैसे करते हैं जो पूरी तरह हिंसा और दमन पर ही आधारित है? शायद यह कहना सही नहीं होगा कि वे इस व्यवस्था के पक्ष में हैं....लेकिन....*वे मौजूदा व्यवस्था का अनुमोदन तो करते ही हैं* (जोर मेरा)।'[14] यह मानते हुए कि समाज-व्यवस्था नहीं बदली, नेहरू ने 1935 में ही स्पष्ट रूप से कह दिया था, 'पिछले 17 वर्षों से कांग्रेस की नीतियों का निर्माण करने वाले अधिकांश लोग मध्य वर्ग के रहे हैं। उदारतावादी हों या कांग्रेसी, वे एक ही वर्ग से आए हैं और एक ही माहौल में विकसित हुए हैं। उनका सामाजिक जीवन, सम्पर्क-सूत्र और मित्र-मंडली भी एक जैसी रही है। वे पूँजीपति वर्ग के जिन दो किस्म के आदर्शों को मानते हैं, उनके बीच बहुत कम फर्क था।'[15] कांग्रेस में भारी संख्या में निम्न-मध्य वर्ग के लोगों के आगमन के तथ्य को स्वीकार करने के बावजूद नेहरू ने अपने निष्कर्षों को बदला नहीं, 'इसके बावजूद कांग्रेस में उच्च-मध्य वर्ग का तगड़ा प्रतिनिधित्व बना रहा, हालाँकि संख्या में छोटे पूँजीपति वर्ग की ही अधिकता थी।'[16]

अगर गाँधी ने अपने राजनीतिक मुहावरे का इस्तेमाल करके जनता की भागीदारी सुनिश्चित की, तो नेहरू सैद्धांतिक स्तर पर अपने साथियों से किसानों और मजदूरों को कांग्रेस के काम-काज में महत्त्व देने पर जोर देने के मामले में बहुत आगे थे। अपने राजनीतिक जीवन के काफी शुरुआती दौर में ही वे गरीब कृषक वर्ग की खस्ता हालत से परिचित हो गए थे। उस वक्त भी वे यह एहसास कर सकते थे कि शहरवासी खेतिहर हालात से कितने नावाकिफ हैं, अखबारों में

देहाती क्षेत्रों के विकास के बारे में एक भी पंक्ति नहीं छपती है और अगर छपती भी है तो जमींदारों के हितों की बात ही कहती सुनाई देती है। अपनी आत्मकथा में नेहरू ने शोषित किसानों की तकलीफों के बारे में सच्चे हृदय से लिखा। इंग्लैंड से कुछ दिन पहले ही वापस आने के कारण उनके स्वर में मेहनतकश जनता के प्रति एक बेहद मामूली सा क्षम्य कृपाभाव अवश्य था। पर, उनके सरोकार संजीदा थे। खासकर सोवियत संघ की घटनाओं की जानकारी होने के बाद तो ये सरोकार समाजवाद की प्रासंगिकता और कांग्रेस द्वारा अपने एजेंडे में अधिक आमूलवादी सामाजिक-आर्थिक पहलू शामिल करने की जरूरत को साबित करने वाले सैद्धांतिक यकीन में बदल गए। उन्होंने कांग्रेस के अक्सर किए जाने वाले इस दावे को साफ तौर पर समझ लिया कि उसका राष्ट्रीय आंदोलन उद्देश्यों की एकता के मामले में वर्गीय सीमाओं से परे जाता है। उन्होंने लिखा, 'अक्सर कहा जाता है कि कांग्रेस सभी समूहों और हितों समेत, राजा से रंक तक, राष्ट्र का प्रतिनिधित्व करती है....लेकिन यह दावा प्रत्यक्ष तौर पर मानने योग्य नहीं लगता....यह सही है कि राष्ट्रवादी साम्राज्यवाद-विरोधी आंदोलन मतैक्य के लिए व्यापक आधार मुहैया कराता है, पर *इसका कारण यह है कि यह सामाजिक संघर्ष से बचता है* (जोर मेरा)।'[17]

नेहरू कांग्रेस में सक्रिय निहित स्वार्थों के बारे में लगातार बोलते और लिखते रहते थे कि कैसे ये तत्त्व जनता के हितों की कीमत पर पार्टी को उच्च और मध्यवर्गीय रुझानों से ग्रस्त ही रखना चाहते हैं। इससे नेहरू के सहयोगियों को दिक्कत होती थी। लेकिन, अंततः इस विषय में उनका चिंतन किसी ठोस कार्रवाई के अभाव में इस यकीन तक ही सीमित रह गया कि कांग्रेस को *करना क्या चाहिए*। या तो उनके प्रयासों में अपेक्षित दृढ़ता नहीं थी या स्वतंत्रता संघर्ष की व्यस्तताओं ने उन्हें इच्छित सुधार करने का समय ही नहीं दिया। गाँधी का असर भी इसका एक कारण हो सकता था। नेहरू गाँधी से अत्यंत स्नेह करते थे लेकिन, रणनीति और अन्य नीतिगत प्रश्नों पर उनसे मतभेद भी रखते थे। इसी विरोधाभास के कारण संभवतः उन्हें अपने अधिक आमूलवादी रुझानों को समझौते और मतैक्य के जरिए संयमित करना पड़ता था। कारण जो भी हो, वे जनता को अधिकारसंपन्न करने की इच्छा तो व्यक्त करते रहे, लेकिन अपने इरादों पर अमल की पूरी कोशिश करने में नाकाम रहे। जनता की समस्याओं पर बोलते व लिखते हुए उनका रवैया सतत जनसंपर्क में रहने वाले नेता जैसा कम और अपने विचारों को व्यापक आधार देने में लगे सिद्धांतवेत्ता का ज्यादा रहता था। वे एक ऐसे 'अंतर्राष्ट्रीयतावादी' की भाँति व्यवहार करते नजर भी आते थे जिसने मार्क्स और अन्य समाजवादी विद्वानों की रचनाएँ पढ़ कर अपने संगठन द्वारा किसानों और मजदूरों की माँगों से अधिक परिचित होने की ऐतिहासिक जरूरत को समझा हो।

स्पष्ट है कि गाँधी की राजनीति और नेहरू के इरादों के बावजूद मध्य वर्ग और उच्च वर्ग के कुछ तत्त्व कांग्रेस के नेतृत्व पर छाये रहे। इसका एक कारण ऐसा भी था जो ऊपर उल्लिखित कारणों की तरह सुस्पष्ट नहीं था। यह थी सांप्रदायिकता की समस्या जिसने कांग्रेस के नेतृत्व की वर्गीय संरचना को बदलने से रोकने में भूमिका निभाई। हिंदुओं और मुसलमानों में आपसी संदेह पैदा करके फूट डालो और राज करो की ब्रिटिश नीति को दोहराने की यहाँ कोई आवश्यकता नहीं है। लेकिन, इस अंग्रेजी चाल के बेहद सफल होने के पीछे दोनों समुदायों के मध्य वर्ग में शुरू से ही ऐसे तत्त्वों की मौजूदगी थी जो इस नीति में निजी लाभ की संभावनाएँ देखते थे। एक कुशाग्र प्रेक्षक के रूप में नेहरू की अचूक नजर ने इस समस्या के उद्‌गम को भी पहचान लिया था। 1930 में उन्होंने लिखा था, 'यह....असाधारण है कि हिंदुओं और मुसलमानों के पूँजीपति वर्ग ने धर्म के पवित्र नाम का इस्तेमाल करके उन कार्यक्रमों और माँगों के बारे में जन-समर्थन और हमदर्दी हासिल कर ली है जिनका वास्तव में जनता अथवा निम्न-मध्य वर्ग के हितों से भी कोई ताल्लुक नहीं है। किसी भी सांप्रदायिक समूह द्वारा की जाने वाली कोई भी सांप्रदायिक माँग अंतिम विश्लेषण में नौकरियों की माँग ही है, और ये नौकरियाँ उच्च-मध्य वर्ग के मुट्ठी-भर लोगों को ही मिल सकती हैं....ज्यादा से ज्यादा उच्च-मध्य वर्ग के कुछेक लोगों को ही लाभ पहुँचाने वाली और राष्ट्रीय एकता और प्रगति में अक्सर बाधा डालने वाली इन संकीर्ण राजनीतिक माँगों को चालाकी से उस खास धार्मिक समुदाय की माँगों के रूप में पेश किया जाता है।'[18]

यह देखना मुश्किल नहीं था कि हिंदू और मुसलमान समुदायों की संरचना समतामूलक नहीं है। दोनों ने ही एक-एक ऐसा अभिजात वर्ग बना रखा था जो जनसामान्य को अधिकारसंपन्न करने की प्रक्रिया और उसके कारण पैदा होने वाली सामाजिक-आर्थिक अस्थिरता में कम से कम दिलचस्पी रखता था। ये निहित स्वार्थ बाहरी खतरे के भूत से अपने समुदाय को डराते रहते थे ताकि समुदायों के अंदर से उठने वाले पुनर्रचना के दबाव को कमजोर किया जा सके। स्वतंत्रता संघर्ष की प्रक्रिया कुछ ऐसी थी कि उसमें कुछ भी घटित हो सकता था। किसी भी स्तर पर वह धर्मविहित व्यवस्था के मूल तर्क पर सवालिया निशान लगाने अथवा अरसे से जमे हुए निहित स्वार्थों को नुकसान पहुँचा सकने लायक परिस्थितियाँ तैयार कर सकता था। नेहरू की खतरनाक लगने वाली वामपंथी आलोचना और गाँधी द्वारा हरिजनों को इज्जत की जिंदगी देने की कोशिश का इशारा इसी तरफ था। इस जोखिम का निवारण करने के लिए एक समुदाय को दूसरे समुदाय का खतरा दिखाना जरूरी था, ताकि उसके खिलाफ एकता के नाम पर आंतरिक सुधारों की अनियंत्रित प्रवृत्तियों को ठंडा किया जा सके। 1909 के बाद मोर्ले-मिंटो सुधारों द्वारा हिंदुओं और मुसलमानों के लिए पृथक मतदाता मंडलों की प्रणाली शुरू करने के बाद सांप्रदायिक प्रश्न ने गंभीर रूप धारण कर लिया

जिससे दोनों समुदायों में अनुदार और मध्यवर्गीय नेतृत्व की स्थिति मजबूत हुई एवं आंदोलन में परिवर्तनकामी ताकतों को धक्का लगा। 1916 से पहले ही हालत यह आ गई कि मोतीलाल नेहरू को कांग्रेस की अत्यधिक नरमपंथी कार्यनीतियों से पल्ला छुड़ाने की संभावना को 'हिंदू-मुसलमान समस्या का कोई न कोई समाधान' मिलने तक स्थगित कर देना पड़ा।'[19]

1947 से काफी पहले की अवधि के दौरान सांप्रदायिक संबंधों में तनाव भड़कने से रोकने में नेहरू के वास्तविक उदारतावाद से भी ज्यादा भूमिका गाँधी के निर्णायक योगदान ने निभाई। गाँधी का बुनियादी आग्रह यह था कि बहुसंख्यक समुदाय के रूप में हिंदुओं को मुसलमानों की माँगों के प्रति दूसरे पक्ष से कहीं ज्यादा सहिष्णुता और अनुग्रह दिखाना चाहिए। सांप्रदायिक मैत्री में गाँधी के अटल विश्वास और उनके व्यक्तित्व की शक्ति ने कांग्रेस को उनकी इस कार्यदिशा का अनुगामी बनाए रखा। लेकिन, उनके कुछ हिंदू साथियों को यह विशालहृदयता अनुचित लगती रही। नतीजा यह निकला कि उन्होंने गाँधी के साथ एक अलिखित समझौता-सा कर लिया कि उनके समर्थन के बदले नेहरू जैसे उतावले तत्त्वों को कांग्रेस के सामाजिक-आर्थिक एजेंडे का रेडिकल रूपांतरण करने से रोका जाएगा। रवींद्र कुमार बताते हैं, 'आजादी के आंदोलन का चरित्र मूलतः मध्यवर्गीय होने और बाजारोन्मुख अर्थव्यवस्था से उसके संबंध के तथ्य ने संभवतः उपमहाद्वीप में इस्लाम और हिंदू धर्म के बीच खाई को चौड़ा करने का काम किया।'[20] कारण यह था कि, 'केवल रेडिकल किस्म के राष्ट्रीय आंदोलन में विभिन्न धार्मिक समुदायों के बीच एकता करने की संभावना थी। चूँकि आजादी के आंदोलन का चरित्र मध्यवर्गीय था इसलिए वह सांप्रदायिकता के राक्षस को काबू कर पाने में नाकाम रहा।'[21]

इस तरह आजादी का आंदोलन चलता रहा, उसमें जनता की भागीदारी लगातार बढ़ती गई, लेकिन उसके शीर्ष पर ऐसे लोगों का एक गुट हावी बना रहा जो निस्संदेह देशभक्त, प्रतिबद्ध और निष्कपट होने के साथ-साथ समान उद्गम, समान सीमाओं और समान हितों से बँधा हुआ था। ये नेता औपनिवेशिक गुलामी से मुक्ति दिलाने की ओर भारत को ले जाने की अपनी ऐतिहासिक नियति में सच्चे हृदय से विश्वास करते थे। यहाँ समझने की बात यह है कि इन लोगों ने आजादी के आंदोलन पर अपना वर्चस्व किसी मानवद्वेषी या पूर्वनियोजित सत्ताकांक्षा के दम पर नहीं बनाया था वरन् उनकी यह हैसियत एक तरह की ऐतिहासिक विरासत का परिणाम थी। उन्होंने इस विरासत को सुरक्षित और जारी रखने का प्रयास जरूर किया था, लेकिन इससे आजादी के लक्ष्य के प्रति उनकी प्रतिबद्धता में जरा भी कमी नहीं आई थी। ये कमोबेश अच्छे लोग थे। इनमें से कुछ ने तो दादाभाई नौरोजी की तरह उपनिवेशवाद और साम्राज्यवाद के भारत पर असर का गहन विश्लेषण कर दिखाया था। चक्रवर्ती राजगोपालाचारी जैसे कुछ नेताओं ने विधान

परिषद के चुनावों में भागीदारी स्वीकार करने का कुछ कम रेडिकल और आदर्शवादी कदम उठाया था, लेकिन उन्हें भी पक्का यकीन था कि इससे भी आजादी मिलने के अंतिम लक्ष्य की प्राप्ति ही होगी (राजगोपालाचारी के विपरीत गाँधी देहातों में रचनात्मक कार्यक्रम जारी रखने के और नेहरू व उनके साथी चुनाव बहिष्कार के पक्षधर थे।) दरअसल, इन नेताओं में कई तो निजी स्तर पर बड़ी-बड़ी कुर्बानियाँ करने के लिए तैयार थे और उन्होंने त्याग के ऐसे उदाहरण भी पेश किए जो आगे चल कर आजादी की लड़ाई में किंवदंती की तरह याद किए गए। लेकिन, संभवतः इन्हीं सब कारणों से नेताओं का यह समूह नेतृत्व करने के अपने स्वाभाविक अधिकार के बारे में किसी आत्मसंदेह से ग्रस्त नहीं था। जाहिर था, आदर्शवाद की धधकती आग के बीच वे समाज के पुराने ढाँचे की सुरक्षा का लाभ उठा रहे थे।

संविधान सभा की पहली बैठक 9 दिसंबर 1946 को हुई। इसका निर्वाचन बेहद सीमित मताधिकार अर्थात ब्रिटिश भारत और देशी रियासतों की मात्र 11 फीसदी आबादी के आधार पर हुआ था। इसीलिए आजाद भारत के संविधान निर्माण और उस पर बहस करने के लिए चुने गए प्रतिनिधियों में से अधिकांश उच्च और मध्य वर्ग के निकले। मुस्लिम लीग ने संविधान सभा का बहिष्कार किया था जिससे रिक्त हुए स्थानों पर कुछ गणमान्य लोगों को नामजद कर दिया गया था। ये सभी लोग एक ही साँचे से निकले थे। ये सभी अंग्रेजीभाषी, पश्चिमी राजनीतिक धारणाओं के अभ्यस्त और ब्रिटिश संवैधानिक कानून से अच्छी तरह परिचित थे। संविधान सभा की कार्यवाही उसके शुरुआती सभापति डॉ. सच्चिदानन्द सिन्हा की देख-रेख में प्रारंभ हुई। पहला विचार-विमर्श प्रक्रियात्मक नियमों पर कुछ इस तर्ज से हुआ कि ब्रिटिश संसद भी उस पर गर्व कर सकती थी। अपने उद्घाटन भाषण में डॉ. सिन्हा सबसे पहले यूरोप और अमेरिका में संविधान निर्माण के पहलुओं पर बोले और उसके बाद उन्होंने 'अपने देश से संबंधित इस मसले के कुछ पहलुओं को स्पर्श करना' उचित समझा।" जब डॉ. राजेंद्र प्रसाद संविधान सभा के सभापति चुने गए तो शुरुआती सात वक्ता उन्हें अंग्रेजी भाषा में बधाई देते हुए अनजाने में मैकाले की उस भविष्यसूचक रणनीति को ही श्रद्धांजलि देते नजर आए जो उसने 1835 में बनाई थी। ख़ान अब्दुल गफ़्फ़ार ख़ाँ हिंदुस्तानी में बधाई देने वाले पहले वक्ता थे। शायद उन्हें अपने देशीपन को त्यागना इस तरह मंजूर नहीं था या वे इतने दूरस्थ इलाके में रहते थे कि वहाँ ब्रिटिश उपनिवेशवाद का असर उतना नहीं पहुँच पाया था।

महत्त्वपूर्ण बात यह थी कि संविधान सभा का कोई भी सदस्य एक पल को भी यह नहीं मान सकता था कि आजाद भारत का उसका ख्याल किसी भी तरह से बाकी भारतवासियों के ख्याल से कुछ अलग भी हो सकता है। वह संविधान सभा एक ऐसी ऐतिहासिक प्रक्रिया का अंतिम परिणाम थी जिसने एक ऐसे वर्ग को

जन्म दिया था जो आमतौर पर एक ही तरह के प्रभावों से अनुकूलित और चिंतन में भी वैसा ही था। इस वर्ग को भारतीय जनता का प्रतिनिधित्व करने के मामले में कभी गंभीर चुनौती नहीं दी गई थी। सीमित मताधिकार के आधार पर निर्वाचित होने या अधिकांशतः सुविधा-संपन्न पृष्ठभूमि से आने के तथ्य ने भी उनके मन में अपने इरादों की पवित्रता अथवा स्वतंत्र भारत के ढाँचे की रूपरेखा बनाने की अपनी क्षमता के प्रति विश्वास को कतई कम नहीं किया था। जाहिर था कि संविधान सभा में निकाला गया निष्कर्ष बहुत पहले ही तय हो चुका था। संविधान सभा के एक नामांकित सितारे के. एम. मुंशी ने स्वीकार भी किया, 'हममें से ज्यादातर ब्रिटिश मॉडल को ही सर्वश्रेष्ठ मानते थे....एक सदी से भी ज्यादा समय से निर्मित हो रही परंपरा को छोड़ कर हमें किसी नए अनुभव को क्यों अपनाना चाहिए था?'[23]

आज पचास साल के तजुर्बे के बाद कई लोग संविधान सभा द्वारा भारत के लिए वेस्टमिंस्टर मॉडल अपनाने के निर्णय पर सवाल उठा रहे हैं। सही-गलत की बहस में न फँस कर हम केवल इस तथ्य को सामने लाना चाहते हैं कि यह निर्णय संविधान सभा ने बड़ी आसानी से बिना किसी खास विरोध के ले लिया था। इसका कारण समझना कठिन नहीं है। अंग्रेजों ने अपनी आत्म-छवि के अनुरूप जिस उच्च और मध्यवर्गीय प्रभु वर्ग की रचना की थी, वह 'मातृ' देश के साथ अपने गर्भनाल के संबंध को आसानी से नहीं त्याग सकता था। केवल भारत का औपनिवेशिक अनुभव ही ऐसा नहीं था; अमेरिका के पूर्व उपनिवेशों ने भी अमेरिका की भाँति राष्ट्रपति प्रणाली अपनाई थी। भारत का मामला थोड़ा अलग इसलिए था कि यहाँ इस मामले में कोई विवाद ही नहीं था। 'किसी भी अन्य उपनिवेश में शहरी पेशों में संलग्न लोगों का अधिकांशतः पूँजीवादी उदारतावाद के मूल्यों में रँगा हुआ इतना बड़ा तबका तैयार नहीं किया गया था। इसी शिक्षित मध्यवर्गीय प्रभु वर्ग से राष्ट्रीय आंदोलन के नेता निकले और इसी ने ब्रिटिश शासन का उस सर्वाधिक आधुनिक पूँजीवादी लोकतंत्र के नाम पर विरोध किया जिसकी अलमबरदारी स्वयं ब्रिटेन ही करता था।'[24]

नेहरू ने बड़ी बेबाकी से कहा था कि यह संविधान सभा कोई क्रांतिकारी संस्था नहीं है। उन्होंने यह उम्मीद भी जताई थी कि शायद आगे चल कर बेहतर नुमाइंदगी वाली संविधान सभा भारतीय जनगणों की जरूरतों के मुताबिक नया संविधान तैयार करेगी। लेकिन, नेहरू की यह उम्मीद भी उनके अन्य रेडिकल इरादों की ही तरह किसी कार्यक्रम का आधार बनने के बजाय केवल एक बौद्धिक आलोचना बन कर ही रह गई। अपनी आत्मकथा में उन्होंने आमूल-चूल परिवर्तन के जरिये एक पूरी तरह से नए किस्म के राज्य की रचना करने का पक्ष लिया था और मध्यवर्गीय जमावड़े के हाथों में लगाम रहने की कठोर आलोचना की थी। उन्होंने लिखा, 'संविधान निर्माण के इस दौर में सुरक्षा उपायों की काफी चर्चा हो रही है।

अगर इन सुरक्षा उपायों को भारतीय हितों का ध्यान रखना है तो अन्य बातों के साथ-साथ इनमें *आई. सी. एस. तथा वैसी ही सेवाओं को* उनके मौजूदा रूप और उनके अधिकारों और सुविधाओं समेत *समाप्त करने* एवं संविधान से पूरी तरह अलग करने का प्रावधान होना चाहिए (जोर मेरा)।'[25] अंग्रेजी भाषा के सवाल पर भी उनके विचार एकदम साफ थे, 'कुछ लोगों की कल्पना है कि शायद अंग्रेजी भारत की मूल भाषा बन जाएगी। यह धारणा मुट्ठी-भर उच्चवर्गीय बौद्धिकों के संदर्भ को छोड़ कर एक स्वैर कल्पना जैसी लगती है। जनशिक्षा और संस्कृति की समस्या से इसका कोई ताल्लुक नहीं हो सकता। हो सकता है ..... कि अंग्रेजी तकनीकी, वैज्ञानिक और व्यापारिक सम्पर्क व विशेष-तौर पर अंतर्राष्ट्रीय सम्पर्कों की भाषा बनती चली जाए ..... लेकिन यदि हमें संतुलित विश्व-दृष्टि रखनी है तो हमें अंग्रेजी के तमाशों तक ही खुद को सीमित नहीं रखना चाहिए।'[26]

नेहरू ने ये पंक्तियाँ 1930 में लिखी थीं। उस समय उनके विचारों में ताजगी और तीखापन था। अगर कहीं आजादी तभी मिल गई होती तो शायद वे उन पर अमल की कुछ ज्यादा कोशिश करते। लेकिन 1947 आते-आते वे उम्रदराज, अधिक परिणामवादी और नेतृत्व के लिए आवश्यक मध्यमार्ग अपना कर अधिक संयमी हो चुके थे। स्वतंत्रता मिलने ही वाली थी और उसके मिलते ही विभाजन की अभूतपूर्व दुखांत घटनाएँ शुरू हो गईं। इस परिस्थिति ने नेहरू अथवा आजादी के आंदोलन को मौका ही नहीं दिया कि कांग्रेस के एजेंडे में सिद्धांत रूप में मौजूद जनसाधारण को अधिकारसंपन्न करने के विचारों पर अमल किया जा सकता। चालीस के दशक में हुए किसान आंदोलनों और 1947 से ठीक पहले मजदूर-संघर्षों की बढ़ी हुई संख्या से मिलने वाले संकेतकों की ओर नीति-निर्माताओं का ध्यान जाना चाहिए था। लेकिन, तब दलील यह चल रही थी कि इन समस्याओं से आजादी मिलने के बाद निबट लिया जाएगा। फौरी मकसद ब्रिटिश शासन का अंत और देश की एकता को सुरक्षित रखना था।

1947 से पहले सांप्रदायिक संघर्ष ने इतना विकराल रूप ले लिया था कि गाँधी की आवाज भी उसमें दब-सी गई थी। केवल गाँधी ही राष्ट्रीय आंदोलन को जन-स्वभाव के अनुकूल मुहावरा दे सकते थे। यद्यपि वे मौजूदा सामाजिक ढाँचे को आमूल-चूल बदलने के पक्ष में नहीं थे, फिर भी उनकी आवाज वंचितों के पक्ष में बेहद बुलंद रहती थी। वे सुविधा-संपन्न तबके की समृद्धि नहीं छीनना चाहते थे, लेकिन वे इस वर्ग से निजी स्वार्थों से परे जा कर दरिद्र जनता की जरूरतों पर भी ध्यान देने की अपील लगातार करते रहते थे। उनके अपने आचरण की मिसाल इस मामले में काफी ईमानदाराना थी। वे सुविधा-संपन्न तबके का मूल्यांकन इस आधार पर ही करते थे कि वह दरिद्र और शोषित जनता की हालत के प्रति कितना संवेदनशील है। लेकिन, सांप्रदायिक हिंसा के काले बादलों ने गाँधी के सामाजिक सरोकारों को ढँक लिया। आजादी मिलने के कुछ दिन पहले वे

कलकत्ता के गरीबों की बस्ती बेलियाघाट के एक मुसलमान घर में मौजूद थे ताकि सांप्रदायिक हिंसा की आग बुझा सकें। वैसे, इस फौरी समस्या से जूझने के बावजूद उन्होंने अपने दीर्घकालीन लक्ष्य को कभी दृष्टि से ओझल नहीं होने दिया। स्वतंत्रता दिवस पर भेंट करने आए पश्चिम बंगाल सरकार के एक मंत्री के लिए उनकी राय थी, 'इस धूम-धाम और आडम्बर में खुद को फँसने न देना। *ध्यान रहे, तुम्हें भारत के देहातों में रहने वाले गरीबों की सेवा करने के लिए पद मिला है* (जोर मेरा)।'[27] कुछ दिन बाद ही गाँधी ने अपने किसी अज्ञात मुलाकाती को ये पंक्तियाँ लिख कर दीं: 'मैं तुम्हें एक मंत्र देता हूँ। तुम्हें जब भी कोई संदेह हो या जब भी तुम्हारा अहं बहुत बढ़ जाए, खुद को इस कसौटी पर कसो। जिस सबसे गरीब और कमजोर का चेहरा देखा हो, उसे याद करो और स्वयं से पूछो कि जो कदम तुम उठाने जा रहे हो वह उसके किसी काम का है या नहीं। क्या उसे इससे कुछ फायदा होगा? क्या उसे इस कदम से अपनी जिंदगी और भाग्य का पुनः नियंता बनने में मदद मिल पाएगी? दूसरे शब्दों में क्या इससे भूखे और आध्यात्मिक क्षुधा से पीड़ित करोड़ों लोगों को स्वराज मिलेगा? इस विधि से तुम्हारे संदेहों का अंत हो जाएगा और तुम्हारा अहं भी पिघल जाएगा।'[28]

यह एक बेइंतिहा ईमानदारी से भरा हुआ बड़ा प्रभावी परीक्षण था। आजादी के आंदोलन के दौरान और 1947 के बाद के दशकों में भारतीय मध्य वर्ग के व्यवहार का मूल्यांकन करने के लिए यह परीक्षण एक संदर्भ बिंदु बन गया।

जो भी हो, 14 अगस्त 1947 को वह गर्म और उमस-भरी रात हर तरह के भारतवासियों के लिए जश्न मनाने का मौका ले कर आई। आजादी मिलना और ब्रिटिश शासन का खात्मा अपने आप में एक बहुत बड़ी जीत थी। इस भावातीत क्षण ने सारे भारतवासियों को एक सूत्र में पिरो दिया था। ऐसे माहौल के बावजूद, ठीक बारह बजे रात जब नेहरू ने अपना मशहूर भाषण दिया तो आजादी के आंदोलन में भाग लेने और उसे विचारधारा व दिशा देने वाले थोड़े से शिक्षित लोगों के लिए उनके शब्दों के खास मायने थे। जिस समय शेष भारत उम्मीद और आजादी के बीच आँखें खोल रहा था, उस समय मध्य और उच्च वर्ग सीधे सत्ता हस्तगत करने की संभावनाओं के संदर्भ में औपनिवेशिक शासन की समाप्ति के वास्तविक तात्पर्य को समझ चुका था। आखिरकार मध्य वर्ग 'एक 'विश्व चेतना' के संपर्क से मिलने वाले निर्णायक लाभ से लैस था जिसके कारण उसके पास 'आधुनिक' राज्य की मशीनरी चलाने के काफी बेहतर संसाधन मौजूद थे।'[29] 15 अगस्त 1947 को मिली आजादी थी तो सबके लिए, लेकिन आजाद भारत की नई शक्ल बनाने वाले सरअंजाम की विरासत सँभालने वाले मध्य वर्ग के लिए उसका खास महत्त्व था।

2

उम्मीदों-भरा ज़माना

गाँधी-नेहरू विरासत का प्रभाव

1947 में आजादी तो मिल गई, लेकिन औपनिवेशिक युग के दौरान निर्मित संस्थाओं का कुछ नहीं बिगड़ा। ब्रिटिश शासन की सरपरस्ती में अपनी चौधराहट जमा चुके मध्य और उच्च वर्गों के वर्चस्व एवं राष्ट्रीय आंदोलन पर उनके नेतृत्व की प्रकृति कुछ इसी किस्म की थी कि उसने इन संस्थाओं के बने रहने के लिए रास्ता साफ कर दिया। प्रशासन का भारतीयकरण तो हुआ, लेकिन उसे बहुत मामूली परिवर्तनों के साथ ही स्वीकार कर लिया गया। नवनियुक्त भारतीय राज्य प्रमुख गवर्नर-जनरल चक्रवर्ती राजगोपालाचारी अंग्रेज वायसराय द्वारा खाली किए गए वायस-रीगल लॉज में रहने चले गए। प्रधानमंत्री नेहरू ने ब्रिटिश सेना प्रमुख के महलनुमा घर को अपना निवास बना लिया। पूरी तरह ब्रिटिश प्रणाली के आधार पर गठित संसदीय सरकार की शक्ल संसद भवन में बननी शुरू हुई। केवल एक दशक पहले ही नेहरू ने जिस इंडियन सिविल सर्विस की तीखी आलोचना की थी, उसे भी कायम रखा गया। पहले की ही तरह आई. सी. एस. बनना मध्य वर्ग की सर्वोच्च महत्त्वाकांक्षा बनी रही। आई. सी. एस. तथा अन्य प्रशासनिक सेवाओं में चयन की पद्धति वही बनी रही जो अंग्रेजों के समय में थी। ब्रिटिश शासन के तहत विकसित हुई न्यायिक प्रणाली को भी वैसा का वैसा ही स्वीकार कर लिया गया। सशस्त्र सेनाओं ने ब्रिटिश परंपराओं और पदक्रमों को बिना किसी फेरबदल के सुरक्षित रखा। कई साल तक शिक्षा प्रणाली और उसके पाठ्यक्रम में कोई परिवर्तन नहीं किया गया और अंग्रेजी की हैसियत सरकारी कामकाज की भाषा के तौर पर कायम रहने के साथ-साथ वह समाज के गणमान्य तबके की पसंदीदा भाषा के रूप में भी बची रही।

आजादी से भारतीय मध्य वर्ग को यही तो अपेक्षाएँ थीं। अगर इस दृष्टि-बिंदु से देखें तो साफ लग रहा था कि औपनिवेशिक शासन के खात्मे के रूप में अतीत से हुए एक बड़े विलगाव के बावजूद एक तरह का नैरंतर्य कायम था।

ब्रिटिश शासन के अंत के संदर्भ में मध्य वर्ग का नजरिया निश्चित रूप से उपनिवेशवाद-विरोधी था, लेकिन उसके लिए राजनीतिक स्वतंत्रता के मायने थे अंग्रेजों की अनुपस्थिति, न कि उस नैरंतर्य को किसी प्रकार का नुकसान पहुँचाना। अंग्रेजों द्वारा प्रचलित शासन प्रणाली का अंत करने अथवा अपने लिए लाभकारी सामाजिक-आर्थिक संरचना को गड़बड़ा देने के पक्ष में वह नहीं था। मौजूदा व्यवस्था को अंग्रेजों के बिना चलाने की मध्यवर्गीय प्रतिबद्धता अथवा किसी तरह के बड़े या अनियंत्रित परिवर्तन के प्रति इस अरुचि के कुछ सकारात्मक पहलू भी थे। संघर्ष के वर्षों में 'इससे अंदरूनी दरारों को बढ़ाए बिना लोगों की सामाजिक ऊर्जा को विदेशी शासन के खिलाफ प्रेरित करने में मदद मिली'[1] थी और आजादी मिलने के बाद 'लोकतंत्र का कमजोर संस्थागत ढाँचा स्वतंत्रता आंदोलन के दौरान उभरी लोकप्रिय किस्म की माँगों से पूरी तरह आक्रांत होने से बच गया'[2] था।

1947 में मध्य वर्ग की संख्यात्मक शक्ति बताने वाला कोई ठीक-ठीक आँकड़ा उपलब्ध नहीं है। हाँ, यह जरूर कहा जा सकता है कि गरीबों की संख्या के अनुपात में यह अत्यंत अल्पसंख्यक यानी आबादी के दस फीसदी से अधिक नहीं था। अन्य समाजों के मध्य वर्गों की तरह भारतीय मध्य वर्ग एकसार और विविधताहीन नहीं था। समान विचारधारा और समान आकांक्षाएँ इसे एक सूत्र में जोड़तीं थीं, लेकिन अपने इस मोटे-मोटे दायरे के अंतर्गत आमदनी, व्यवसाय और शिक्षा के मामले में यह कई तबकों में विभक्त था। खेतिहर गरीबों की विशाल संख्या तो इसमें शामिल थी ही नहीं, अकुशल और अर्द्धकुशल मजदूर, कुशल श्रमिक, छोटे क्लर्क एवं डाकिये, कांस्टेबिल, सिपाही व चपरासी सरीखे कर्मचारी भी इसके अंग नहीं थे। दूसरे सिरे पर धनी उद्योगपति, बहुत बड़े जमींदार व ताल्लुकेदार और रजवाड़ों के सदस्य इसके दायरे से बाहर की चीज थे। इन दोनों सिरों के बीच आने वाले सरकारी कर्मचारी, डॉक्टर, इंजीनियर व वकील जैसे प्रशिक्षित व्यवसायी और व्यापारिक उद्यमी, खाते-पीते व्यापारी, बड़े शहरों के स्कूलों व उच्च शिक्षा के संस्थानों के अध्यापक, पत्रकार, शिक्षित या आंशिक रूप से शिक्षित मँझोले किसान, निजी क्षेत्र में कार्यरत वेतनभोगी, विधायक और विश्वविद्यालय के छात्रों का एक बड़ा हिस्सा मध्य वर्ग का निर्माण करता था।

जाति के तौर पर मध्य वर्ग पर सवर्णों का वर्चस्व था। इसकी जातिगत संरचना में पंजाबी खत्री, कश्मीरी पंडित और दक्षिण भारतीय ब्राह्मण प्रमुख थे। 'इसके बाद गुजरात के नागरों, महाराष्ट्र के चितपावनों व चंद्रसेनीय कायस्थ प्रभुओं और उत्तर भारत के कायस्थों जैसी परंपरागत शहर-आधारित विभिन्न व्यवसायों में लगी जातियों का बोलबाला था।'[3] 'औपनिवेशिक शासन में उभरे प्रवासी और भद्रलोग बंगाली, पारसी तथा मुसलमान और ईसाई समुदायों के संपन्न तबके' भी इसमें

शामिल थे।[4] शिक्षित होने की खूबी इस सर्वभारतीय जमावड़े को एक वर्ग के बंधन में बाँध देती थी। शिक्षा का स्तर अलग-अलग था। इंग्लैंड में उच्च शिक्षा प्राप्त लोग मध्य वर्ग के ऊपरी हिस्से का निर्माण करते थे। सभी मध्यवर्गीय अंग्रेजी लिख-बोल सकते थे और उन्हें स्कूली शिक्षा से आगे कुछ न कुछ उच्च शिक्षा अवश्य प्राप्त थी। शिक्षा के अतिरिक्त मध्य वर्ग में आमदनी भी विभिन्नता का एक आधार थी। इस सिलसिले में मध्य वर्ग के बीच कई उतार-चढ़ाव थे। उस जमाने की कीमतों और जरूरतों के लिहाज से 1,200 रुपए से लेकर 12,000 रुपए प्रति वर्ष की आमदनी मध्य वर्ग की सदस्यता दिलाने के लिए काफी थी। इन वस्तुगत मानकों के अलावा मध्य वर्ग के रवैये और चिंतन में एक तरह की समानता थी जो राष्ट्र और समाज के प्रति एक खास किस्म की समझ एवं कोरे निजी हितों के परे जा कर आदर्शवाद और ऊँचे उद्देश्यों की अनुभूति के रूप में सामने आती थी। कुल मिला कर यह वर्ग एक निश्चित वैचारिक खाँचे के प्रति वफादार था।

आमतौर पर माना जाता है कि संतुलन, किफायत और स्थिरता मध्य वर्ग की खास विशेषताएँ होती हैं। अरस्तू ने संभवतः सबसे पहले मध्य वर्ग की इन्हीं खूबियों को ध्यान में रखते हुए कहा था, 'सबसे अच्छे राजनीतिक समुदाय की रचना मध्य वर्ग के नागरिकों द्वारा की जाती है।' अरस्तू की दलील यह थी कि मध्य वर्ग गरीबों की तरह पड़ोसियों की संपत्ति पर लोलुप दृष्टि नहीं डालता और दूसरे भी उसकी संपत्ति के प्रति लिप्सा नहीं रखते। अरस्तू का ख्याल था कि जिस राज्य के नागरिकों की आर्थिक हैसियत मँझोले स्तर की होती है, वह एक सफल राज्य होता है। इससे साफ हो जाता है कि क्यों मध्य वर्ग ही इस विख्यात यूनानी दार्शनिक के विचारों को युगों-युगों से बिना किसी आलोचना के स्वीकार करता आ रहा है। लेकिन अरस्तू ने मध्य वर्ग के सकारात्मक गुणों के उभार के लिए उसके सबसे विशाल और मजबूत होने की शर्त भी रखी थी। समाज की एक संतुलनकारी शक्ति बनने के लिए उसे कम से कम संख्यात्मक रूप से मजबूत तो होना ही था। केवल तभी वह राज्य को सुशासित बनाने और गुटबाजी व असंतोष से मुक्त रखने में मददगार हो सकता था। लेकिन, 1947 के भारत में मध्य वर्ग आबादी का बहुत छोटा सा प्रतिशत ही था। उसके ऊपर मुट्ठी-भर बेहद अमीर पूँजीपति या सामंती तबके के सदस्य थे। उसके नीचे अधिकारहीन किसान और मजदूर जनता का विशाल समुदाय था। सवाल यह है कि इस परिस्थिति में आजादी से पहले कई दशकों तक अपने आकार के अनुपात से कहीं अधिक रंग-रुतबा रखने वाले इस वर्ग ने आजादी के फौरन बाद मान्यताओं की चिंता, सामाजिक संवेदनशीलता, आत्मसंयम और आदर्शवाद जैसे तत्त्वों को मिलाने वाला विचारधारात्मक विन्यास कहाँ से प्राप्त किया?

आजादी के पचास वर्षों में मध्य वर्ग के चिंतन और कार्यशैलियों में फर्क करने के लिए इस सवाल का जवाब हासिल करना जरूरी है। यह इसलिए और भी

जरूरी है ताकि उपनिवेशवाद के शिकंजे से हाल ही में मुक्त हुए, लेकिन आर्थिक-सामाजिक विषमताओं से भरे समाजों के अंतर्गत इस वर्ग की मनोदशा में गहराई से झाँका जा सके। इससे यह भी समझा जा सकता है कि सामाजिक संवेदनशीलता के संदर्भ में स्वदेशी परंपरा की विच्छिन्नता से पीड़ित और उपनिवेशवाद जैसे बाहरी दुश्मन के खिलाफ संघर्ष के अलावा किसी अन्य मुद्दे पर सामूहिक सक्रियता की क्षमता से वंचित इन समाजों को जैसे ही राजनीतिक आजादी मिलती है, वैसे ही इनका मध्य वर्ग अपनी परंपरागत सामान्य खूबियों के बावजूद अपने अंदर से आचरण का एक प्रतिमान विकसित करने में असफल क्यों हो जाता है। दरअसल, मध्य वर्ग को एक वैचारिक प्रतिबद्धता हासिल करने के लिए अपने दायरे से बाहर और अपने स्तर से ऊपर ऐसी ऊर्जावान विचारधारात्मक धरोहर से जुड़ना होता है जो उसे सम्मोहित रख सके। अगर ऐसी विरासत कहीं मौजूद है तो लिटमस कागज की तरह वह उसे सोख लेता है। और ऐसी विरासत की गैरमौजूदगी में तथा एक व्यापक व उदात्त लक्ष्य के संयतकारी प्रभाव के बिना इस वर्ग के सदस्यों के बीच आत्मतोष के लिए नए अवसरों को छीना-झपटी मच जाती है।

सौभाग्य से भारतीय मध्य वर्ग के लिए आजादी के आंदोलन ने एक शक्तिशाली नैतिक और बौद्धिक विरासत छोड़ी थी जो किसी राष्ट्रीय मुक्ति आंदोलन में सामान्यतः पाए जाने वाले उपनिवेशवाद-विरोध से अलग किस्म की थी। गाँधी और नेहरू की बरबस आकर्षित कर लेने वाली करिश्माई शख्सियतें इस विरासत की प्रतीक थीं। शिक्षित भारतवासियों को गाँधी नैतिकता के परम लक्ष्य के लिए प्रयासरत लगते थे। साधन को साध्य की भाँति ही महत्त्वपूर्ण मानने पर गाँधी के लगातार जोर और सार्वजनिक जीवन में पारदर्शिता के प्रश्न पर उनका अडिग आग्रह मध्य वर्ग द्वारा न केवल आजादी की लड़ाई के लिए बल्कि आजादी के बाद के भारत को चलाने के लिए भी अनिवार्य मान कर आत्मसात कर लिया गया था। नेहरू की दृष्टि में अतीत के पिछड़ेपन से मुक्ति और विज्ञान, तकनीक व उद्योगीकरण के आधार पर प्रगत्याकांक्षी भारत के विचार का आग्रह था। पश्चिमी तर्कणावाद और उदारतावाद की खुराक पर पला शहर-केंद्रित मध्य वर्ग 'राष्ट्र-निर्माण' के लिए अधीर था। उसने नेहरू के इस आग्रह को हाथों-हाथ लिया। साथ ही, गरीबों के लिए गाँधी और नेहरू के सरोकारों को भी मध्य वर्ग ने वंचितों के प्रति केवल जज्बाती जुड़ाव के रूप में न लेकर राज्य व समाज द्वारा उनकी समस्याओं को गहराई से समझने और दूर करने की जरूरत के रूप में समझा। हरिजनोत्थान के लिए गाँधी ने जीवन-भर प्रयास किया और खुद को वंचितों के साथ जोड़ा। इस तरह उन्होंने अंत्योदय के अपने प्रबल और अबाध आग्रह की सच्चाई को रेखांकित किया। नेहरू ने भी कांग्रेस के वामपंथी हिस्से के प्रवक्ता के रूप में स्वयं को दरिद्र किसानों और सर्वहाराओं की माँगों के साथ वैचारिक रूप

से जोड़ा और दावा किया कि एक आधुनिक और प्रगतिशील राष्ट्र के निर्माण के लिए इन वर्गों की समस्याओं का समाधान जरूरी है।

*

जाहिर था कि इस तरह के सोच का नतीजा अमीरी के भड़कीले प्रदर्शन को भौंडा मानने में निकलता। गाँधी के सादगी-भरे जीवन और कथनी व करनी की एकता ने मध्य वर्ग का मन मोह लिया। मध्य वर्ग के सदस्यों के लिए उनका महत्त्व अत्यंत सादगी का जीवन जीने वाले भारतीय महात्माओं जैसी हस्ती के रूप में तो था ही, लेकिन उसका अधिक महत्त्वपूर्ण असर भारत जैसे गरीब देश में भौतिक कामनाओं पर आत्मसंयम रखने के रूप में पड़ा। गाँधी के सादगीपूर्ण जीवन को वैसा का वैसा ही अपना लेने के बजाय मध्य वर्ग ने सादा जीवन-उच्च विचार के उनके उसूल को आत्मसात कर लिया। गाँधी को श्रद्धा की भावना से इसलिए देखा गया क्योंकि उनमें गरीबों जैसा जीवन जीने का साहस था, और कुलीन वर्ग से आए नायक नेहरू को इसलिए सराहा गया कि उन्होंने ऊँचे तबके के आरामतलब व सुविधाभोगी जीवन को बड़ी आसानी से त्याग दिया था। मध्य वर्ग के कुछ ही सदस्यों ने नियमित चर्खा कातने और खादी के वस्त्रों को अपनाया, लेकिन खादी से जुड़ी पवित्रता और सादगी ने उसे यह संदेश तो दे ही दिया कि भारत जैसे गरीब देश के संदर्भ में भद्दी व असंगत लगने वाली धनी वर्ग की खर्चीली जीवन-शैली पर संयम रखना जरूरी है।

एक तरफ चर्खा, खादी और स्वदेशी आंदोलन था और दूसरी तरफ उपनिवेशवाद में अंतर्निहित आर्थिक परनिर्भरता और शोषण। आज भले ही आत्मनिर्भरता को ज्यादा महत्त्व न दिया जाता हो, लेकिन इस संघर्ष ने नवस्वतंत्र भारत में आत्मनिर्भरता के लक्ष्य को स्वाभाविक वरीयता प्रदान कर दी। कुटीर उद्योगों पर जोर और अपने पैरों पर खड़े ग्राम-समुदाय से जुड़ी गाँधी की आर्थिक विचारधारा में अतीत के पशुचारी समाज की झलक होने के बावजूद मध्य वर्ग ने उस पर ध्यान दिया। लेकिन, इससे कहीं ज्यादा दिलचस्पी उसने राष्ट्र-निर्माण संबंधी नेहरू की दृष्टि में दिखाई। इसके अनुसार बाहरी दबावों के सामने न झुकने वाले जागरूक भारत का निर्माण होना था और एक जमाने से सुप्त पड़ी स्वदेशी ऊर्जा के आधार पर आधुनिकता और उद्योगीकरण की तरफ कदम बढ़ाना था। आजादी की लड़ाई की यादें उस समय तक ताजा थीं। राजनीतिक मकसद से इस्तेमाल होते-होते अपनी गरिमा खो देने वाला देशभक्ति का नारा तब लोगों को प्रभावित करता था। आत्मनिर्भरता के उसूल को आर्थिक मायनों में ही नहीं, बल्कि विदेशी दबाव के आगे न झुकने के राजनीतिक अर्थ में भी एक वैध नीतिगत

प्रतिमान के तौर पर स्वीकार कर लिया गया था ताकि आजाद भारत अपने पैरों पर खड़ा हो सके।

गाँधी और नेहरू से मध्य वर्ग ने एक और संदेश प्राप्त किया— सांप्रदायिक सहिष्णुता का संदेश। यद्यपि गाँधी धर्म में अपनी आस्था को कभी नहीं छिपाते थे और उनके लेखन व सार्वजनिक वक्तव्यों में धार्मिक प्रतीकों का अक्सर इस्तेमाल होता रहता था, लेकिन उनकी विश्वजनीन उदारता एवं सभी धर्मों का आदर करने की प्रवृत्ति में किसी को तनिक भी संदेह नहीं था। वे सच्चे हृदय से मानते थे कि हिंदू और मुसलमान शांति और मैत्री के साथ साथ-साथ रह सकते हैं। विभाजन के पहले और बाद में सांप्रदायिक भावनाओं के शमन के लिए किए गए उनके गहन प्रयासों ने सांप्रदायिक एकता की संभावनाओं को जिलाए रखा। वैसे तो नेहरू गाँधी के परामर्श पर चलते थे, लेकिन उनके विपरीत वे प्रचलित अर्थों में धार्मिक नहीं थे। उनका नजरिया आधुनिकता और तर्कणावाद से प्रेरित था। वे धार्मिक प्रतीकवाद व विधि-विधानों से कतराते थे। उनका ख्याल था कि धर्म साधारण व्यवहार के स्तर पर कट्टरता, पूर्वग्रह और तंग नजरिये को पैदा करता है और ये बातें बुनियादी तौर पर प्रगतिशील भारत के निर्माण व वैज्ञानिक नजरिया विकसित करने के लक्ष्य के खिलाफ जाती हैं। नेहरू की धर्मेतर आधुनिकता और गाँधी की उदार धार्मिक आस्था सांप्रदायिकता के विरोध के बुनियादी धरातल पर आ कर मिल जाती थीं। मध्य वर्ग ने इन दोनों नजरियों से थोड़ा-थोड़ा ले कर सांप्रदायिकता-विरोध के विचार को ग्रहण कर लिया। इस वर्ग के सदस्य गाँधी द्वारा धर्म के क्षेत्र को दी गई मान्यता से अप्रसन्न नहीं थे, लेकिन अन्य भारतवासियों की तरह वे सांप्रदायिक एकता की गाँधी द्वारा वकालत से भी काफी प्रभावित थे। हालाँकि संगठित धर्म की सामाजिक भूमिका के बारे में नेहरू के कठोर रवैये से पूरी तरह तालमेल बैठा पाने में मध्य वर्ग को दिक्कत होती थी, लेकिन वह इस दलील को मानने के लिए तैयार था कि एक आधुनिक और प्रगतिशील राज्य को खड़ा करना किसी भी धर्म से कहीं अधिक महत्त्वपूर्ण है।

गाँधी और नेहरू के नजरिये सैद्धांतिक रूप से परस्पर विरोधी थे। इस मतभेद को दोनों नेता मानते भी थे। खासकर नेहरू ने तो अपनी आत्मकथा और अन्य रचनाओं में बड़ी साफगोई से इसका विश्लेषण भी किया। दोनों नेताओं के विचारों के बीच अंतर उनके आपसी पत्राचार में भी काफी झलकता है। लेकिन, स्वतंत्रता आंदोलन के आखिरी दौर में सत्ता-हस्तांतरण संबंधी समझौतावार्ताओं की व्यस्तता, विभाजन के जज्बाती बोझ और आजादी मिलने की खुशी ने इन मतभेदों को पृष्ठभूमि में डालने में मदद की। इसके अलावा एक बात यह भी थी कि नेहरू गाँधी के प्रति अपने प्रेम और उनमें अंधश्रद्धा की सार्वजनिक घोषणाओं के बारे में वास्तव में गंभीर थे। उधर गाँधी भी नेहरू के प्रति अपने स्नेह और सराहना को खुल कर व्यक्त करते थे। मध्य वर्ग के अधिकांश लोगों को दोनों नेताओं के

मतभेदों की बारीकियों की न तो जानकारी थी और न ही उनमें कोई प्रकट रुचि। गाँधी और नेहरू की कथनी और करनी से मध्य वर्ग ने एक मिले-जुले वैचारिक विन्यास को ग्रहण किया जिसके कुछ प्रमुख तत्त्वों को संक्षेप में इस प्रकार पेश किया जा सकता है:

(अ) समाज में नैतिकता और सार्वजनिक जीवन में शुचिता की भूमिका; राजनीति और आदर्शवाद के संबंध को मान्यता।

(ब) पश्चिमी अर्थों में आधुनिक, तर्कसंगत और वैज्ञानिक नजरिये से संपन्न उद्योगीकृत भारत के निर्माण में आस्था।

(स) गरीबों के प्रति सामाजिक संवेदनशीलता; और यह आग्रह कि राज्य और समाज को उसके उत्थान के लिए काम करना चाहिए।

(द) अमीरी के भड़कीले प्रदर्शन के प्रति संकोच; इसे भारत जैसे गरीब देश के लिए अनुपयुक्त और भद्दा मानना।

(ध) भारत की अंतर्निहित आर्थिक क्षमता में विश्वास व्यक्त करते हुए आत्मनिर्भरता के लक्ष्य को मान्यता तथा बाह्य दबावों के सामने न झुकने की राजनीतिक क्षमता प्राप्त करने की इच्छा।

(न) धार्मिक मतभेदों से परे जा कर धर्मनिरपेक्ष राज्य में आस्था।

गाँधी-नेहरू विचार-परंपरा के इस सार को ग्रहण करने के अलावा कुछ अन्य पहलुओं ने भी मध्य वर्ग की विचारधारा का निर्माण करने में भूमिका निभाई। सबसे पहली बात तो यह थी कि मध्य वर्ग 1947 की आजादी को एक वास्तविक जनांदोलन का परिणाम मानता था। स्वरूप और अभिव्यक्ति में जनांदोलन जैसा लगने के बावजूद नेहरू अपनी ईमानदारी और बौद्धिक पकड़ के कारण स्वतंत्रता आंदोलन की मध्य और उच्चवर्गीय दिशा को स्पष्ट करने में सक्षम थे। मध्य वर्ग के पास कुल मिला कर ऐसी समझ और अंतर्दृष्टि नहीं थी। फिर, उसके लिए यह सुविधाजनक भी था क्योंकि आजादी के आंदोलन को जनता के सभी वर्गों के आंदोलन के रूप में पेश करने से उन आस्थाओं और कार्यक्रमों को वैधता मिल सकती थी जिन्हें मध्यवर्गीय हितों के मुताबिक गढ़ा गया था और जिनका लाभ आजादी के बाद मुख्य तौर पर इसी वर्ग को मिलने वाला था।

मध्य वर्ग के चिंतन और रवैये को पुष्ट करने में भारतीय मुक्ति संघर्ष को सबसे अलग तरह का मानने की धारणा भी शामिल थी। वैसे तो यह संघर्ष कई मायनों में विलक्षण था भी, क्योंकि दुनिया का सबसे ताकतवर औपनिवेशिक साम्राज्य एक अहिंसक आंदोलन के हाथों पराजित हो गया था। ऊपर से यह जीत शत्रु के प्रति घृणा की भावना के प्रसार के बिना स्वतंत्रता और समता के सार्वभौमिक उसूलों के आधार पर हासिल की गई थी। जाहिर है कि इससे एक

पहले से ही न्यायपूर्ण उद्देश्य को ऊँचा नैतिक आयाम और मिल गया। औसत मध्यवर्गीय भारतीय नैतिकता के इस प्रभामंडल से अपनी छवि चमकाने के मामले में दो कदम आगे रहते थे। इस प्रभामंडल ने मध्य वर्ग के विचारों और अभिमतों में एक तरह के दंभ और नैतिक श्रेष्ठता की ग्रंथि का समावेश कर दिया जिससे विदेशी प्रेक्षकों को अक्सर काफी अरुचि होती थी। बहरहाल, इस प्रवृत्ति के कारण मध्य वर्ग सार्वजनिक जीवन में नैतिकता की भूमिका को स्वीकार करता रहा और आजादी के फौरन बाद के सालों में यह बात देश के लिए फायदेमंद साबित हुई।

मध्य वर्ग ने भारत के अतीत को रोमानी ढंग से देख कर अपने चिंतन को एक खास आयाम दिया। किसी गंभीर अध्ययन या विश्लेषण के आधार पर उसने यह राय नहीं बनाई थी। इसकी बुनियाद में तो उस मिथकीय अतीत से गौरवान्वित होने की भावनाएँ निहित थीं जिसके अनुसार (अपमानजनक गुलामी से पहले) इस धरती पर दूध-दही की नदियाँ बहती थीं, सांस्कृतिक समृद्धि अपने शिखर पर थी और यह देश नैतिक रूप से जागरूक व राजनीतिक रूप से शक्तिशाली था। मध्य वर्ग को यकीन था कि इसी गौरवपूर्ण अतीत के प्रभाव से भारत को सार्वजनिक जीवन में ईमानदारी, हिंसा के स्वैच्छिक त्याग, धार्मिक सहिष्णुता और लोकतांत्रिक भागीदारी की पुष्ट परंपराएँ मिली हैं। इस ऐतिहासिक समझ को कल्पित करने में निश्चित रूप से गाँधी द्वारा रामराज्य की स्थापना के आह्वान का भी योगदान था। अतीतोन्मुखता का असर इतना गहरा था कि नेहरू तक अपनी सचेत बौद्धिकता के बावजूद इन जज्बातों में बहने से खुद को नहीं रोक पाए। उन्होंने लिखा, 'उसके घायल शरीर में अभी भी एक तेजस्वी आत्मा के दर्शन किए जा सकते थे। युगों-युगों से जारी इस सफर के दौरान उसने न जाने कितना ज्ञान प्राप्त किया है, अजनबियों के साथ आदान-प्रदान किया है, उन्हें अपने विशाल परिवार में शामिल किया है और उत्थान व पतन के दिन देखे हैं....लेकिन इस लंबी यात्रा में उसने अपनी अतिप्राचीन संस्कृति का दामन कभी नहीं छोड़ा, उसी से शक्ति और जीवन प्राप्त किया और उसमें अन्य देशों को भी साझीदार बनाया।'[5] अतीतोन्मुखता के असर से कुछ-कुछ मदहोश हो कर नेहरू अपने देश का मानवीकरण करने का लोभ संवरण नहीं कर पाए: 'देश ने भारतमाता के रूप में एक सुंदर, बेहद पुरातन लेकिन चिरयुवा महिला का रूप ले लिया....।'[6] येन-केन-प्रकारेण अहिंसा को अतीत की देन बताने का प्रयास भी किया गया। गाँधी की दुनिया में इतिहाससम्मत होने के बजाय आस्थावान होने का ज्यादा महत्त्व था, लेकिन दूसरों ने अशोक जैसे कुछ ऐतिहासिक व्यक्तित्वों को उनके शांतिवादी सिद्धांतों के कारण चुन कर उभारा और अन्यों को भुला दिया। ताज्जुब की बात यह थी कि ऐतिहासिक शक्तियों के वस्तुगत विश्लेषण में यकीन करने वाले नेहरू ने भी निष्कर्ष निकाला: 'इतिहास में कभी भी प्राचीन भारतीय आदर्शों ने राजनीतिक और सैनिक विजय का महिमागान नहीं किया और धन व धन कमाने वाले व्यवसायी वर्ग को हमेशा

नीची निगाह से देखा।"[17]

अतीत के महिमामंडन के प्रति मध्य वर्ग के जज्बाती रुझान के संभवतः सबसे परिष्कृत उदाहरण नेहरू थे। यहाँ मध्य वर्ग के वैचारिक विन्यास को विश्लेषित करने के सिलसिले में हमारी रुचि उसे पुष्ट करने वाले ऐतिहासिक प्रमाणों में कम और उससे जुड़ी आस्थाओं और उनके प्रभाव में ज्यादा है। भारत की गुजरी हुई महानता में यकीन एक शिक्षित मध्यवर्गीय भारतीय को निकट अतीत से पल्ला छुड़ा कर प्राचीन भारत के आदर्शीकरण में विश्वास और आश्वासन प्राप्त करने की क्षमता से लैस कर देता था। वर्तमान से अतीत में लगाई गई इस हनुमान-कूद के जरिये मध्य वर्ग अतीत की महानता को फिर हासिल करने की इच्छा से ओत-प्रोत हो जाता था और इस तरह राष्ट्रीय प्रगति की अपनी आकांक्षा को बलवती कर लेता था। खास बात यह थी कि इस प्रयास में उसे अपनी भूमिका की प्रमुखता अपने आप दिखाई दे जाती थी। जाहिर है कि वह शिक्षित था और सांस्कृतिक विषयों में पारंगत न होते हुए भी उनके बारे में जानकारी रखने का दावा करता था। सबसे बड़ी बात तो यह थी कि वह अतीत की विरासत और उसके आह्वान की आवश्यकता के प्रति सचेत था। उसने मान लिया था कि भारत के अतीत का प्रमुख प्रवक्ता होने का उसका दावा एकदम वैध है और उसके इस व्याख्यात्मक एकाधिकार के पुनर्मूल्यांकन अथवा उस पर सवाल उठाने की कोई खास जरूरत भी नहीं है।

अतीत को आदर्श बना कर उसे मान्यता देने का अर्थ यह कदापि नहीं था कि आधुनिकता और प्रगति को ठुकरा दिया जाता या उनकी प्राप्ति के प्रयासों को मंद कर दिया जाता। दरअसल, मध्य वर्ग की वफादारी इन दोनों विचारों के प्रति कभी कम नहीं हुई। उसके लिए अतीत का गौरव और आधुनिकता का आग्रह अंतर्विरोधी नहीं था; उसके परिप्रेक्ष्य में दोनों के लिए गुंजाइश थी। इस परिप्रेक्ष्य के अनुसार मध्य वर्ग अतीत का आह्वान उसकी हूबहू प्रतिकृति बनाने के लिए न करके वर्तमान द्वारा प्रदत्त अवसरों की मदद से प्राचीन युग की भव्यता और प्रतिष्ठा की पुनर्स्थापना के लिए करना चाहता था।

मध्य वर्ग के चिंतन का चौथा पहलू था संसदीय लोकतंत्र में एक तरह का स्वयंसिद्ध विश्वास। वह भारतीय राज्यतंत्र की रचना इसी ब्रिटिश नमूने के आधार पर करने का इच्छुक था। इसमें कोई ताज्जुब की बात नहीं थी। हम पहले ही देख चुके हैं कि किस प्रकार उदारतावाद और लोकतंत्र के पश्चिमी मूल्य मध्य वर्ग के रोम-रोम से रिसते रहते थे। वह अंग्रेजों के औपनिवेशिक रूप का विरोधी था, लेकिन सभी लोकतंत्रों के जनक के रूप में वह ब्रिटेन को सराहता था। वह एक राष्ट्र के रूप में ब्रिटेन की उपलब्धियों का भी प्रशंसक था। विशेष तरह की शिक्षा और प्रभाव के तहत उसने जिस शासन प्रणाली को सर्वश्रेष्ठ मान लिया था, उसका विकल्प खोजने का न उसके पास कोई अवसर था और न ही रुचि। उसकी

बौद्धिकता जनसाधारण से कटी हुई थी।

स्वतंत्रता-प्राप्ति के समय इन्हीं सब तत्त्वों ने मिल कर भारतीय मध्य वर्ग को वैचारिक विन्यास प्रदान किया। इस विन्यास के सभी तत्त्व एक-दूसरे के साथ पूरी तरह से एकताबद्ध नहीं थे। इसकी एक मिसाल तो यह थी कि पराधीनता से पहले के भारत से गौरवान्वित होने के आग्रह में सांप्रदायिकता के बीजाणु मौजूद थे। बहरहाल, इन खामियों के बावजूद इस वैचारिक विन्यास और खास कर गाँधी-नेहरू की विरासत से लिए गए इसके पहलुओं की मदद से मध्य वर्ग को राष्ट्र-निर्माण की प्रेरणा मिली। उसके आशावाद और आदर्शवाद का स्रोत यही था। महत्त्वपूर्ण बात यह थी कि मध्य वर्ग को इस माध्यम से एक विचारधारा, एक दृष्टि और एक आवाज मिल गई। उसे लगा कि वह केवल आत्मतोष के लिए ही नहीं, बल्कि किसी व्यापक लक्ष्य और उद्देश्य के लिए काम कर रहा है। इसका अर्थ यह नहीं है कि इस विचारधारा के कारण मध्य वर्ग ने अपना स्वार्थ पूरी तरह त्याग दिया था। किसी भी समाज के किसी भी वर्ग के संदर्भ में ऐसा दावा या ऐसी आशा अव्यावहारिक ही समझी जानी चाहिए। विचारधारा के असर से मध्य वर्ग का वह नैसर्गिक रुझान कुछ संयत हो गया था जो किसी बड़े उद्देश्य के अभाव में उसे भौतिक कामनाओं के गर्त में ही झोंक देता। इस दौर में स्वतंत्रता आंदोलन से निकले नेहरू व अन्य करिश्माई और सम्माननीय नेताओं के साथ विचारधारा का संयोग हो जाना भी मध्य वर्ग के लिए बहुत महत्त्वपूर्ण साबित हुआ। अपनी फौरी आवश्यकताओं से ऊपर उठ कर नजरिया बनाने के लिए मध्य वर्ग को या तो ऐसी विचारधारा चाहिए थी जो उसके निजी हितों के योगफल के अलावा भी कुछ और हो या फिर ऐसा आदरणीय नेता चाहिए था जिसमें वह विश्वास व्यक्त कर सके। 1947 से पहले के वर्षों में मध्य वर्ग के पास ये दोनों चीजें थीं, लेकिन आजादी के बीस वर्ष बाद ही उसे इन दोनों की तलाश करने की जरूरत महसूस होने लगी। आगे के विश्लेषण में हम इस तथ्य पर विचार करेंगे।

आखिर इस वैचारिक विन्यास ने मध्य वर्ग की जीवन शैली कैसे प्रभावित की और उसे किस साँचे में ढाला? केवल ऊपरी तौर पर मध्य वर्ग के रहन-सहन को देख कर इस सवाल का जवाब देना कठिन ही है क्योंकि 1947 के बाद उसके रोजमर्रा के रहन-सहन में कोई खास परिवर्तन नहीं हुआ था। नौकरशाही के अंदर मुट्ठी-भर आई. सी. एस. अफसर मध्यवर्गीय आकांक्षाओं के शिखर का प्रतिनिधित्व करते थे। वे ही आचरण के मानक खड़े करते थे। निजी क्षेत्र के प्रबंधन में वरिष्ठ पदों पर काम करने वाले भारतवासियों को भी उपलब्धियों के मामले में अनुकरणीय माना जाता था। ये लोग जानी-मानी ब्रिटिश फर्मों में कार्यरत थे जिसके कारपोरेट मुख्यालय कलकत्ता और अन्य भारतीय महानगरों में थे। जिले अथवा परगने के प्रशासन का इंचार्ज युवा आई. सी. एस. अफसर अब भी औपनिवेशिक शान के साथ रहता था। उसकी ताबेदारी में प्रायः आधा दर्जन से

ज्यादा नौकर रहते थे— रसोइया, बैरा, चपरासी, ड्राइवर, माली, आया, भिश्ती, भंगी और धोबी के दम पर उसकी शान-ओ-शौकत चलती थी। ये कर्मचारी उसके विशाल बंगले में नौकरों के लिए बने हुए छोटे-छोटे कमरेनुमा घरों मे रहते थे। उसका यह बंगला सिविल लाइंस नामक उन अपेक्षाकृत साफ-सुथरी बस्तियों में होता था जो अंग्रेजों ने भूरे साहबों को ठसा-ठस भरे पुराने शहरों की भीड़-भाड़ और हंगामे से बचाने के लिए कम आबादी वाले इलाकों में बनवाई थीं। शाम बिताने के लिए वह भूरा साहब आफीसर्स क्लब में जाता था जहाँ उसे अपने ही जैसे अन्य अधिकारियों की सोहबत नसीब हो जाती थी। उसकी तनख्वाह चार सौ रुपए के आस-पास होती थी जो उस मंदे के जमाने के लिहाज से खासी थी।

आई. सी. एस. को विभिन्न सरकारी सेवाओं में देवतुल्य दर्जा प्राप्त था। उससे नीचे के वरिष्ठ सरकारी पदों पर कार्यरत अधिकारी कुछ घटे हुए स्तर का लेकिन लगभग वैसा ही जीवन गुजारते थे। आई. सी. एस. की उत्तराधिकारी भारतीय प्रशासनिक सेवा में प्रवेश करने वाले नए अफसर को प्रशिक्षण के समय ही अपने कमरे में एक बैरे की सेवाएँ मिलती थीं जो 'छोटी हाजिरी' बजाते हुए घुड़सवारी सीखने वाली उसकी पोशाक को जर्राक-बुर्राक रखता था। जाहिर था कि इच्छित जीवन शैली के लिए जरूरी सुविधाओं में कम-ज्यादा और पैमाने का फर्क था, लेकिन सरकार के ऊपरी हलकों द्वारा स्थापित किए गए रहन-सहन के मानक संपूर्ण मध्य वर्ग की आकांक्षाओं के लिए एक संदर्भ-बिंदु बन गए थे। जो लोग सरकारी सेवा में नहीं थे, लेकिन जिनकी आमदनी जरूरत के मुताबिक थी, उन्होंने भी इन बड़े बाबुओं जैसा ही रहन-सहन अपना कर कई अर्थों में वैसा ही सामाजिक रुतबा प्राप्त कर लिया था। इस अंग्रेजीदाँ माहौल के सबसे कट्टर अनुपालक तो कलकत्ता के निजी क्षेत्र में काम करने वाले भारतीय प्रबंधक थे। वे 1947 के बाद भी कई वर्षों तक ब्रिटिश मुख्य कार्यकारी अधिकारियों के हाव-भाव और जीवन-शैली की नकल करने को ही प्रगति का मानक समझते रहे।

मध्य वर्ग के व्यवहार को अधिक संपूर्ण समझ प्राप्त करने के लिए हमें औपनिवेशिक रहन-सहन से परे जा कर उसके जीवन में झाँकना होगा। हमें देखना होगा कि उसकी विचारधारात्मक विरासत ने उसके दैनंदिन जीवन, प्राथमिकताओं और प्रवृत्तियों को किस प्रकार प्रभावित किया। इस तथ्य का विवेचन ऊपर किया जा चुका है कि मध्य वर्ग समाज में नैतिकता की भूमिका को स्वीकार करता था। यहाँ नैतिकता से तात्पर्य उसके किसी विशुद्ध अथवा संकीर्ण अर्थों से न होकर सामान्यतः स्वीकृत उस नैतिक मानदंड से है जिस पर निजी और सार्वजनिक जीवन में खरे उतरने की अपेक्षा की जाती है। मसलन, अफसर से उम्मीद की जाती थी कि वह निजी लाभ के लालच में नहीं फँसेगा और ईमानदाराना परामर्श देगा। न्यायाधीश से उम्मीद की जाती थी कि वह वकीलों से एक निश्चित दूरी बनाए रखेगा ताकि न केवल अपेक्षित निष्पक्षता का प्रदर्शन हो, बल्कि उसे कायम भी

रखा जा सके। इसी तरह एक वकील से अपने मुवक्किलों के प्रति ईमानदार होने और प्रतिवादी से साज-बाज न करने की आशा की जाती थी। अध्यापक के लिए कसौटी यह थी कि वह अपने छात्रों का केवल योग्यता के आधार पर मूल्यांकन करे और छात्र की कसौटी धन-बल अथवा माँ-बाप के रंग-रुतबे का इस्तेमाल किए बिना केवल अध्ययन-मनन पर निर्भर रहने की थी।

ये हैं कुछ मिसालें जिनसे पता चलता है कि उस समय सही और गलत को कैसे परिभाषित किया जाता था। अपवाद भी थे, लेकिन महत्त्वपूर्ण बात यह थी कि उन्हें न तो नियम माना जाता था और न ही बनने दिया जाता था, बल्कि उनकी सामाजिक भर्त्सना ही होती थी। मध्य वर्ग ने अपने दायरे से बाहर और विशेषकर अपने ऊपर के वर्गों को भी इन्हीं नैतिक कसौटियों पर कसा। यह एक उल्लेखनीय परिघटना थी। इसके अनुसार राजनेता की सफलता का पैमाना उसके द्वारा अर्जित धन या सत्ता न होकर सार्वजनिक जीवन में उसकी निजी शुचिता समझी जाती थी। उल्टे-सीधे हथकंडों को अपनाने के लिए मशहूर धनी उद्योगपतियों को भी अच्छी निगाह से नहीं देखा जाता था। मध्य वर्ग के इन नैतिक आग्रहों के बीच समाज की एक स्वाभाविक गति भी थी जिसके अनुसार व्यापारी अफसरों को पटाने की हर संभव कोशिश करते थे। फर्क यह था कि व्यापारी के तोहफे को वरिष्ठ अफसर अक्सर वापस कर देते थे या फिर सद्भावना के तौर पर सिर्फ दो-तीन फलों अथवा मिठाइयों को ही स्वीकार करते थे। वैसे, उस जमाने में तोहफों के जरिये अफसरों को अपने पक्ष में करने की घटनाएँ भी अपवाद ही थीं। तोहफे केवल खास मौकों पर ही दिए जाते थे और वे ज्यादा महँगे भी नहीं होते थे।

सामाजिक अन्योन्यक्रिया के इन मानकों के साथ एक और पहलू जुड़ा था: भौतिक कामनाओं पर सचेत संयम की प्रवृत्ति। निस्संदेह, उस जमाने में धन का प्रवाह और उसके भोग के अवसर आज के मुकाबले बहुत कम थे। लेकिन ऐसा नहीं था कि जो अवसर थे उन्हें प्राप्त करने की कोशिश न की जाती हो। पश्चिम के कुछ प्रेक्षकों का ख्याल है कि अपनी आध्यात्मिक प्रकृति के कारण भारतीय लोग आर्थिक समृद्धि के लालच से ऊपर उठ जाते हैं। भारत के बुद्धिजीवियों का एक हिस्सा इस सहज सामान्यीकरण को खुशी-खुशी स्वीकार भी कर लेता है। इसके उलट उस जमाने की आम मान्यता यह थी कि धनी वर्ग उचित सीमा के अंदर अपनी समृद्धि भोगने का अधिकारी है। मध्य वर्ग समृद्धि का विरोधी न होते हुए भी अपनी प्राथमिकताओं को भिन्न ढंग से तय करता था। वह बच्चों के लिए अच्छी शिक्षा, पौष्टिक भोजन, समुचित पारिवारिक मूल्य और एक अनाडम्बरपूर्ण लेकिन सभी बुनियादी सुविधाओं से पूर्ण जीवन उपलब्ध करने में ज्यादा दिलचस्पी रखता था। वह शिक्षा और विशेष तौर पर उच्च शिक्षा को बहुत महत्त्व देता था। यह आग्रह मध्य वर्ग को अपनी परंपरा से मिला था। उसकी ऐतिहासिक स्मृति में अभी भी यह तथ्य बार-बार कौंधता था कि शिक्षा के जरिये मिले अवसरों ने ही

कभी उसका निर्माण किया था। आजादी प्राप्त होने और प्रगति व उद्योगीकरण संबंधी नेहरू की दृष्टि के कारण उसे काफी उम्मीदें थीं कि अच्छी शिक्षा प्राप्त लोगों के लिए अवसरों की संख्या कई गुना बढ़ने वाली है। चिकित्सा और इंजीनियरिंग की डिग्रियों का आज की ही तरह महत्त्व था। लेकिन उस जमाने में खास बात यह थी कि ज्ञान के इन नवीन क्षेत्रों में कदम रखने और आधुनिक भारत के निर्माण में नया योगदान करने में बड़े आनंद की अनुभूति होती थी।

उन दिनों खुशी हासिल करना आज के मुकाबले आसान था। मनोरंजन में ज्यादा खर्चा नहीं होता था। कभी-कभी सिनेमा हाल जा कर पूरे परिवार के साथ फिल्म देख लेना मनोरंजन की पराकाष्ठा माना जाता था। न टेलीविजन था, और न ही वीडियो रिकार्डर। रेडियो था, लेकिन ट्रांजिस्टर उस समय तक नहीं आया था। फिल्में लोकप्रिय थीं, लेकिन उनके गीत कहीं ज्यादा लोकप्रिय थे। हिंदी फिल्मी गीतों की *बिनाका गीतमाला* हर बुधवार को प्रसारित होती थी और उसे बिना नागा सुना जाता था। बड़े अखबार कुछ ही थे और पत्रिकाओं की संख्या और भी कम थी। अंग्रेजी की पत्रिका द *इलस्ट्रेटिड वीकली आफ इंडिया* के अखिल भारतीय वर्चस्व को कोई चुनौती नहीं थी। पारिवारिक रिश्ते आज के मुकाबले कहीं मजबूत थे। उनके कारण कभी-कभी दमघोंटू अहसास अवश्य सताता था, लेकिन अधिकांशतः वे भी जीवन में आनंद और सहयोग का समावेश ही करते थे।

इन हालात में आर्थिक समृद्धि के प्रयासों का एक व्यापकतर सामाजिक चिंतन में सन्निवेश हो जाता था। इससे केवल सुविधाभोग के लक्ष्य को आज की तरह आक्रामक प्राथमिकता नहीं मिल पाती थी। जल्दी से जल्दी और ज्यादा से ज्यादा हासिल कर लेने की उद्दाम कामना समाज पर छायी हुई नहीं थी। अधिक खुशहाल परिवार भी अपनी समृद्धि के प्रदर्शन से परहेज करते थे। उन्हें डर रहता था कि इसे संस्कारहीनता समझा जाएगा। दरअसल, उन दिनों केवल भौतिक उपलब्धियों के दम पर टिके लोगों को कुछ नीची निगाह से ही देखा जाता था। भौतिक समृद्धि को संतुलित करने वाली सामाजिक प्रतिष्ठा और आदर जैसी धारणाओं को सामाजिक मूल्यों के पैमाने पर ऊँचा दर्जा मिला हुआ था। प्रतिष्ठा और आदर का सीधा ताल्लुक व्यक्ति की संपत्ति से कम और उसके काम और उसकी सामाजिक उपलब्धि से ज्यादा था। धनार्जन करने में लगे रहना उतना अनिवार्य नहीं था जितना जरूरी था भारत जैसे गरीब देश में भौतिक प्रदर्शन पर संयम रखने के संस्कारगत परिष्कार और उससे बनने वाली छवि। यही था वह आदर्श जो समाज ने सीधे गाँधी, नेहरू और स्वतंत्रता आंदोलन से ग्रहण किया था।

निजी तुष्टीकरण के परे जा कर जीवन में सार्थकता और उद्देश्य देख सकने वाली प्रवृत्ति गरीबों के प्रति सामाजिक संवेदनशीलता का स्रोत थी। यह और बात है कि इसके कारण संपत्ति-त्याग जैसे नाटकीय परिणाम यदा-कदा ही निकलते थे और न ही उसके प्रभाव में लोग समाज सेवा में कूद पड़ते थे। दरअसल, मध्य वर्ग

अपने आर्थिक हितों में किसी भी तरह की कटौती करने का दृढ़तापूर्वक विरोधी था। आत्मगत रूप से मध्यवर्गीय विश्व-दृष्टि अपने चिंतन में नैतिक सरोकारों और यथार्थ के धरातल पर करने योग्य बातों का संगम थी। आर्थिक हितों की सुरक्षा इस विश्व-दृष्टि का आधार वाक्य थी। इसके बावजूद उसमें गरीबों की समस्याओं का समाधान जरूरी समझने वाला विश्वास भी शामिल था। आगे चलकर इसमें एक नया आयाम जुड़ा। गरीबों के प्रति सरोकार केवल निजी प्रतिबद्धता का मामला नहीं रह गया बल्कि राज्य को उनका प्रमुख हितैषी समझा जाने लगा। हालाँकि यह नया आयाम मध्य वर्ग के लिए सुविधाजनक भी था। राज्य द्वारा गरीबों की जिम्मेदारी उठा लेने के बाद मध्य वर्ग को इसके लिए किसी प्रकार के त्याग की जरूरत नहीं थी। वह राज्य के नाम पर अपनी जिम्मेदारी से कतरा सकता था।

आयात पर पाबंदियाँ थीं और आत्मनिर्भरता पर जोर होने के कारण लुभावनी उपभोक्ता वस्तुएँ आसानी से उपलब्ध नहीं थीं। अगर तनख्वाहें कुछ बेहतर होतीं और कराधान का स्तर थोड़ा नीचे होता तो शायद मध्य वर्ग का जीवन और खुशहाल हो सकता था। लेकिन, कुल मिलाकर इस वर्ग को विरासत में जो जीवन मिला था, वह पूरी तरह उसकी कल्पनाओं के मुताबिक न होते हुए भी किसी असुविधाजनक उथल-पुथल के बिना चल रहा था। चूँकि जीवन शैली में परिवर्तन करने के लिए किसी किस्म का दबाव नहीं था, इसलिए गरीबों के प्रति चिंता और जागरूकता अधिकांशतः उनकी तकलीफों के बारे में एक तरह की पितृसुलभ चिंता के रूप में व्यक्त होती थी। राज्य के प्रकट समाजवादी उद्देश्यों के कारण मध्य वर्ग कहीं-कहीं यह भी समझता था कि या तो सरकारी नौकरी के जरिये, या कर चुका कर या दोनों के जरिये वह राज्य की कल्याणकारी नीतियों में योगदान कर रहा है। यहाँ उल्लेखनीय मुद्दा यह है कि आजादी के फौरन बाद के वर्षों में मध्य वर्ग को यकीन था कि गरीबों की तरफदारी करने का राज्य का आग्रह उचित और अनिवार्य है। मध्य वर्ग सिद्धांततः ही सही, लेकिन गरीब के हितों को अपने संकीर्ण लक्ष्यों के बाहर समायोजित करने के लिए तैयार था।

मध्य वर्ग का एक मकसद आधुनिकता की उपलब्धि करना था। संभवतः यह लक्ष्य उसके लिए सर्वाधिक सम्मोहक था, साथ ही सबसे जटिल और समस्याग्रस्त भी। नेहरूवादी अर्थों में 'आधुनिकता' का मतलब था अतीत की बेड़ियों को तोड़ कर तर्कणावादी (बुद्धिवादी) और वैज्ञानिक नजरिये को अपनाना। नेहरूवाद की मान्यता थी कि इस नजरिये से व्यक्ति में भविष्य के आधुनिक और प्रगतिशील भारत की संभावनाओं का लाभ उठाने की क्षमता आ जाएगी। उन दिनों तर्कणावादी व वैज्ञानिक नजरिये से लैस व्यक्ति की छवि 'नए मनुष्य' अथवा 'आधुनिक मनुष्य', 'नए राज्य के नागरिक', 'विज्ञान के युग के मनुष्य', 'औद्योगिक मनुष्य', इत्यादि[8] कई रूपों में थी। नेहरू ने अपनी एक पुस्तक में लिखा था, 'भारत को

अपने अधिकांश अतीत से पल्ला छुड़ा लेना चाहिए और उसे वर्तमान पर हावी होने की इजाजत नहीं देनी चाहिए। इस अतीत के सड़ चुके अंशों का बोझ हमारे जीवन पर लदा हुआ है। जो मर चुका है और अपना मकसद पूरा कर चुका है, उसे जाना ही चाहिए।'[9] विरोधाभास यह था कि ऐसे विचारों वाली नेहरू की इस पुस्तक का शीर्षक था *द डिस्कवरी ऑव इंडिया।* उस ज़माने के अन्य सामाजिक चिंतकों ने भी साफ तौर से नेहरू के सुर में सुर मिलाया। पचास के दशक में डी. के. रांगणेकर ने लिखाः 'युवा भारतवासियों को भौतिक प्रगति की तर्कपरक और वस्तुगत दृष्टि को समझना चाहिए। उनमें पारिवारिक रिश्तों से खुद को काटने, रीति-रिवाजों और परंपराओं का उल्लंघन करने, गौ-पूजा के ऊपर आर्थिक कल्याण को महत्त्व देने, चाँदी और सोने के जेवरों के बजाय कृषि और कारखाना उत्पादन के संदर्भ में सोचने, मंदिरों और समारोहों के बजाय औजारों और प्रशिक्षण पर खर्च करने, सवर्णों के साथ उपवास करने के बजाय अवर्णों के साथ काम करने, अतीत की बजाय भविष्य के बारे में चिंता करने, किस्मत का रोना रोने के बजाय भौतिक उपलब्धियों पर ध्यान केंद्रित करने की इच्छा और क्षमता होनी चाहिए।'[10] राज्य का नया-नया प्रचार तंत्र और लोकप्रिय जन-संचार माध्यम भी अतीत के साथ जुड़ी सामाजिक बुराइयों के खिलाफ अभियान चलाने में लगे हुए थे। *आवारा* जैसी फिल्में पुरानी व्यवस्था की श्रेणीबद्धता को ठुकराते हुए समता और समान अवसरों की आधुनिक धारणाओं को फैलाने में मदद कर रही थीं। *दो बीघा जमीन* और *सुजाता* जैसी फिल्मों के माध्यम से पतनशील सामंती व्यवस्था और जाति प्रथा में निहित ऊँच-नीच पर कठोर आघात किया जा रहा था।

समस्या यह थी कि आधुनिक मनुष्य और आधुनिक समाज की छवियाँ कितनी भी आकर्षक क्यों न हों, अतीत से मुक्ति पाना आसान नहीं था। उसमें पहली बाधा तो औपनिवेशिक शासन के अनुभव की थी। इसकी प्रकृति ही कुछ ऐसी थी कि अतीत एक आदर्श के रूप में स्मृति-पटल पर अंकित हो जाता था। स्वयं नेहरू ने भी इस समस्या को स्वीकार किया थाः 'उभरते हुए मध्य वर्गों में अपने महत्त्व के प्रति आश्वस्त होने एवं पराधीनता के कारण उत्पन्न कुंठा और अपमान के बोध का शमन करने के लिए कहीं न कहीं अपनी सांस्कृतिक जड़ों से जुड़े रहने की इच्छा थी।'[11] हम देख चुके हैं कि अपनी तमाम समाज सेवा और दृष्टिकोण की आधुनिकता के बावजूद, नेहरू और गाँधी दोनों ही अतीत को रोमानी निगाह से देखते थे। विशेषकर, नेहरू ने तो अतीत के मृत बोझ के बारे में ही नहीं, उसकी शानदार विरासतों के बारे में काफी लिखा और बोला था। तार्किक दृष्टि से उनका यह रवैया पूरी तरह असंगत नहीं लगता था क्योंकि अतीत में प्रशंसा लायक तत्त्व भी थे और आलोचना लायक भी। लेकिन, मध्य वर्ग के एक औसत सदस्य के लिए इस बौद्धिक बारीकी को पकड़ना मुश्किल था। वह इससे एक अस्पष्ट संदेश ग्रहण करता था और परिणामस्वरूप अनायास ही एक खंडित मानसिकता का शिकार हो

जाता था। यह खंडित मानसिकता सार्वजनिक जीवन में आधुनिकता को परियोजना को स्वीकार करती थी और निजी जीवन में इस अनुमोदन के खिलाफ जा कर रूढ़ियों और कर्मकांडों से चिपकी रहती थी।

इस द्वैध का एक कारण यह भी था कि समग्रतः भारतीय समाज आधुनिकता की परियोजना को पचाने के लिए पूरी तरह तैयार नहीं था। भारतीय समाज की स्थिति यूरोप से भिन्न थी। यूरोप में लोकतंत्र के आगमन के पहले राष्ट्रवाद का उभार हुआ था और राष्ट्रवाद से भी पहले एक मजबूत व स्वतंत्र राज्य स्थापित हो चुका था। कानून के प्रवर्त्तन तथा जनमानस में उसका सम्मान करने की परंपराएँ स्थापित हो चुकी थीं।[17] जाहिर था कि भारत में लोकतंत्र इस क्रम से नहीं आया। इतिहास की प्रक्रिया को छलाँग लगा कर लाँघ जाने से लोकतंत्र, तर्कणावाद और समतावाद सरीखे आधुनिकतावादी मूल्यों से प्रतिबद्ध लोगों का एक दायरा तो बन गया, लेकिन जल्दबाजी के कारण ये मूल्य किसी बड़े अथवा रूपांतरकारी बदलाव के लिए समाज के अंदर तक नहीं समा पाए। आधुनिकता के आदर्श का अनुमोदन टुकड़ों-टुकड़ों में किया गया जिसने कुछ विकृतियों को जन्म दिया। मसलन, अतीत की कई प्रथाओं और संस्थाओं की आधुनिकतावादी आलोचना के गंभीर अथवा वस्तुगत मूल्यांकन में बाधा पड़ी। साथ ही आधुनिकता-प्राप्ति की प्रत्यक्ष आकांक्षा के तले इन संस्थाओं और प्रथाओं को कायम भी रहने दिया गया।

विकृतियों का दूसरा उदाहरण था जाति प्रथा जिसे अतीत का पुरावशेष कह कर सिद्धांततः ठुकरा दिया गया। उसे मानवीय समता और सम्मान जैसे मानक मूल्यों का विरोधी मानते हुए समतामूलक समाज के प्रतिकूल माना गया। लेकिन, व्यावहारिक रूप से मध्य वर्ग अपने चरित्र में सवर्ण बना रहा। इक्का-दुक्का अतिपश्चिमीकृत लोगों को छोड़ कर धार्मिक विधि-विधान और विवाह संबंधी निर्णयों में जातिगत आग्रहों का पालन किया जाता रहा। संविधान की किताब में अनुसूचित जाति बन चुके अछूतों के प्रति मध्य वर्ग का रवैया उन्हें किसी तरह सहन करने या उनकी उपेक्षा करने के बीच झूलता रहता था। वह अनुसूचित जातियों के प्रति खुला वैरभाव इसलिए नहीं दिखा सकता था कि कहीं उसकी आधुनिकता पर प्रश्न-चिह्न न लग जाए, लेकिन निजी दुनिया में गाँधी के हरिजन अब भी उसके लिए चमार से ज्यादा कुछ नहीं थे। इस प्रवृत्ति के कुछ अपवाद भी थे, पर मध्य वर्ग की संपूर्ण व्यवहार शैली पर उनका कोई असर नहीं था। विचित्र बात यह थी कि जातिगत आग्रहों को न छोड़ने के साथ-साथ मध्य वर्ग गाँधी का हरिजनोत्थान के आंदोलन के लिए सम्मान भी करता था। वह कुछ इस तरह से सोचता था कि महात्माजी मध्य वर्ग के नाम पर अतिशूद्रों की भलाई के लिए पहले ही काफी कर चुके हैं, अब तो आजादी मिल चुकी है इसलिए वक्त गाँधीजी के महान कार्य की सराहना करते हुए सरकार चलाने के असली काम में जुट जाने का है। गाँधीजी द्वारा डाले गए नैतिक दबाव का लाभ इतना जरूर हुआ कि उससे

समाज की कठोरताएँ थोड़ी-बहुत पिघलीं और अनुसूचित जातियों को प्रोत्साहन देने की सरकारी नीति की खुल कर निंदा से परहेज किया गया। लेकिन, न तो गाँधी की नैतिकता और न ही आधुनिकता की आकांक्षा इस सामाजिक रवैये में गुणात्मक परिवर्तन के लिए दबाव बनाने में सहायक हुई। कारण था इन प्रवृत्तियों को पुष्ट करने वाले सामाजिक ढाँचे का तकरीबन वैसे का वैसा ही रहना।

1947 में सरकार चलाने की जिम्मेदारी जिस मध्यवर्गीय अभिजन को मिली, अतिशूद्र उसके अंग नहीं थे और उन अभिजनों पर अतिशूद्रों को इस दायरे में लाने के लिए कोई खास दबाव भी नहीं था। 1948 में गाँधी की मृत्यु हो गई थी और सामाजिक पुनर्रचना के मुद्दे को उठा कर हंगामा करने में सक्षम आंबेडकर पहले तो 'व्यावहारिक रूप से महात्मा और (उनकी) राष्ट्रीय उपस्थिति के कारण अनुकूल बन गए....' पर बाद में 'उनके राजनीतिक उत्तराधिकारी द्वारा हाशिये पर डाल दिए गए थे।'[13]

विचार और व्यवहार के इस अंतर्विरोध को पूरी तरह व्यक्त कर देने वाला एक उदाहरण देखिए। मशहूर पूँजीपति जमनालाल बजाज गाँधी के पक्के अनुयायी थे। उनकी पत्नी 1942 में विधवा होने के बाद अपने पति की भाँति गाँधी की भक्त बन गई। गाँधी के निधन के बाद उन्होंने उनके उत्तराधिकारी समझे जाने वाले विनोबा भावे की शरण ली। वेद मेहता ने अपनी पुस्तक *महात्मा गाँधी एंड हिज एपोस्टल्स* के लिए उनका साक्षात्कार लिया। श्रीमती बजाज ने उन्हें बताया, 'मैंने वर्षों विनोबाजी के साथ पदयात्रा की। हम प्रतिदिन दस से पंद्रह मील चलते थे और गरीबों के लिए भूमि माँगते थे। ठहरने की जगह प्रतिदिन बदलने से मुझे काफी परेशानी हुई क्योंकि मैं अपने हाथ के बने भोजन के अलावा कुछ और नहीं खाती थी। सब जानते हैं कि मुसलमानों और हरिजनों की आदतें कितनी गंदी होती हैं!' वेद मेहता ने देखा कि यह कहते-कहते पान चबाती हुई उस भद्र महिला ने पिच्च से थूक दिया।[14]

आधुनिकता के आदर्श और परंपरा के बंधन का द्विभाजन धार्मिक आस्थाओं की दुनिया में सबसे मुखर साबित हुआ। नेहरू धर्मनिरपेक्ष स्वभाव और धर्मनिरपेक्ष राज्य को 'आधुनिक' व्यक्ति और 'आधुनिक' समाज का अभिन्न अंग मानते थे। गाँधी ने धार्मिक सहिष्णुता की प्रेरणा सभी धर्मों के श्रेष्ठ तत्त्वों से ग्रहण की थी। इसलिए वे सांप्रदायिक एकता की सीख देते हुए भी सबसे ज्यादा धार्मिक रहते थे। नेहरू घोषित रूप से अज्ञेयवादी थे। उन्होंने अपनी आत्मकथा में स्वीकार किया है कि संगठित धर्म के दृश्यों से वे थरथरा उठते थे। अपनी अंतिम वसीयत में उन्होंने लिखा भी था, 'मैं अपनी समस्त निष्ठा से घोषित करना चाहता हूँ कि मृत्यु के बाद मेरा कोई धार्मिक क्रिया-कर्म न किया जाए। मैं ऐसे किसी क्रिया-कर्म में यकीन नहीं करता इसलिए उसके ऊपरी रूप को स्वीकार कर लेना पाखंड और अपने आपको धोखा देना होगा।'[15] औसत मध्यवर्गीय व्यक्ति के लिए नेहरू का यह रवैया

काफी अतिवादी था। मध्य वर्ग कमोबेश सांप्रदायिक दुश्मनी और संघर्ष के खिलाफ तो था, लेकिन वह अपने जीवन में धर्म की भूमिका को नेहरू की सीमा तक समाप्त कर देने के पक्ष में नहीं था। लेकिन, वह नेहरू के नेतृत्व में तैयार की गई सरकारी नीति को पक्षपात मानने के बाद भी धर्मनिरपेक्षता की नेहरूवादी परिभाषा को सार्वजनिक चुनौती देने का साहस नहीं जुटा पाता था। नतीजतन उसके जीवन पर इस सिलसिले में भी सार्वजनिक रूप से रेडिकल फतवेबाजी और निजी जीवन में समझौते का जटिल घालमेल छा जाता था। धर्मनिरपेक्षता के खुले अनुमोदन का अर्थ था धर्म में खुली रुचि दिखाने से परहेज करना। इस प्रवृत्ति के कारण धर्म के दायरे में आने वाली कई धर्मनिरपेक्ष अवधारणाओं का अनुसंधान नहीं किया जा सका। मिसाल के लिए हिंदू धर्म में ऐसी कई अवधारणाएँ हैं जिन्हें सार्वजनिक हित के लिए असांप्रदायिक ढंग से इस्तेमाल किया जा सकता था : सेवा की धारणा, धर्म यानी सद्-आचरण की धारणा, कर्म के कारणात्मक चक्र अर्थात अच्छे कर्मों के अच्छे फल मिलने के यकीन की धारणा, अर्थ को सर्वोच्च न बनाकर चार पुरुषार्थों में से एक मानने अर्थात भौतिक कामनाओं की पूर्ति के लिए प्रयासों को समर्पित करने की धारणा। भारत के अन्य प्रमुख धर्मों के अंदर भी ऐसे ही सामाजिक मूल्यों को पुष्ट करने वाली धारणाओं की शिनाख्त की जा सकती थी। परंतु, आधुनिकता के नेहरूवादी प्रतिमान में धर्म के किसी भी पहलू की गहराई से विवेचना करने का चलन नहीं था। वहाँ तो सिर्फ राज्य के समक्ष सभी धर्मों की समानता पर ही जोर दिया जाता था। हालांकि विभाजन के संत्रास से उबरते हुए नवजात राज्य-तंत्र के लिए इसका बड़ा भारी महत्त्व था, लेकिन दूसरी ओर यह रवैया धर्म-पालन की गतिविधियों को कुछ इस तरह से गोपनीय बना देता था मानो वे लोगों की निगाह अथवा सार्वजनिक बहस से दूर छिप कर की जाने वाली क्रियाएँ हों। नतीजा यह निकला कि कई तरह के अंधविश्वासों और पूर्वग्रहों को चुनौती नहीं दी जा सकी और मध्यवर्गीय घरों के एकांत में पुरानी परंपराओं और उनके विधि-विधानों को नियमित रूप से अपनाया जाता रहा। वैसे तो इसमें कुछ गलत नहीं था, लेकिन आधुनिकता की जरूरत तो धर्म के प्रभाव को लाँघ जाने की थी। मध्य वर्ग ने धार्मिक विधि-विधानों के आधारभूत दर्शन को जानने-समझने की कोई कोशिश नहीं की। अतीत के बंधन ने परंपरागत धार्मिक रिवाजों की निरंतरता सुनिश्चित की और आधुनिक बनने की आकांक्षा ने उन्हें केवल यांत्रिक कर्मकांडों तक सीमित कर दिया।

यह कहना कठिन है कि इस प्रक्रिया में सचेत पाखंड था या धूर्तता। लगता था कि अधिकांश शिक्षित भारतवासियों ने नेहरूवादी विचार और पारंपरिक रीति-रिवाजों के बीच की खाई को अनकही मान्यता दे दी थी। इसकी मिसाल तब मिली जब 1953 में इलाहाबाद में हुए विशेष कुंभ मेले में बड़ी संख्या में शिक्षित भारतवासियों ने भाग लिया। पवित्र जल में डुबकी लगा कर उन्होंने अपनी निजी

आस्था का पालन किया। वे धर्मनिरपेक्ष विचार की मुख्य धारा से भी जुड़े रहे और धार्मिक विधि-विधानों को बुद्धिवादी व वैज्ञानिक नजरिये का विरोधी भी मानते रहे। मध्य वर्ग की दुनिया में कुंभ-स्नान और धर्मनिरपेक्ष विचार, दोनों का सहअस्तित्व बना रहा। नेहरू ने भले ही अपने अज्ञेयवादी विचारों के कारण कुंभ मेले में भाग न लिया हो, लेकिन यह एक उल्लेखनीय तथ्य है कि अपनी वसीयत में स्पष्ट रूप से व्यक्त की गई इच्छाओं के बावजूद उनकी अंत्येष्टि वैदिक रीति से तथा पुजारियों के मंत्रोच्चार के बीच ही हुई।

सवाल यह है कि मध्य वर्ग क्या बनना चाहता था, वह अपने-आप को क्या समझता था और दरअसल वह था क्या? उसके भविष्य के आचरण को समझने के लिए इस प्रश्न का उत्तर जरूरी है। मंडल आयोग की रपट और धार्मिक पुनरुत्थानवाद के उभार से संबंधित उसके रवैये का विश्लेषण करने में भी इससे मदद मिल सकती है। इस बिंदु पर हमें परंपरा की निरंतरता और आधुनिकता के आकर्षण के बीच हुए छाया-युद्ध पर ध्यान देना होगा। चूँकि इन दोनों को दो भिन्न जीवन-शैलियों का प्रतिनिधि माना गया इसलिए इनमें अंतर्विरोध पैदा होना स्वाभाविक ही था। नेहरूवादी विचार आधुनिकता की जिस पश्चिमी अवधारणा से बेहद प्रभावित था, उसके प्रति मध्य वर्ग में काफी खिंचाव था। नेहरू के प्रभामंडल के कारण उनके विचार में संशोधन करने की हिम्मत नहीं जुटाई जा सकी, वरना कुछ स्वदेशी तत्त्वों का समावेश करके 'निरंतरता में परिवर्तन' का एक प्रामाणिक भारतीय मुहावरा विकसित किया जा सकता था। शिक्षित भारतीय की दुविधा तो और भी विकट थी। उसकी शिक्षा उसे नवीन विचारों के संपर्क में लाती थी, लेकिन वह पुराने विचारों को छोड़ नहीं पाता था। सामाजिक अन्योन्यक्रिया के कई क्षेत्रों में वह अपनी अस्मिता की रूपरेखा बनाने की कोशिश करता रहता था। पश्चिमी उदारतावादी विचारधारा के मुताबिक आधुनिकता का अर्थ था तर्कसंगत विश्लेषण करते हुए निजी और व्यावसायिक के बीच अंतर करने की क्षमता, काम के दौरान भावनाओं के भँवर में न फँसते हुए शांतचित्त हो कर दक्षता प्राप्त करने का प्रयास एवं गुटबाजी व पक्षपात से बचने की कोशिश। शिक्षित भारतीय की दुनिया में आधुनिकता के ये अर्थ परिवार, गोत्र, समुदाय और जाति के पारंपरिक सूत्रों में तिरोहित हो जाते थे। संयुक्त परिवार का बंधन भी काफी मजबूत था। नौकरी मिलने पर पुरुष सदस्य अपने पैतृक घर को पत्नी-बच्चों के साथ छोड़ तो देते थे, लेकिन संयुक्त परिवार की भावनात्मक पकड़ को वह भौगोलिक दूरी कमजोर नहीं कर पाती थी। 'छोटे (केवल पति-पत्नी और बच्चों वाले) परिवार का छोटापन केवल आवासीय ही' होता था। 'विधि-विधानों, गोत्रीय व वैवाहिक मामलों तथा संपत्ति के स्वामित्व व आर्थिक उत्तरदायित्व वहन करने के मामले में संयुक्त परिवार के तौर-तरीके ही कायम रखे जाते थे।'[16] हाल ही में हुए कुछ अध्ययनों से पता चला है कि संयुक्त परिवार और पारंपरिक जाति-आधारित

व्यवसायों ने पूँजी-निर्माण और बाजार के विकास में महत्त्वपूर्ण भूमिका निभाई है। इसके बावजूद मध्य वर्ग आम तौर पर संयुक्त परिवार को उसकी जिम्मेदारियों के बोझ और तरह-तरह के नियंत्रणों के कारण अतीत की संस्था मानता है और छोटे परिवार को अपेक्षाकृत अधिक स्वतंत्रता और निर्णय लेने की स्वायत्तता (पश्चिमी सामाजिक ढाँचे के मुताबिक) के कारण वर्तमान की संस्था का दर्जा देता है। आर्थिक परिवर्तनों के कारण संयुक्त परिवार प्रणाली की पुरानी बुनियाद अब निश्चित रूप से हिलने लगी है, लेकिन यह भी सच है कि अतीत और वर्तमान तथा पारंपरिक और आधुनिक की धूप-छाँह में खड़ा मध्य वर्ग दोनों का संश्लेषण कर सकने वाला एक प्रामाणिक सामाजिक प्रतिमान बनाने में नाकाम साबित हुआ है। इस असफलता का भविष्य पर गहरा असर पड़ना स्वाभाविक ही था।

✻

तथ्यों से साबित होता है कि आजादी के फौरन बाद निर्मित सरकारी नीतियों की दिशा मध्यवर्गीय हितों के अनुसार निर्धारित की गई थी। यह कोई सचेत या पूर्वनियोजित रणनीति नहीं थी। यह तो सरकारी नीतियों के निर्माण और उन्हें प्रभावित करने की प्रक्रिया में मध्य वर्ग की सर्वप्रमुख हैसियत का नतीजा थी। अगर इलजाम के तौर पर यह सवाल उठाया जाता तो मध्य वर्ग के लोग निश्चित तौर पर इस जिम्मेदारी से मुकर जाते, क्योंकि नेहरू के नेतृत्व में नए राज्य की नीतियाँ साफ तौर पर गरीबों और निचले तबके की बेहतरी के लिए बनाई गई लगती थीं। आजादी से पहले ही यह साफ हो चुका था। 20 जनवरी 1947 को संविधान सभा में बोलते हुए डॉ. सर्वपल्ली राधाकृष्णन ने दावा किया था: 'हम यहाँ किसी समुदाय विशेष या किसी खास सुविधाभोगी वर्ग के लिए कुछ नहीं माँग रहे हैं। हम तो यहाँ समस्त भारतीय जनता के हित में स्वराज स्थापित करने के लिए काम कर रहे हैं....हम तो इस देश के आम आदमी की बुनियादी आवश्यकताओं की वास्तविक पूर्ति के लिए यहाँ मौजूद हैं।'[17] इसी संविधान सभा में अपने पहले भाषण में नेहरू ने और भी बलपूर्वक कहा था: 'मैं समाजवाद का समर्थक हूँ और मुझे उम्मीद है कि भारत भी समाजवाद का पक्ष लेगा और समाजवादी राज्य का संविधान बनाने की तरफ बढ़ेगा। मुझे यह भी यकीन है कि दुनिया को भी यही रास्ता अपनाना होगा।'[18] मध्य वर्ग को इस विचार से आश्वस्ति और प्रेरणा प्राप्त हुई थी। राज्य द्वारा गरीबों के पक्ष में हस्तक्षेप करने की नीति की प्रामाणिकता पर उसे पूरा भरोसा था। सत्ता ग्रहण करने वाले अभिजनों को उस युग में काफी प्रतिष्ठा प्राप्त थी। आर्थिक विकास को प्रोत्साहन देने के लिए राज्य के हस्तक्षेप को समर्थन देने के मामले में मतभेद न के बराबर था। इस लक्ष्य के लिए राज्य संपत्तिशाली वर्ग

पर दबाव भी डालता था। वह लक्ष्यों और नीतियों को स्वायत्त हैसियत से सूत्रबद्ध करता था। लेकिन, राज्य की एक मजबूरी भी थी। वह 'संपत्तिशाली वर्ग के कहने अथवा उसके नाम पर ऐसा न करने के बावजूद नीतिगत ढाँचे और उस पर अमल की उन गंभीर सीमाओं को दरकिनार नहीं कर सकता था जो इन कार्यों के सुस्पष्ट हितों द्वारा उस पर आरोपित की गई थीं।'[19]

आस्था और व्यवहार एवं इरादे और असलियत के द्वंद्व में मध्य वर्ग को दो तरह से फायदा होता था। पहला राज्य की समाजवादी फतवेबाजी में यकीन के जरिये उसे किसी भी तरह के अपराधबोध अथवा मानवद्वेषी मानसिकता से मुक्ति मिल जाती थी और वह उन लोगों की कीमत पर अपना हित-साधन करता रह सकता था जिनके लिए नीतियाँ प्रकटतः बनाई गई थीं। दूसरे, समाजवादी फतवेबाजी उसे कम से कम चुनौती का सामना करते हुए फायदा उठाने का प्रयास करते रहने का आवरण प्रदान कर देती थी। भारत में शुरुआत से ही राज्य की भूमिका सर्वप्रमुख थी। वह न केवल प्रमुख नीति-निर्माता था वरन् सारा कार्यान्वयन भी उसी के माध्यम से होता था। राज्य के अधिकार नेहरू द्वारा नियोजित आर्थिक विकास की नीति अपनाने से और भी बढ़ गए। फिर, विकास का जो मॉडल अख्तियार किया गया, वह अर्थव्यवस्था और सामाजिक क्षेत्र में 'ऊपर से नीचे की तरफ' काम करने वाला था। राज्य के अधिकारों में वृद्धि के कारण इस प्रकार के मॉडल में भी निहित थे। 'एक गरीब देश के हस्तक्षेपकारी राज्य में राजसत्ता को नियंत्रित करने वालों के पास बहुत ज्यादा अधिकार होते हैं,'[20] और नवस्वतंत्र भारत में उच्च और मध्य वर्ग राजसत्ता की बागडोर सँभालने के लिए सबसे अनुकूल स्थिति में थे। सर्वशक्तिमान नौकरशाही पर उन्हीं के प्रतिनिधियों का कब्जा था। विधायिकाओं में उन्हें पूर्ण प्रतिनिधित्व प्राप्त था। उद्योग और व्यापार के शिखर पर वे ही थे। अपने विचार व्यक्त करने के लिए उनके पास समाचार माध्यम थे। देहात में अधिकांश जमीन उन्हीं के कब्जे में थी। इन्हीं सब कारणों से परिणाम यह निकला कि मध्य वर्ग ने राष्ट्रीय एजेंडे का अपहरण कर लिया। लेकिन, उसके सदस्य गरीबों के पक्ष में राज्य के झुकाव को ठीक भी मानते रहे।

मध्य वर्ग ने अपने हितों को सुरक्षित रखने अथवा उन्हें साधने के लिए राजकीय नीति के कार्यान्वयन को छिपे या खुले रूप से कैसे प्रभावित किया– इसके विस्तृत विवरण में जाने का न तो हमारा इरादा है और न ही यह विषय एक पुस्तक में समा सकता है। इसके लिए कुछ उदाहरण ही पर्याप्त होंगे। भूमिहीन व सीमांत किसानों की बहुसंख्या वाले एक कृषि-प्रधान देश होने के कारण सरकार की घोषित नीति ग्रामीण क्षेत्रों में संस्थागत सुधार करने की थी। इस नीति के मुख्य आयाम थे– भूमि का पुनर्वितरण एवं कृषि और सामुदायिक विकास में निवेश। परंतु, कांग्रेस और सरकार पर छाया हुआ धनी और मँझोला किसान वर्ग इस नीति का विरोधी था इसलिए 1955 में पारित जमींदारी उन्मूलन अधिनियम प्रभावी

साबित नहीं हो पाया। सरकारी आँकड़े दावा करते हैं कि 1961 तक जमींदारों का भूस्वामित्व 43 फीसदी से घट कर 8.5 फीसदी पर आ गया था, लेकिन 'नजदीक से देखने पर पूरा संदेह होता है कि देहाती इलाकों में इन आँकड़ों और सामाजिक यथार्थ के बीच अधिकांशतः हवाई संबंध ही तो नहीं हैं।'[21] सहकारी खेती संबंधी नेहरू के विचारों से उनकी पार्टी ही सहमत नहीं थी। नीति-निर्माताओं में भूमि हदबंदी करने पर आम सहमति थी ताकि अतिरिक्त भूमि को गरीब-भूमिहीन किसानों में बाँटा जा सके। लेकिन समस्या यह थी कि इस पर अमल केंद्र के हाथ में नहीं था। 'कृषि प्रदेशों की सूची का विषय थी, इसलिए केंद्रीय नेतृत्व केवल दिशा-निर्देश निर्धारित करके प्रदेश के नेताओं से भूमि हदबंदी करने व भूमि का पुनर्वितरण करने का आग्रह ही कर सकता था। प्रदेशों के कांग्रेसी नेतृत्व को ऐसे प्रस्तावों में कोई रुचि नहीं थी क्योंकि इनसे पार्टी के वे प्रमुख ग्रामीण समर्थक नाराज हो सकते थे जो अधिकांशतः भूस्वामी जातियों से ताल्लुक रखते थे। यही कारण था कि लगभग हर प्रदेश में भूमि हदबंदी कानून का कार्यान्वयन फर्जी साबित हुआ। भूमि पुनर्वितरण तो हुआ ही नहीं और अगर हुआ भी तो उन लोगों के लिए बड़ा दुर्भाग्यपूर्ण साबित हुआ जिन्हें बंजर, अनुर्वर अथवा बलुआ मिट्टी वाली जमीन दे दी गई थी और जिनके पास उस पर खेती के लिए कोई संसाधन भी नहीं थे।'[22]

पचास के दशक के मध्य में सामुदायिक विकास कार्यक्रम शुरू किया गया। यह भी ऐसे ही अंतर्विरोध का शिकार था। एक तरफ वंचितों के हितों से प्रेरित इरादे थे और दूसरी तरफ अपना हित न छोड़ने पर अड़े वर्ग-स्वार्थों का यथार्थ। सामुदायिक विकास कार्यक्रम का मकसद ग्राम समुदाय का लोकतंत्रीकरण करना था ताकि उसे आर्थिक विकास का प्रभावी माध्यम बनाया जा सके। शहरों में बैठे मध्यवर्गीय नौकरशाहों द्वारा तैयार किया गया यह कार्यक्रम कागजों पर आकर्षक लगता था। लेकिन, इसके जरिये जो भी वैकासिक सामग्री उपलब्ध की गई, उसका अधिकांश हिस्सा देहातों पर छाए सामाजिक समूहों ने हड़प लिया। इसके अलावा, कार्यक्रम के लिए आबंटित धनराशि भी अपर्याप्त थी। 1956 तक देहाती आबादी का केवल एक चौथाई ही इस कार्यक्रम के तहत आ पाया था। इसी वर्ष केंद्र सरकार में सामुदायिक विकास के लिए एक संपूर्ण मंत्रालय का गठन हुआ। यद्यपि पंचायती राज प्रणाली की अभिकल्पना सोच-समझ कर की गई थी, लेकिन इसके जरिये जिस लोकतांत्रिक स्थानीय शासन की शुरुआत की गई उसमें भी यही मर्ज घुन की तरह लगा हुआ था। नई प्रणाली के तहत 1959 से 1962 के बीच खंड विकास अधिकारियों की संख्या तीन गुनी हो गई। निम्न-वर्गीय स्तर पर देहातों में अफसरशाही का प्रसार हो गया। लेकिन, मौजूदा ग्रामीण सामाजिक ढाँचे में परिवर्तन के प्रश्न पर सरकारी मशीनरी बहुत फूँक-फूँक कर कदम उठाती रही। इस हालत पर एक दूरंदेश पेक्षक ने बड़ी साफगोई से टिप्पणी की है: 'संपत्ति के

संबंधों को बदले बिना गाँवों के लोकतांत्रिकीकरण के प्रयास को सिर्फ बेतुका ही करार दिया जा सकता है।'[23]

शहर-आधारित समाजवादियों की निगाह में ग्रामीण भारत का अर्थ सिर्फ मुट्ठी-भर धनी जमींदारों बनाम दरिद्र किसानों की विशाल संख्या के रूप में था। उन्हें गाँवों में मँझोले किसानों का संख्यात्मक रूप से कम लेकिन महत्त्वपूर्ण तबका नहीं दिखा। सच तो यह था कि नेहरू युग में बने काश्तकारी कानूनों और ग्रामीण क्षेत्रों के लिए सरकारी नीतियों पर हुए अमल के दौरान उठाए गए कदमों ने या तो छोटे जमींदारों का हित-साधन किया था या धनी किसानों का। किसानों के इस वर्ग की महत्त्वाकांक्षाएँ मध्यवर्गीय हैसियत और जीवन-शैली प्राप्त करने की थीं। लेकिन, इनके पूरे होने में अभी देर थी। स्वतंत्रता आंदोलन के बाद के शुरुआती वर्षों में खुशहाल मध्य वर्ग का स्वप्न काफी-कुछ शहरी किस्म का था। वह प्रगति के नेहरूवादी दृष्टिकोण के अनुसार उद्योग और तकनीक के क्षेत्र में आधुनिकता हासिल करना चाहता था। नेहरू ने आजादी से तकरीबन दस वर्ष पहले ही घोषित कर दिया था, 'आधुनिकतम तकनीकी उपलब्धियों पर आधारित आज की अर्थव्यवस्था को अनिवार्यतः प्रमुखता मिलनी ही चाहिए। अगर प्रौद्योगिकी आज की तरह भारी मात्रा में बड़ी मशीनों की माँग करती है तो उन्हें उनके समस्त परिणामों के साथ स्वीकार किया जाना चाहिए।'[24] इसी क्रम में नेहरू ने आजादी के बाद बड़े-बड़े कारखानों और संयंत्रों को आधुनिक भारत के नए मंदिरों की उपमा दी। उनका यह कथन शहर-केंद्रित मध्य वर्ग की भावनाओं को ही ध्वनित कर रहा था। यहाँ इस बात को समझना जरूरी है कि नेहरू का रवैया सचेत रूप से ग्राम-विरोधी नहीं था। दरअसल, उन दिनों आमतौर पर माना जाता था कि औद्योगिक प्रगति का लाभ प्रकारांतर से कृषि क्षेत्र को भी मिलेगा। हाँ, यह जरूर है कि मध्य वर्ग के अधिक मुखर और प्रभावशाली सदस्यों को ग्रामीण क्षेत्र में कुछ कम रुचि थी। उनकी इन्हीं प्राथमिकताओं ने सरकार की आर्थिक नीति को ढालने और दिशा देने में निर्णायक भूमिका निभाई। विकास की कुछ वैकल्पिक रणनीतियों की उपेक्षा करना भी इसका एक पहलू था। इन्हीं में से एक वैकल्पिक रणनीति 'सिंचाई, बाढ़-नियंत्रण, जल-निकास, जैव-अनुसंधान, कृषि संबंधी विस्तार, और लघु उद्योगों को प्रोत्साहन के माध्यम से गैर-खेतिहर रोजगार देने के लिए भारी मात्रा में सरकारी निवेश'[25] करना हो सकती थी। लेकिन, यह योजना मध्य वर्ग की शानदार योजनाओं से मेल नहीं खाती थी। वह तो नेहरू के चिंतन और पश्चिम के आर्थिक इतिहास के अनुसार पूँजी-प्रधानता वाले भारी उद्योगीकरण के पक्ष में था। उसे यकीन था कि इस ढंग से भारत जल्दी ही दुनिया की बड़ी आर्थिक शक्तियों में से एक हो जाएगा। दूसरे, मध्य वर्ग औपनिवेशिक अनुभव की स्मृतियों से भी पीड़ित था। उसका ख्याल था कि भारत की हार के पीछे ब्रिटेन की प्रौद्योगिकीय श्रेष्ठता ही थी। इन्हीं सब कारणों से उद्योगों के पक्ष में झुकी हुई अर्थनीति तैयार की गई

और कृषि को उपेक्षित किया गया। जिस देश में 80 प्रतिशत लोग देहातों में रहते हों और उनमें से भी ज्यादातर गरीब हों, उसमें खेती और सामुदायिक विकास के लिए पहली तीन पंचवर्षीय योजनाओं में कुल खर्च के 15 प्रतिशत से ज्यादा का प्रावधान नहीं किया गया। नीतियों और उन पर अमल की बुनियादी दिशा कुछ इस किस्म की थी कि 1960 के दशक तक 'बढ़ी हुई आमदनी और खर्चे का मुख्य लाभ आबादी के उच्च, मध्य और धनी तबकों को ही मिला। नीचे के चालीस फीसदी यानी लगभग सभी गरीबों को आर्थिक परिवर्तनों का कोई फायदा नहीं हुआ ....।'[26]

ग्रामीण आबादी की आवश्यकताओं पर ध्यान नहीं दिया गया, लेकिन राज्य नियंत्रित अर्थतंत्र की शहर-केंद्रित नीतियाँ नौकरीपेशा लोगों को अपने अनुकूल लगीं। 'परमिट-लाइसेंस-कोटा राज'[27] के चालक सूत्र उनके हाथ में थे। इस तबके ने 'इजारेदारी नियंत्रण, विदेशी मुद्रा विनियमन, औद्योगिक लाइसेंसिंग, ऋण और अन्य औद्योगिक सामग्री की राशनिंग के जरिये उद्योगपतियों को अपना मोहताज रखा और अपनी राजनीतिक ताकत व ऊपरी आमदनी को बढ़ाया।'[28] इस तंत्र के बने रहने में नौकरशाही का काफी निहित स्वार्थ था। स्थिति यह थी कि 'विभिन्न पेशों में संलग्न तबकों और शहरी बुद्धिजीवी वर्गों के कामयाब और राजनीतिक रूप से चतुर लोग अपने शिक्षित होने का तथा बड़े नौकरशाहों से संबंधों का खूब लाभ उठाते थे। इन संबंधों के कारण उन्हें शिक्षा, आवासन, विदेश यात्रा, दुर्लभ उपभोक्ता वस्तुओं और अपने व अपने बच्चों के लिए अच्छी नौकरियों के मामले में विशेष अवसर मिल जाते थे।'[29]

यद्यपि धनी किसान, जमे हुए उद्योगपति और व्यापारी अर्थतंत्र के समाजवादी पहलुओं से ज्यादा खुश नहीं थे, लेकिन उनके पास व्यवस्था को अपने पक्ष में मोड़ने के लिए आवश्यक हथकंडे और संसाधन थे। अक्सर उन्हें इस काम में नौकरशाहों की मदद भी मिल जाती थी। निजी क्षेत्र में छोटे स्तर पर उद्यमियों का एक वर्ग था जो फिलहाल अपने शैशव में होने के कारण प्रभावी नहीं था, हालाँकि सरकारी नीतियों के बावजूद उसकी आगामी संभावनाएँ उज्ज्वल थीं। आगे चल कर उसकी संख्या बढ़नी ही थी और उनके रूप में मध्य वर्ग को मुखर सदस्य मिलने थे। राजनेताओं, सरकारी नीतियों और मध्य वर्ग के मुखर सदस्यों के बीच मिल-जुल कर अधिकार भोगने के लिए एक सुविधाजनक तालमेल बन चुका था। इन उद्यमियों में फिलहाल इसे गड़बड़ाने की क्षमता नहीं थी।

शहरी मध्य वर्ग की प्रबल भागीदारी वाले इस गठजोड़ ने अन्य कई क्षेत्रों में भी सरकारी नीतियों को अपने पक्ष में मोड़ने में सफलता प्राप्त की। इससे उन वर्गों को स्थायी हानि हुई जिनका हित-साधन करने के लिए नीतियाँ बनाई गई थीं। स्वास्थ्य के क्षेत्र में यही हुआ।[30] शिक्षा नीति के साथ जो हुआ, उसे भी इस परिघटना का एक स्पष्ट उदाहरण माना जा सकता है। आजादी से पंद्रह साल पहले कांग्रेस की

अंतरिम सरकारों ने प्राथमिक शिक्षा के लिए एक योजना शुरू की थी। 1950 में बने आजाद भारत के संविधान के अनुच्छेद 45 के तहत चौदह साल तक के सभी बच्चों के लिए निःशुल्क और अनिवार्य शिक्षा का प्रावधान किया गया था। भारतीय मध्य वर्ग हमेशा से शिक्षा को बेहद महत्त्व देता था और इस प्रावधान को उसका समर्थन मिलना चाहिए था। लेकिन, असल में मध्य वर्ग उच्च शिक्षा का पैरोकार निकला, क्योंकि प्राथमिक शिक्षा तो उसे मिल ही चुकी थी। नीतिगत स्तर पर प्राथमिक शिक्षा पर बल जरूर दिया जाता रहा, लेकिन मध्य वर्ग के दबाव के कारण उच्च शिक्षा में भारी और नितांत अनुचित वृद्धि हुई। चूँकि संसाधन बहुत सीमित थे, इसलिए उच्च शिक्षा का विस्तार शिक्षा संबंधी अन्य प्राथमिकताओं की कीमत पर ही हो सकता था। यही कारण है कि आज भारत विश्वविद्यालयों और उच्च शिक्षा के अन्य संस्थानों में चीन के मुकाबले छः गुना अधिक छात्र भेजता है, परंतु उसकी लगभग आधे से ज्यादा आबादी निरक्षर है जबकि चीन में वयस्क साक्षरता की दर अस्सी फीसदी को छू रही है। यह कहना अनुचित नहीं होगा कि भारत में शिक्षा का असमान विकास भारतीय समाज की संरचना से सीधा जुड़ा हुआ था। 'शिक्षा में असमानता वास्तव में भारत के विभिन्न समूहों के आर्थिक और सामाजिक अधिकारों की असमानता का ही प्रतिबिंब' थी और शिक्षा संबंधी असमानताएँ सामाजिक असमानताओं का परिणाम थीं और उन्हें बनाए रखने में मदद भी करती'[31] थीं।

आज भारत में स्कूल जाना बंद कर चुके बच्चों की संख्या दुनिया में सबसे ज्यादा है और साथ ही उसके पास प्रशिक्षित और कुशल श्रमशक्ति का भी सबसे बड़ा भंडार है। ये प्रशिक्षित लोग ज्यादातर मध्यवर्गीय और शहरी पृष्ठभूमि के हैं। 1947 के बाद जिन प्रभावशाली लोगों ने शिक्षानीति का अपने फायदे के लिए दोहन किया था, वे ही इस हा-हाकारी द्विभाजन के जिम्मेदार समझे जाने चाहिए। उतना ही हा-हाकारी तथ्य यह है कि राज्य के समाजवादी रुझान के बावजूद, 'वंचित वर्गों, जातियों और गरीब सामाजिक समूहों के बच्चों की शिक्षा की उपेक्षा की गई और फिर भी इसने राजनीतिक रूप से विस्फोटक सामाजिक घोटाले का रूप नहीं लिया। अगर प्रभावशाली लोगों को यह उपेक्षा झेलनी पड़ती तो निस्संदेह यह एक बड़ा घोटाला बन जाता।'[32] यहाँ यह दलील भी मानने योग्य लगती है कि भारत के शिक्षित अभिजन प्राथमिक शिक्षा की उपेक्षा को कहीं न कहीं अपने लिए एक सुअवसर भी मानते थे, क्योंकि इससे उनका अपना 'अलभ्यता-महत्त्व' बढ़ जाता था। ऐसी ही परिस्थिति के बारे में कहा गया है: 'निरक्षर अथवा प्राथमिक शिक्षा के स्तर पर स्कूल छोड़ चुकी बहुसंख्या वाले देश में शिक्षित अभिजन अपने पढ़े-लिखे होने और विभिन्न व्यवसायों में संलग्न होने का लाभ उठाते हैं। शिक्षा संबंधी निवेश की दिशा आम जनता की ओर से हटा कर वे अपनी अलभ्यता के मूल्य को बनाए रखते हैं....।'[33] यह और बात है कि समय के

साथ मध्यवर्गीय लाभार्थियों की संख्या इतनी बढ़ी कि पहले से कहीं अधिक उच्च शिक्षा संस्थान भी उनकी जरूरतों को पूरा नहीं कर पाए। नतीजा यह निकला कि जल्दी ही शिक्षा की गुणवत्ता को केवल डिग्री हासिल करने की इच्छा ने प्रतिस्थापित कर दिया। इस प्रकार शिक्षा संबंधी प्राथमिकताओं की विकृति के कारण एक तरफ प्राथमिक शिक्षा की उपेक्षा हुई और दूसरी तरफ कुछ वर्षों में ही उच्च शिक्षा का भी अवमूल्यन हो गया।

कुछ अत्यंत प्रतिष्ठित संस्थानों को छोड़कर अन्य उच्च शिक्षा संस्थानों में अध्यापन और प्रशिक्षण का स्तर गिरता चला गया। इस तथ्य पर नजर डालने से हमें मध्य वर्ग के आगामी क्रम-विकास को समझने में मदद मिल सकती है। भारतीय विश्वविद्यालय किसी जमाने में अपने प्राध्यापक वर्ग और छात्रों के मामले में मध्य वर्ग के सर्वश्रेष्ठ तत्त्वों के गढ़ थे। मध्य वर्ग प्राक् और उत्तर-औपनिवेशिक भारत के बीच शैक्षिक परंपराओं की निरंतरता का प्रतिनिधि था, इसलिए उसने 1947 से पहले के पाठ्यक्रमों के आलोचनात्मक मूल्यांकन की जरूरत को गंभीरता से नहीं लिया। उसे पढ़ाई के अंत में डिग्री चाहिए थी जिससे नौकरी मिलने की संभावना बनती थी। आजादी के पहले बीस वर्षों में ही अध्यापन और अध्ययन के स्तर में गिरावट दिखने लगी। इस संदर्भ में एशियाई विकास को हमदर्दी की निगाह से देखने वाले एक विद्वान की टिप्पणी उद्धृत करने का लोभ संवरण करना मुश्किल है क्योंकि दक्षिण एशिया के बारे में उनकी यह राय भारत पर विशेष रूप से सही ठहरती है। यह टिप्पणी 60 के दशक में एशियाई देशों के वैकासिक नाटक के बारे में रचे गए उस विद्वान के मशहूर ग्रंथ से ही ली गई है:

> दक्षिण एशियाई विश्वविद्यालयों के औसत छात्र की अविवेचनात्मक प्रवृत्ति को वहाँ आने वाला कोई भी पश्चिमी प्रेक्षक महसूस किए बिना नहीं रह सकता; वह छात्र उम्मीद करता है कि उसे प्रोफेसरों और पाठ्य-पुस्तकों से (जिनके प्रायः कुछ ही पृष्ठ पढ़ने के लिए निर्धारित होते है) आवश्यक ज्ञान प्राप्त हो जाएगा। जो भी पढ़ाया जाता है उसे वह सिर्फ सुनने, पढ़ने और रटने के अलावा और कोई भी बौद्धिक प्रयास किए बगैर स्वीकार कर लेता है। अपनी इस आज्ञाकारिता के विपरीत वह परीक्षा देने में लगने वाले किसी अनावश्यक परिश्रम के प्रति असंतोष व्यक्त करने के लिए तत्पर रहता है। उसमें इस बात की भी आक्रामक चेतना होती है कि विश्वविद्यालय के छात्र के रूप में वह एक अभिजन समूह का सदस्य या तो है या बन जाएगा....दक्षिण एशियाई विद्यालयों में हर स्तर पर स्वतंत्र चिंतन और विकास के लिए आवश्यक जिज्ञासु और प्रयोगधर्मी बौद्धिक प्रवृत्तियों को हतोत्साहित किया जाता है। परीक्षा में उत्तीर्ण होना तथा डिग्री प्राप्त करके

आगे के स्कूलों में भर्ती होना ही शिक्षण का उद्देश्य होता है। डिग्री प्राप्त करना ही लक्ष्य बन जाता है, न कि वह ज्ञान और कौशल, जिसे डिग्री प्रमाणित करती है।[34]

ऐसी शिक्षा प्रणाली मध्य वर्गों की जरूरत तो पूरी करती थी, लेकिन एक औसत मध्यवर्गीय व्यक्ति को रचनात्मकता के विकास तथा उसे कुछ मानकों व बौद्धिकता से संपन्न नागरिक बनाने के लिए नाकाफी थी। दरअसल, मध्य वर्ग को आगामी प्रतिक्रियाओं और व्यवहार को समझने और विश्लेषित करने के संदर्भ में इस शिक्षा प्रणाली की भूमिका महत्त्वपूर्ण है।

भारत के पास आज व्यावहारिक रूप से अपनी कोई राष्ट्र-भाषा नहीं है। हमें इस गौरव से वंचित करने की जिम्मेदारी मध्य वर्ग और विशेष तौर पर सरकार में नीति-निर्माण से जुड़े उसके सदस्यों पर डाली जानी चाहिए। एक खास किस्म के अंग्रेजी ज्ञान को सामाजिक अलगाव के अत्यंत पक्षपातपूर्ण औजार में बदल लेने की जिम्मेदारी भी उन्हीं लोगों की है। आजाद भारत के लिए राष्ट्र-भाषा का प्रश्न काफी जटिल किस्म का था और इस पर संविधान सभा में बड़ी गर्मा-गर्म बहस हुई थी। कांग्रेस 1925 में ही प्रस्ताव पास कर चुकी थी कि वह अपनी कार्यवाही हिंदुस्तानी में चलाने की हर संभव कोशिश करेगी। लेकिन, स्वतंत्रता आंदोलन के सर्वभारतीय नेतृत्व की भाषाई प्राथमिकताओं के कारण इस प्रस्ताव पर नहीं के बराबर ही अमल हो पाया और अंग्रेजी कांग्रेस की आधिकारिक भाषा बनी रही। संविधान सभा में भाषा के प्रश्न पर हुई बहस ने हिंदी और हिंदुस्तानी के उत्तर भारतीय समर्थकों व दक्षिण भारतवासियों के बीच मतभेदों को उभार दिया। दक्षिण के सदस्य इस प्रश्न पर बीच का रास्ता निकालने के पक्ष में थे। संविधान सभा के अध्यक्ष डा. राजेंद्र प्रसाद ने समस्या को स्पष्ट करते हुए कहा था, 'हमारी भावनाएं जो भी हों लेकिन हमें मानना होगा कि संविधान का मसविदा बनाने वाले अधिकांश लोग हिंदी के बजाय अंग्रेजी में स्वयं को ज्यादा अच्छे ढंग से व्यक्त कर सकते हैं।'[35] कई अंतरिम मसविदों और बहस-मुबाहिसे के बाद समझौता निकला। देवनागरी लिपि में लिखी जाने वाली हिंदी को संघ की आधिकारिक भाषा माना गया और अंग्रेजी को संविधान पारित होने से पहले की ही भाँति आगे के 15 वर्षों के लिए राज-काज की भाषा के रूप में इस्तेमाल करने पर रजामंदी हो गई। यह भी प्रावधान कर दिया गया कि अगर जरूरत हुई तो संसद कानून बनाकर अंग्रेजी के इस्तेमाल की अवधि 15 वर्ष से और आगे बढ़ा देगी।

संविधान-निर्माताओं का इरादा बिल्कुल साफ था : वे राष्ट्रभाषा के रूप में हिंदी के लिए रास्ता साफ करने हेतु अंग्रेजी का प्रयोग उत्तरोत्तर कम से कम करते चले जाना चाहते थे। ऐसा करने के लिए अनुच्छेद 351 के तहत नीति-निर्देश भी तैयार किए गए थे: 'संघ का यह कर्त्तव्य होगा कि वह हिंदी भाषा का प्रसार बढ़ाए,

उसका विकास करे ताकि वह भारत की सामासिक संस्कृति के सभी तत्त्वों की अभिव्यक्ति का माध्यम बन सके और उसकी प्रतिभा में हस्तक्षेप किए बिना हिंदुस्तानी के और आठवीं सूची में विनिर्दिष्ट भारत की अन्य भाषाओं के प्रयुक्त रूपों, शैलियों और पदों को आत्मसात करते हुए और जहाँ आवश्यक या वांछनीय हो, वहाँ उसके शब्द-भंडार के लिए मुख्यतः संस्कृत से और गौणतः अन्य भाषाओं से शब्द ग्रहण करते हुए उसकी समृद्धि सुनिश्चित करे।'

संघ प्रशासन व प्रदेशों के प्रशासन में उच्च पदों पर मध्य वर्ग के अंग्रेजी-भाषी बैठे थे और सशस्त्र सेनाओं व कारपोरेट क्षेत्र में भी उनके समर्थकों का बोलबाला था। इस तबके का इरादा असल में कुछ और था। वे संविधान के प्रावधानों पर अमल करने के मामले में गंभीर नहीं थे। वे अंग्रेजी का बर्ताव करने के अभ्यस्त हो चुके थे। उनमें से कई तो अंग्रेजी की खातिर अपनी मातृभाषा तक को छोड़ चुके थे। इन लोगों की पीठ पर नेहरू का हाथ था। नेहरू के लिए अंग्रेजी मातृभाषा की तरह थी और वे इसे ईमानदारी से स्वीकार भी करते थे। 1947 के तुरंत बाद देशभक्ति की भावनाओं के उफान व आजादी के आंदोलन की उत्साहजनक स्मृतियों के माहौल में राष्ट्रभाषा का हित साधन करने वाले कदम उठाए जा सकते थे। लेकिन, या तो इन कदमों की उपेक्षा की गई या उन्हें गंभीरता से लागू ही नहीं किया गया। कुछ वर्षों बाद भाषाई उग्रवाद का विस्फोट हुआ। इसे पहले ही शांत किया जा सकता था बशर्ते शुरू से इस समस्या पर कल्पनाशीलता के साथ ध्यान दिया जाता। इस पूरे मामले में कुटिल इरादों का खेल भी देखा जा सकता है और यह तर्क भी दिया जा सकता है कि भाषाई आधार पर राज्यों के पुनर्गठन के मसले पर हुए टकराव से भी उन लोगों को लाभ हुआ जो अंग्रेजी को हटाने के लक्ष्य से कभी सहमत नहीं थे।

अंग्रेजी बोलने वाले इस प्रभु वर्ग के सदस्य सारे देश में फैले हुए थे। वे स्वयं को आधुनिक भारत का निर्माता, राष्ट्रीय परिप्रेक्ष्य का वाहक और एकता-अखंडता का रक्षक मानने की अहंमन्यता से ग्रस्त रहते थे। आगे चल कर हिंदी-समर्थकों के अतिउत्साह ने भाषाई नीति के कार्यान्वयन को और मुश्किल बना दिया। लेकिन, यह भी सही है कि प्रभावशाली नौकरशाहों ने अपने राजनीतिक आकाओं के साथ नापाक गठजोड़ करके दोनों पक्षों के भाषाई उग्रवाद को नीतिगत पहलकदमी के जरिए प्रभावहीन करने की न के बराबर कोशिश की। अपनी फाइलों को अंग्रेजी में निपटाने के अभ्यस्त और हिंदी की न्यूनतम या अपर्याप्त जानकारी रखने वालों को अनुच्छेद 351 के निर्देशों को लागू करने में कोई फायदा नजर नहीं आता था। वे एक कारगर त्रिभाषा सूत्र बनाने में सिर खपाने के लिए तैयार नहीं थे और न ही उन्हें अहिंदी राज्यों में हिंदी के अध्यापन के लिए अनुदानों के आबंटन व उनके सदुपयोग को सुनिश्चित करने में कोई रुचि थी।

अंग्रेजी के समर्थकों में इस मुद्दे पर पूरी एकता थी कि हिंदी के विकास के लिए नियुक्त विशेषज्ञ अपनी 'संकीर्णता' के कारण उसे एक ऐसी कठिन भाषा बनाए दे रहे हैं जिसे बोलना बहुत मुश्किल होगा। यह आलोचना उचित तो थी, लेकिन इसके पीछे इरादा गलत था। मौलाना अबुल कलाम आज़ाद जैसे नेताओं ने हिंदुस्तानी को अपनाने के लिए जोरदार दलील दी थी, लेकिन उनका मकसद हिंदी के आधे-अधूरे विकास का नहीं था। वे तो उत्तर भारत में आम आदमी द्वारा बोली जाने वाली भाषा के जरिये हिंदी और उर्दू को और समृद्ध करना चाहते थे। इसके उलट अंग्रेजी बोलने वाला उच्च-मध्य वर्ग हिंदी-उर्दू के बेहतरीन मिश्रण के पक्ष में न हो कर रुग्णता की हद तक एक ऐसी सरलीकृत भाषा का तरफदार था जिसे वह आसानी से समझ सके। उसकी माँग एकतरफा थी। वह भाषा के सृजनात्मक विस्तार और उसकी संरचना को समृद्ध बनाने के बजाय उसका केवल सरलीकरण चाहता था। इस वर्ग को यह भी नहीं लगता था कि अपनी संस्कृति और विरासत पर गर्व करने वाले नवस्वतंत्र देश के लिए ऐसी माँग कितनी अपमानजनक हो सकती है। सोचने की बात यह थी कि अगर कोई प्रभावशाली समूह अंग्रेजी की शब्दावली को सायास घटाने की दलील देने लगे तो इंग्लैंड में (अथवा भारत के भूरे साहबों के बीच) इसकी क्या प्रतिक्रिया होगी? शताब्दियों से विकसित हो रही हिंदी के पास परिष्कृत और विस्तृत शब्दावली थी। उसे केवल अंग्रेजी सीख चुके लोगों की खातिर विकलांग नहीं बनाया जा सकता था। क्षेत्रीय भाषाओं के साथ भी यही सुलूक हुआ। शासक वर्ग द्वारा अंग्रेजी को प्राथमिकता देने के कारण इन भाषाओं का विकास भी रोका गया। जबकि होना यह चाहिए था कि उत्तर-औपनिवेशिक भारत में समग्र नीति के एक महत्त्वपूर्ण अंग के रूप में हिंदी और क्षेत्रीय भाषाओं के विकास को महत्त्व दिया जाता और इसके लिए पर्याप्त राजनीतिक इच्छाशक्ति प्रदर्शित की जाती। अंग्रेजी के जारी रहने को राष्ट्रहित में बताना कुछ और नहीं बल्कि एक प्रमुख तबके के स्वार्थ को विचारधारा का आवरण देने की कोशिश भर था। आखिर आबादी के एक फीसदी से भी कम लोगों द्वारा बोली जाने वाली भाषा राष्ट्रीय एकता की वाहक कैसे हो सकती थी? ऐसा केवल एक ही स्थिति में हो सकता था कि इन एक फीसदी लोगों के हाथ में ही देश की सत्ता होती और वे अपने हितों के सीमित परिप्रेक्ष्य के आधार पर ही राष्ट्रहित की व्याख्या करते।

सच तो यह है कि अंग्रेजी सामाजिक अलगाव का औजार बन गई। भारतीय मध्य वर्ग के शीर्ष पर बैठे लोगों ने भाषाई भेद-भाव का नेतृत्व किया और बाकी भारत उसका शिकार बना या उसी भेदभाव में शामिल होने का आकांक्षी। सही उच्चारण, प्रवाह और लहजे के साथ अंग्रेजी बोलने की

क्षमता शासक वर्ग में प्रवेश का पासपोर्ट और सामाजिक मान्यता की कसौटी बन गई। जो इस तरह अंग्रेजी बोल सकते थे, वे 'अपने' लोग मान लिए गए। जो नहीं बोल सकते थे, वे 'अन्य' में शुमार किए गए। उन्हें समुचित सामाजिक और शैक्षिक पृष्ठभूमि से वंचित 'देसी' माना गया। आजादी से कुछ पहले 1944 में गाँधी ने इस सिलसिले में चेतावनी भी दी थी : 'अपनी मातृभाषा के मुकाबले अंग्रेजी भाषा के प्रति हमारे प्रेम ने शिक्षित और राजनीतिक रुझान वाले वर्ग और जनसाधारण के बीच गहरी खाई बना दी है। मातृभाषा में गूढ़ विचार व्यक्त करते हुए हम हकलाते हैं....इसका परिणाम बहुत नुकसानदेह निकला है....अपनी महान भाषाओं की उपेक्षा करके हमने भारत का जो अहित किया है उसका सही-सही आकलन करने का समय अब हमारी पीढ़ी के पास बहुत कम रह गया है।'[36] नेहरू ने भी इसी भावना को इस तरह व्यक्त किया था, 'अंग्रेजों ने भारत में एक नई जाति अथवा वर्ग को जन्म दिया है, और यह है अंग्रेजी शिक्षित वर्ग जो जनता की आबादी से कटा हुआ अपनी अलग दुनिया में रहता है....।'[37] आजादी से पहले भी यह भाषाई विभाजन दिखता था, लेकिन स्वतंत्रता संघर्ष के महती कार्यभार के कारण वह पृष्ठभूमि में चला जाता था। इसके अलावा, राष्ट्रीय आंदोलन के दिग्गज नेता अंग्रेजी ज्ञान के साथ-साथ अपनी मातृभाषाओं के लेखक भी थे। वे 'कमोबेश क्षेत्रीय भाषाओं की प्रमुखता वाले माहौल में काम करते थे। गाँधी की रचना *सत्य के साथ मेरे प्रयोग*, टैगोर की *गीतांजलि* और तिलक की *गीता रहस्य* को मूलतः गुजराती, बंगला और मराठी में लिखा जाना केवल संयोग ही नहीं था।'[38] स्वतंत्र भारत के अंग्रेजीभाषी उच्च वर्ग के पास ऐसी कोई क्षमता नहीं थी। चूँकि समाज-व्यवस्था के शीर्ष पर यही वर्ग था और उसने बेपरवाही और अनुदारता के साथ अंग्रेजी को चुना था इसलिए तरक्की की सीढ़ियाँ चढ़ने के लिए लालायित निम्न-मध्य वर्गों ने भी अंग्रेजी के मानक का अनुकरण किया।

देखते ही देखते, आजादी के शुरुआती निर्माणात्मक वर्षों में 'अंग्रेजी माध्यम' के स्कूलों की संख्या में बेतरतीब बढ़ोतरी हो गई। इस अंधाधुंध अनुकरण का एक पूरा नतीजा यह भी निकला कि शैक्षिक पाठ्यक्रम की रचना में अंग्रेजी को सर्वाधिक आसानी से सीखी जा सकने वाली 'विदेशी भाषा' के रूप में उचित स्थान नहीं दिया जा सका। अपनी सामाजिक पृष्ठभूमि से जिन्होंने अंग्रेजी का प्रयोग विरासत के रूप में प्राप्त नहीं किया था, वे इस भाषा में पारंगत नहीं हो पाए और हमारा देश भाषाई दृष्टि से संकर किस्म के लोगों से भर गया। ऐसे लोग अंग्रेजी ठीक से न जानने के कारण उसके प्रति असुरक्षा भाव से ग्रस्त रहते थे और अपनी मातृभाषा की उपेक्षा करते थे। इस परिस्थिति के कारण कई प्रतिभाशाली लोग हीनता

ग्रंथि के शिकार हो गए। विदेशी भाषा के बोझ के बावजूद पढ़ाई-लिखाई में अच्छे परिणाम निकालने वाले ये छात्र सामाजिक रूप से 'श्रेष्ठ' लोगों की भाँति अंग्रेजी पर महारत हासिल नहीं कर पाए। अंग्रेजी बोलने वाले आत्मग्रस्त अभिजनों को इन सब बातों की कोई परवाह नहीं थी। उसके सदस्य उस भाषा को हटाने के लिए कतई तैयार नहीं थे जिसके कारण उन्हें बिना प्रयास किए हुए सामाजिक प्रतिष्ठा, सर्वश्रेष्ठ शिक्षा-संस्थानों में दाखिला और सबसे अच्छी नौकरियाँ मिल गई थीं। भाषाई मुद्दे की जिस 'सौम्य उपेक्षा' के लिए अभी हाल में नेहरू की सराहना की गई है, वह इस वर्ग के काफी अनुकूल बैठी। अंग्रेजी की चारदीवारी के अंदर बैठे लोगों की सुरक्षा को आने वाले वर्षों में निश्चित ही चुनौती मिलेगी। लेकिन भारतीय गणतंत्र पर शुरुआती वर्षों में लगे इस घाव का निशान हमेशा के लिए रह जाएगा। अंग्रेजी को जारी रखने और उससे लाभ उठाने वाले उच्च-मध्य वर्ग को अपने ऊपर लगाए गए इस आरोप पर गौर करना चाहिए कि 'हमारे समाज में असमानता का भाषा से अधिक नफीस और असाध्य स्रोत कोई और नहीं है। आधुनिक अर्थतंत्र में उपलब्ध अवसरों को प्राप्त करने के लिए व्यक्ति की क्षमता का सबसे बड़ा पैमाना अंग्रेजी के इस्तेमाल की उसकी योग्यता बन चुकी है।'[39]

❋

इस विश्लेषण से स्पष्ट है कि भारतीय मध्य वर्ग ने एक समझौतापरस्त राज्य को उत्पन्न करने में दाई की भूमिका निभाई। यह वर्ग नीतिगत स्तर पर रेडिकल और कार्यान्वयन के स्तर पर स्वार्थसिद्धि करने वाला था। ब्रिटिश हुकूमत के तहत इस वर्ग का क्रम-विकास हुआ। 1947 में यह अत्यंत लाभ की स्थिति में था। इन दोनों तथ्यों को यदि किसी भी राज्यतंत्र में वर्गहितों की स्वार्थपरता के साथ जोड़ कर देखा जाए तो समझ में आ जाता है कि यह सब कैसे हुआ होगा। अपनी आत्मकथा में नेहरू ने ब्रिटिश लेखक प्रोफेसर आर.एच. टॉनी की एक बोधपरक टिप्पणी प्रशंसनीय ढंग से उद्धृत की है: 'धनिक वर्ग समझौतापरस्त, चतुर, शक्तिशाली, आत्मविश्वास से परिपूर्ण और कठिनाई आने पर बेईमानी कर सकने वाले लोगों से मिल कर बना होता है। ये लोग अच्छी तरह जानते हैं कि उनकी रोटी में किस तरफ मक्खन लगा है और उनकी कोशिश होती है कि मक्खन की आपूर्ति में कमी न पड़ने पाए....।'[40] 1947 के पहले और बाद के वर्षों में यही गुणात्मक अंतर था कि आजादी के बाद का मध्य वर्ग अपने लिए मक्खन की आपूर्ति सुनिश्चित करने की कोशिश करने के

दौरान उस निर्मम परिणामवाद और संपूर्ण आदर्शहीनता से वंचित था। आज मध्य वर्ग के सदस्यों को यही अभिशाप सता रहा है। गाँधी-नेहरू की विरासत और स्वतंत्रता आंदोलन की स्मृतियों ने मध्य वर्ग के संकीर्ण हितों को व्यापक बनाया था। इस लिहाज से उसकी भूमिका रचनात्मक बन गई थी और वह स्वयं और समाज से अपनी आशाओं के संदर्भ में अखिल भारतीय स्तर पर सकारात्मक मूल्य-प्रणाली का वाहक बना था। समझ और व्यवहार में खाई उस वक्त भी थी, लेकिन आज के मुकाबले कम दिखती थी। वैचारिक विन्यास के दबाव में कथनी और करनी के फर्क को ज्यादा मान्यता नहीं मिल पाई थी। राज्य की संस्था को जनमानस में वैधता प्राप्त थी। इसमें उसके घोषित इरादों की भूमिका भी थी और इसका एक कारण उसकी बागडोर प्रतिष्ठित नेताओं के हाथों में होना भी था। लोगों को उम्मीद थी कि राज्य अपने वायदे पूरे करेगा। यह विश्वास इतना अधिक था कि आने वाले वर्षों में इसके भंग होने के कारण आक्रोशपूर्ण प्रतिक्रिया होनी ही थी। राज्य की गतिविधियाँ अपने नियंत्रकों के हितों की सीमाओं में बँधी थीं। इसलिए वह ज्यादा से ज्यादा एक ऐसी 'निष्चेष्ट क्रांति' ही कर सकता था जिसमें नए राज्यतंत्र की आवश्यकताएँ 'छोटे-छोटे कदमों की शक्ल में कानूनी व सुधारवादी ढंग से इस प्रकार पूरी की जानी थीं कि पुराने....वर्गों....की राजनीतिक और आर्थिक हैसियत को बरकरार रखा जा सके।'[41] भारतीय राज्य की उत्पत्ति कुछ इसी तरह से हुई थी कि वह एक 'नर्म' अथवा 'कमजोर' राज्य ही हो सकता था। इसीलिए वह अपनी आधारभूत सामाजिक-आर्थिक संरचना का क्षय कर सकने वाले सभी रेडिकल कार्यक्रमों पर अमल के मामले में नर्म अथवा कमजोर साबित हुआ।

मध्य वर्ग के ख्याल से सभी काम सही दिशा में किए जा रहे थे। राजनीतिक स्थिरता आमतौर पर थी ही। आजादी की लड़ाई लड़ने और जीतने वाली कांग्रेस के राजनीतिक एकाधिकार को कोई चुनौती नहीं थी। नेतृत्व का काफी सम्मान था। अर्थतंत्र भी लुढ़कता-पुढ़कता साथ-साथ चल रहा था। 1951 से 1961 के बीच प्रति व्यक्ति आय में दो फीसदी की वृद्धि हो गई थी। यह आँकड़ा आबादी वृद्धि की दर से कुछ अधिक था। परिवर्तन होता दिख रहा था और अखबारों में उसकी चर्चा थी। फिल्में इस परिवर्तन को रोमानी अंदाज में पेश कर रही थीं। विदेशों में भारत की प्रतिष्ठा ऊँची थी। दुनिया-भर में नेहरू की सराहना होती थी। अंतर्राष्ट्रीय संबंधों के क्षेत्र में भारत एक ऊँचे नैतिक आसन पर विराजमान था। गुटनिरपेक्षता की नीति के परिणामस्वरूप उसे अंतर्राष्ट्रीय मंच और आत्मसम्मान दोनों प्राप्त हुए थे। घरेलू मोर्चे पर आज की तरह सरकार दबाव में नहीं थी। शहरों की व्यवस्था अभी भी काबू में थी। नगर पालिकाएँ शहरी जीवन की माँगों को पूरा करने में समर्थ थीं। बिजली और पानी उपलब्ध था। स्कूल-कालेजों में दाखिला करवाना कोई बड़ी समस्या नहीं थी। मच्छर, प्रदूषण और गंदगी कम थी। कुल मिला कर

संरक्षित क्षेत्र का गैरकानूनी अतिक्रमण कम ही होता था। पारंपरिक मध्य वर्ग का निर्बाध वर्चस्व था। अवसरों की संख्या धीरे ही सही, लेकिन बढ़ रही थी। उनके दावेदारों की संख्या कमोबेश स्थिर थी। आमतौर पर चुप रहने वाले क्षेत्रों से कभी-कभी माँगों की सुगबुगाहट सुनाई देती थी, लेकिन आपाधापी और आक्रामक रवैया अनुपस्थित था। समाज में उछाल और आश्वासन का एक विरल माहौल था। शताब्दियों की अधीनता के बाद लग रहा था कि भारत पुनर्निर्माण के रास्ते पर जा रहा है।

लेकिन, मध्य वर्ग की यह स्वर्ग-रचना ज्यादा दिनों तक नहीं टिक पाई। 1962 में चीन के हाथों अपमानजनक पराजय और 1964 में नेहरू की मृत्यु ने भारतीय राज्य के क्रम-विकास में एक नए चरण की घोषणा कर दी। राष्ट्र का शैशव काल खत्म होने की शुरुआत हुई। इसी के साथ मध्य वर्ग की संरचना अनिवार्य और अपरिहार्य परिवर्तन की डगर पर बढ़ चली।

3

स्वैर कल्पना का अंत

सिद्धांत और आदर्शहीनता के आयाम

1962 में भारत-चीन युद्ध हुआ। मध्य वर्ग के सहज आत्मविश्वास और खुशनुमा अनुभूति पर यह पहला गंभीर आघात था। यह युद्ध शहरों से दूर हिमालय की पर्वतमालाओं में लड़ा गया था। दिल्ली, मुंबई अथवा कलकत्ता जैसे शिक्षित मध्य वर्ग के रिहाइशी इलाकों पर कोई बमबारी नहीं हुई थी। फिर भी, इसका प्रभाव शारीरिक नहीं बल्कि मनोवैज्ञानिक साबित हुआ। इससे पहले अहिंसा और असहयोग पर आधारित गाँधी के आंदोलन की नैतिक विरासत को मिली विश्वव्यापी मान्यता के कारण मध्य वर्ग में गौरव और सुरक्षा की अनुभूति व्याप्त थी। नेहरू के रूप में राष्ट्र को एक अत्यधिक सम्मानित और प्रशंसित नेता मिला हुआ था जो इस विरासत का प्रवक्ता था। तृतीय विश्व के नवस्वतंत्र देशों के लिए नेहरू के विचारों और उपनिवेशवाद की अहिंसक पराजय का तथ्य काफी प्रासंगिक था। एशियाई और पड़ोसी देश होने के नाते चीन के साथ मैत्री और एकजुटता नेहरू की विश्व-दृष्टि का अनिवार्य अंग थी। इस परिस्थिति के विपरीत, चीन के आक्रमण और भारत द्वारा उसका मुँहतोड़ जवाब न दे पाने में अक्षमता ने मध्य वर्ग की उम्मीदों और आकांक्षाओं की बुनियाद को बुरी तरह झकझोर दिया। अहिंसा की सार्वभौमिक उपयोगिता पर गाँधी को हमेशा अगाध विश्वास रहा, लेकिन मध्य वर्ग कहीं न कहीं इसे अव्यावहारिक मानता था। चीनी हमले ने इस सुप्त एहसास को एक झटके से जगा दिया। नेहरू उपनिवेशवाद के शिकार देशों के बीच स्वाभाविक एकता की अनिवार्यता पर यकीन करते थे। वे मानते थे कि साझा उसूलों और ऐतिहासिक स्मृति के आधार पर एशियाई पड़ोसी मित्रता के बंधन में बँधे रहेंगे। लेकिन, युद्ध ने नेहरू को मध्य वर्ग की निगाह में एक ऐसा नेता साबित किया जो जमाने की असलियत से कटा हुआ था।

आमतौर पर होता यह है कि समाज में विश्वास और आस्था के क्षय का प्रभाव केवल एक क्षेत्र तक ही सीमित नहीं रहता। चूँकि अंतर्राष्ट्रीय संबंधों की

यथार्थ भूमि पर गाँधी की अहिंसा के लिए कोई जगह नहीं थी, इसलिए यह सवाल उठना स्वाभाविक ही था कि घरेलू राजनीति की अनिवार्यताओं के बीच सार्वजनिक जीवन में उनके नैतिक आग्रहों की क्या उपयोगिता हो सकती है? जब राजनय के क्षेत्र में नेहरू का सिद्धांतीकरण ताकत के यथार्थ के सामने खोखला साबित हो गया तो यह पूछने की गुंजाइश भी पैदा हो गई कि समाजवाद लाने के उनके आग्रह में कितना दम है? चीन से अपनी अपेक्षाओं के संदर्भ में नेहरू का आदर्शवाद मुँह के बल गिर चुका था। परिणामस्वरूप आदर्शवाद अपने आप में पूर्वआदर्शवादियों की निगाह में ही संदिग्ध हो गया। भारतीय सेना का पीछे हटना यथार्थ विश्व की अनिवार्यताओं के सामने आदर्शवाद के पीछे हटने का प्रतीक बन गया। हमले के खिलाफ सैनिक तैयारी के अभाव ने पहली बार भारतीय राज्य की वैधता पर एक जोरदार प्रश्न-चिह्न लगा दिया। मध्य वर्ग की नजर में 1947 के बाद सत्ता में आई सरकार किसी सामान्य प्रक्रिया का परिणाम न हो कर आजादी के आंदोलन से तप कर निकली सरकार थी। इस सरकार, इसे चलाने वाली कांग्रेस पार्टी और भारतीय राज्य के साथ एक तरह की पुनीत भावना जुड़ी हुई थी। इसलिए राज्य के इरादों पर कोई शक नहीं करता था। आजादी के आंदोलन से निकले नेताओं की उपस्थिति भी राज्य के प्रति किसी भी तरह के संदेह को रोकती थी। लेकिन, 1962 की पराजय ने आश्वासनों और क्षमताओं के संदर्भ में राज्य की कमियों को उजागर कर दिया।

1962 की घटनाओं से भारतवासी हक्के-बक्के रह गए। विभ्रम की दुनिया में आराम से वक्त गुजार रहे शिक्षित भारतवासियों को असलियत की झलक पहली बार दिखी। उन्हें अचानक लगा कि भविष्य की अनिश्चितताओं से निबटने के लिए अतीत की आस्थाएँ और संस्थाएँ नाकाफी हैं। उन्हें अपनी उम्मीदों के पूरा होने पर शक होने लगा और दिए गए आश्वासनों पर भरोसा घट गया। मध्य वर्ग के चिंतन में यह एक नए चरण की शुरुआत थी। यद्यपि उसका अधिकांश हिस्सा अब भी पुरानी आदतों के मुताबिक बनी धारणाओं से ही चिपका हुआ था। लेकिन उसकी उछाल और उसका आशावाद, उसकी आस्था और लक्ष्य की स्पष्टता का कहीं न कहीं क्षय होने लगा था। वी. एस. नैपॉल 1962 में पहली बार भारत आए। उन्होंने उस जमाने के रुख पर एक गहरी निगाह डाली। वे पूरे देश में घूमे और बहुत से भारतवासियों से मिले जिनमें शहरियों की काफी संख्या थी। उन्होंने लिखा कि 1962 का वर्ष भारतीय मध्य वर्ग के लिए स्वतंत्रता के उपरांत का अंतिम गौरव-वर्ष था। 1962 तक इस वर्ग को लगता था कि भारत ने मंजिल पा ली है। आजादी उसके लिए निजी गरिमा का स्रोत थी। विदेशों में भारत की साख थी। घरेलू मोर्चे पर 'भारतीयकरण' हो रहा था। नए तरह की प्रबंधकीय नौकरियों और राजनयिक सेवाओं में नियुक्ति की संभावनाएँ थीं। मध्य वर्ग एक नए राष्ट्रीय वैभव को भोग रहा था जिसकी अभिव्यक्ति राष्ट्रीय परिधानों और 'संस्कृति' के सचेत प्रदर्शन में

होती थी। नैपॉल ने निष्कर्ष निकाला कि चीन युद्ध ने मध्य वर्ग की इस स्वैर-कल्पना को तितर-बितर कर दिया।'

युद्ध में हार से उपजे राजनीतिक संकट से तो नेहरू ने पार पा लिया, लेकिन उनके खिलाफ जन-आक्रोश बना रहा। मध्य वर्ग विशेष रूप से रक्षा मंत्री कृष्ण मेनन से नाराज था। उन्हें बचाने की कोशिश का खामियाजा नेहरू को भुगतना पड़ा। मध्यवर्गीय घरों में नेहरू के 'भ्रमित' आशावाद की भर्त्सना रस ले-लेकर की जाने लगी। इससे पहले उनकी छवि एक दृष्टिसंपन्न व्यक्ति की थी, लेकिन युद्ध के बाद उन्हें 'कल्पना-विहारी' समझा जाने लगा। ध्यान रहे कि युद्ध में पराजय से उपजी इस प्रतिक्रिया के साथ-साथ नेहरू के प्रति एक हमदर्दी की भावना अब भी थी क्योंकि उनके इरादों पर किसी को संदेह नहीं था। उनकी साख जरूर घटी थी, लेकिन लोकप्रियता बाकी थी। नेहरू पर मोहित रहा तबका 1962 की पराजय को निर्णय संबंधी भूल मानने के लिए तैयार था। कुछ कड़ा रुख रखने वाले लोग भी इसे एक अच्छे आदमी की बहुत भारी भूल की संज्ञा दे रहे थे। कृष्ण मेनन को बचाने की नेहरू की कोशिश को अलग तरह से देखने वाले लोग भी थे। उनकी मान्यता थी कि संकट के समय अपने सहयोगी का पक्ष लेकर नेहरू पुराने मूल्यों के तकाजे को निभा रहे हैं। यद्यपि उस समय तक सरकारी कार्य-व्यापार में आदर्शवाद पहले से कहीं कम झलकता था, लेकिन उस आदर्शवाद के प्रतीक बन चुके नेहरू में लोगों को चालाकी कम और सीधा-सादापन ज्यादा लगता था। यह भावना नेहरू के प्रति बचे हुए आदर का एक बड़ा स्रोत थी। वैसे भी वह जमाना कुछ नर्म किस्म के राजनीतिक विमर्श का था। राजनीतिक मतभेद इतने तीखे नहीं थे और आलोचना कठोर होते हुए भी यह देख कर संयमित कर ली जाती थी कि उसका निशाना कौन बन रहा है। संभवतः इन्हीं सब कारणों से मध्य वर्ग ने पराजय के शुरुआती सदमे के बावजूद युद्ध में जोरदार एकजुटता प्रदर्शित करते हुए हाथ बँटाया। देशभक्ति और राष्ट्रवाद का उफान आ गया। इसमें किसी राजनीतिक हथकंडेबाजी या लाभ उठाने के प्रयास की लेश मात्र झलक नहीं थी। जब लता मंगेशकर की आवाज में *ऐ मेरे वतन के लोगों, जरा आँख में भर लो पानी, जो शहीद हुए हैं उनकी, जरा याद करो कुर्बानी* सुन कर नेहरू ने अपनी नम आँखों को पोंछा तो उस मर्मस्पर्शी क्षण ने हर भारतीय को आहत कर दिया। नेहरू का देहावसान 27 मई 1964 को 75 वर्ष की आयु में हुआ। वे निरंतर 17 वर्षों तक देश के प्रधानमंत्री रहे। मध्यवर्गीय भारतवासियों की एक पूरी पीढ़ी उन्हें राष्ट्र के शिखर पर देखने की अभ्यस्त हो चुकी थी। लोगों को अंतिम वर्षों में उनके खराब स्वास्थ्य की जानकारी थी, फिर भी वे बिना नेहरू के भारत की कल्पना करने को तैयार नहीं थे। उनकी सुदीर्घ पितृतुल्य उपस्थिति सार्वजनिक जीवन में अंदर तक पैठ चुकी थी। लगता था कि वे हमेशा बने रहेंगे। अपने बारे में ऐसी हवा बनाने में खुद नेहरू का हाथ भी था। वे लगभग हर महत्त्वपूर्ण विषय पर इस ढंग से बोलते

और लिखते थे कि स्वातंत्र्योत्तर भारत की आशाएँ और सपने उनके व्यक्तित्व और वक्तव्यों से एकरूप लगने लगे थे। वैसे तो वे हर भारतीय को प्रिय थे, लेकिन आजादी का लाभ उठाने वाले शिक्षित भारतवासियों के लिए उनके व्यक्तित्व में एक विशेष आश्वासन था। इस वर्ग के लिए नेहरू उस मूल्य-व्यवस्था की सुरक्षा-भित्ति थे, जो उन्हें अपनी लगती थी और जो उनके हितों पर आँच नहीं आने देती थी। शिक्षित भारतवासियों की निगाह में नेहरू अतीत के एक अंश की वैधता के जीवित प्रमाण थे और साथ ही उस भविष्य को भी सुनिश्चित करते थे जिसमें उन लोगों को प्रमुखता से भागीदारी करनी थी। यूँ तो अपने विचारों और आस्थाओं के संदर्भ में नेहरू मध्यवर्गीय हितों के पैरोकार नहीं थे, लेकिन मध्य वर्ग उनकी कथनी और राज्य द्वारा वास्तविक अमल के बीच छूटे अंतराल में अपना हित-साधन करना जल्दी ही सीख गया था। रेडिकल विचारों के बावजूद नेहरू एक ऐसी सामाजिक संरचना के सर्वाधिक परिष्कृत संरक्षक बन गए थे जिसके साथ मध्य वर्ग जुड़ने के लिए तैयार था। यह विश्लेषण बताता है कि यद्यपि 1962 में नेहरू ही मध्यवर्गीय भारतवासियों के क्रोध और निराशा के निशाने पर थे, लेकिन इसके बाद बिगड़ते स्वास्थ्य के बावजूद पराजय के अपमान से उबरने के लिए किए जा रहे प्रयासों का केंद्र भी वे ही बने। पराजय का दाग मिटाया नहीं जा सका, परंतु अपने जीवन काल में नेहरू अतीत की प्रासंगिकता और साझे अनुभव के नैरंतर्य की याद दिलाने वाली शख्सियत बने रहे। तकरीबन बीस वर्ष तक राष्ट्रीय सहमति का वाहक रहने वाले वे स्वतंत्र भारत के एक मात्र नेता थे। कार्यान्वयन हो या बौद्धिक विमर्श, इस राष्ट्रीय सहमति को निश्चित सभ्यतामूलक मान्यताओं के आधार पर चलाने की गारंटी उन्हीं की देन थी।

1947 के बाद से भारत का मध्य वर्ग जिस नेहरूवादी सहमति में रचा-बसा था, 1962 की घटनाओं ने उसी सहमति की कुछ आधारभूत मान्यताओं पर कुठाराघात किया। इससे गाँधी-नेहरू विरासत का प्रभाव कमजोर हुआ। नेहरू के निधन के साथ ही यह सहमति अपने सबसे प्रभावशाली और आकर्षक प्रवक्ता से वंचित हो गई।

❋

नेहरू के बाद के तीस वर्षों पर एक विहंगम दृष्टि डाल कर हम कुछ प्रमुख प्रवृत्तियों की शिनाख्त कर सकते हैं। इसके साथ ही उनके प्रभाव का मध्य वर्ग के विकास-क्रम के संदर्भ में मूल्यांकन किया जा सकता है। पहली महत्त्वपूर्ण प्रवृत्ति तो यह है कि इस दौरान सार्वजनिक जीवन पर विचारधारा का प्रभाव खत्म होता चला गया है और अब सत्ता की लालसा को खुले आम स्वीकार करने में पहले

जैसी हिचक नहीं रह गई है। हम पहले ही चर्चा कर चुके हैं कि अन्य विकासशील देशों की भाँति भारतीय मध्य वर्ग को भी एक वैचारिक विन्यास की आवश्यकता थी। इसके साथ अपनी निष्ठा और छवि को जोड़ कर वह राष्ट्रीय जीवन में अपनी भूमिका को एक उद्देश्य और संदर्भ दे सकता था। इस लिहाज से विचारधारा का क्षय और इस वर्ग द्वारा उसे आत्मसात करने की परिघटना हमारे अध्ययन के लिए बेहद महत्त्वपूर्ण बन जाती है।

नेहरू के बाद लाल बहादुर शास्त्री थोड़े दिनों के लिए प्रधानमंत्री रहे। शास्त्री के निधन के बाद कांग्रेस के दो धड़ों में जैसा तीखा संघर्ष हुआ और 1968 और 1969 के दौरान अखबारों में जिस तरह की सुर्खियाँ आईं, उससे शिक्षित वर्गों के सामने स्पष्ट हो गया कि इस विवाद में मुद्दे महत्त्वपूर्ण नहीं हैं, बल्कि सत्ता का खेल ही केंद्र में है। यह परिस्थिति गुजरे हुए जमाने से कतई अलग थी। कांग्रेस अथवा सरकार मे ऊँचे स्तर पर पहले भी संघर्ष होते थे। कभी नेहरू की गृहमंत्री सरदार पटेल से नहीं बनती थी, तो कभी राष्ट्रपति डा. राजेंद्र प्रसाद से मतभेद होते थे। लेकिन ये मतभेद किसी पसंद-नापसंद से परे जा कर एक बड़े लक्ष्य के लिए साझा प्रतिबद्धता के सामने तिरोहित हो जाते थे। आजादी के आंदोलन की स्मृतियाँ और गाँधी के प्रभाव के अलावा उन सभी नेताओं का अपना कद भी बहुत बड़ा था। सरकार के धरातल पर मतभेदों के कारण हुए संघर्ष आम तौर पर बेआवाज निबटा लिए जाते थे। दरअसल, इनके पीछे आधारभूत मान्यता यह थी कि इन नेतागण को सिद्धांतों के सवाल पर टकराव से कोई संकोच नहीं है। उन्हें 1947 से पहले फौरन बाद उसूलों के मुद्दे पर सत्ता छोड़ने से भी कोई परहेज नहीं था। नेहरू और दूसरे नेताओं ने तो सिद्धांत के सवाल पर एकाधिक बार इस्तीफा देने की तैयारी भी कर ली थी।

भारतीय परंपरा में सत्ता के प्रति तीव्र आकर्षण रहा है। शायद इसीलिए परंपरा में सत्ता-प्राप्ति के स्वच्छंद प्रयासों पर आत्मसंयम का भी उतना ही कड़ा प्रावधान है। भारतवासियों की निगाह में सत्ता-त्याग की क्षमता को बहुत मान्यता दी जाती है। गाँधी को जनता ने जिस स्नेह से महात्मा की उपाधि दी थी, उसके पीछे राजनीतिक पद की लालसा न रखना एक बहुत बड़ा कारण था। स्वतंत्रता आंदोलन के निर्विवाद नेता होते हुए भी गाँधी न तो प्रधानमंत्री पद के उम्मीदवार थे और न ही राष्ट्रपति पद के। सत्ता की उपेक्षा करने के उनके इस रवैये ने सत्ता-प्राप्ति की निर्बाध आकांक्षा को संयमित करने की भूमिका निभाई। यह अलग बात है कि राष्ट्रीय नेता के रूप में नेहरू को कोई चुनौती न होने के कारण और विशाल बरगद की तरह कांग्रेस द्वारा राजनीति पर छाये रहने के कारण सत्ता-त्याग की परंपरा को आजमाने की नौबत ही नहीं आई। नेहरू के निधन तक यह परंपरा सिद्धांत और दिखावे, दोनों रूपों में सुरक्षित बनी रही।

लाल बहादुर शास्त्री केवल डेढ़ साल से कुछ ज्यादा समय तक ही प्रधानमंत्री

रह पाए। इतनी छोटी अवधि में अतीत की मान्यताओं का क्षय दृष्टिगोचर होना मुश्किल था। जनवरी 1966 में उनकी असमय मृत्यु के बाद इंदिरा गाँधी प्रधानमंत्री बनीं। शुरू में जब उनका नाम शास्त्रीजी के उत्तराधिकारी के रूप में उभरा तो उन्होंने भी राजनीतिक पद के महत्त्व को कम करके आँकने की परंपरा का ही पालन किया। 'जहाँ (मोरारजी) देसाई ने प्रधानमंत्री पद पर अपना दावा कुछ ज्यादा ही खुले ढंग से पेश किया, वहीं इंदिरा ने संयम और गरिमापूर्ण मौन बनाए रखा....(और) बाकायदा निर्वाचित हो जाने के बाद भी वे ऐसा दिखाती रहीं मानो उन्हें प्रधानमंत्री बनने में अभी भी संकोच हो।'[2] इतिहासकारों में इस पर विवाद हो सकता है कि यह इंदिरा की चाल थी या अतीत की मान्यताओं के अभी तक अक्षुण्ण प्रभाव का बंधन था। बहरहाल, संयम और गरिमा का यह दिखावा कुछ ही महीने बाद बेहिचक उतार कर फेंक दिया गया। इंदिरा गाँधी और सिंडीकेट के नाम से जाने गए वरिष्ठ कांग्रेसी नेताओं के बीच वर्चस्व के तीखे और सार्वजनिक संघर्ष का मूल्यांकन करना इस पुस्तक का विषय नहीं है। लेकिन, इस लड़ाई में अफवाहबाजी और गाली-गलौज का जैसा इस्तेमाल हुआ, जैसे आरोप-प्रत्यारोप लगे, 'प्रगतिशील' और 'प्रतिक्रियावादी' जैसे विचारधारात्मक लकबों को हथकंडे के रूप में जिस तरह इस्तेमाल किया गया एवं उसूलों के ऊपर निजी निष्ठाओं का जो आह्वान हुआ, वह सार्वजनिक जीवन में आदर्शवाद की अनिवार्य भूमिका को हमेशा के लिए दफ्न करने के लिए काफी था। राष्ट्रीय मंचों पर विरोध और विवाद की जो परिवर्तित शैली पेश की गई और उसके लिए जिन आपत्तिजनक तरीकों का सहारा लिया गया, उनके बाद इस प्रकरण की किसी सहानुभूतिपूर्ण व्याख्या के लिए कोई गुंजाइश ही नहीं रह गई। मध्य वर्ग न तो मूर्ख था और न ही उदासीन। उसने इस घटनाक्रम पर नजदीकी निगाह रखी और लगभग रोज ही विचारधारा और सिद्धांत की दाँव-पेच और हथकंडों के स्तर पर हो रही गिरावट को देखा। उसने देखा कि कैसे मंत्रिमंडलीय साथियों को बिना नोटिस दिए बर्ख़ास्त किया गया, नेताओं के बीच आ-जा रहे पत्र पते पर पहुँचने से पहले ही अखबारों को भेज दिए गए, महत्त्वपूर्ण व्यक्तियों को पाला बदलने में कोई हिचक नहीं रह गई और बयान कुछ ऐसी परिस्थितियों में व कुछ ऐसी तर्ज पर दिए गए कि उनका मतलब कुछ और ही हो गया।

1967 के आम चुनाव के बाद 1947 से चला आ रहा कांग्रेस का राजनीतिक एकाधिकार भंग हो गया। इस घटना ने पुराने मूल्यों और आस्थाओं की टूट से बने राजनीतिक माहौल को और खराब कर दिया। कई राज्यों में ऐसी गैरकांग्रेसी सरकारें सत्ता में आईं जो राजनीतिक सत्ता के नए आकांक्षियों का प्रतिनिधित्व करती थीं और जिन्हें अतीत की स्मृति और विरासत का उतना ख्याल नहीं था। इन शक्तियों ने भी कांग्रेस के सिद्धांतहीनता में पतन को समझने और उसका अनुकरण करने में देर नहीं लगाई। नतीजा यह निकला कि राज्य स्तर पर देश के अनेक

भागों में अवसरवाद और धनलोलुपता का नंगा नाच हुआ। उसूलों को ताक पर रख कर बार-बार गठजोड़ तोड़े गए और बनाए गए। आजादी के बाद पहली बार सबकी जानकारी में आया कि विधायक अपनी कीमत लेकर पाला बदलने के लिए तैयार हो सकते हैं। हरियाणा में तो उन्हें 'आया राम गया राम' का लकब ही दे दिया गया, जो जल्दी ही भारतीय राजनीति का एक मुहावरा बन गया।

एक नवंबर 1969 को इस राष्ट्र ने एक विचित्र घटना घटते देखी। उस दिन भारतीय राष्ट्रीय कांग्रेस के दो धड़ों ने अलग-अलग बैठकें कीं। दोनों का दावा था कि वे ही असली कांग्रेस हैं। महीने के आखिर तक कभी दुर्जेय रहे इस विशाल संगठन में औपचारिक विभाजन हो गया। जीत प्रधानमंत्री इंदिरा गाँधी की हुई। इससे पहले अगस्त में वे राष्ट्रपति पद के चुनाव में वी. वी. गिरि को जिता चुकी थीं, हालाँकि उनकी पार्टी के आधिकारिक उम्मीदवार नीलम संजीव रेड्डी थे। विभाजन के समय कांग्रेस का अधिकांश हिस्सा उन्हीं के साथ गया। इंदिरा गाँधी का अगला लक्ष्य उन राज्य सरकारों पर नियंत्रण हासिल करना था जहाँ के विधायक अभी भी सिंडीकेट के प्रति वफादार थे। 'इस लक्ष्य की प्राप्ति के लिए सभी नैतिक संकोचों को एक बार फिर त्याग दिया गया और इंदिरा के आदमी राज्यों में संगठन कांग्रेस के विधायकों को खरीदने के अभियान पर निकल पड़े।'[3] 1971 में इंदिरा गाँधी ने लोकसभा चुनाव करवाए जिनमें उनके धड़े ने दो-तिहाई बहुमत प्राप्त किया। इंदिरा गाँधी को मिली सीटें पिछले सदन में अविभाजित कांग्रेस को मिली सीटों से भी ज्यादा थीं। सिंडीकेट बुरी तरह पराजित हुआ और एक महत्त्वहीन किस्म के अस्तित्व के लिए अभिशप्त हो गया।

ये तमाम घटनाएँ जिस तरह घटीं, उसका मध्य वर्ग की मानसिकता पर प्रभाव पड़ना लाजमी था। इनका यहाँ विस्तार से इसीलिए वर्णन किया गया है ताकि यह समझा जा सके कि उस नाजुक समय में मध्य वर्ग पहले से ही इस प्रकार के माहौल को आत्मसात करने की स्थिति में आ रहा था। चीन युद्ध की पराजय ने उसे सदमे, अविश्वास और सवालों के घेरे में खड़ा कर दिया था। दो साल बाद नेहरू की मृत्यु से वह एक ऐसे नेता से वंचित हो गया था जो न केवल प्रिय और आश्वस्तिकारक था, बल्कि उसके लिए एक निश्चित विरासत और मूल्य-विधान का वाहक भी था। चूँकि अतीत की मान्यताएँ अब उसके साथ नहीं थीं, इसलिए भविष्य के वैचारिक विन्यास के लिए आने वाले कुछ वर्ष बहुत महत्त्वपूर्ण साबित होने वाले थे। भारतवर्ष में राजनीतिक घटनाएँ मान्यताओं के निर्धारण में हमेशा ही बेहद प्रभावकारी भूमिका निभाती रही हैं। शायद अन्य नवस्वतंत्र देशों की भी यही स्थिति है। इन देशों में भी व्यवस्था के विभिन्न क्षेत्रों में आंतरिक स्वायत्तताएँ अभी ठीक से जड़ नहीं जमा पाई हैं। परिणामस्वरूप राज्य, उसकी गतिविधियों एवं उसके नेताओं के आचरण व व्यवहार-शैली का राजनीति से इतर क्षेत्रों पर भी असर पड़ता है। भारत में नेहरू-गाँधी विरासत मध्य वर्ग के लिए एक जीवन-शैली

परिभाषित करने की भूमिका अदा कर ही चुकी थी। इस परिभाषा में उसके उद्देश्यों, लक्ष्यों, आवश्यकताओं, कामनाओं और औचित्य-अनौचित्य के बोध का समावेश था। यही सब मिल कर एक समेकित मूल्य-विधान का रूप ले लेता था। आचरण की संहिता उपलब्ध हो जाती थी और मध्य वर्ग आमतौर पर इसे यह समझ कर स्वीकार कर लेता था कि यह राजनीति के निर्मम हथकंडों से कहीं बड़ी चीज है। जाहिर है कि इस जीवन शैली को राजनीति के मंच पर ही सबसे अच्छी तरह पेश किया जा सकता था। इस मंच पर निजी जीवन के एकांत जैसी छूट अथवा समाज की निगाहों से बच निकलने की गुंजाइश नहीं थी। राजनेताओं का व्यवहार मान्यताओं को निर्धारित करने वाले ऐसे रंगमंच में बदल जाता था, जिससे प्रभावित होकर लोग अपनी छोटी सी दुनिया में अपनी-अपनी आचरण-संहिताएँ रचते थे। गाँधी-नेहरू विरासत की मजबूती और अत्यंत प्रतिष्ठित राष्ट्रीय नेतृत्व के कारण लंबे समय तक टिके रहने की उसकी क्षमता ने मध्य वर्ग को उस पर निर्भरता का आदी बना दिया था। वह राजनेताओं से अपेक्षा करने लगा कि वे उसकी आचरण-संहिता परिभाषित करने के लिए उसे प्रतिमान और मानक उपलब्ध कराएँगे। साठ के दशक के उत्तरार्द्ध में मध्य वर्ग की यही राजनीति-निर्भरता उसे उन संदेशों को ग्रहण करने की तरफ ले गई जो मुख्यतः इंदिरा गाँधी द्वारा स्थापित नए राजनीतिक प्रतिमानों से निकले थे।

ये नए संदेश विरल और अनेकार्थक नहीं थे। वे निर्णायक किस्म के तथ्यात्मक प्रमाणों के साथ उभरे थे। राजनीति के नए प्रतिमानों के इस तात्पर्य ने आचरण और नैतिकता के वैकल्पिक विन्यास को जन्म दिया जिसने देखते ही देखते गाँधी-नेहरू की उपेक्षित होती जा रही विरासत को कुछ इस भाँति दागदार बना दिया जिस तरह तेजाब इस्पात को बना देता है। इस वैकल्पिक विन्यास को आधार देने वाले आयामों की शिनाख्त करना आसान था। सबसे पहले तो साध्य और साधन की शुचिता के गाँधीवादी आग्रह को सिर के बल खड़ा कर दिया गया। शास्त्रीजी के निधन के बाद जो राजनीतिक हंगामा हुआ और गर्द उड़ी, उससे एक निष्कर्ष साफ तौर पर निकला कि अब कोई भी हथकंडा अपनाया जा सकता है, बशर्ते उससे मतलब सिद्ध होता हो। अगला निष्कर्ष पहले का ही नतीजा था, जिसके अनुसार नैतिकता और आदर्शवाद के सचेत अवमूल्यन को सार्वजनिक जीवन का एक पहलू मान लिया गया। ऐसे लोगों को तुनकमिजाज या नाजुकमिजाज कहा जाने लगा जो नैतिक आग्रहों के प्रति अधिक चिंतित रहते थे। पार्टी-पॉलिटिक्स की दुनिया में इस किस्म के संस्कार को कोई जगह नहीं रह गई। तीसरा निष्कर्ष भी इसी क्रम में पहले व दूसरे निष्कर्ष से जुड़ा हुआ था, जिसके मुताबिक सत्ता-प्राप्ति को अंतिम लक्ष्य के रूप में सर्वोच्चता प्रदान कर दी गई। इस तरह राजनीतिक गतिविधि का शुद्ध तात्पर्य हर हालत में सत्ता हासिल करना और उस पर काबिज बने रहना रह गया। सत्ता मिल जाना ही गिरे से गिरे दर्जे की राजनीति के लिए

वैधता का स्रोत हो गया। चौथी परिघटना यह हुई कि व्यक्ति को उद्देश्य से अधिक ऊँचा दर्जा दे दिया गया। यह संभवतः आजादी के बाद के इतिहास में पहली बार हुआ था। इस तरह आधुनिक भारतीय राजनीति ने एक चक्र पूरा कर लिया—इसके पहले चरण में अर्थात स्वतंत्रता से पूर्व उद्देश्य की सर्वोच्चता थी। नेता स्वयं उस उद्देश्य की ही रचना थे। उसी उद्देश्य का झंडा बुलंद रखने के कारण वे सत्ता के निकट पहुँचे थे। परंतु उनमें उद्देश्य के लिए सत्ता को ठुकराने की क्षमता भी थी। आजादी के बाद के शुरुआती चरण में नेता और उद्देश्य दोनों एक-दूसरे के प्रभाव को मंद किए बिना अभिन्न रूप से जुड़े रहे। चक्र के अंत में केवल नेता रह गया और सभी तरह के उद्देश्य उसकी अधीनता में चले गए।

पाँचवाँ चरण था, समाज के लिए किसी न किसी तरह की विचारधारात्मक प्रतिबद्धता को कतई अनावश्यक करार दे देने की प्रवृत्ति का हावी हो जाना। यह आयाम सर्वाधिक महत्त्वपूर्ण था। इससे दूरगामी तौर पर सबसे ज्यादा हानिकारक नतीजों का अंदेशा था। यहाँ वैचारिक प्रतिबद्धता का अर्थ लोगों पर जबरन थोपे जाने वाले किसी एक विचार से न हो कर नाना प्रकार की लगभग पुनीत समझी जाने वाली आस्थाओं से है जिनसे ईमानदारी और सामाजिक रूप से औचित्यपूर्ण गतिविधियों को प्रेरणा मिलती है। इस पाँचवें चरण में विचारधारा से छुटकारा पा कर सत्ता के नंगे खेल ने गाँधी-नेहरू की वैचारिक विरासत को घेर लिया। सबसे ज्यादा घटिया हरकत तो यह हुई कि सत्ता हासिल करने के लिए विचारधारा का खुल कर एक हथकंडे की तरह दोहन किया गया। कहा जाता है कि श्रीमती गाँधी को सलाह दी गई थी कि 'सिंडीकेट को ध्वस्त करने का सबसे अच्छा तरीका निजी सत्ता के लिए संघर्ष को विचारधारात्मक रूप दे देना होगा।'[4] यह परामर्श था प्रधानमंत्री के प्रमुख सचिव पी. एन. हक्सर का जो अन्यथा अपने सौम्य और पांडित्यपूर्ण व्यक्तित्व के लिए जाने जाते थे। हो सकता है कि इस सलाह के पीछे अच्छे इरादे रहे हों। यह भी हो सकता है कि श्रीमती गाँधी विचारधारा का अवमूल्यन करने के इरादे के बिना ही इस सलाह पर अमल करने चली हों। लेकिन निजी सत्ता के लिए किया गया यह संघर्ष अपने आप में इतना स्पष्ट था कि कम से कम मध्य वर्ग ने तो इसकी असलियत पहचान ही ली थी। उसने देखा कि ऊँची-ऊँची बातों की आड़ में विचारधारा दरअसल सत्ता हासिल करने का एक औजार मात्र है। बहरहाल, यह चाल लाजवाब साबित हुई। इसने अंत में श्रीमती गाँधी को विजयश्री दिलवाई और मध्य वर्ग ने इससे दो नतीजे निकाले—विचारधारा का निजी और संकीर्ण हितों को साधने के लिए दोहन किया जा सकता है, और ऐसा करना न्यायोचित भी हो सकता है और परिणामदायक भी।

हम देख चुके हैं कि विचारधारा के दबावों के बावजूद मध्य वर्ग अपने ठोस हितों को साधने में पहले भी कोई हीला-हवाला नहीं करता था। हम यह भी देख चुके हैं कि उसकी इस प्रवृत्ति को संयमित करने में गाँधी-नेहरू विरासत की

भूमिका थी। यह विरासत समाज में नैतिकता के महत्त्व को गिराने की किसी भी कोशिश के साथ सख्ती से पेश आती थी। नई परिस्थिति में मध्य वर्ग को संयमित करने वाली यह संरचना प्रभावी नहीं रह गई थी। परिणामस्वरूप मध्य वर्ग एक ऐसे नैतिक शून्य में लटक गया था जिसमें मान्यताओं की स्थापना करने वालों ने ही उनकी अनिवार्यताओं को नकार दिया था। विचारधारा की छाया से वंचित होने के बाद मध्य वर्ग को अब राजनीतिक क्षितिज पर एक ही सहारा दिखाई दे रहा था और वह था सर्वशक्तिमान नेता के प्राधिकार का सहारा।

सर्वोच्च नेता के सामने घुटने टेक देने की भारतीय मध्य वर्ग की प्रवृत्ति श्रीमती गाँधी द्वारा घोषित आपातकाल के दौरान पराकाष्ठा पर पहुँची। निस्संदेह यह प्रवृत्ति विचारधारात्मक प्रतिबद्धता के एक संतुलनकारी कारक के रूप में निष्प्रभावी हो जाने का परिणाम थी। श्रीमती गाँधी को नेहरू की पुत्री होने के नाते इस संक्रमण पर आवरण डालने में अपने वंश का फायदा मिला। उस समय हालत यह थी कि अतीत की मान्यताएँ उपेक्षित पड़ी हुई थीं। लेकिन उनकी स्मृतियाँ अभी जीवित थीं। आजादी के आंदोलन से उनके संबंध और उनसे उद्भूत नेताओं, सिद्धांतों और आश्वासनों की याद आसानी से नहीं मिटाई जा सकती थी। इसीलिए इंदिरा गाँधी को अतीत की निरंतरता का दिखावा करते रहना जरूरी था। मध्य वर्ग द्वारा 'वंशानुगत उत्तराधिकार' की परिघटना को आसानी से स्वीकार कर लेने का कारण संभवतः इस दिखावे के चलते फैला भ्रम भी हो सकता है। जैसे-जैसे अतीत की निरंतरता कमजोर पड़ती गई, वैसे-वैसे इस फर्जी दावे पर और जोर दिया गया कि भविष्य के सूत्र उस महान नेता की संतान के हाथ में होने के कारण ही यह निरंतरता अभी बची हुई है। मध्य वर्ग की निष्ठा सर्वशक्तिमान नेता में आस्था और उसके नाकाबिल साबित होने पर विचारधारा की पुनः खोज के बीच झूलती रही। वक्त निकलता रहा और धीरे-धीरे अतीत की आहटें मद्धम होती गईं। साथ ही विचारधारा की खोज का आग्रह भी बेहद कमजोर होता चला गया।

❋

अतीत के मलबे पर श्रीमती गाँधी का एक नेता के रूप में उभरना मध्य वर्ग के जीवन में एक निर्णायक मोड़ था। कुलीनतंत्रीय उत्तराधिकार के प्रति मध्य वर्ग का सम्मोहन भी श्रीमती गाँधी को मिले समर्थन का एक कारण था। श्रीमती गाँधी और उनके पिता की छवि अमीर और अभिजातवर्गीय वंशावली से जुड़ी हुई थी। यह वंशावली मध्य वर्ग की पहुँच से ऊपर थी इसलिए वह इसे हसरत की नजर से देखता था। 1971 के भारत-पाक युद्ध के बाद सर्वोच्च नेता के रूप में इंदिरा गाँधी की निर्मम राजनीतिक शैली, शासन-

कला और परिणामवाद के प्रति सराहना के भाव ने भी इसमें योगदान किया। इस युद्ध में पाकिस्तान के आत्मसमर्पण और बांग्ला देश की रचना का श्रेय श्रीमती गाँधी को ही मिला। कई तरह से यह श्रीमती गाँधी के राजनीतिक जीवन का सर्वश्रेष्ठ क्षण था– एक दुश्मन राष्ट्र विभाजित हो गया था और उपमहाद्वीप में भारत की चौधराहट जम गई थी। यह सफलता 1962 के चीन युद्ध में हुई उस पराजय के बरक्स खड़ी हुई थी जिसे आम तौर पर नेहरू की नैतिकतावादी मान्यताओं का नतीजा माना जाता था। अतीत धुंधलके में चला गया था और भविष्य अनिश्चित था। ऐसे माहौल में इंदिरा गाँधी मध्य वर्ग के लिए नैतिक मानदंडों की एक नई संहिता और सदाचार-निरपेक्ष सफलता का रूपक बन गईं। मध्य वर्ग ने उन्हें 'एक प्रतीक, एक नेता, रात के अँधेरे में रास्ता दिखाने वाले *शेकिनाह** और एक अग्नि पुंज के रूप में' देखा।[5]

नेतृत्व के एक आयाम और समाज के एक आधार के रूप में आदर्शवाद के अवमूल्यन के साथ-साथ एक प्रभावी आर्थिक उपकरण के रूप में राज्य की वैधता का भी क्षय हुआ। भारत द्वारा चुने गए आर्थिक विकास के मॉडल में राज्य को व्यापक और हस्तक्षेपकारी भूमिका निभानी थी। उसका पक्ष स्पष्ट था। वह आर्थिक गतिविधियों को समाजवादी रास्ते पर चलाना चाहता था। समाजवादी रुझान को प्राप्त स्पष्ट सहमति के तहत माना गया था कि राज्य को गरीबी उन्मूलन, समता और सामाजिक न्याय के लिए काम करने की भूमिका निभानी चाहिए। इस नीति से मध्य वर्ग के कुछ हिस्से थोड़े अप्रसन्न थे क्योंकि इसके कारण उन्हें अपनी इच्छित उपभोक्ता वस्तुओं को हासिल करने में दिक्कत आती थी। ये लोग चाहते थे कि नियम-कानून और अफसरशाही का नियंत्रण कम से कम हो। जाहिर है कि समाजवादी रुझान को इनकी तरफ से उत्साहजनक समर्थन नहीं मिला। इसके बावजूद यह तबका राज्य से दरिद्रों और साधनहीनों की हालत सुधारने में प्रभावी योगदान में सक्षम आर्थिक एजेंडा बनाने की अपेक्षा रखता था।

आर्थिक मोर्चे पर अपने घोषित लक्ष्यों को प्राप्त करने में राज्य की स्पष्ट असफलता ने मध्य वर्ग के चिंतन को दो तरह से प्रभावित किया– पहला, इससे आर्थिक क्षेत्र में राज्य की भूमिका की वैधता सवालों के घेरे में आ गई, और दूसरा, इस भूमिका के आधारभूत उसूलों के बारे में संदेह पैदा हो गया। ये प्रश्न और संदेह संभवतः नेहरू के जमाने में भी उभरे थे क्योंकि दावों और कार्यान्वयन के बीच खाई तभी दिखने लगी थी। असलियत यह थी कि नेहरू के समाजवादी सपने को धरती पर न उतार पाने की जिम्मेदारी में मध्य वर्ग भी काफी भागीदार था। हालाँकि वह गरीबों के पक्ष में राज्य की नीतियों को न्यायोचित मानता था, फिर भी वह अपने वर्ग-हितों का त्याग करने के लिए कभी तैयार नहीं हुआ। नेहरू की नीतियाँ उस वर्ग-हित द्वारा उलट दी गईं और वे इसे रोक नहीं पाए। यद्यपि

* नेता शब्द के लिए अरबी में समानार्थक।

नेहरू अपने इरादों के प्रति सच्चे थे, लेकिन 'उन्होंने सुधारवादी शब्दजाल और नौकरशाही कारोबार की आड़ में पुरानी संस्थाओं को जारी रहने दिया....कार्यान्वयन के माहौल को ही कार्यान्वयन समझ लिया गया।'[6] उन्होंने अपने पीछे जो विरासत छोड़ी उसमें राज्य द्वारा घोषित रेडिकल उद्देश्य ही थे, लेकिन दूसरी तरफ आर्थिक प्रगति के लाभों का वितरण बहुत कमजोर था। अर्थतंत्र की गाड़ी बस किसी तरह खिंच रही थी।

प्रायः सभी नवस्वतंत्र देशों में नवविहान के आश्वासन के कारण निर्धारित लक्ष्यों और आँकड़ों को एक आकर्षक रंग मिल जाता है। नेहरू युग भी इसी तरह के आशावाद से भरा हुआ था। जो भी हो, इन वर्षों में हुआ थोड़ा-बहुत आर्थिक विकास मध्य वर्ग को भा गया और उसका विभ्रम आमतौर पर कायम रहा। नेहरू की मृत्यु के बाद 1965 और 1966 में लगातार दो वर्ष बारिश कम होने के विनाशकारी परिणाम निकले। मानसून पर निर्भर कृषि-प्रधान देश के लिए ऐसा होना स्वाभाविक ही था। देश के बड़े-बड़े हिस्सों पर अकाल का शिकंजा कस गया। विदेशी मुद्रा की कमी के कारण व्यापारिक स्तर पर खाद्यान्न का भारी आयात संभव नहीं था। इससे महँगाई तेजी से बढ़ी और पहली बार मध्यवर्गीय डाक्टर, इंजीनियर, अध्यापक और हमेशा आंदोलन करने के लिए तैयार बैठा छात्र समुदाय आर्थिक दिक्कतों के खिलाफ विरोध जताने के लिए अपनी तकरीबन सुरक्षित दुनिया से बाहर निकला। हरित क्रांति (जिसके बारे में अभी विस्तार से चर्चा की जाएगी) शुरू होने और अगले कुछ वर्षों में हुई बारिश के कारण स्थिति कुछ सँभली, लेकिन 1972 में मौसम ने फिर झटका दे दिया। यह बड़ा नाजुक समय था। बांग्ला देश के लाखों-लाख शरणार्थियों को खिलाने के कारण अन्न के भंडार खाली होते जा रहे थे और एक नए राष्ट्र की रचना के लिए हुए युद्ध पर हो चुके अनाप-शनाप खर्चे के कारण बजटीय संसाधन बुरी हालत में थे। खाद्यान्न की कमी और महँगाई ने एक बार फिर व्यापक असंतोष को जन्म दिया। सूखा अगले साल भी जारी रहा। देश के कुछ भागों पर तो उसका असर 1975 तक बना रहा। 1973 में सरकार द्वारा खाद्यान्न के थोक व्यापार का राष्ट्रीयकरण करने की त्रुटिपूर्ण कोशिश ने परिस्थिति को और बिगाड़ दिया। 'इस निर्णय की घोषणा होते ही खाद्यान्न गायब होने लगा। अनाज न मिलने के कारण उपभोक्ताओं में घबराहट फैल गई। सरकार उनकी मदद करने की स्थिति में नहीं थी। 1966 में भी देश में अनाज के लिए छीना-झपटी नहीं हुई थी। लेकिन इस बार नागपुर, मुंबई और मैसूर में खाद्यान्न के लिए दंगे हुए। छात्रों द्वारा अनाज के ट्रक लूट लिए जाने के बाद केरल के स्कूल और कालेज बंद कर दिए गए।'[7] राष्ट्रीयकरण का प्रयास बीच में रोक देना पड़ा लेकिन तब तक इससे भारी नुकसान हो चुका था। 1972 से 1973 के बीच केवल एक वर्ष में दाम अभूतपूर्व ढंग से 22 फीसदी

तक बढ़ चुके थे।

आर्थिक क्षेत्र में घोषित इरादों के आधार पर राज्य की भूमिका वैधता प्राप्त करती है। भारत में इन इरादों ने दरिद्र जनता को अपनी चिंता का विशेष केंद्र बनाया था। आजादी के आंदोलन के नेताओं के गहरे विश्वास ने इन्हें वाणी दी थी और नेहरू के स्पष्ट समाजवादी झुकाव के तहत इन पर अमल का दावा किया गया था। कम से कम सिद्धांत और समझ के स्तर पर तो मध्य वर्ग ने इस प्रक्रिया को मौन स्वीकृति दे ही दी थी। लेकिन, जब राज्य अपने घोषित लक्ष्यों को पाने में बुरी तरह नाकाम दिखने लगा तो उसकी गतिविधियों का समर्थन करने वाली सहमति भरभरा कर बैठ गई। जिस देश ने आत्मनिर्भरता को तकरीबन एक विचारधारा का दर्जा दे दिया हो, उसके लिए अमेरिका से पब्लिक लॉ 480 के तहत खाद्यान्न आयात करना बेहद अपमानजनक था। 1971 में श्रीमती गाँधी द्वारा दिए गए 'गरीबी हटाओ' के नारे की भी यही दुर्गति हुई। यह एक लुभावना नारा था, जिसने चुनाव जीतने में उनकी मदद की। मध्य वर्ग को पहले भी कई लुभावने नारों का अनुभव था। उसने इस नारे को लोकतांत्रिक राज्य-व्यवस्था के एक अरुचिकर लेकिन अपरिहार्य तत्त्व के रूप में स्वीकार किया। उसने सोचा कि शायद इन्हीं जरियों से नेतागण और राजनीतिक दल मतदाताओं के गरीब और वंचित बहुलांश में अपने प्रति विश्वास पैदा करते हैं। लेकिन, सत्तर के दशक के शुरुआती वर्षों की आर्थिक परेशानियों ने साबित कर दिया कि दावों और वास्तविकता के बीच न पाटी जा सकने वाली खाई मौजूद थी। गरीबी उन्मूलन का नारा अनाज की भारी किल्लत और लगातार बढ़ती महँगाई के माहौल में बेहद खोखला निकला। यह पहली बार हुआ कि मध्य वर्ग की गलतफहमियाँ और उसकी जेब, दोनों पर एक साथ जोरदार चोट लगी। परिणामस्वरूप उसका राज्य के साथ वह समझौता टूट गया जिसके तहत वह राज्य के आर्थिक इरादों में अपनी आस्था घोषित करता रहता था। उसकी आस्था के आधार रहे सरोकारों को संदेह की दृष्टि से देखना अब उनके लिए कहीं अधिक स्वाभाविक था। जब गरीबों का घोषित रूप से हित-साधन करने का दावा करने वाला राज्य इस कदर असफल हो सकता था, और जब नेतृत्व केवल संकीर्ण राजनीतिक हितों के लिए इन सरोकारों का खुलेआम दोहन कर सकता था, तो फिर मध्य वर्ग की सामाजिक संवेदनशीलता के टिके रहने अथवा केवल अपने ही संकीर्ण हितों के लिए प्रयासरत रहने की प्रवृत्ति को संयमित करने का क्या आधार रह जाता था? गाँधी-नेहरू की विरासत ने मध्य वर्ग को गरीबों और वंचितों के लिए चिंतित रहना सिखाया था, लेकिन पहले भी अक्सर उसके आर्थिक हित इस विरासत के गर्भ से निकली नीतियों से टकराते रहते थे। नई परिस्थिति में तो उसकी गरीबों के प्रति चिंता

समाप्तप्राय थी। गरीबों का अस्तित्व अब उसके लिए ठोस यथार्थ न रह कर निराकार हो गया था। वह गरीबों को राह का रोड़ा समझने लगा था। इस रोड़े से कतरा कर निकलना मुश्किल जरूर था, लेकिन उसे निगाहों से छिपाया तो जा ही सकता था।

❋

मध्य वर्ग की प्रवृत्तियों को जिस तीसरे आयाम ने निर्णायक रूप से प्रभावित किया, वह था भ्रष्टाचार को समाज के अपरिहार्य अंग की तरह स्वीकार कर लेना। हमेशा की तरह भ्रष्टाचार का विषाणु पहले ऊँचे पदों पर बैठे लोगों में फैला और फिर उन्हें अपना आदर्श मानने वाले लोगों की निरोधक क्षमता ने उसके सामने घुटने टेक दिए। हालाँकि महात्मा गाँधी की असंदिग्ध ईमानदारी ने इस बीमारी के बेतहाशा फैलने पर रोक लगाई थी, लेकिन आजादी के फौरन बाद और उनके जीवन काल में ही इसके लक्षण दिखने शुरू हो गए थे। 1948 में गाँधीजी ने आंध्र के एक वृद्ध नागरिक द्वारा भेजे गए एक पत्र को सार्वजनिक किया था। इसमें लिखा था : 'राजनीतिक सत्ता के स्वाद ने उनका सिर घुमा दिया है। कई विधायक और विधान परिषद के सदस्य चाँदी काट रहे हैं। वे मजिस्ट्रेटों के तहत चलने वाली फौजदारी अदालतों के न्याय प्रशासन में बाधा डालने की हद तक अपने रुतबे का इस्तेमाल करके धन कमा रहे हैं....दृढ़ और ईमानदार अफसर का टिकना मुश्किल है....।'[8] नेहरू की सार्वजनिक छवि ईमानदारी की थी, लेकिन उनके जमाने में यह महामारी और फैली। 1956 से 1964 के बीच सरकार के निगरानी विभाग ने अस्सी हजार से ज्यादा भ्रष्टाचार के मामले आगे जाँच के लिए गृह मंत्रालय को भेजे। 1964 में भ्रष्टाचार की रोक-थाम के लिए बनाई गई संथानम कमेटी ने साफ तौर पर स्वीकार किया है : 'हमें बताया गया है कि भ्रष्टाचार इस सीमा तक बढ़ गया कि लोगों का सार्वजनिक प्रशासन में यकीन ही खत्म होने लगा है। चारों ओर से हमें सुनने को मिल रहा है कि हाल के वर्षों में भ्रष्टाचार प्रशासन के उन अंगों में फैल गया है जो पहले कभी उससे अछूते थे पर....ईमानदारी के बेअसर हो जाने की छवि....उसके वास्तविक रूप से बेअसर हो जाने की ही तरह नुकसानदेह होती है।'[9]

भ्रष्टाचार की समस्या एक अन्य धारणा के कारण भी गंभीर हुई। लोगों को लगने लगा कि ऊँचे हलकों में होने वाले भ्रष्टाचार को अनदेखा किया जाता है और बड़े लोगों को इसकी सजा नहीं मिलती। हालाँकि उस जमाने में इस धारणा की शुरुआत ही हुई थी, लेकिन यह एक तथ्य है कि 1947 के भ्रष्टाचार-निरोधक अधिनियम को निश्चित रूप से और शायद जान-बूझकर कमजोर और अपर्याप्त

रखा गया। इस कानून के जरिये किसी भ्रष्टाचारी के खिलाफ कोई ऐसी निर्णायक कानूनी कार्रवाई संभव ही नहीं थी जो राज्य की दृढ़ता की मिसाल पेश कर सकती हो। पचास के दशक में जिस तरह शिखर पर बैठे लोगों के खिलाफ प्रकाश में आए घोटालों को दबाने की कोशिश की गई, उससे हालत और बिगड़ गई। नेहरू के वित्त मंत्री टी. टी. कृष्णमाचारी मूँधड़ा प्रकरण में फँसे हुए थे। इस घोटाले में जीवन बीमा निगम को एक करोड़ रुपए से ज्यादा का चूना लगा था। कृष्ण मेनन पर जीप घोटाले की छाया थी जिसमें ब्रिटेन की एक संदिग्ध फर्म को जीप सप्लाई का बड़ा भारी आदेश दिया गया था। न कृष्णमाचारी का कुछ बिगड़ा और न ही मेनन का। कृष्णमाचारी ने वित्त मंत्री पद से इस्तीफा दिया और उन्हें बाद में फिर मंत्रिपरिषद में शामिल कर लिया गया। लोक लेखा समिति की विपरीत टिप्पणियों के बावजूद कृष्ण मेनन को बिना विभाग का मंत्री बना दिया गया। जल्दी ही उन्हें रक्षा विभाग वापस मिल गया। नेहरू ने अपने दोनों साथियों को सार्वजनिक रूप से अच्छे चाल-चलन की सनद दे दी।

नेहरू के बाद तो लगने लगा कि भ्रष्टाचार का रोग बढ़ा ही नहीं बल्कि लाइलाज भी हो गया है। कई घटनाओं के बारे में अखबारों में छपी खबरों और टीका-टिप्पणियों से भी ऐसी छवि बनी। 1969 में रहस्योद्घाटन हुआ कि जगजीवन राम ने दस वर्ष से आय कर अधिकारी के समक्ष अपनी आमदनी घोषित ही नहीं की है। जगजीवन बाबू उन दिनों केंद्रीय मंत्रिमंडल के महत्त्वपूर्ण सदस्य और श्रीमती गाँधी के प्रमुख सहयोगी थे। यह जानकारी स्वयं वित्त मंत्री मोरारजी देसाई ने दी थी। समझा जाता है कि देसाई को एक अरसे से यह बात पता थी, लेकिन उन्होंने अधिकतम राजनीतिक फायदा उठाने की गरज से ठीक उस वक्त इसे खोला जब कांग्रेस में टूट होने वाली थी। बहरहाल, उनका जो भी इरादा रहा हो, अगर उनके साथ हमदर्दी बरतते हुए इसे उनकी चूक भी मान ली जाए, तो भी जगजीवन राम की तरफ से हुई यह गलती जनता की नजर में काफी आपत्तिजनक थी। लेकिन श्रीमती गाँधी ने न तो जगजीवन राम को आड़े हाथों लिया और न ही उनसे इस्तीफा देने को कहा। उन्होंने बेहिचक इस प्रकरण को अपने एक साथी द्वारा व्यस्तता के कारण भूल जाने की क्षमायोग्य घटना कह कर खारिज कर दिया।

एक अन्य घटना और भी ज्यादा रहस्यमय और विचित्र थी। इसका ताल्लुक रुस्तम सोहराब नागरवाला से था और माहौल को भ्रष्टाचार के अनुकूल बनाने में इसका काफी योगदान रहा। 24 मई 1971 को अवकाश-प्राप्त सैनिक अधिकारी और भारतीय खुफिया विभाग के लिए काम कर चुके नागरवाला को स्टेट बैंक ऑव इण्डिया के मुख्य रोकड़िया वेद प्रकाश मल्होत्रा ने साठ लाख रुपए दिए। मल्होत्रा का कहना था कि उसने यह काम फोन पर स्वयं प्रधानमंत्री का आदेश सुन कर किया था। बाद में मल्होत्रा ने जब प्रधानमंत्री निवास पर आदेश पालन की जानकारी दी तो उसे एहसास हुआ कि उसे गच्चा दिया गया है। फौरन कार्रवाई हुई

और नागरवाला को गिरफ्तार कर लिया गया। उसने कबूला कि उसने फोन पर श्रीमती गाँधी की आवाज बनाई थी। यह कांड अखबारों की सुर्खियों में छा गया। संसद में हंगामा मच गया। कुछ अनुत्तरित प्रश्न उठेः 'क्या प्रधानमंत्री पहले भी मल्होत्रा को फोन करती रही थीं? अगर नहीं, तो वह उनकी आवाज से परिचित कैसे था? अगर ऐसे लेन-देन की पहले से परंपरा नहीं होती तो क्या रोकड़िया बैंक की तिजोरी से इतनी बड़ी रकम यूँ ही निकाल लेता? आखिर वह धन था किसका?'[10] नागरवाला पर फटाफट मुकदमा चलाया गया और उसे चार साल का कठोर कारावास दिया गया। केवल तीन दिन में खत्म होने के लिहाज से यह मुकदमा न्यायिक प्रक्रिया में देरी के लिए बदनाम भारतीय न्यायपालिका के इतिहास में एक रिकार्ड बन गया। जेल में नागरवाला ने अपना इकबालिया बयान बदल दिया और दोबारा मुकदमा चलवाने की माँग की। लेकिन, इससे पहले कि इस पर गौर किया जा सकता, मार्च 1972 में उसकी जेल में ही दिल का दौरा पड़ने से मृत्यु हो गई। अफवाहों का दौर चलता रहा कि ताकतवर लोगों के फँस जाने के डर से नागरवाला को खामोश कर दिया गया है। लोगों का शक उस समय और पक्का हो गया जब इतनी तेज रफ्तार से नागरवाला प्रकरण की जाँच करने वाला पुलिस अधिकारी भी एक कार दुर्घटना में मारा गया।

1971 में इंदिरा गाँधी के छोटे बेटे संजय गाँधी को सरकार ने अकेले आवेदक के रूप में 50,000 मारुति कारें प्रति वर्ष बनाने का लाइसेंस देने के लिए चुना। उन दिनों मारुति को सस्ते दामों वाली 'जनता की कार' कहा जाता था। इस कार को बनाने के लिए करीब दर्जन-भर प्रार्थी और भी थे। इंदिरा गाँधी बराबर यह दलील देती रहीं कि संजय की माँ के प्रधानमंत्री होने की इस निर्णय में कोई भूमिका नहीं है और इन मामलों को तो संबंधित सरकारी विभाग द्वारा स्वतंत्र रूप से निपटाया जाता है। उनका कहना था कि एक योग्य नौजवान को केवल इसलिए अपनी सबसे बड़ी महत्त्वाकांक्षा पूरी करने से वंचित नहीं किया जाना चाहिए कि वह प्रधानमंत्री का बेटा है। संजय गाँधी नाम के इस युवा उद्यमी पर हरियाणा के मुख्य मंत्री बंसीलाल भी अत्यंत कृपालु साबित हुए। दिल्ली के ठीक बाहर हरियाणा में तीन सौ एकड़ कीमती खेती लायक जमीन फौरन अधिगृहीत कर ली गई। आरोप लगा कि इस जमीन को उसकी असली कीमत से काफी कम दामों पर एक कानून का उल्लंघन करके अधिग्रहीत किया गया है। कानून के अनुसार किसी रक्षा संस्थान के एक हजार मीटर के दायरे में संयंत्र निर्माण पर पाबंदी थी। लेकिन, इस मामले में जिस तरह पक्षपात और परिवारवाद के खुले आरोपों को नजरअंदाज कर दिया गया था, उसी तरह इस आरोप को भी खारिज कर दिया गया।

महत्त्वपूर्ण बात यह नहीं है कि ये आरोप सही थे या नहीं। ऊपर चर्चित प्रकरणों से जुड़े हुए विवादों के सही-गलत का फैसला करना न हमारा मकसद है, और न ही यह हमारे अध्ययन के लिए प्रासंगिक है। हो सकता है कि जगजीवन

राम वास्तव में पूरे दस साल तक अपनी आमदनी घोषित करना भूलते रहे हों और हो सकता है कि उनकी चूक को हल्के ढंग से लेने के पीछे इंदिरा गाँधी का कोई दूषित इरादा न रहा हो। यह भी हो सकता है कि नागरवाला कांड और प्रधान मंत्री में संबंध स्थापित करने के पीछे विपक्ष की कुंठित मनोवृत्ति ही काम कर रही हो और नागरवाला की जेल में मौत कुदरती कारणों से ही हुई हो। हो सकता है कि मारुति कार बनाने का लाइसेंस प्राप्त करने के लिए केवल संजय गाँधी ही सर्वाधिक उपयुक्त योग्यता वाले आवेदक हों। हमारी दिलचस्पी तो इन सभी घटनाओं के मध्य वर्ग के मानस पर पड़ने वाले मिले-जुले असर को लेकर है कि आखिर अधिकांश मध्यवर्गीय भारतवासियों ने इन्हें किस रूप में समझा होगा! जगजीवन राम के कर-वंचन का भेद उस समय खुला था जब उन पर और कई अन्य मंत्रियों के बारे में आमदनी से ज्यादा संपत्ति जमा कर लेने के आरोप हवा में थे। जिस चलताऊ ढंग से उनके कसूर को माफ कर दिया गया, उससे छवि यह बनी कि निजी शुचिता के मूल्यांकन की कसौटियाँ कुछ ज्यादा ही लचीली हैं, और अगर दोषी व्यक्ति महत्त्वपूर्ण है तो वह कुछ भी करके निकल सकता है। सभी जानते थे कि राजनीतिक दलों को धन की जरूरत होती है और बड़े पूँजीपति उन्हें रकमें देने के लिए तैयार रहते हैं। कांग्रेस-विभाजन के बाद के महीनों में राजनेताओं और बड़े पूँजीपतियों के बीच बढ़ते हुए घिनौने गठजोड़ की चर्चाएँ अपने शिखर पर थीं। श्रीमती गाँधी के मंत्रिमंडल में विदेश व्यापार मंत्री और कांग्रेस के कोषाध्यक्ष ललित नारायण मिश्रा की गतिविधियाँ दिनों-दिन इतनी बदनाम होती जा रही थीं कि सत्ता के ऊँचे सोपानों पर भ्रष्टाचार के बारे में मध्यवर्गीय घरों में चर्चा आम बात हो गई थी।

इन हालात में नागरवाला कांड के अनुत्तरित प्रश्नों ने एक तरफ तो शासन के सर्वोच्च पदों पर भ्रष्टाचार के बारे में लोगों के यकीन को पक्का कर दिया और दूसरी तरफ स्वयं प्रधानमंत्री का पद भी भ्रष्टाचार के आरोपों से अछूता नहीं रह गया। जैसे ही उनके पुत्र को मारुति कार बनाने का लाइसेंस मिला, वैसे ही औसत मध्यवर्गीय व्यक्ति को परिवारवाद के आरोप में भी काफी दम लगने लगा। अब ये मसले कानाफूसी और अफवाहों तक ही सीमित नहीं रह गए थे। स्वतंत्र प्रेस परिमाण और प्रभाव दोनों में ही विकसित होता जा रहा था। इन प्रकरणों पर खुल कर और आलोचनात्मक लहजे में लिखा गया। मध्यवर्गीय पाठकों ने रोज सुबह के अखबारों में ये बातें पढ़ीं। अखबारों से उन्हें जानकारी मिली कि मारुति बनाने का लाइसेंस प्राप्त करने लायक योग्यता संभवतः संजय गाँधी में नहीं है। संजय ने अपनी स्कूली शिक्षा पूरी नहीं की थी और न ही इंग्लैंड में रॉल्स रॉयस के कारखाने का कोर्स पूरा किया था। अफवाहें तो यह भी थीं कि चालाक पूँजीपतियों ने माँ-बेटे

की राजनीतिक हैसियत का फायदा उठाने की जुगाड़ में संजय के लिए अपनी तिजोरियाँ खोल दी हैं।

इन तमाम घटनाओं, अफवाहों और अखबारों में छपी खोजपूर्ण खबरों ने मिल-जुल कर जनमानस में एक नई परिघटना को जन्म दिया जिसे 'भ्रष्टाचार की गाथा' कहा जा सकता था। सर्वोच्च स्तर पर भ्रष्टाचार शिष्टाचार जैसा समझा जाने लगा। उसने लोगों को चौंकाना बंद कर दिया। प्रमाणों की कोई कमी नहीं थी, इसलिए पलक झपकते आरोपों की बौछार होने लगी। रातों-रात संदेह यकीन में बदलने लगे और यकीनों में से नए संदेह फूट पड़े। नेहरू ने अपने जमाने में ऐसे हालात को 'भ्रष्टाचार का माहौल' करार दिया था। उनकी टिप्पणी थी, 'लोगों को लगता है कि भ्रष्टाचार के माहौल में रहने के कारण वे स्वयं भ्रष्ट होते जा रहे हैं। आम आदमी खुद से कहता है: अगर हर आदमी कर रहा है तो मैं भी क्यों न भ्रष्टाचार करूँ ?'" जाहिर है कि इंदिरा गाँधी तक आते-आते 'भ्रष्टाचार का माहौल' और भी विषाक्त हो गया। परिणामस्वरूप सार्वजनिक जीवन में नैतिकता की बात करना असलियत से कटे हुए लोगों की अफसोसनाक मासूमियत समझी जाने लगी। यह एक अलग तरह की दुनिया थी जिसमें ईमानदारी को नाकामी और बेईमानी को शर्तिया कामयाबी का जनक माना जा रहा था। इस रंग से कामयाब हुए लोग सबके आकर्षण के केंद्र थे। उनकी संख्या ईमानदारी की परवाह किए बिना बढ़ती जा रही थी। सफलता के लिए अपनाए गए उल्टे-सीधे साधनों पर गर्व करने की प्रवृत्ति पहले नहीं थी। कहीं न कहीं ग्लानि का भाव भी रहता था। अब ये प्रवृत्तियाँ कमजोर पड़ने लगी थीं। इस मान्यता ने भ्रष्टाचार को और फैलने का मौका दिया कि वह तो पहले से ही चारों ओर व्याप्त है। राष्ट्रीय जीवन के हर पहलू पर इस धारणा का असर पड़ा। भ्रष्टाचार का सर्वव्यापी होना ही उसकी वैधता की निशानी बन गया।

इस समग्र प्रक्रिया में मध्य वर्ग ने तीन भूमिकाएँ एक साथ निभाईं। वह भ्रष्टाचार का शिकार भी हुआ, उसकी आलोचना भी की और फिर स्वयं उसमें भागीदार भी बना। सर्वोच्च स्तरों पर भ्रष्टाचार की मौजूदगी की धारणा और आम आदमी की रोजमर्रा की जिंदगी में भ्रष्टाचार एक-दूसरे को पानी देने लगे। दलील यह दी जाने लगी कि जब देश की बागडोर सँभालने वाले भ्रष्ट और सफल हैं तो निचले स्तर पर थोड़ा-बहुत माल कमाने के मौकों को क्यों हाथ से निकलने दिया जाए? यह तर्क छोटे स्तर के अधिकारी वर्ग को खासतौर पर पसंद आया। ये अधिकारी प्रायः मध्य वर्ग के ही थे और मध्य वर्ग के अन्य सदस्यों को इनसे रोज ही कोई न कोई काम पड़ता था। जल्दी ही यह छवि बन गई कि बिना रिश्वत दिए कोई सरकारी अनुमति प्राप्त नहीं की जा सकती और न ही कोई सरकारी लेन-देन हो सकता है। ऐसा

भ्रष्टाचार पहले भी था, लेकिन पहले न तो वह इतने बड़े पैमाने पर था और न ही इस तरह नंगे रूप में उसने जड़ जमा रखी थी।

भ्रष्टाचार से परेशान मध्य वर्ग उसे खूब कोसता था, लेकिन दूसरी ओर नैतिक गिरावट व वैचारिक शून्य के कारण भ्रष्टाचारियों की संख्या में बढ़ोतरी भी इसी वर्ग में से हो रही थी। विचित्र बात यह थी कि भ्रष्टाचार से अपनी जेबें भर रहा व्यक्ति निजी बात-चीत में ऊँचे स्तरों पर भ्रष्टाचार की भर्त्सना करने का कोई मौका नहीं छोड़ता था। इस प्रकार ज्यादा बड़े पैमाने और ऊँचे स्तर पर भ्रष्टाचार की निंदा के जरिये मध्य वर्ग अपनी अनैतिकता को मनोवैज्ञानिक रूप से न्यूनतम कर लेता था। इस प्रवृत्ति ने पाखंड को बढ़ाया, लेकिन अपराधबोध को कम किया। खास बात यह थी कि भ्रष्टाचार से परेशान ज्यादातर लोगों ने सोचा कि उसूलों की धूल फाँकते रहने से बेहतर तो बहती गंगा में हाथ धोना ही है। चूँकि रिश्वत देने से काम जल्दी हो सकता था इसलिए उसकी निगाह में रिश्वत दे देना ठीक हो गया न कि उसके खिलाफ संघर्ष करना। फिर यदि जायज को रिश्वत देकर हासिल किया जा सकता था, तो नाजायज को क्यों नहीं? पतन का अगला चरण यही होना भी था। लाभ चाहे आर्थिक हो, या किसी और किस्म का, उसे पाने के लिए 'शार्ट कट' अपनाने का लालच प्रबल होता चला गया। यहाँ यह तथ्य एक बार फिर उल्लेखनीय है कि वैध या अवैध उद्देश्यों के लिए जो लोग पैसा खिलाने के लिए तैयार रहते थे, वे समाज में बढ़ते हुए भ्रष्टाचार की अपने बैठकखानों में जोरदार आलोचना भी करते थे। मध्य वर्ग अपने उसूलों से जितना ज्यादा समझौता करता था, उसके पाखंड और नैतिकता की बातों में उतनी ही बढ़ोतरी होती चली जाती थी। अपना हित साधने के लिए वह अपने मूल्यों को गिरा लेने के लिए तैयार रहता था, लेकिन साथ में शिखर पर हो रहे भ्रष्टाचार की निंदा करने का 'नैतिक' अधिकार भी नहीं छोड़ता था। इस तरह उच्च पदों पर भ्रष्टाचार को उसने अपनी सिद्धांतहीनता का तर्क बना लिया। यह प्रवृत्ति सिर्फ रिश्वतखोरी तक ही सीमित नहीं थी। अगर प्रधानमंत्री अपने पुत्र को नाजायज तौर पर आगे बढ़ा सकती थीं, तो एक साधारण मध्यवर्गीय भारतीय को अपने किसी रिश्तेदार को योग्यता न होते हुए भी लाभ पहुँचाने में संकोच क्यों होना चाहिए था? अगर राजनेताओं के पास नकदी के ढेर हो सकते थे, तो एक अफसर किसी व्यापारी से दीवाली का महँगा 'उपहार' लेने से क्यों हिचकता? इस प्रकार 'भ्रष्टाचार की गाथा' ने समाज में भ्रष्टाचार को मान्यता दिला दी। नेहरू की मृत्यु के बाद अपने विचारधारात्मक आग्रहों से वंचित हो चुके मध्य वर्ग के पास इस परिस्थिति का मुकाबला करने लायक संकल्प और रुचि दोनों का ही अभाव था। स्थिति यह थी कि भ्रष्टाचार से परेशान औसत मध्यवर्गीय भारतीय की बेगुनाही का नतीजा पहले आलोचना और आक्रोश में निकलता, और आलोचना कर चुकने के बाद वह

स्वयं उस अनैतिक कर्म में भागीदार हो जाता। उसका आक्रोश तृप्ति-भरी बनावटी मुस्कराहट में बदल जाता।

❋

मध्य वर्ग के चरित्र और उसकी संरचना में परिवर्तन के साथ ही उसकी दुनिया से आदर्शवाद तिरोहित हो गया। उसने गरीबों की फिक्र करना बंद कर दी और भ्रष्टाचार को मान्यता दे दी। पहले का मध्य वर्ग अपने पारंपरिक रूप में नेहरू के आदर्शवाद की छाया में रहता था, लेकिन मध्यवर्गीय हैसियत के नए दावेदार इंदिरा गाँधी के परिणामवादी यथार्थवाद के अनुयायी थे। इस अंतर को स्वयं इंदिरा गाँधी ने इस प्रकार व्यक्त किया था, 'मेरे पिता तो संत थे, जो गलती से राजनीति में आ गए थे। मैं तो पक्की राजनीतिक हूँ।'[12] वक्त बदल चुका था और उसके साथ चल रहे लोगों के उद्‌गम और अभिव्यक्ति में इस परिवर्तन को झलकते हुए देखा जा सकता था।

मध्य वर्ग का आकार और दायरा बढ़ने के कई कारण थे। व्यापारी समुदाय का क्रमिक विकास भी इनमें से एक था। 1947 के बाद स्थिति यह थी कि परंपरागत व्यापारिक घराने बड़े स्तर की वाणिज्यिक गतिविधियों को नियंत्रित करते थे। एक छोटा लेकिन साफ तौर पर उभर रहा उद्यमी तबका उनकी सामाजिक अधीनता में था। एक विशाल व्यापारी समुदाय भी था। उद्यमी वर्ग और व्यापारी समुदाय का समय के साथ विकास तो हुआ, लेकिन इन तबकों ने ऊँची सामाजिक हैसियत के लिए कोई बढ़ा-चढ़ा दावा नहीं किया। बीस वर्ष तक पूँजी-संचय का दौर चलता रहा जिससे समृद्ध होकर यह समुदाय लंबी छलाँग लगाने की स्थिति में आ गया। 1969 में इंदिरा गाँधी द्वारा किया गया बैंक राष्ट्रीयकरण इन लोगों की महत्त्वाकांक्षाएँ पूरा करने में काफी मददगार साबित हुआ। पहली बार सरकारी बैंकों ने उद्यमियों और व्यापारियों को पूँजी सुलभ कराई। अभी तक ये लोग ऋण लेने और निवेश करने वाले पारंपरिक समुदाय की परिधि से बाहर ही रहते थे। सरकार द्वारा नियंत्रित आई. एफ. सी. (भारतीय वित्त निगम), आई. डी. बी. (भारतीय औद्योगिक बैंक) और आई. सी. आई. सी. आई. (भारतीय औद्योगिक ऋण एवं निवेश निगम) की स्थापना और बैंक राष्ट्रीयकरण से 'देश में विधिवत् पूँजीवादी विकास के लिए महत्त्वपूर्ण वित्तीय अधिरचना'[13] बनाने में मदद मिली। आँकड़े बताते हैं कि मात्र राष्ट्रीयकरण कितने बड़े वर्ग की आर्थिक स्थिति बदलने का आधार बना। राष्ट्रीयकरण के समय बैंकों की 10,000 शाखाओं में मोटे तौर पर 6,000 करोड़ रुपए जमा थे। अगले कुछ वर्षों में ये आँकड़े दो गुने से भी ज्यादा हो गए और 1990 तक शाखाओं की संख्या 55,000 और जमा राशि

1,29,000 करोड़ हो गई। यद्यपि सस्ती दर पर पूँजी की उपलब्धता ही उद्यमियों की संख्या बढ़ाने का एकमात्र कारण नहीं थी, लेकिन इस तथ्य में कोई शक नहीं किया जा सकता कि 'राष्ट्रीयकृत वित्तीय प्रणाली ने घरेलू संसाधनों को जिस पैमाने और जिस दक्षता के साथ जमा करके उत्पादक गतिविधियों में वितरित किया, निजी बैंक उसके पासंग भी नहीं हो सकते थे।'[14]

लघु उद्योग क्षेत्र में भी काफी विकास हुआ। इससे भी मध्य वर्ग के नए सदस्यों को आगे बढ़ने का भरपूर मौका मिला। दूसरी पंचवर्षीय योजना के बाद से इस क्षेत्र की अर्थतंत्र में भागीदारी लगातार बढ़ती चली गई। लघु उद्यमों को वित्तीय और राजकोषीय प्रोत्साहन देना सरकारी नीति का पहले भी अंग था, लेकिन सरकार की नियंत्रण प्रणाली इसके प्रभाव को मंद कर देती थी। बहरहाल, औद्योगिक वृद्धि की सकल दर नीची जरूर रही, लेकिन कभी रुकी नहीं। इससे संभावनापूर्ण माहौल बना। एक तरफ बैंक राष्ट्रीयकरण ने अतिआवश्यक पूँजी सुलभ कराई और दूसरी ओर बड़ी फर्मों ने सहायक कारखाने खोल कर और ठेके पर अपना माल बनवाने की विधि अपना कर पहले से मौजूद अवसरों में विविधता का समावेश कर दिया। जो भी हो, उद्यमियों के इस शुरुआती तबके की दृढ़ता और कुशलता निश्चित रूप से सराहनीय थी। लालफीताशाही और कमीशनखोर नौकरशाही के बावजूद इन उद्यमियों की इकाइयाँ शुरू में इसलिए विकसित हो पाई क्योंकि उनमें जमे रहने की अदम्य इच्छा थी। उन्हें कोई भी तरीका अपनाने में झिझक नहीं थी। श्रम की लागत घटाने के लिए उनके परिजन भी काम में जुटे रहते थे और अधिकतम उत्पादन निकालने के लिए श्रमिकों से जम कर काम लिया जाता था। तकनीकी शिक्षा के विस्तार से लाभान्वित हुए कई प्रशिक्षित लोगों ने कहीं नौकरी करने के बजाय खुद अपनी इकाइयाँ खोलीं। 1966 से 1978 के बीच उत्पादन शुरू करने वाले आधे से ज्यादा कारखाने लघु क्षेत्र में थे। 1971 में इस क्षेत्र के लिए आरक्षित उत्पादों की संख्या 128 थी जो 1982 में बढ़कर 844 हो गई। 'सत्तर के दशक में कारखाना क्षेत्र के तहत निजी मिल्कियत वाले उद्यमों की कुल पूँजी में व्यक्तिगत स्वामित्व और भागीदारी का हिस्सा लगातार बढ़ा।'[15] सत्तर के दशक के मध्य तक लघु क्षेत्र विकसित होकर देश के कुल औद्योगिक उत्पादन में लगभग आधा योगदान करने लगा। उल्लेखनीय है कि इस क्षेत्र के लाभ की दर कारपोरेट क्षेत्र की लाभ के दर से अक्सर ज्यादा बैठती थी।

निजी उद्यमों में हुई तेज वृद्धि के साथ-साथ नाना प्रकार के नियंत्रणों वाली सरकारी प्रणाली के संचालन में लगी निचले स्तर की अफसरशाही की आमदनी भी बढ़ गई। नियमों को लागू करने वाली हर सरकारी संस्था या विभाग में ऐसे अफसर थे जो इस जरिये अपनी जेबें भरना चाहते थे। चूँकि उन दिनों पूँजी उपलब्ध थी, इसलिए रिश्वत देने में उद्यमियों का हाथ खुला हुआ था। नतीजतन, आर्थिक प्रक्रिया के हर चरण में न रिश्वत देने वालों की कमी थी और न लेने

वालों की। विनिर्माण (मैन्यूफैक्चरिंग) के क्षेत्र में पंजीकृत किसी भी उद्यम को आयात लाइसेंस पाने का हक था, लेकिन उसे इसकी कीमत अदा करनी पड़ती थी। आयातित माल आने पर उसके 'क्लियरेंस' के लिए कस्टम अधिकारियों के 'सहयोग' की जरूरत पड़ती थी। उत्पादन के समय निरीक्षक अधिकारियों को 'खुश' रखना पड़ता था। बुनियादी ढाँचे, जैसे विद्युत की सुविधाएँ मुहैया कराने वाले छोटे-छोटे अफसरों को भी 'संतुष्ट' करना होता था। उत्पाद शुल्क का आकलन करने के लिए एक्साइज विभाग के अफसरों की 'मदद' चाहिए होती थी। उत्पाद के बाजार में पहुँचते ही बिक्री कर अधिकारियों की 'सहायता' आवश्यक थी। अंत में मुनाफे का हिसाब लगाने के वक्त आय कर अधिकारियों के साथ 'तालमेल' बैठाना जरूरी हो जाता था। उद्यमी वर्ग अधिकारी तंत्र की इस लंबी-चौड़ी भूलभुलैया में पूरी तरह फँसा हुआ था। निर्माण के स्तर पर जो नीतियाँ बुद्धिमत्तापूर्ण प्रतीत होती थीं, उनमें कार्यान्वयन के स्तर पर इतनी खामियाँ निकल आती थीं कि विवेकाधीन अधिकारों के कारण सरकारी अधिकारियों के 'अनुकूल' निर्णय या अनुमति के बिना लाभ अर्जित करना नामुमकिन हो जाता था। 60 के दशक के मध्य तक निचले स्तर का सरकारी कर्मचारी अपने वेतन और अतिरिक्त आमदनी की सीमा के कारण निम्न-मध्य वर्ग की परिधि पर ही संतुष्ट रहता था। लेकिन अब इन हालात में नए मौकों और उनके कारण मिले धन से उसकी क्रय शक्ति बढ़ गई और उसने खुद को ऊपर उठाने का निश्चित इरादा जाहिर किया। समाज में भ्रष्टाचार को मिलती जा रही मान्यता के कारण उसे अपनी समृद्धि को छिपाने की भी कोई खास जरूरत नहीं पड़ी। अपनी बढ़ी हुई आमदनी, सुविधाओं और उनके प्रदर्शन के दम पर वह मध्य वर्ग की मुख्य-धारा में बेहतर हैसियत की जोरदार माँग करने लगा।

काले धन की अर्थव्यवस्था के प्रसार ने भी नवधनाढ्यों की पीढ़ी को खाने-उड़ाने के लिए काफी रकम मुहैया कराई। ये लोग पहले अपनी समृद्धि को छिपाए रहते थे। अब उसके खुले दिखावे से उनके सामने जोखिम का अंदेशा कम था। ऐसी बात नहीं कि दुनिया के अन्य देशों के अर्थतंत्र में काला धन न होता हो, लेकिन भारत में काले धन का आकार खासतौर से जबर्दस्त था। काफी संतुलित अनुमानों के मुताबिक भी अवैध अर्थव्यवस्था खुले अर्थतंत्र का पचास फीसदी तो थी ही। इस लिहाज से इसका आकार 'ब्राजील, दक्षिण कोरिया, मैक्सिको (और चीन) जैसे अन्य उद्योगीकृत हो रहे देशों की अपेक्षा कहीं बड़ा था।'[16] काले अर्थ तंत्र के प्रभाव के बारे में कई तरह के मत थे। एक स्तर पर काले धन ने निवेश के लिए संसाधन मुहैया कराए और 'श्वेत अर्थतंत्र' के साथ अपने एकीकरण के कारण पूँजी बाजार को टिकाए रखने में मदद की। लेकिन, अवैध धन की विशाल छतरी के नीचे जमाखोरों, सट्टेबाजों, बिचौलियों, प्रापर्टी डीलरों, व्यापारियों और अनुत्पादक आमदनी पर मौज करने वालों को भी खूब शरण मिली। कानून लागू

करने वाले सरकारी तंत्र की खामियों और साँठगाँठ ने इन लोगों को फलने-फूलने की गुंजाइशें दीं। सत्ताधारी नेता भी इसे जब-तब आफत-मुसीबत से बचाते रहे। इस तबके के संख्यात्मक आकार का अनुमान लगाना मुश्किल है। एक आकलन के अनुसार अस्सी के दशक के अंत तक इसकी संख्या पाँच करोड़ के आसपास पहुँच चुकी थी जिनमें सबसे ज्यादा बड़ा हिस्सा व्यापारियों का था।[17] सत्तर के दशक के मध्य में यह तबका इतना बड़ा नहीं था, फिर भी उसकी उपस्थिति और उसके निरंतर विकास को आसानी से देखा जा सकता था। वह केवल मुनाफा कमाने में नहीं वरन् जल्दी से जल्दी, ज्यादा से ज्यादा और जहाँ तक हो सके अनुत्पादक जरियों से मुनाफा कमाने में दिलचस्पी रखता था। आसानी से और इतनी भारी मात्रा में प्राप्त धन को पूरी तरह छिपाया जाना मुमकिन नहीं था इसलिए इसकी अभिव्यक्ति उच्च-मध्य वर्ग की संपन्नता की प्रतीक जीवन शैली में होनी ही थी।

ये परिवर्तन केवल शहरों तक ही सीमित नहीं थे। ग्रामीण भारत में भी कई तरह के समूह मध्य वर्ग में दाखिले के लिए दावा पेश कर रहे थे। 1947 से पहले के वर्षों में कांग्रेस देहातों पर अपनी चौधराहट जमा कर बैठी हुई भूस्वामी जातियों से समर्थन-आधार प्राप्त करती थी। स्वतंत्रता के बाद 1956 के जमींदारी-उन्मूलन अधिनियम जैसे भूमि-सुधार उपायों ने देहातों में यथास्थिति को केवल एक सीमा तक ही बदला और वहाँ की सत्ता थोड़े से बेहद अमीर सवर्ण किसानों से खिसक कर मध्यवर्ती जातियों के मँझोले किसानों की विशाल संख्या के हाथ में आ गई। ये खुशहाल किसान कुल भूमि के 60 फीसदी के मालिक थे। हर किसान औसतन दस एकड़ और उससे ज्यादा जमीन का स्वामी था, जबकि उनकी संख्या कुल खेतिहर आबादी के एक चौथाई से भी कम थी। साठ के दशक के मध्य में शुरू की गई हरित क्रांति से सबसे ज्यादा फायदा इन्हीं किसानों को हुआ था।

हरित क्रांति करने का निर्णय इसलिए किया गया था क्योंकि भूमि पुनर्वितरण जैसे 'विचारधारात्मक' उपायों से पैदावार में बढ़ोतरी नहीं हो पाई थी। इस क्रांति में ऊँची पैदावार देने वाले बीजों और उर्वरकों की मुख्य भूमिका थी। 1965 और 1966 के अकालों ने भी विकास की इस वैकल्पिक रणनीति पर तेजी से अमल करने की जरूरत पर बल दिया। हरित क्रांति की नई तकनीक को सबसे पहले मँझोले किसानों ने अपनाया। यह तबका अपनी जमीन पर श्रम न करने वाले जमींदार की तरह नहीं था, बल्कि पीढ़ियों से खेतों में पसीना बहा कर जीविकोपार्जन कर रहा था। उसकी जमीन का रकबा 'इतना बड़ा था जिससे पूँजी पैदा हो सकती थी अथवा जिसके आधार पर नई तकनीक में लगने वाली सामग्री के लिए ऋण उगाहा जा सकता था।'[18] मँझोले किसानों की आमदनी बढ़ाने में कई सरकारी नीतियों ने मदद की

जिनमें पैदावार के समर्थन-मूल्यों की घोषणा, सिंचाई, बिजली, खाद व डीजल, इत्यादि की रियायती दरों के साथ-साथ संस्थागत ऋण और खेती से आमदनी पर नहीं के बराबर कर लगाना शामिल था। दूसरे, इन नीतियों से लाभान्वित होने वाले किसान व्यवस्था का अपने पक्ष में दोहन करने के हथकंडों से भी लैस थे। खेती से हुई बेशी आमदनी के सहारे इन किसानों ने जल्दी ही ईंट भट्टे, आटा मिल, चीनी की सहकारी मिलें, ट्रकों का धंधा और थोक व्यापार, आदि गैरकृषि व्यवसाय शुरू कर दिए जो उनके लिए लाभप्रद थे। कृषि में भी उन्होंने आमदनी के विभिन्न जरियों पर हाथ आजमाया। उन्होंने डेरी फार्म और कुक्कुट फार्म खोले तथा ट्रैक्टर व अन्य खेती के उपकरणों को किराये पर उठाना शुरू कर दिया। किसानों की कोशिश होती थी कि इन धंधों में पूँजी कम से कम लगाई जाए और वेतनभोगी श्रमिकों या मशीनों के बजाय परिजनों को काम में ज्यादा से ज्यादा लगाया जाए। जाहिर था कि खेतिहर पूँजीपतियों का एक नया वर्ग उभर चुका था। जल्दी ही मानसून और मिट्टी के उपजाऊपन की सीमाएँ तोड़ कर उसकी दिलचस्पियाँ नए क्षेत्रों की हदों को छूने वाली थीं।

1967 में दस राज्यों में गैर-कांग्रेस सरकारों के गठन से पहली बार राजनीति में इस नए वर्ग की आहट सुनाई दी। वह कांग्रेस के रहमोकरम पर रहने के लिए तैयार नहीं था। उत्तर प्रदेश में 1967 में गठित संयुक्त विधायक दल के नेता चौधरी चरण सिंह बने। कांग्रेस की कथित शहर-केंद्रित नीतियों के मुकाबले ग्रामीण पूँजीपति वर्ग के सर्वाधिक प्रभावी प्रवक्ता वे ही थे। बढ़ते हुए राजनीतिक और आर्थिक रुतबे ने इस वर्ग के अधिक सचेत सदस्यों को बेहतर सामाजिक मान्यता प्राप्त करने की दिशा में अग्रसर किया। उनके बच्चे 'अंग्रेजी माध्यम' के स्कूलों में भेजे जाने लगे। इन परिवारों की उपभोक्ता आदतें बदलने लगीं। किसानों के सादा जीवन के लिए अनावश्यक समझी जाने वाली उपभोक्ता वस्तुएँ अब खरीदी जाने लगीं। अभी तक जिस जीवन शैली की 'शहरी' कह कर उपेक्षा की जाती थी, उसी की नक़ल शुरू हो गई। सत्तर के दशक के मध्य में टेलीविजन ने देहात में अपने कदम रखे। इससे यह प्रक्रिया और तेज हुई। उस समय तक टीवी पर बहुत कम कार्यक्रम प्रसारित होते थे। पूरे गाँव के पास ज्यादा से ज्यादा एक ही श्वेत-श्याम टीवी होता था। इसके पीछे मकसद था खेती में मदद के लिए 'कृषि दर्शन' जैसे कार्यक्रम प्रसारित करना जो वास्तव में काफी लोकप्रिय थे। लेकिन, टीवी प्रसारण केवल एक कार्यक्रम तक ही तो सीमित नहीं रह सकता था। वही हुआ। अनजाने में ही सही लेकिन टीवी ने शहरी जीवन शैली और प्रगति के इच्छुक वर्ग के रहन-सहन की छवियाँ किसानों के सामने परोस दीं। यह घटना ठीक उस समय घटी, जब मँझोले किसान इस जीवन शैली को अपनाने लायक आर्थिक

आधार प्राप्त कर रहे थे। इस प्रकार विविध कारणों से देहात का एक उल्लेखनीय तबका मध्य वर्ग में प्रवेश करने का आकांक्षी बन गया। इस प्रक्रिया की परिणति करीब 15 वर्ष बाद लागू की गई मंडल आयोग रपट के विस्फोट में हुई।

❄

अब समस्या यह थी कि जिन सुविधाओं को भोगने के लिए मध्य वर्ग के दायरे में नित नए तबकों का प्रवेश हो रहा था, वे सुविधाएँ उसी रफ्तार से नहीं बढ़ पा रही थीं। उल्टे ऐसा प्रतीत हो रहा था कि जैसे 1972 और 1973 के अकाल एवं 1971 के युद्ध के आर्थिक बोझ के कारण इन सुविधाओं में कटौती हो गई है। मध्य वर्ग के इन नवागंतुकों की उम्मीदों और आकांक्षाओं से अर्थतंत्र की ठोस संभावनाओं की तुलना करने पर हालात और भी बेमेल लगने लगते थे। उन दिनों बढ़ती महँगाई से हर व्यक्ति नाराज था। लेकिन, दाम बढ़ने की अकेली वजह खेती की पैदावार में कमी ही नहीं थी बल्कि, इसका एक कारण यह भी था कि लोगों के पास खरीदने के लिए धन अधिक था लेकिन उनकी वांछित चीजें मात्रा में कम थीं। इस परिस्थिति की मध्य वर्ग में प्रवेश करने वाले नवागंतुकों में और भी तीखी प्रतिक्रिया हुई क्योंकि उन्होंने इस वर्ग के आनंदलोक में देर से कदम रखा था। दूसरे, स्वतंत्रता के बाद के मध्य वर्ग की भाँति इन नवागंतुकों की कामनाओं पर संयम और सादगी की विचारधारा का कोई नियंत्रण नहीं था। इन लोगों का आर्थिक-सामाजिक आगमन तो उस अवधि में हुआ था जब गाँधी-नेहरू विरासत के पक्ष में बनी सामाजिक सर्वानुमति टूट चुकी थी। मध्यवर्गीय जीवन शैली के रूप में उनके पास अपनाने के लिए भौतिक कामनाओं का बाहरी खोल ही रह गया था। इस वैचारिक शून्य में केवल दो चीजों का ही महत्त्व था। सफलता और धन का, भले ही उनके साधन और स्रोत कुछ भी हों।

इन परिस्थितियों में नेहरू-युगीन मध्य वर्ग खोया-खोया सा महसूस कर रहा था। समाज व्यवस्था की नई आवश्यकताओं के साथ तालमेल बैठाना उसके लिए बहुत मुश्किल था। खरीदी जा सकने वाली हर चीज की लिप्सा और सत्ता के संकोचहीन प्रदर्शन में लिप्त नवागंतुक मध्य वर्ग के उतावलेपन और आगे निकलने की जल्दबाजी से भी दिक्कतें खड़ी हो रही थीं। यह प्रवृत्ति एक तरह के सामाजिक तनाव की जनक भी थी। पहले से चली आ रही मूल्य-प्रणाली के टूटने और सामाजिक सरोकारों के क्षय के खिलाफ कुछ शक्तिशाली आंदोलन हाशिये पर अपना सिर उठाने लगे थे। इन्हीं में से एक था साठ के दशक के मध्य का नक्सली आंदोलन। माओ द्वारा प्रेरित अतिवामपंथियों के इस आंदोलन के नेता

कलकत्ता के बुद्धिजीवी 'अड्डों' की देन थे। नक्सली आंदोलन छात्रों में दिल्ली तक बड़ी तेजी से फैल गया। गरीब किसानों में अपने सीमित आधार के कारण नक्सलियों का सितारा जल्दी ही बुझ गया, लेकिन उनकी असफलता का एक बड़ा कारण उसके नेतृत्व का मध्यवर्गीय होना भी था। दमनकारी सरकारी मशीनरी को उन्हें अपना निशाना बनाने में इसी कारण से आसानी हुई। वी. एस. नैपॉल ने इस नक्सलवाद की इस प्रकार व्याख्या की, 'लेकिन आंदोलन के घोषित उद्देश्यों ने भारतीय युवाओं के सर्वश्रेष्ठ अंश को प्रेरित किया। विश्वविद्यालयों के सर्वाधिक योग्य छात्र भूमिहीनों, उत्पीड़ितों और न्याय के लिए संघर्ष करने के लिए काफी दूर तक चले गए। वे एक ऐसी लड़ाई में कूद पड़े जिसके बारे में वे न के बराबर जानते थे। इस देश और उसकी समस्याओं के बारे में जाने बिना वे समाधान की जानकारी होने का दावा करने लगे....नक्सलवाद एक बौद्धिक त्रासदी थी; आदर्शवाद, अज्ञान और नक़लचीपन की त्रासदी। कला, विज्ञान और अन्य सभ्यताओं के विचारों में अपना कुछ नया जोड़ने के लिए आवश्यक मौलिक विचारों व संस्थाओं को जन्म देने में अक्षम....अक्सर नतीजों से बेखबर रहने वाले मध्यवर्गीय भारत ने नक्सलवाद के रूप में अत्यंत घातक और क्रांति के विजातीय विचार को उधार ले लिया था।'[19]

1971 के युद्ध में हुई जीत की खुशी के बाद जल्दी ही मध्यवर्गीय भारत को कठोर यथार्थ से टकराना पड़ा– आर्थिक मुश्किलें व वैचारिक शून्य उसे मुँह चिढ़ाने लगे। सामाजिक श्रेणीक्रम का संतुलन बिगड़ गया। नवोदित मध्यवर्गीय अदाबाजी और असुरक्षा की भावना ने परिस्थिति को और जटिल बना दिया। एक ओर अतीत से संबंध तोड़ लेने का अहसास था और दूसरी ओर भविष्य की नई मूल्य-प्रणाली की आश्वस्तिकारक आहट भी नहीं सुनाई दे रही थी। युद्ध के दौरान पूरे देश को मोह लेने वाला इंदिरा गाँधी का करिश्मा क्षणभंगुर साबित हुआ। इंदिरा गाँधी से मध्यवर्गीय भारतवासियों का मोहभंग इसलिए नहीं हुआ था कि वे प्रधानमंत्री के कामों और उनकी शैली से असंतुष्ट थे। सरकार चलाने के इंदिरा गाँधी के तौर-तरीके मध्य वर्ग के लिए एक अरसे से अपरिचित नहीं रह गए थे। दरअसल, मध्य वर्ग इस बात से नाराज था कि इंदिरा गाँधी उसके बढ़ते हुए असंतोष का निदान कर पाने में अक्षम साबित हो रही थीं। 1974 में शुरू हुए जयप्रकाश नारायण के नवनिर्माण आंदोलन ने इस असंतोष को वैचारिक अभिव्यक्ति दी। मध्य वर्ग को जयप्रकाश द्वारा किया गया नैतिक आह्वान पसंद आया क्योंकि अपने हितों की सुरक्षा के लिए आवश्यक कहीं अधिक प्रभावी राज्य तंत्र और राजनीतिक नेतृत्व को वह केवल इसी वैकल्पिक तरीके से प्राप्त कर सकता था।

गाँधीवादी-समाजवाद के अनुयायी जयप्रकाश नारायण स्वतंत्रता आंदोलन के शीर्ष नेताओं में से एक थे। आजादी के बाद वे सामान्य राजनीति से दूर रहे। 1974

में जब राजनीतिक मंच पर उनका पुनः आगमन हुआ तो सत्ता के स्वैच्छिक त्याग की छवि के कारण मध्य वर्ग ने उनमें बेहद आकर्षण महसूस किया (मध्य वर्ग की इस प्रवृत्ति के बारे में हम पहले ही चर्चा कर चुके हैं।) व्यक्तिगत ईमानदारी के मामले में जेपी पूरी तरह निष्कलंक थे और आजादी के आंदोलन के दिग्गजों के साथ जुड़ी हुई उनकी स्मृति ने उनके नैतिक प्राधिकार को और बढ़ा दिया था। इंदिरा गाँधी के शासन को जनता के बीच अनैतिक और भ्रष्ट मान लिया गया था। इस सरकार के विरोध में जयप्रकाश के आंदोलन का सबसे पहले बिहार के विपक्षी दलों को शहर-आधारित युवा शाखाओं ने समर्थन किया। गुजरात में नवनिर्माण आंदोलन के झंडे तले चल रहे स्वतःस्फूर्त प्रतिरोध के सिलसिले से भी जेपी आंदोलन को आवेग मिला। दोनों राज्यों में आंदोलनकारी छात्र-युवा विधानसभा भंग करके चुनाव कराने की माँग कर रहे थे। इंदिरा गाँधी ने जैसे-जैसे सरकारी मशीनरी के जरिये आंदोलन के दमन की कोशिश की, वैसे-वैसे उसे और गति मिली और वह देश के अन्य भागों में भी फैल गया। अब जेपी 'संपूर्ण क्रांति' अर्थात हर चीज के नए सिरे से निर्माण की अराजकतावादी बातें करने लगे। उन्होंने 'दलविहीन लोकतंत्र' की धारणा भी सामने रखी जो अपने सैद्धांतिक विन्यास में असंगत-सी थी। मध्यवर्गीय भारतीयों ने जेपी के उद्देश्यों की सैद्धांतिक कमजोरी पर ज्यादा ध्यान नहीं दिया। वे जेपी को उस समय तक समर्थन देने के लिए तैयार थे जब तक उनके जरिये उन्हें इंदिरा गाँधी के खिलाफ अपने असंतोष को व्यक्त करने का मंच मिल रहा था। इंदिरा गाँधी उनके हितों और आकांक्षाओं को पूरा करने में नाकाम जो रही थीं।

मध्य वर्ग के इस रवैये का परिचय इस तथ्य से मिलता है कि जेपी आंदोलन को चरम लोकप्रियता के दिनों में भी उसे इंदिरा गाँधी के उन कदमों का समर्थन करते हुए देखा गया जिन्हें वह अपने हितों के अनुकूल समझता था। मई 1974 में ट्रेड यूनियन नेता जार्ज फर्नांडीज ने जेपी आंदोलन के तत्त्वावधान में देशव्यापी रेलवे हड़ताल का आह्वान किया। इंदिरा गाँधी ने इस हड़ताल को बुरी तरह कुचला। बीस हजार से ज्यादा हड़ताली गिरफ्तार कर लिए गए। बड़ी संख्या में लोगों की निर्मम पिटाई की गई। हड़ताली कर्मचारियों के परिवार उनकी गैर-मौजूदगी में रेलवे क्वार्टरों से बेदखल कर दिए गए। सरकारी तंत्र की निर्दयता कोई नई बात नहीं थी, 'लेकिन अधिकांश मध्यवर्गीय भारतीयों ने रेलवे हड़ताल से 'कड़ाई' से निपटने के लिए इंदिरा गाँधी की प्रशंसा की। इनमें वे भी शामिल थे जो इंदिरा गाँधी पर तानाशाही का आरोप लगाते थे। इन लोगों के दोहरेपन को समझना मुश्किल नहीं था। *वे अपने अधिकारों और विशेषाधिकारों पर कोई आँच नहीं आने देना चाहते थे* (जोर मेरा)। ज्यादा नहीं, तो भी इनमें से कई केंद्र में वेस्टमिंस्टर मॉडल की परंपराओं के अनुपालन के आग्रही थे। उन्हें नाराजगी इस बात की थी कि इंदिरा गाँधी ने इनका पालन क्यों नहीं किया। लेकिन, साथ ही वे

यह भी चाहते थे कि ट्रेनें नियमित रूप से चलें और आक्रामक ट्रेड यूनियन नेता पूरे देश या उसकी किसी भी गतिविधि पर अपना शिकंजा न कस सकें।'[20]

सितंबर 1974 में मध्य वर्ग ने एक बार फिर इंदिरा गाँधी का उत्साह से समर्थन किया क्योंकि उन्होंने तस्करों तथा आर्थिक अपराधियों के खिलाफ कड़ा अभियान छेड़ दिया था। 17 सितंबर को तड़के मारे गए छापों में 134 बड़े तस्कर धर लिए गए। इस 'कड़े' कदम की प्रशंसा में साफ तौर से एक पाखंड निहित था। पकड़े गए बड़े-बड़े कुख्यात तस्कर मध्यवर्गीय नहीं थे। अपराध, राजनीतिक संरक्षण और अफसरी साँठगाँठ पर आधारित उनके विलासितापूर्ण जीवन की कहानियाँ अखबारी खबरों और अफवाहों की शक्ल में मध्य वर्ग के रोष और घृणा की पात्र बन चुकी थीं। ऐसी बड़ी मछलियों को काबू में करना जरूरी था। लेकिन, इसी बिंदु पर मध्यवर्गीय पाखंड भी साफ हो जाता था क्योंकि यही वर्ग तस्करी के जरिये आई चीजों का सबसे बड़ा खरीदार था। यह दोहरापन वही था– उच्च पदों पर भ्रष्टाचार की कड़ी निंदा, लेकिन अपने स्वार्थों का नंबर आने पर दुराचरण को अपरिहार्य बता कर स्वीकार कर लेना! पाखंड के साथ ही मध्य वर्ग ने इस मसले पर एक मामले में निष्ठुर उदासीनता का परिचय भी दिया। आर्थिक अपराधियों के खिलाफ इस्तेमाल किए गए आंतरिक सुरक्षा अधिनियम (मीसा) को इंदिरा गाँधी द्वारा अपने राजनीतिक विपक्षियों के खिलाफ इस्तेमाल किए जाने के अंदेशे के प्रति वह बेपरवाह बना रहा।

शायद इंदिरा गाँधी अच्छी तरह जानती थीं कि उनके मुखर मध्यवर्गीय आलोचक उनके किस कदम का फौरन समर्थन करेंगे। 18 मई 1974 को जेपी आंदोलन और रेलवे हड़ताल की गहमागहमी के बीच उन्होंने राजस्थान में पोकरण की रेतीली जमीन के नीचे परमाणु परीक्षण करवाया ताकि भारत परमाणु शक्ति-संपन्न देशों के क्लब का छठा सदस्य बन सके। सरकार ने इस परीक्षण को शांतिपूर्ण करार दिया। इसका श्रेय निश्चित रूप से इंदिरा गाँधी तथा उनकी योजना को लागू करने में लगे वैज्ञानिकों के समर्पित समूह को था। ये वैज्ञानिक भी उसी मध्य वर्ग के थे जिनके लिए परमाणु परीक्षण का महत्त्व भारत की तकनीकी क्षमता के प्रदर्शन से कहीं बढ़ कर था। इस वर्ग के शिक्षित भारतवासियों के मन में अंतर्राष्ट्रीय समुदाय के बीच 'आत्मसम्मान' के लिए और अधिक सैन्यशक्ति की गहन आकांक्षा थी। परमाणु परीक्षण उनकी इस आकांक्षा को तृप्त करता था। लेकिन, मध्य वर्ग की यह आशंका दरिद्र भारत की आवश्यकताओं की कीमत पर थी। वह चाहता तो अंतर्राष्ट्रीय समुदाय के बीच 'आत्मसम्मान' की व्याख्या गरीबों के लिए दो वक्त भरपेट भोजन मुहैया कराने के रूप में भी कर सकता था। अन्य मसलों की भाँति इस बारे में भी मध्य वर्ग ने आम जनता से कटी हुई दृष्टि का परिचय दिया। वह राष्ट्रीय हित की किसी अन्य परिभाषा को स्वीकार करने के लिए तैयार नहीं हुआ। श्रीमती गाँधी को यह अहसास था। इसीलिए उन्होंने औचित्य-

अनौचित्य की परवाह किए बिना पहले परमाणु परीक्षण के जरिये, और फिर अगले वर्ष सिक्किम को भारत में मिला कर अपने नेतृत्व के खिलाफ उमड़ते मध्यवर्गीय असंतोष को थामने की कोशिश की।

जेपी आंदोलन की चरम लोकप्रियता के दिनों में भी श्रीमती गाँधी के कुछ चुनिंदा कदमों का समर्थन करना मध्य वर्ग की विवेक-बुद्धि का परिचय न हो कर वैचारिक दिशाहीनता का ही परिचायक था। जाहिर था कि उसे केवल अपने हितों और प्रत्याशाओं की पूर्ति का ही ख्याल रह गया था। जयप्रकाश नारायण ने इंदिरा गाँधी की आलोचना प्रकटतः 'नैतिक' आधार पर की थी। मध्य वर्ग अपने असंतोष को व्यक्त करने की सीमा तक ही इस नैतिक मंच के साथ जुड़ना चाहता था। मसलन, महँगाई के खिलाफ अपनी नाराजगी को इस मंच द्वारा नैतिक आयाम दिए जाने से मध्य वर्ग खुश हो सकता था, पर स्वयं अपनी विपरीत प्रवृत्तियों पर किसी तरह की नैतिक बंदिश लगाने को वह हरगिज मंजूर नहीं कर सकता था। स्पष्ट था कि जेपी द्वारा की गई 'नैतिक' आलोचना के अनुकूल अंशों को ही उसने आत्मसात किया था। यह सच्चाई इंदिरा गाँधी के कामों के प्रति उसके परस्पर विरोधी रवैये में झलकती थी।

मध्य वर्ग की इस परस्पर विरोधी प्रवृत्ति के कई और भी पहलू थे। इनमें से कई को मनोवैज्ञानिक दायरे में समझा जा सकता है। भारतीय मानसिकता सत्ता और प्राधिकार को कठोरता से इस्तेमाल करने को हमेशा प्रशंसा की दृष्टि से देखती रही है। लेकिन, उसके विपरीत और संभवतः विरोधाभासी रूप में प्राधिकार के टूटने का अंदेशा लोगों की सतह पर दबी उन भावनाओं को उभार देता है जो उन्हें सामाजिक अराजकता का पक्षधर बनाने की तरफ ले जाती हैं। एक तरफ निरंकुशता की आराधना और दूसरी तरफ अराजकता के प्रति उत्साह का प्रदर्शन भारतीय मानस की विशेषता है। शक्तिशाली नेता जब उभरता है तो जनता उसे हाथों-हाथ लेती है और जब वह दिक्कत में फँसता है तो उसके पतन पर वह खुल कर प्रसन्नता व्यक्त करती है। इस मनोवैज्ञानिक अवस्थिति के अतिरिक्त भावनाओं और निष्ठाओं के ज्वार-भाटे का एक और कारण किसी वैचारिक प्रतिबद्धता का न होना भी था। मध्य वर्ग के पास अपने तथा अन्य लोगों के कार्यों का मूल्यांकन करने की कसौटी के रूप में कैसे भी सिद्धांत और मानक नहीं रह गए थे। अगर कोई विचारधारा बची होती, तो वह उसके तहत बनी कसौटी पर आस्था रख सकता था। गाँधी-नेहरू विरासत ने कुछ-कुछ इस कमी की पूर्ति की थी, लेकिन दुर्भाग्य से उसका असर ज्यादा नहीं टिका। मध्य वर्ग के लिए अपने स्वार्थ से अधिक स्थायी आदर्श शायद ही कोई और रहा हो। समस्या यह थी कि स्वार्थ से उपजी अपेक्षाओं को इस व्यवस्था में पूरी तरह संतुष्ट नहीं किया जा सकता था। दीर्घकालीन अथवा संरचनात्मक परिवर्तनों के बिना चलते रहने वाली व्यवस्था का यही हश्र होना था। नेता कितना भी मजबूत क्यों न हो, उसके प्रति प्रशंसा-भाव

अल्पकालिक ही हो सकता था क्योंकि व्यवस्था की अंतर्निहित सीमाएँ लोगों की बढ़ी हुई अपेक्षाओं के सामने बहुत जल्दी बौनी पड़ जाती थीं। नतीजतन दबी हुई कुण्ठाएँ उसी नेता के अनिवार्य पतन के उत्सव में अभिव्यक्त होने लगती थीं। चूँकि मध्य वर्ग अपने निजी स्वार्थों के परे नहीं देख सकता था, इसलिए व्यवस्था में उसका हस्तक्षेप भी उन्हीं के समाधान की सीमा तक ही रह गया। तुरंत स्वार्थ-सिद्धि की संभावना की खातिर ऐसे मध्य वर्ग को अपनी ऊपरी आस्थाओं से भी हाथ झाड़ लेने में कोई संकोच कैसे हो सकता था। अतएव 25 जून 1975 को इंदिरा गाँधी द्वारा थोपे गए आपातकाल ने मध्य वर्ग की इस दूरदृष्टिविहीनता का पर्दाफाश कर दिया।

12 जून 1975 को जैसे ही इलाहाबाद उच्च-न्यायालय के न्यायमूर्ति जगमोहन लाल सिन्हा ने चुनाव याचिका में इंदिरा गाँधी के खिलाफ फैसला सुनाया, वैसे ही 'इंदिरा गाँधी हटाओ' की मुहिम अपने शिखर पर पहुँच गई। इस ऐतिहासिक निर्णय ने 1971 में इंदिरा गाँधी की रायबरेली निर्वाचन क्षेत्र से विजय को रद्द कर दिया और उनके चुनाव लड़ने पर छह वर्ष के लिए पाबंदी लगा दी। कुछ लोगों का ख्याल था कि जिन चुनावी अनियमितताओं के कारण इंदिरा गाँधी को सजा सुनाई गई थी, वे मामूली और तकनीकी किस्म की थीं। लेकिन, अदालती निर्णय ने पद पर बने रहने के उनके नैतिक तर्क को काफी कमजोर कर दिया। उनके विपक्षियों ने खुशियाँ मनाईं और न्यायमूर्ति सिन्हा के फैसले का स्वागत किया। सर्वोच्च न्यायालय में अपील करने से इंदिरा गाँधी को केवल सशर्त स्थगन आदेश ही मिल पाया। अर्थात, अब इंदिरा गाँधी प्रधानमंत्री बनी रह सकती थीं, लेकिन संसद में मतदान का अधिकार उनके पास नहीं रह गया था। पद से चिपके रहने की श्रीमती गाँधी की हर कोशिश के खिलाफ उनके आलोचकों ने जबर्दस्त 'नैतिक' आक्रोश व्यक्त किया। मध्य वर्ग के दिल-दिमाग पर भी यही भावना छाई हुई थी। 'जेपी और उनके आंदोलन के प्रति प्रतिबद्धता जताने का चलन आम हो गया। इंदिरा गाँधी की तानाशाही के प्रति बढ़-चढ़ कर नफरत जताई जाने लगी; हिटलर और स्तालिन से तुलनाओं का दौर फिर से चल निकला....।'[21]

25 जून की रात को इंदिरा गाँधी ने आपात स्थिति लागू करने के लिए राष्ट्रपति की अनुमति ली। जेपी को फौरन गिरफ्तार कर लिया गया। सभी राजनीतिक प्रतिद्वंद्वी पकड़ लिए गए। लोकतांत्रिक अधिकार मुल्तवी करके देश भर पर सेंसरशिप थोप दी गई। रातों-रात दुनिया का सबसे बड़ा लोकतंत्र तानाशाही में बदल दिया गया।

भारतीय बुद्धिजीवियों और उनके आस-पास फैले शिक्षित मध्यवर्गियों ने आपातकाल का लेशमात्र भी विरोध नहीं किया। चौबीस घंटे पहले तक यही लोग

इंदिरा गाँधी के अलोकतांत्रिक तौर-तरीकों की चौतरफा हो रही निंदा में अपनी वजनदार आवाजें मिला रहे थे। और अब अपनी 'विचारधारात्मक' आस्थाओं की पोल खोलते हुए वे झुकने के लिए कहे जाने पर रेंगने के लिए तैयार हो गए थे। पहला दिन गुजरते-गुजरते शाम तक यह साफ हो गया था कि देश में कहीं भी आपातकाल का प्रतीकात्मक विरोध भी नहीं हो रहा है। मानो जेपी का ताकतवर आंदोलन रातों-रात कहीं गायब हो गया हो। घुटने टेकने का सबसे बड़ा सबूत तो मध्य वर्ग के उस हिस्से ने दिया जिसे हम पत्रकार कहते हैं और जो अभिव्यक्ति और असहमति की स्वतंत्रता का सबसे बड़ा 'रक्षक' बनता है। 'राष्ट्रीय प्रेस के संपादकों से सेंसरशिप का पालन करने के लिए कहा गया था न कि सरकार के सामने साष्टांग समर्पण करने के लिए। इंदिरा गाँधी को खुश करने के लिए आत्मगौरव से वंचित अखबार मालिकों के कहने पर संपादकों ने ताबेदारी की पारंपरिक भारतीय मुद्रा ग्रहण कर ली। जब तक आपातकाल खत्म नहीं हो गया, वे इसी स्थिति में बने रहे जो निश्चित रूप से उनकी गरिमा के अनुकूल नहीं थी.... ।'[22] इंदिरा गाँधी की खुशामद से भी बदतर तो वह करतल ध्वनि थी जो उनके दूसरे बेटे संजय गाँधी के राजनीति में आने पर अखबारों के कालमों से निकली थी। कुछ दिन पहले तक संजय की मारुति कार परियोजना इन्हीं अखबारों की आलोचना का निशाना थी। अब उसी व्यक्ति को मसीहा और युवकोचित गतिशीलता का प्रतीक करार दिया जा रहा था। माँ की निगाहों में चढ़ने के लिए बेटा सबसे अच्छा जरिया था। कुछ 'बुद्धिजीवी' निजी तौर पर किए गए आकलन में आपातकाल और इंदिरा गाँधी की आलोचना करते रहे, पर उनकी बहादुरी खामोशी तक ही सीमित रही। बाकियों ने धूमधाम से इंदिरा की हवा के साथ बहने में ही भलाई समझी। नंगे पैर रहने के कारण मध्य वर्ग के कौतूहल के केंद्र और रंगीन मिजाज चित्रकार मकबूल फिदा हुसैन ने इंदिरा गाँधी को दानवनिखंदनी दुर्गा के रूप में चित्रित करते हुए तैलचित्रों की त्रयी तैयार की। साल-भर पहले यही हुसैन जेपी के संसद मार्च के एक प्रमुख भागीदार थे।

देश-भर में अधिकारी तंत्र ने वरिष्ठ और कनिष्ठ स्तरों पर आपातकाल के शासन को स्वीकार कर लिया। धारा के विपरीत चलने वाले या पूरी तरह से 'प्रतिबद्ध' न हो पाने वाले कुछ अधिकारियों को ठोक-पीट कर दुरुस्त करना पड़ा। लेकिन, अधिकांश अधिकारी वर्ग ने कठोर राजनीतिक प्राधिकार और असहमति की अनुपस्थिति को कड़े प्रशासन के लिए उचित अवसर की तरह लिया। आवश्यकता पड़ने पर इस मौके का लाभ उठा कर वे मनमाना प्रशासन करने के मूड में भी थे। जाहिर है कि सेवा-शर्तों के कारण अधिकारियों को अपने राजनीतिक आकाओं के खिलाफ मुँह खोलने से पहले सौ बार सोचना पड़ता था, लेकिन असलियत यह थी कि सही-सही नीतियों का निर्भयतापूर्वक कार्यान्वयन करने की प्रवृत्ति उनमें एक अरसे से खत्म हो चुकी थी। 1947 के फौरन बाद के

वर्षों में राजनेता किसी ईमानदार अफसर से नियमों की अवहेलना करके कोई काम करने के लिए कहने से हिचकते थे। ऐसा आदेश दिए जाने पर अधिकारी उसे लिखित में माँगते थे और नतीजों की परवाह न करके उसके प्रति अपनी असहमति दर्ज करते थे। परंतु समाज में नैतिक मान्यताओं के क्षरण के साथ-साथ अधिकारीतंत्र का अतिप्रशंसित 'लौह ताना-बाना' भी कमजोरियों का शिकार हो चला था।

आम धारणा यह है कि गिरे हुए राजनेताओं ने ही पहले-पहल अधिकारियों को भ्रष्ट किया होगा। इसके विपरीत असलियत यह है कि महत्त्वाकांक्षी अधिकारियों ने ही अपनी ओर से बदलते वक्त के साथ कदम मिलाते हुए नेताओं को संकेत दिया था कि सही पुरस्कार मिलने पर वे भ्रष्ट होने के लिए तैयार हैं। इसके बाद तो आर्थिक या अन्य लाभों को मिल-जुल कर लूटने के लिए अधिकारियों और नेताओं का गठजोड़ आसानी से बनता चला गया। 1975 तक यह प्रक्रिया काफी मजबूत हो गई थी, इसलिए श्रीमती गाँधी को नौकरशाही की तरफ से आपातकाल के विरोध की कोई चिंता नहीं थी।

मध्य वर्ग की विचारधारात्मक जमीन किस कदर बंजर हो चुकी थी, इसका सबसे विकट प्रमाण तो यह था कि लोकतंत्र के निलंबन को बेहिचक स्वीकार करके वह अपने संकीर्ण स्वार्थ के भी खिलाफ चला गया था; उस स्वार्थ के खिलाफ जिसे साधने के नाम पर ही इस वर्ग में ऊर्जा पैदा होती थी। मध्य वर्ग के अधिकांश सदस्यों को लगता था कि उनके आर्थिक असंतोष को व्यक्त करने का एकमात्र मंच जेपी आंदोलन ही है। खासतौर से बढ़ती हुई महँगाई से तो ये लोग बेहद असंतुष्ट थे। लेकिन दूसरी तरफ आंदोलन के गर्भ से निकली अंतहीन सामाजिक उथल-पुथल उनके गले और ज्यादा नहीं उतर पा रही थी। साथ ही वे जेपी द्वारा नैतिकता पर बहुत ज्यादा बल देने को भी हजम नहीं कर पा रहे थे। आपातकाल लगाने के रूप में मध्य वर्ग को लगा कि शायद श्रीमती गाँधी अराजकता और अव्यवस्था के अंदेशे को अपने कठोर शासन से निर्मूल कर देंगी। आपातकालीन शासन द्वारा उठाए गए कुछ कदमों से यह उम्मीद पूरी होती हुई भी लगी। ट्रेनें वक्त पर चलने लगीं। कुछ कुख्यात जमाखोर और तस्कर धर लिए गए। सट्टेबाजों के खिलाफ कार्रवाई की तैयारी हो गई। दूकानदारों से कहा गया कि वे दामों को प्रदर्शित करें। आवश्यक वस्तुओं के दामों पर कड़ी निगाह रखी जाने लगी। सरकारी कर्मचारियों से कहा गया कि वे समय से ड्यूटी पर पहुँचें और बीच-बीच में चाय-पानी की छुट्टी कम से कम करें। कानून-व्यवस्था की स्थिति कुछ बेहतर हो गई। छुटभैये अपराधी इधर-उधर छिप गए। भ्रष्टाचार पहले से कहीं ज्यादा 'पूर्वानुमानित व नियमानुसार' रह गया। इस समय केवल सत्ता के काफी नजदीक रहने वाले लोग ही भ्रष्टाचार कर सकने की स्थिति में थे। मध्य वर्ग को लगा कि लोकतंत्र में इससे अच्छी व्यवस्था और क्या हो सकती है!

दिक्कत यह थी कि आम आदमी को मध्यवर्गीय भारतवासियों की भाँति ये राहतें नहीं मिलीं। संजय गाँधी झुग्गियों को हटाने और परिवार नियोजन थोपने के लिए आपातकाल द्वारा प्रदत्त निरंकुश अधिकारों के इस्तेमाल पर तुले हुए थे। उनकी दोनों मुहिमें गरीबों के ऊपर गाज की तरह गिरीं। झुग्गियाँ शहर के चेहरे पर गरीबी और बेरोजगारी के कारण बना बदनुमा धब्बा लगती थीं। लेकिन इस समस्या का हल था गाँव से रोजगार की तलाश में शहर आने वाले गरीबों को ग्रामीण स्तर पर ही रोजगार मुहैया कराना। संजय गाँधी ने इस समस्या को 'सुंदरीकरण' के नाम पर झुग्गियों के सफाये के जरिये हल करना चाहा। अपनी अभिजातवर्गीय सनक को राज्य के दमनकारी तंत्र द्वारा जबरन थोपने की नीति किसी भी तरह से उचित नहीं थी। परिवारों को दो संतानों तक सीमित रखने का आग्रह नीतिगत रूप से सही था। इसका कार्यान्वयन अधिक उत्साह और कल्पनाशीलता से होना चाहिए था। लेकिन संजय गाँधी ने हर छोटे-मोटे कर्मचारी के लिए नसबंदी के अनिवार्य कोटे निर्धारित करने का भौंडा तरीका अपनाया जो उस वांछित लक्ष्य को हासिल करने का एक मूर्खतापूर्ण ढंग था। कुछ मामले तो ऐसे भी प्रकाश में आए जिनमें दण्डस्वरूप नसबंदी करने का आरोप लगा। इससे ज्यादा बेहूदा बात तो कोई हो ही नहीं सकती थी। परिवार नियोजन की नीति के ऐसे कार्यान्वयन में बड़े पैमाने पर विकृतियाँ पैदा होनी ही थीं। हर अविवाहित व्यक्ति की नसबंदी की घटना पर भूमिगत विपक्ष ने कानों-कान प्रतिरोध मुहिम चलाई। यह बहुत प्रभावी साबित हुई। जिस समय मध्य वर्ग का ज्यादातर हिस्सा श्रीमती गाँधी की विरुदावली गा रहा था, उस समय पूरे देश में आपातकाल के खिलाफ भावनाएँ उभार पर थीं।

आखिर मध्य वर्ग ने संजय गाँधी के झुग्गी सफाया कार्यक्रम और नसबंदी मुहिम को उत्साहपूर्ण समर्थन क्यों दिया? इस प्रश्न का उत्तर जानना दिलचस्प होगा। दरअसल, झुग्गियों में रहने वाले लोग मध्यवर्गीय न हो कर गरीब थे। उन्हें आस-पास का इलाका बदसूरत बनाने, बीमारियाँ फैलाने, अपराधियों को पालने और घटती जा रही नागरिक सुविधाओं का गैरकानूनी इस्तेमाल करने का जिम्मेदार माना जाता था। मध्य वर्ग मानता था कि अगर इन लोगों को नजर के दायरे से हटा कर शहर के किसी अँधेरे कोने में पटक दिया जाए तो बेहतर होगा। अधिकांश मध्यवर्गीय घरों में शौचालय साफ करने, बर्तन धोने और झाड़ू-पोंछा करने का काम यही झुग्गीवासी करते थे। यही कारण था कि हर मध्यवर्गीय बस्ती अथवा अमीरों के इलाके के पास एक झोपड़पट्टी होती थी। मध्य वर्ग ने इसकी परवाह नहीं की कि अब उनके घरों में काम करने आने के लिए इन गरीबों को लंबा फासला तय करना पड़ेगा। उनका धन और समय ज्यादा खर्च होगा। गरीबों की इस समस्या से मध्य वर्ग को कोई मतलब नहीं था। संजय गाँधी ने निरंकुश अधिकारों के दम पर प्रशासनिक टाल-मटोल को लाँघ कर सुंदरीकरण की मध्यवर्गीय

कामना तृप्त करने की मुहिम चलाई। यद्यपि ये गरीब मतदाता भी थे, लेकिन संजय ने इस चुनावी पहलू की भी परवाह नहीं की। सुंदरीकरण और परिवार नियोजन के लिए ताकत का बेहद इस्तेमाल और उनके कारण गरीबों पर टूट पड़ने वाली मुश्किलें मध्य वर्ग की निगाह में अपरिहार्य थीं। उसे संजय गाँधी की नीति बुनियादी तौर पर ठीक लग रही थी और 'फासिस्ट' अथवा 'गैरलोकतांत्रिक' कह कर उनकी आलोचना को यह वर्ग लांछन लगाने की कोशिश मानता था।

औसत मध्यवर्गीय व्यक्ति यह भी मानता था कि गरीब लोग चूहों की तरह अपनी आबादी बढ़ाते चले जाते हैं। उसका ख्याल था कि गरीबों की बढ़ती हुई संख्या अर्थतंत्र पर बोझ और विकास की राह में बाधक है। मध्य वर्ग को विश्वास था कि अगर ये गरीब न होते तो वह अभी तक समृद्धि की डगर पर चल निकलता। शिक्षा और आर्थिक विकास के दीर्घकालीन और 'निष्प्रभावी' तरीकों द्वारा गरीबों की संख्या कम करने की नीति उसकी निगाह में ख्याली किस्म की थी। वैसे भी इस तरह की नीति के सफल होने में बहुत लंबा समय लगने का अंदेशा था। मध्य वर्ग का चिंतन यह था कि गरीबों की संख्या बढ़ने से रोकने के लिए कड़ी कार्रवाई की जानी चाहिए। भले ही उसके लिए ताकत का इस्तेमाल या उनके लोकतांत्रिक अधिकारों का हनन करना पड़े। उसके हिसाब से अज्ञान और अंधविश्वास के गर्त में डूबे 'इन लोगों' को दुरुस्त करने का यही तरीका ठीक था। उसने संजय गाँधी के परिवार नियोजन अभियान को सही दिशा में उठाया गया कदम करार दिया और इस अच्छी नीति को लागू करने में कुछ न कुछ ज्यादतियाँ और अधिकारों का दुरुपयोग होना स्वाभाविक मान लिया। मध्य वर्ग के विचार से चूँकि ये लोग ऐसी घटनाओं को अतिरंजित करने के भी आदी थे, इसलिए जब तक गरीब तबके के खिलाफ यह मुहिम चलती रही, मध्य वर्ग इसे उचित मानता रहा। मध्य वर्ग के मानस में कहीं यह बात भी पैठी हुई थी कि यदि कठोर हथकंडों के जरिये गरीबों की संख्या घटा दी जाए तो सामाजिक ऊर्ध्वगामिता के दावेदारों की संख्या भी घट जाएगी। इससे खुशहाली के दायरे में कदम रख चुके अथवा उसकी परिधि पर बेचैनी से इंतजार कर रहे लोगों को आसानी हो जाएगी। इस जघन्य नीति को सभी के और राष्ट्र के हित में मान लेने से भी मध्य वर्ग को कोई संकोच नहीं हुआ।

मध्य वर्ग का दुर्भाग्य यह था कि गरीब संख्या में उससे बहुत ज्यादा थे। जनवरी 1977 में जब इंदिरा गाँधी ने चुनावों की घोषणा की तब तक हवा साफ तौर पर उनके खिलाफ हो चुकी थी। डूबती नैया को छोड़ कर चढ़ते हुए सूरज को प्रणाम करने का यही सही मौका था। मध्य वर्ग के कई प्रमुख सदस्यों ने इसी परंपरा का पालन किया। जिस प्रशंसा-भाव से उन्होंने लोकतंत्र के निलंबन का स्वागत किया था, वैसे ही उत्साह के साथ उन्होंने लोकतंत्र की पुनर्स्थापना पर श्रीमती गाँधी की पराजय का उत्सव मनाया। सिद्धांतप्रियता के मामूली से दिखावे को भी ताक पर

रखते हुए उन्होंने अपने फौरी स्वार्थों से परे जा कर अपनी आस्थाओं तथा कथनी-करनी की एकता की कतई परवाह नहीं की। जाहिर था कि 1964 से 1977 के बीच की अवधि ने मध्य वर्ग की मानसिकता को काफी हद तक बदल दिया था। एक नया मध्य वर्ग बन चुका था और राजनीति के दो सिरों के बीच घड़ी के पेंडुलम की भाँति झूलने के लिए तैयार था। 1977 में इंदिरा गाँधी के नैतिक विरोध के दम पर बनी मोरारजी देसाई सरकार सत्ता में भागीदारी के प्रश्न पर जल्दी ही बिखर गई। 1980 में श्रीमती गाँधी की सत्ता में वापसी हुई। यह प्रक्रिया जैसे-जैसे आगे बढ़ी, वैसे-वैसे मध्य वर्ग ने स्वयं को अधिकाधिक आस्थाहीन साबित किया। उसकी दिलचस्पी केवल अपनी भौतिक कामनाओं की पूर्ति में ही रह गई। खास बात यह थी कि इन कामनाओं का संदर्भ बदल रहा था जिसे समझने के लिए अब हम आगे की दो घटनाओं की चर्चा करेंगे– राजीव गाँधी की शुरुआती लोकप्रियता और मंडल आयोग की रपट का असर।

❋

सत्तर के पूरे दशक में मध्य वर्ग ने अर्थव्यवस्था की वृद्धि और विस्तार की तुलना में कहीं ज्यादा रफ्तार से अपनी आर्थिक हैसियत को सुधारा। इस दौरान महँगाई जरूर बढ़ी, लेकिन लोगों की आमदनी में भी बढ़ोतरी हुई। अपने दम पर विकसित हुए उद्यमियों और व्यापारियों की समृद्धि में हुई वृद्धि तो विशेष तौर पर उल्लेखनीय थी। ये लोग एक दशक-भर पहले ही हल्ला बोल शैली में मध्य वर्ग के सदस्य बने थे। इन 'नवधनाढ्यों' में संस्कारों का अभाव था जिसके कारण पारंपरिक मध्य वर्ग उन्हें आड़े हाथों लेता रहता था। लेकिन उनकी जेबें भरी हुई थीं। 'संस्कारों' से कार, टीवी, म्यूजिक सिस्टम और 'फोरेन' माल नहीं खरीदा जा सकता था, और कथित संस्कारवान मध्यवर्गीय यही सब खरीदना चाहते थे। वेतनभोगियों के लिए भी हालात सुधर रहे थे। चूँकि पैसे की गंगा में हाथ धोने का मौका उनके लिए कुछ कम था, इसलिए उन्हें अक्सर अफसोस रहता था– 'हम तो भई मिडिल क्लास हैं' या 'हम तो सर्विस क्लास हैं' जैसी अभिव्यक्तियाँ आम थीं। इस बड़बड़ाहट के पीछे अपनी पहुँच से परे समृद्धि को उपलब्ध न कर पाने का क्षोभ तो था ही, साथ ही गरीबों और मध्य वर्ग के बीच की कभी न भरी जा सकने वाली खाई को न देख पाने या देखने से इनकार करने की प्रवृत्ति भी थी।

मध्य वर्ग की आर्थिक प्रगति क्रमशः ही नहीं, नाटकीय ढंग से भी हुई। जो लोग बस से चलते थे, उन्होंने स्कूटर खरीद लिए। जो स्कूटर चलाते थे, वे कार ड्राइव करने लगे। फिलिप्स के पुराने रेडियो की जगह सोनी ट्रांजिस्टर ने ले ली। ट्रांजिस्टर की जगह श्वेत-श्याम टीवी आ गया। धीरे-धीरे की गई बचत का लाभ

मिलना शुरू हो गया। विकसित होती हुई अर्थव्यवस्था और अधिकारी तंत्र के प्रसार से पति-पत्नी दोनों को नौकरी करने का मौक़ा मिलने लगा। अभी तक उपेक्षित पड़ी पैतृक संपत्ति के दाम दिन-दूने रात चौगुने उछले। गर्मियों में पंखे की जगह 'कूलर' और अत्यंत खुशहाल घरों में कूलर की जगह एअरकंडीशनर आ गया। घरों और उनके बाथरूमों में अतिआधुनिक चीजें और कीमती फिटिंग्स दिखने लगीं। घरेलू टेलीफोन बढ़े। विदेश यात्राएँ भी बढ़ गईं। लोग छुट्टियाँ मनाने या पर्यटन करने के लिए विदेश जाने लगे। विदेशों में मिली नौकरियों में लगे लोगों ने अपनी अधिकांश बचत स्वदेश भेजी। हफ्ते-दस दिन में एक बार रेस्त्राँ में भोजन करने का चलन बढ़ गया। बच्चों द्वारा नए कपड़ों की जिद अक्सर मानी जाने लगी। नौकरी के शुरुआती दौर में ही युवा नौकरीपेशा लोग संपत्ति में निवेश करने की योजनाएँ बनाने लगे, जबकि उनके पिता पूरी जिंदगी नौकरी करने के बावजूद ऐसा सोचने की जुर्रत भी नहीं कर सकते थे।

क्रमशः हुई इस आर्थिक प्रगति की नाटकीय अभिव्यक्ति उस समय हुई जब 1978 में मोरारजी देसाई ने मुद्रा जुटाने और देश में तस्करी के सोने की आवक रोकने के लिए सरकार का स्वर्ण कोष नीलाम करने का निर्णय लिया। सरकार यह देखकर चकित रह गई कि नीलामी के कारण सोने का भाव गिरने के बजाय और उछल गया। इसका मतलब यह था कि अर्थतंत्र के ऊपरी हल्कों में खर्च करने के लिए इतनी बेशी रकम जमा हो चुकी थी कि वह अतिरिक्त समृद्धि को पचा कर अपनी माँग को और बढ़ा सकता था। घरों, भवनों और अन्य इमारतों के दामों में हुई जबर्दस्त बढ़ोतरी ने इस रुझान को और स्पष्ट कर दिया। 1980 से 1982 के बीच महानगरों में जमीन की कीमतें दोगुने से भी ज्यादा हो गईं। माँग में आए अचानक उछाल से कई लोग भौंचक्के रह गए। दिल्ली के साधारण मकानों में रहने वाले अवकाशप्राप्त लोगों को अचानक दलालों से जानकारी मिली कि उन्हें उनके मकानों की बहुत ज्यादा कीमत मिल सकती है। ये मकान एक जमाने में सरकारी कर्ज को किश्तों में चुका कर खरीदे गए थे। आवास क्षेत्र में इतनी जबर्दस्त माँग पैदा हुई कि नागर विकास की गति उसके मुकाबले बहुत मंद लगने लगी। शहरों का चौतरफा विकास इतनी तेजी से हुआ कि उनसे संबंधित आकार और उपनगर संबंधी सभी मान्यताएँ बेहद पुरानी पड़ गईं। भवन निर्माण की गतिविधियों ने इस माँग का मुकाबला करने की कोशिश की, लेकिन उपलब्ध मकानों की संख्या इच्छुक खरीदारों के मुकाबले काफी कम साबित हुई। घरों की कीमतें चढ़ती चली गईं। साथ ही मकानों के किराए भी दिन दूने-रात चौगुने बढ़े।

अस्सी के दशक की शुरुआत में संकेत मिलने लगे कि संपत्तिशाली तबके की ताकत काफी बढ़ गई है। मध्य वर्ग की भी इस तबके में जम कर हिस्सेदारी थी। प्रणव वर्धान ने इस संपत्तिशाली तबके को तीन मोटी-मोटी श्रेणियों में बाँटा है: औद्योगिक पूँजीपति वर्ग, धनी किसान और विभिन्न व्यवसायों में प्रशिक्षित वर्ग।

समस्या थी इन तीन श्रेणियों की आपसी होड़ को रोकने की। राज्य इस प्रतियोगिता को संयमित और नियंत्रित करने की 'स्वायत्त' क्षमता खो चुका था, इसलिए हितों की होड़ में इस या उस वर्ग को तुष्ट करने के लिए राज्य ने सबसिडी देने का फार्मूला अपनाया जिससे सरकारी रियायतों का अनुत्पादक प्रसार होता चला गया। प्रणव वर्धन ने तीन संपत्तिशाली वर्गों के इस समुच्चय को 'ढीले-ढाले और अशांत गठजोड़' की संज्ञा दी है। उनके अनुसार जब ऐसे गठजोड़ के 'विविध तत्त्व अलग-अलग दिशाएँ अख्तियार करते हैं और उनमें से कोई एक अपने-आप में इतना ताकतवर नहीं होता कि संसाधनों के आबंटन को अपने पक्ष में झुका सके, तो इसका एक स्वाभाविक परिणाम सभी को तुष्ट करने के लिए रियायतों और अनुदानों में भारी वृद्धि के रूप में निकलता है। इससे सरकार की अतिरिक्त आर्थिक शक्ति में कटौती हो जाती है और फिर सार्वजनिक पूँजी निर्माण में गिरावट आ जाती है। हर वर्ष पैदावार के ऊँचे समर्थन मूल्यों को टिकाए रखने के लिए सरकार के बजट से भारी सबसिडी देनी पड़ती है। दूसरी तरफ बेहद मुखर शहरी उपभोक्ता को (कर्मचारियों की बढ़ती तनख्वाहों से परेशान उद्योगपति को भी) राशन की दूकानों पर कम कीमत पर अनाज सुलभ कराने के जरिये संतुष्ट किया जाता है। धनी किसानों के लिए खाद, सिंचाई, बिजली, डीजल आदि सामग्री सस्ती दरों पर मुहैया कराई जाती है। धनी उद्योगपतियों के लिए पब्लिक सेक्टर द्वारा उत्पादित सामग्री और सेवाओं की लागत से कहीं कम दामों में आपूर्ति करनी पड़ती है। निर्यात संवर्धन के लिए भी काफी रियायतें देनी पड़ती हैं।'[23] अपने तर्क के समर्थन में वर्धन ने आँखें खोल देने वाले आँकड़े पेश किए हैं। 1950-51 में केंद्र और राज्य सरकारों ने कुल 0.4 अरब रुपए सबसिडी पर खर्च किए थे जो 1970-71 में बढ़ कर 3.4 अरब हो गए। 1982-83 में यह रकम 40 अरब के करीब पहुँच चुकी थी। इसी तरह 1950-51 और 1980-81 के बीच सरकारी नौकरशाही पर होने वाला खर्च सात गुना बढ़ गया। उल्लेखनीय है कि सरकारी कर्मचारियों की प्रति व्यक्ति आमदनी इस दौरान राष्ट्रीय औसत से ढाई गुना तेज रफ्तार से बढ़ी।

निश्चित रूप में इस जमाने में आर्थिक लाभ आकर्षक ढंग से उपलब्ध थे। लेकिन उनके दावेदारों की संख्या बहुत ज्यादा थी और उनके वितरण की कोई निष्पक्ष व्यवस्था भी नहीं थी। लाभों की संभावनाओं और आसानी से माँगें मान लेने वाले राज्य ने लोगों की आकांक्षाओं को बहुत बढ़ा दिया था। लोग चाहते थे कि उनकी कामनाएँ फौरन पूरी की जाएँ। परंतु, माँगें स्वीकार कर लेने के बावजूद राज्य उनकी पूर्ति की स्थिति में नहीं था। विभिन्न वर्गों की परस्पर विपरीत माँगें सिर पर चढ़ते चले जाने के कारण राज्य की सक्रियता ठप्प हो गई। इस हालत ने मध्य वर्गों को धुँधला-सा एहसास दिलाया कि संभवतः अपने हितों को और आगे ले जाने के लिए हमें अधिक प्रभावी और निष्पक्ष राज्य की जरूरत है। अधिकांश

मध्यवर्गियों की निगाह में पहले से चली आ रही संस्थाओं और नियम-कानूनों की साख गिर चुकी थी। वे उन्हें निष्प्रभावी मानने लगे थे। उन्हें लंबे अरसे से चल रही राजनीतिक प्रक्रिया को बार-बार दोहराने से कुछ हासिल होने की उम्मीद नहीं थी। तत्कालीन राजनीतिक नेतृत्व भी थका-थका सा महसूस कर रहा था। कांग्रेस अभी तक विभिन्न हितों को संरक्षण प्रदान करने वाली सर्वभारतीय प्रणाली के कारण अंतर्विरोधों को पचाने में कामयाब जरूर थी, लेकिन अब उसकी भी क्षमताएँ चुकती हुई लग रही थीं। राज्य की क्षमताओं में कमी को यह अनुभूति सभी को हल्की-हल्की खटक रही थी कि अचानक अक्तूबर, 1984 में श्रीमती गाँधी की जघन्य हत्या ने मध्य वर्ग को बुरी तरह झकझोर दिया। उनके बड़े पुत्र राजीव गाँधी को उत्तराधिकार में प्रधानमंत्री पद मिला। राजीव विमान चालक की नौकरी करते थे और राजनीति में उनकी रुचि नहीं थी। छोटे भाई संजय गाँधी की जून 1980 में विमान दुर्घटना में मृत्यु के बाद ही वे काफी हिचक के साथ अपनी माँ की मदद करने के लिए राजनीति में उतरे थे।

केवल 40 वर्ष की आयु में ही राजीव गाँधी को प्रधानमंत्री पद मिल गया। एक तो इतनी कम उम्र, ऊपर से राजनीति का लगभग न के बराबर तजुर्बा—इन दोनों बातों ने राजीव गाँधी को मध्य वर्ग के लिए एकदम नई चीज की तरह पेश किया। उनमें अतीत के नेताओं जैसा कुछ नहीं था। 'पेशेवर' राजनेता न होना ही उनकी सबसे बड़ी खूबी बन गई। मध्य वर्ग को लगा कि उसने राजीव गाँधी के रूप में तत्कालीन हालात से एक निर्दोष समझौता कर लिया है। राजीव की युवावस्था में गतिशीलता के साथ-साथ एक नई शुरुआत कर सकने वाले भविष्य का आश्वासन था। मध्य वर्ग ने राजीव को पुरानी पड़ चुकी विचारधारा के आग्रहों से मुक्त और नतीजों में यकीन रखने वाले ऐसे नेता के रूप में लिया जो खुले दिमाग से निर्णय ले सकता था। इस नेता को बार-बार अतीत की सनद भी नहीं लेनी होती थी। अपनी अभिरुचियों और रहन-सहन की दृष्टि से तथा कंप्यूटर का इस्तेमाल कर सकने की क्षमता व नई प्रौद्योगिकी पर जोर देने के कारण राजीव को 'आधुनिक' मान लिया गया। राजीव के व्यक्तित्व में एक तरह की 'भद्रता' थी जो उनके छोटे भाई संजय की हथकंडेबाज और निष्ठुर छवि के मुकाबले बड़ा भरोसा देती थी। राजीव सुदर्शन और नागर छवि के धनी थे। वंश परंपरा के लिहाज से भी उन्हें मान्यता मिली। गोलियों से छलनी अपनी माँ की अंत्येष्टि करते समय उनके चेहरे पर जो प्रशांति थी, वह लाखों-लाख मध्यवर्गीय भारतवासियों के मानस पर अंकित हो गई। श्रीमती गाँधी की शवयात्रा का टीवी पर सीधा प्रसारण किया गया था।

मध्य वर्ग की उम्मीदें भी बदल चुकी थीं। 1947 के तुरंत बाद उसकी निष्ठा ऐसे नेताओं के साथ थी जिनकी प्रतिष्ठा का आधार निजी त्याग और आजादी के आंदोलन की राजनीति के साथ उनका लंबा जुड़ाव था। ये नेता स्पष्ट वैचारिक आस्थाओं, भौतिक समृद्धि की उपेक्षा और असंदिग्ध निजी ईमानदारी के धनी थे।

इस युग में मध्य वर्ग के सिरमौर नेहरू थे। लेकिन, करीब तीस साल बाद उनका प्रपौत्र एकदम भिन्न कारणों से मध्य वर्ग का नायक साबित हुआ। राजनीति से नाम मात्र का ताल्लुक होना और किसी वैचारिक खाँचे में फिट होने से इनकार करना इस नए नायक की विशेषता थी। उसके हाव-भाव और उसकी अभिरुचियाँ बेहतर समृद्धि की डगर पर तेजी से बढ़ने का भरोसा देती थीं। इस जमाने का मध्य वर्ग किसी भी तरह के वैचारिक विन्यास से बँधा हुआ नहीं था। विचारधारा के 'फरेब' से उसे चिढ़ हो चुकी थी। नेहरू आर्थिक विकास के लिए विचारधारा द्वारा प्रदत्त दिशा को अनिवार्य मानते थे, लेकिन राजीव गाँधी ने आर्थिक परिवर्तन के लिए नई प्रौद्योगिकी को सबसे बड़ी जरूरत करार दिया। नजरिये में आया यह गुणात्मक अंतर मध्य वर्ग की नई जरूरतों के मुताबिक था। एक सीमा तक प्रगति करने के बाद मध्य वर्ग की आर्थिक समृद्धि गतिरोध में फँस गई थी। उसे लग रहा था कि समृद्धि की इच्छित ऊँचाइयों पर उसे राजीव का आश्वासन ही पहुँचा सकता है।

कहना न होगा कि मध्यवर्गीय भारतवासियों ने राजीव गाँधी को अपनी जरूरतों के चश्मे से देखा, और वे जरूरतें अर्थव्यवस्था से नियंत्रण हटाने, अभी तक अनुपलब्ध उपभोक्ता वस्तुएँ प्राप्त करने और प्रौद्योगिकीय प्रगति से जुड़ी हुई थीं। मध्य वर्ग को कई वजहों से यकीन था कि राजीव के माध्यम से उसकी जरूरतें अवश्य पूरी होंगी। 1984 में अपनी माँ की हत्या के बाद प्रधानमंत्री बनने तक राजीव गाँधी को एक 'आधुनिक' नेता की छवि मिल चुकी थी। जून 1981 में वे संसद सदस्य चुने गए थे। उसी वर्ष सरकारी नीतियों के परिणामस्वरूप देश में रंगीन टीवी बनने शुरू हुए। अगले वर्ष नवंबर में नई दिल्ली में एशियाई खेल आयोजित किए गए। राजीव गाँधी इस बंदोबस्त के प्रभारी थे। उन्होंने खेलों के सावधानीपूर्वक नियोजन को सुनिश्चित करने में सराहनीय भूमिका निभाई। राजीव का ख्याल था कि एशियाई खेलों के 'माध्यम से दुनिया देखेगी कि भारत अगर चाहे तो क्या नहीं कर सकता।'[24] मध्य वर्ग इस मामले में उनसे पूर्ण सहमत था। यह आयोजन अंतर्राष्ट्रीय रूप से जितना कामयाब था, देश के अंदर उसे प्रौद्योगिकीय सफलता के रूप में उतनी ही बड़ी मान्यता मिली। पहली बार देश-भर में किसी उद्घाटन समारोह का रंगीन और सीधा प्रसारण किया गया। जनता को इसका समग्र प्रभाव महसूस कराने के लिए विशेष आयात शुल्क पर रंगीन टीवी आयात करने की सुविधा दी गई। विदेश, खासकर खाड़ी के देशों, ब्रिटेन और अमेरिका में रहने वाले भारतवासियों में अब मध्यवर्गियों की संख्या खासी हो चुकी थी। इन लोगों को अपने भारत स्थित रिश्तेदारों को रंगीन टीवी भेजने की इजाजत मिल गई। ये टीवी बड़े पैमाने पर भारत आए। मध्य वर्ग के लिए ये परिस्थितियाँ शुभ शकुन की सूचक थीं।

जरूरी नहीं है कि मध्य वर्ग की निगाहों में राजीव को मसीहा बनाने में केवल इन्हीं पहलुओं का योगदान हो। यह भी हो सकता है कि उनके नजरिए और

लोकप्रियता का आधार कहीं अधिक व्यापक रहा हो। बहरहाल, हमारा मकसद यहाँ सिर्फ यह देखना है कि मध्य वर्ग उन्हें किन-किन कारणों से पसंद करता था। साथ ही यह भी समझना आवश्यक है कि अपने सुदर्शन व्यक्तित्व, युवावस्था, सच्चे इरादों और वंश परंपरा के बावजूद राजीव असफल होने के लिए क्यों अभिशप्त थे? वे अपने से पहले के प्रधानमंत्रियों की भाँति उन्हीं व्यवस्थागत सीमाओं के क्यों शिकार बनने वाले थे जिनके कारण हर नेता या सरकार उम्मीदों के मुताबिक परिणाम देने में अक्षम साबित हो जाती है? दरअसल, मध्य वर्ग के लिए खासतौर पर वायदे परोसना राजीव गाँधी की मजबूरी थी। दूसरी तरफ, व्यापक जनता थी, जिसकी आवश्यकताओं को उपेक्षा नहीं की जा सकती थी। इस राजनीतिक मजबूरी का स्रोत लोकतांत्रिक राजनीति थी। यद्यपि गरीब जनता अपनी माँगें उठाने के लिए पूरी तरह संगठित नहीं थी, लेकिन लोकतांत्रिक राजनीति में उसे अपनी संख्यात्मक शक्ति का भान अच्छी तरह हो चुका था। उसका वोट उसके पक्ष में बिना कुछ किए यूँ ही उपलब्ध नहीं था। लेकिन, राजीव गाँधी को जो व्यवस्था विरासत में मिली, उसकी संरचना कुछ इस किस्म की थी कि सभी माँगों को पूरा करना उनके लिए नामुमकिन था। राजीव गाँधी की त्रासदी यह थी कि अपनी नेकनीयती के बावजूद न तो वे मध्य वर्ग की बढ़ी-चढ़ी उम्मीदों पर खरे उतर पाए, और न ही गरीबों की जरूरतों को पूरा करने लिए व्यवस्था की पुनर्संरचना कर पाए। ये जरूरतें अब पहले की तुलना में अधिक प्रभावी ढंग से गरीबों के राजनैतिक व्यवहार में व्यक्त होने लगी थीं।

राजीव की लोकप्रियता अल्पजीवी होने के लिए अभिशप्त थी। 1989 का चुनाव उनके लिए पराजय लेकर आया। बोफोर्स तोपों के सौदे में कमीशनखोरी का आरोप इस हार का फौरी कारण बना। लेकिन यह तो केवल लक्षण मात्र था। हर राजनीतिक नेता में खामियाँ-खूबियाँ होती हैं। पर उससे मोहभंग की असली वजह तो व्यवस्था की सीमाओं के अनिवार्य दुष्परिणाम होते हैं। प्रतिभाशाली और करिश्माई नेता द्वारा यथास्थिति के तहत काम करने की कोशिश का एक ही नतीजा निकलता है। उम्मीदों का उफान, लेकिन व्यवस्था में उनकी पूर्ति करने लायक क्षमता का न होना। यही कारण है कि गुजरे जमाने के नेताओं की भाँति राजीव के राजनीतिक सूर्य में भी जल्दी ही ग्रहण लग गया। मध्य वर्ग ने उनके सत्तारोहण पर जितनी ज्यादा खुशी व्यक्त की थी, उसी तीव्रता के साथ वह उनकी मुश्किलों पर आनंदित हुआ। राजीव के प्रति आलोचना-भाव में मध्य वर्ग का पाखंड और उसके दोहरे मानदण्ड पहले से कहीं ज्यादा साफ थे। एक तरफ बोफोर्स सौदे में कमीशन-खोरी के खिलाफ भर्त्सना का शोर था, और दूसरी तरफ रोजमर्रा के जीवन में छिपे तौर पर होने वाले भ्रष्टाचार की खामोश स्वीकृति थी। लक्षद्वीप में राजीव द्वारा परिवार और दोस्तों के साथ मनाई गई 'खर्चीली' छुट्टी जैसे छोटे-मोटे मामलों पर मध्य वर्ग ने रोष व्यक्त किया, लेकिन दूसरी तरफ स्वयं इस

वर्ग से निकले आलोचकों की अपनी जीवन शैली में विलासितापूर्ण चीजों के प्रति आकर्षण और व्यय बढ़ता जा रहा था। शाह बानो विवाद पर राजीव द्वारा कट्टरपंथियों के सामने किए गए समर्पण के कारण जिन लोगों को नैतिक ठेस लगी थी, उन औसत मध्यवर्गीय लोगों के निजी जीवन में धार्मिक कट्टरता और पूर्वग्रह का मुकाबला करने लायक सामाजिक साहस का कतई अभाव था।

❋

1989 में राजीव की चुनावी पराजय के बाद विश्वनाथ प्रताप सिंह प्रधानमंत्री बने। वे इस पद पर साल-भर से भी कम समय तक रह पाए। लेकिन, मंडल आयोग की सिफारिशें लागू करने की उनकी घोषणा ने राष्ट्रीय राजनीति पर अमिट छाप छोड़ दी। इस रपट के अनुसार पिछड़े वर्गों को केंद्र सरकार की नौकरियों में 27 फीसदी आरक्षण मिल गया। 1977 में बिंदेश्वरी प्रसाद मंडल के नेतृत्व में यह आयोग गठित किया गया था ताकि पिछड़ी जातियों की शिनाख्त करके उनकी प्रगति के लिए अनुशंसाएँ की जा सकें। मंडल स्वयं भी एक पिछड़ी जाति के थे। उन्होंने 1980 में अपनी रपट पेश की, लेकिन न इंदिरा गाँधी ने और न ही राजीव गाँधी ने उसे लागू करने की दिशा में कोई कदम उठाया। 7 अगस्त 1990 को वीपी सिंह ने इस रपट के कार्यान्वयन की घोषणा करके राजनीतिक विस्फोट कर दिया। उस समय वीपी सिंह सत्तारूढ़ गठजोड़ के विभिन्न घटकों की कलह में फँसे हुए थे। समझा जाता है कि उन्होंने अपने विरोधियों को मात देने के लिए यह कदम उठाया था।

देश-भर में जबर्दस्त प्रतिक्रिया हुई। शहरों में हर जगह छात्रों ने हिंसक प्रदर्शन किए। कुछ छात्र तो प्रतिरोधस्वरूप आत्मदाह करके फटाफट शहीद बन गए। समाचार माध्यमों ने अपने शहर-केंद्रित चरित्र के मुताबिक कई दिनों तक इस विरोध प्रदर्शन को सुर्खियों में बनाए रखा। अखबारों और टीवी पर दिल्ली में पहला आत्मदाह करने वाले छात्र का लपटों से घिरा शरीर देख कर मंडल सिफारिशों की आक्रोशपूर्ण निंदा के दौर चलते रहे। साथ ही वीपी सिंह की भी निंदा की गई और उनके इस कदम के पीछे अनैतिक किस्म के राजनीतिक अवसरवाद का आरोप लगाया गया।

हम यहाँ न तो इन आरोपों के विश्लेषण में जाना चाहते हैं और न ही सिफारिशें करने के लिए अपनायी गई मंडल आयोग की पद्धति की जाँच-पड़ताल करना चाहते हैं। वीपी सिंह द्वारा की गई घोषणा का समय चुनने के पीछे के कारणों में जाए बिना हमारी दिलचस्पी तो इस तथ्य को रेखांकित करने में है कि इस रपट की सिफारिशों के लागू होने के साथ ही एक सामाजिक-आर्थिक प्रक्रिया

अपनी चरम परिणति पर पहुँच गई। इसी प्रक्रिया के तहत मँझली जातियों का एक उल्लेखनीय तबका मध्य वर्ग को मुहैया कराई जा रही सुविधाओं में हिस्सेदारी करने की माँग अरसे से कर रहा था। अधिकांशतः ग्रामीण क्षेत्रों में रहने वाली इन जातियों की मध्यवर्गीय लालसाएँ कोई छिपी हुई नहीं थी। नेहरू युग में लाए गए काश्तकारी कानून और हरित क्रांति के कारण ये 'पिछड़ी' जातियाँ आर्थिक और राजनीतिक रूप से खासी ताकतवर थीं। सत्तर और अस्सी के दशकों में उत्तर के जाटों, यादवों और कुर्मियों, दक्षिण के कम्माओं, रेड्डियों, वन्नियारों और नाडारों, पश्चिम के कुनबियों, पटेलों और पाटीदारों और मध्य भारत के मराठों को ग्रामीण क्षेत्रों में शक्तिशाली सामाजिक-आर्थिक समूहों की हैसियत प्राप्त हो चुकी थी। समस्या यह थी कि इन जातियों में मध्यवर्गीय हैसियत और जीवन-शैली की आकांक्षा दिनों-दिन बढ़ती जा रही थी पर केवल खेतिहर आमदनी के आधार पर इसकी पूर्ति नहीं की जा सकती थी। राजनीति विज्ञानी योगेंद्र सिंह ने मँझोले किसानों की समस्या को इस प्रकार व्याख्यायित किया है, 'राज्य द्वारा निर्धारित हदबंदी (15 से 18 एकड़ तक की सिंचित भूमि) की जोत एक या दो पीढ़ी में ही बँट जाती है। गैर-कृषि रोजगार की संभावनाओं के अभाव में किसान परिवारों की युवा पीढ़ी सामाजिक हैसियत गिरने और दरिद्रता में घिर जाने तक के खतरे का शिकार हो जाती है।'[25] इसका एक बड़ा कारण यह भी था कि 'हमारे देश में किसानों द्वारा पूँजी जमा करके उसके अतिरिक्त अंश को व्यापार और उद्योग में लगाने के उदाहरण दुर्लभ ही हैं। ऐसा तो पंजाब तक में नहीं हुआ जहाँ देश में पहली बार हरित क्रांति हुई थी। महाराष्ट्र और गुजरात में भी ऐसा आंशिक रूप से ही हुआ। इस संक्रमण के कुछ प्रमाण....आंध्र प्रदेश में कहीं-कहीं दिखते हैं जहाँ धनी किसानों, खास कर कृष्णा-गोदावरी घाटी के कम्माओं और रेड्डियों ने मुख्यतः नकदी फसलें उगाई और व्यापारिक और इमारती जायदाद खरीदने-बेचने के धंधे से होते हुए औद्योगिक उत्पादन अपना लिया। लेकिन, इन उदाहरणों को भी दुर्लभ ही कहा जाएगा।'[26]

देहात की मध्य जातियाँ आर्थिक रूप से विकसित भी हुईं और उनकी राजनीतिक सामर्थ्य भी बढ़ी। लेकिन वे इस बात से चिंतित बनी रहीं कि इस प्रगति से रोजगार के ऐसे अवसर नहीं मिले जो और भी ज्यादा सामाजिक प्रगति की उनकी आकांक्षा पूरी करने में सहायक सिद्ध होते। उन्हें सरकारी नौकरियाँ खास तौर से आकर्षक लगती थीं, क्योंकि इनसे जुड़ा सत्ता और प्राधिकार का प्रभामंडल उन्हें सरकारी तंत्र का अंग बना सकता था। खासतौर से वे जातियाँ तो ऐसी भावनाओं से भरी हुई थीं जिनका परंपरागत रूप से नौकरशाही में प्रतिनिधित्व या तो कतई नहीं था या कम था। नौकरशाही पर सवर्णों की इजारेदारी थी। सरकारी नौकरी का अर्थ था हैसियत, कार्यकाल की सुरक्षा और अगर कोई चाहे तो सर्वव्यापी भ्रष्टाचार के माहौल में ऊपरी आमदनी की गुंजाइश। मंडल

आयोग की रपट को स्वीकार कर वीपी सिंह ने एक महत्त्वपूर्ण राजनीतिक समुदाय की जरूरतों को पूरा करने में मदद की। अब यह समुदाय अधिक सुरक्षित संस्थागत आधार पर मध्य वर्ग का सदस्य बन सकता था।

वीपी सिंह ने अपने इस कदम की व्याख्या 'राजनीति के व्याकरण में एक परिवर्तन' के रूप में की। उन्होंने मंडल के जरिये समाज के ऊँचे तबके से सत्ता के खामोश हस्तांतरण को सुलभ कराने का दावा किया। उन्होंने कहा, 'आज एक वैकल्पिक ग्रामीण प्रभु वर्ग रचना के दौर में है।' मंडल और सामाजिक न्याय के बीच वीपी सिंह द्वारा स्थापित सूत्र कोई आधारहीन प्रत्यय नहीं था। किसी भी प्रभु वर्ग में स्वयं को उत्तरोत्तर पनपाते चले जाने की प्रवृत्ति होती है। सवर्णों का मध्यवर्गीय प्रभु वर्ग बेहतर शैक्षणिक अवसरों और प्रौद्योगिकीय व्यावसायिक सेवाओं से संबंधित विभिन्न कौशलों को सीखने के मौकों का जम कर लाभ उठा चुका था। इससे प्रशासनिक और प्रबंधकीय सेवाओं में उनकी प्रबल उपस्थिति लगातार कायम रह सकी थी। 1990 से पहले की अवधि में यह सवर्ण प्रभु वर्ग इस तथ्य से खास तौर से बेपरवाह था कि शिक्षा संस्थानों और नौकरियों में प्रवेश के लिए निर्धारित योग्यता-मानकों (मैरिट) का तब तक कोई अर्थ नहीं हो सकता जब तक अधिकांश जनता प्रतियोगिता करने की स्थिति में नहीं आ जाती। चूँकि व्यवस्थाजन्य लाभ उठाने के सवर्णों के अधिकारों को उस समय तक कहीं से चुनौती नहीं मिल रही थी और इन लाभों में समान भागीदारी का संविधानसम्मत दावा कर सकने वाले लोग हाशिये पर ही पड़े हुए थे, इसलिए इस प्रभु वर्ग की निगाह में सब कुछ ठीक था। जैसे ही मैरिट की इस खुशनुमा इजारेदारी को जन्म-आधारित आरक्षण नीति से चुनौती मिली, वैसे ही भारी विचारधारात्मक विवाद छिड़ गया। जमीनी यथार्थ से कटा हुआ नगरवासी पारंपरिक मध्य वर्ग सिद्धांतों व तथ्यों को अलग-अलग करके परखने में अधिक कुशल नहीं था। संभवतः यह वर्ग समझता था कि 'अतीत को पुरावशेष', ये जातियाँ समय के धुँधलके में समा चुकी हैं। आधुनिक जमाने में भी जातियों की मौजूदगी उनके लिए ताज्जुब की बात थी। जैसे ही जातियों के इस अचानक प्रकट हुए अस्तित्व ने व्यवस्था पर उसके एकाधिकार को चुनौती दी, वह भड़क उठा। वस्तुस्थिति यह थी कि सवर्णों का मैरिट वाला तर्क किसी भी तरह से स्वीकार नहीं किया जा सकता था। मंडल रपट के कई दशक पहले से ही सरकारी क्षेत्र के अधिकांश संस्थानों की तरह नौकरशाही भी अपनी योग्यता अथवा दक्षता के लिए विख्यात नहीं रह गई थी।

विडंबना यह थी कि सवर्णों की ही भाँति मंडल लाभार्थियों के संदर्भ में भी सामाजिक न्याय का नारा खोखला लगता था। मंडल ने जिनकी 'पिछड़े' के रूप में शिनाख्त की थी, उनमें कई नवधनाढ्य और राजनीतिक रूप से आक्रामक जातियाँ थीं। दलितों अथवा अति पिछड़ों से हितों का टकराव होने पर ये आक्रामक जातियाँ सामाजिक न्याय के सरोकार उठा कर ताक पर रख दिया करती थीं।

कायदे से इन विकसित हो चुकी जातियों को अनुसूचित जातियों और अति पिछड़ों समेत सभी उत्पीड़ित किसानों का पक्षधर और प्रवक्ता होना चाहिए था। अनुसूचित जाति आयोग के सर्वेक्षण के अनुसार अस्सी के दशक के मध्य तक भी उत्तर प्रदेश में 90 फीसदी बँधुआ मजदूर अनुसूचित जातियों के थे। ज्यादातर दलित या तो भूमिहीन थे या बेहद गरीब (सीमांत) किसान थे जबकि ज्यादातर भूमि सवर्णों और मध्य जातियों के हाथों में थी। इन लोगों ने अपनी प्रबल सामाजिक हैसियत के दम पर अनुसूचित जातियों के लाभार्थ बनाई गई योजनाओं के फायदों को भी हड़प लिया था। दलितों में राजनीतिक जागरूकता बढ़ रही थी इसलिए वे न्यूनतम मजदूरी या भूमि के पुनर्वितरण के लिए अधिक आंदोलित हो रहे थे जिससे उभरती हुई पिछड़ी जातियों से उनके सीधे टकराव की नौबत थी। जब भी ऐसा टकराव होता, पिछड़ी जातियाँ बेहिचक अपने स्वार्थ और सामाजिक न्याय के आदर्श में से स्वार्थ को ही तरजीह देतीं। जरूरत पड़ने पर इस स्वार्थ की बड़ी निर्ममता से पूर्ति की जाती। बिहार के भोजपुर इलाके में भूमिहारों ने निचली जातियों को सबक सिखाने के लिए एक निजी गुंडावाहिनी रणवीर सेना गठित की। बथानी टोला गाँव में दलितों की जघन्य हत्याओं के पीछे इसी रणवीर सेना का हाथ था। कुछ वर्ष पहले मध्य बिहार की एक बड़ी भूस्वामी जाति कुर्मी ने भी अपनी गुंडावाहिनी भूमि सेना बनाई थी। उसका भी यही मकसद था। बिहार में ही यादवों की लोरिक सेना ने इसी उद्देश्य से जन्म लिया था। जाहिर है कि पिछड़ी जातियों के इस ऊपरी हिस्से के पास इतना आर्थिक-राजनीतिक रंग-रुतबा था कि वह कानून अपने हाथ में ले सकता था।

यहाँ मंडल आयोग की दो अन्य सिफारिशों को याद कर लेना भी जरूरी है। रपट में भूमि-सुधारों के कार्यान्वयन तथा शैक्षणिक अवसरों के विस्तार की अनुशंसा भी थी। लेकिन रपट के मुखर समर्थकों ने इन दोनों सिफारिशों को ठंडे बस्ते में डाल दिया। मंडल का वंचितों के मसीहा के रूप में अभिनंदन करने वाले और अरसे से पिछड़ी जाति के एक नेता के ही शासन में चलने वाले बिहार में भूमि सुधार कानून लागू करने के लिए कोई कदम नहीं उठाया गया। बिहार में न्यूनतम मजदूरी कानून को प्रभावी ढंग से लागू करने के भी कोई प्रमाण नहीं मिलते। यही कारण है कि सामाजिक न्याय के कथित दावे की आलोचना करते हुए दलित शिक्षा आंदोलन को यह निष्कर्ष निकालने में कोई संकोच नहीं हुआ-- 'उत्तर प्रदेश, बिहार, उड़ीसा, कर्नाटक और आंध्र प्रदेश के अनुभव के आधार पर इस संगठन की समझ बनी है कि सामाजिक न्याय प्रगति के रास्ते पर बढ़ रही अन्य पिछड़ी जातियों (ओ.बी.सी.)की विचारधारा है। सवर्णों के वर्चस्व की यथास्थिति कमजोर करने में इसकी नगण्य भूमिका है और वास्तव में यह जातिगत प्रभुत्व और चौधराहट का वह कार्यक्रम है जो दलितों के खिलाफ है।'[27]

भारत में विशेष अवसरों के सिद्धांत पर अमल का इतिहास देखने पर हमें

आरक्षण का लाभ उठाने वाले समूहों की असली स्थिति का पता लग जाता है। यह इतिहास बताता है कि लाभार्थी समूहों में पनपा प्रभु वर्ग इन अवसरों का अंधाधुंध दोहन कर लेता है और फिर पीढ़ी-दर-पीढ़ी इस फायदे से चिपका रहता है। आगे चल कर वंचितों के इस प्रभु वर्ग और अन्य सुविधाभोगी वर्गों के प्रभु वर्ग में कोई फर्क नहीं रह जाता, लेकिन इसके बावजूद वह गरीबों के लिए निर्धारित सुविधाओं को भोगता चला जाता है। मंडल रपट के संदर्भ में सर्वोच्च न्यायालय ने नवंबर 1992 के एक फैसले में कहा भी है कि पिछड़े वर्गों के सामाजिक प्रगति कर चुके हिस्से यानी उसकी 'मलाईदार परत' को आरक्षण से वंचित कर दिया जाना चाहिए। इसी के बाद सितंबर 1993 में भारत सरकार ने 'मलाईदार परत' की शिनाख्त करने के लिए मानदंड निर्धारित किए : 'जिन बच्चों के माता-पिता संवैधानिक पदों पर हैं, प्रथम और द्वितीय श्रेणी के अधिकारी हैं, रक्षा सेवाओं में कर्नल और उससे ऊँचे पदों पर हैं, जिनके परिवारों के पास प्रदेशों के भूमि हदबंदी कानूनों के 85 फीसदी के बराबर या उससे ज्यादा सिंचित भूमि है, अथवा जिनकी एक लाख रुपए या उससे ज्यादा की सालाना आमदनी है'[26] मलाईदार परत के अंग माने जाएँगे। लेकिन, सुप्रीम कोर्ट का फैसला अथवा केंद्र सरकार का निर्देश इस मलाईदार तबके की चेतना को झकझोरने में नाकाम रहा। उल्टे केरल विधानसभा ने 'मलाईदार परत' से जुड़ी अवधारणा को ही खारिज करने वाला विधेयक पारित कर डाला। ऐसा करके इस विधानसभा ने सर्वोच्च न्यायालय की अवमानना के मुकदमे में फँसने की भी परवाह नहीं की। उत्तर प्रदेश और बिहार की सरकारों ने तो 'मलाईदार परत' की पुनर्व्याख्या कुछ इस ढंग से की कि पिछड़े वर्ग के बेहद धनी और स्थापित व्यक्ति को भी आरक्षण के दायरे से निकालना मुश्किल हो गया। सर्वोच्च न्यायालय ने इन कदमों को खारिज कर दिया। यहाँ ताकतवर निहित स्वार्थ विषमता समाप्त करने के लिए उठाए गए कदमों का फायदा उठाने का निर्लज्ज और नंगा प्रयास करते हुए साफ दिख रहे थे। कानूनी प्रक्रिया के जरिये इस पर आवरण नहीं डाला जा सकता था। यह कोई नई परिघटना नहीं थी। पिछड़ी जातियों के ऊपरी तबके का आक्रामक प्रतिनिधित्व करने वाले तत्त्वों का रंग-रुतबा काफी पहले से बढ़ रहा था। वीपी सिंह द्वारा 'पिछड़ेपन की राजनीति' को राष्ट्रीय एजेंडे के शीर्ष पर बैठा देने के काफी पहले से दक्षिण भारत में ही नहीं, देश के अन्य हिस्सों में भी उनकी ताकत में बढ़ोतरी जारी थी।

असलियत यह थी कि सामाजिक न्याय की आड़ में मंडल का मुद्दा मध्य वर्ग में चलने वाला एक गृहयुद्ध था जिसमें राज्य से अधिकाधिक लाभ और सुविधाएँ खींचने की होड़ लगी हुई थी। मंडल-विरोधी मैरिट की दलील देकर जाति-आधारित आरक्षण को अन्यायपूर्ण ठहराना चाहते थे ताकि उनकी सुविधाओं में नए लोग भागीदार न बन सकें। मंडल के समर्थक अत्यंत संकीर्ण निहित स्वार्थ से प्रेरित थे और उन्हें बेहद गरीब जनता के प्रति न्याय के सरोकारों से कोई लेना-

देना नहीं था। मध्य वर्ग के दायरे में आ चुके लोगों के लिए तो विचारधारा का अंत हो ही चुका था, उसमें आने के नए दावेदारों के लिए भी उसका कोई महत्त्व नहीं था। मध्यवर्गीय हैसियत और जीवन-शैली के लिए इन नवागंतुकों में तीव्र लालसा थी। इसकी उपलब्धि के लिए संस्थागत आधार मिलने के बाद अब उनका लक्ष्य केवल एक ही था—किसी न किसी तरह और ज्यादा से ज्यादा निजी प्रगति करना। साधनों की शुचिता का उनके लिए कोई मतलब नहीं था। वस्तुस्थिति यह थी कि ये नवागंतुक मध्य वर्ग की इस बुनियादी प्रवृत्ति के अधिक आक्रामक पैरोकार थे। पाउलो फ्रेरे ने इसी तथ्य को ध्यान में रखकर टिप्पणी की है कि 'उत्पीड़ित' अपने 'उत्पीड़कों' की जगह लेने के बाद शुरू में काफी भड़कीले ढंग से उन्हीं की नक़ल करते हैं। अर्थात सांस्कृतीकरण की यह विचित्र प्रक्रिया तमाम कोशिशों को मुँह चिढ़ाती नजर आई। सांस्कृतीकरण के तहत विचारधारा के घोड़े पर सवार सामाजिक सीढ़ियाँ चढ़ने वालों को जल्दी ही उस वर्ग के वरिष्ठ सदस्यों द्वारा पनपाए गए 'विचारधारा विहीन' माहौल का अंग बना लिया गया। मध्य वर्ग के पुराने और नए सदस्यों ने मिल-जुल कर ऐसी जमीन का निर्माण किया जिसकी भित्ति में सिद्धांतों अथवा नैतिकता का एक भी तत्त्व नहीं था। असली आघात विचारधारा पर हुआ। सामाजिक न्याय के वैध लक्ष्य पर उन्हीं लोगों का निहित स्वार्थ हावी हो गया जिन्होंने कभी वास्तव में न्याय का पक्ष लिया था। दूसरी ओर मंडल के कारण जाति चेतना की लहर आ गई जिसने गरीबी, निरक्षरता, शोषण और स्वास्थ्य संबंधी समस्याओं को पृष्ठभूमि में डाल दिया।

4

सफलता बनाम संतुष्टि!

समृद्धि की लालसा का स्नायु रोग

अभी तक हमने मध्य वर्ग पर पड़ने वाले बाहरी प्रभावों की चर्चा की है। हमने देखा है कि कैसे इस वर्ग ने इन प्रभावों को ग्रहण किया और देश के धर्मनिरपेक्ष घटना क्रम के प्रति उसका क्या रवैया रहा। लेकिन, हमारी दिलचस्पी मध्य वर्ग के चिंतन जगत में झाँकने की भी है! यह जानना भी जरूरी है कि इस दौरान मंच पर चल रहे नाटक के पीछे नेपथ्य में क्या-क्या होता रहा। कहीं ऐसा तो नहीं कि मध्य वर्ग को आधुनिकता और तर्कणावाद से प्रेरित 'साफ-सुथरी' आत्म-छवि की आड़ में अतीतोन्मुखता के बिखरे हुए लेकिन शक्तिशाली अंश मौजूद हों! और, कहीं ऐसा तो नहीं है कि मध्य वर्ग इन अंशों के प्रभाव में आकर वर्तमान में अतीत का पैबंद लगाने पर तुला हुआ हो!

मध्यवर्गीय भारतीय 'आधुनिकता' के उत्साही समर्थक रहे हैं। लेकिन, उनमें परंपरा के प्रति ही नहीं, परंपरानिष्ठा के प्रति भी निरंतर आकर्षण रहा है। पीछे इस तथ्य का उल्लेख किया जा चुका है। मध्य वर्ग के चिंतन-जगत की थाह लेने में उसका यह आयाम केंद्रीय भूमिका ग्रहण कर लेता है। संभवतः एक आधुनिक और शिक्षित मध्यवर्गीय व्यक्ति के जीवन पर धर्म के प्रभाव और उसकी भूमिका पर चर्चा अधकचरे धर्मनिरपेक्षतावादियों को पसंद नहीं आएगी। दरअसल धर्मनिरपेक्षतावादियों की यह किस्म आमतौर पर न तो जमीन से जुड़ी होती है और न ही उसे अपने धर्म की कोई समझ होती है। ऐसे सतही आलोचकों की आपत्ति को दरकिनार करते हुए हमें यहाँ मानना ही पड़ेगा कि चाहे आधुनिक समाज हो या आदिम, साम्यवादी समाज हो या पूँजीवादी, धर्म एक ऐसा तत्त्व है जिसने हर तरह के समाज को गहराई से प्रभावित किया है। भारतीय मध्य वर्ग की वैचारिक प्रवृत्तियों का तब तक कोई वस्तुगत आकलन नहीं किया जा सकता जब तक उस पर पड़ने वाले हिंदू धर्म के प्रभाव पर विचार न किया जाए। मध्य वर्ग के अधिकांश सदस्यों को हिंदू धर्म घुट्टी में मिलता रहा है और आज भी यह स्थिति

बदली नहीं है।

इस तथ्य का अक्सर उल्लेख किया जाता है कि हिंदू धर्म में न तो कोई संगठित चर्च है न ही उस पर किसी एक भगवान का वर्चस्व है। हिंदू धर्म किसी एक धार्मिक किताब, किसी एक संहिताबद्ध नैतिक शाखा और किसी एक धार्मिक विधि-विधान से जुड़ा हुआ भी नहीं है। इस धर्म में सबसे ज्यादा ज़ोर मोक्ष प्राप्त करने पर है। इस कोशिश में व्यक्ति अपने कर्म और भगवान के साथ अनिवार्यतः सीधा तादात्म्य रखता है। विशुद्ध आध्यात्मिक दृष्टि से देखें तो इस नजरिये में कोई खामी नजर नहीं आती। उल्टे यह व्यक्ति को संगठित धर्मों की दमघोंटू जड़ताओं और उनके जरिये आरोपित होने वाली रूढ़िगत माँगों से मुक्त रखता है। लेकिन, इसी नजरिये का व्यक्ति और समाज के आपसी संबंधों के संदर्भ में भिन्न परिणाम निकलता है। आत्म को केंद्र बनाने वाला आध्यात्मिक जीवन व्यक्ति में समुदाय के प्रति लगाव और सरोकार का विकास रोक देता है। बाह्य जगत के प्रति संवेदनशीलता का यह अभाव और आध्यात्मिक तथ्यों के प्रति प्रकट तन्मयता साथ-साथ विकसित होकर कुछ इस तरह से जीवन का नैसर्गिक अंग बन जाती है कि एक शिक्षित हिंदू के जीवन में उसकी अलग से शिनाख्त करना मुश्किल होता है। लेकिन यही पहलू एक दृष्टिसंपन्न विदेशी प्रेक्षक को चकित भी कर सकता है। गुन्नार मिर्डल के साथ भी उस समय यही हुआ था जब उन्हें लगा कि भारतीय लोग समाज के प्रति अपने संबंधों में किस कदर निष्ठुर हैं। उन्होंने लिखा, 'अगर निचले तबके को एक समूह के रूप में बहलाना-फुसलाना न हो तो रेडिकल समतावादी सुधारों के निष्ठावान समर्थकों में से कई लोग इस तबके के व्यक्तियों के साथ कठोर और कभी-कभी तो अविवेकपूर्ण क्रूरता के साथ पेश आते दिखाई देते हैं।'[1] 1957 में ए. एम. रोजेंथाल को नेहरू युग का प्रशंसक होने के बावजूद और उस युग की चरम सफलता के जमाने में भी भारतीय समाज के अंदर 'मानवीय संबंधों' के बारे में कहना पड़ा, 'समाज में व्यक्ति की और समाज के अंदर मानवीय संबंधों की स्थिति....ही वह सबसे बड़ा बंधन है जिसमें भारत सदियों से जकड़ा रहा है। अपने विशिष्ट अध्यात्मवाद में आस्था के बावजूद व्यक्ति की व्यक्ति के प्रति निष्ठुरता हमेशा भारतीय मानस का अंग रही है। अभी तक कोई चमत्कार नहीं हो पाया है। इस देश में यह निष्ठुरता इतने जबर्दस्त रूप से मौजूद है कि किसी विदेशी का यहाँ रहना खतरे से खाली नहीं है क्योंकि यह निष्ठुरता बड़ी डरावनी सहजता से उसकी आत्मा में भी प्रवेश कर सकती है।'[2]

इन टिप्पणियों को विदेशी मानस का एकतरफा और सतही रवैया कह कर खारिज करना आसान है। लेकिन, थोड़ी ईमानदारी से किया गया आत्मनिरीक्षण भी इनमें छिपी सच्चाई का एहसास दिला सकता है। एक धर्मपरायण हिंदू को गंगा के पावन जल में डुबकी लगाते समय स्नान घाट पर और उसके आस-पास फैली हुई गंदगी का लेश मात्र भी ध्यान नहीं आता। अपने आस-पास की परिस्थिति के बारे

में वह कतई चिंतित नहीं होता क्योंकि उसकी रुचि केवल अपनी आध्यात्मिक उपलब्धि तक ही सीमित होती है। मंदिरों के कोषागार धर्मप्राण हिंदुओं द्वारा दिए गए अनुदानों से ठसा-ठस भरे रहते हैं। लेकिन शायद ही कोई अनुदानकर्त्ता अपने आस-पास मौजूद गरीबों के दुख-तकलीफों को दूर करने के लिए यह धन व्यय करने के बारे में सोचता हो। मंदिर को दिए गए अनुदान के जरिये अनुदानकर्त्ता अपने खेवनहार से सीधा तादात्म्य स्थापित करने का स्वार्थ सिद्ध करना चाहता है। अपने साधनों को वंचितों की सेवा में लगाना पुण्य का काम समझा जाता है, लेकिन आध्यात्मिक अथवा भौतिक लाभ की दुनिया में यह पुण्य निजी स्तर पर किए गए धर्माचरण के सामने नहीं टिक पाता।

इस्लाम और ईसाइयत जैसे अन्य महान धर्मों में भी मोक्ष की धारणा है। लेकिन, वहाँ व्यक्ति तथा अन्य धर्मावलम्बियों के संपूर्ण समुदाय के साथ उसकी अन्योन्यक्रिया को बेहतर ढंग से संतुलित किया गया है। इस्लाम में जुमे की सामूहिक नमाज का प्रावधान है जिसमें सभी मुसलमान बराबरी के साथ खुदा की बंदगी करते हैं। ईसाइयत में रविवार को पूरा समुदाय चर्च जाता है। इन सामुदायिक एकत्रीकरणों का तात्पर्य व्यक्ति के ऊपर समूह का महत्त्व स्थापित करना ही होता है। इसके विपरीत हिंदू धर्म में आध्यात्मिक संपूर्णता की खोज के दायरे में समुदाय के प्रति व्यक्ति के योगदान को कोई संस्थागत रूप नहीं दिया गया है। यही कारण है कि 'झुग्गियों में किए जाने वाले कल्याण-कार्य और गरीबों की सेवा पर ईसाई मिशनरियों का ही एकाधिकार है।'[3] मध्यवर्गीय भारतीय वैसे तो पश्चिमी समाजों की उपलब्धियों और खुशहाली के प्रति सराहना भाव से भरे रहते हैं, लेकिन वे यह नहीं देखते कि कैसे उन समाजों में छोटे स्तर पर कार्यरत कर्त्तव्य-बोध क्रमशः 'व्यक्तिगत संबंधों की संरचनाओं से समुदाय के प्रति दायित्वबोध में रूपांतरित हो जाता है....यह पहलू व्यापारवाद व उदारतावाद एवं उद्योगीकरण व शहरीकरण के माध्यम से हुए सामाजिक-सांस्कृतिक क्रम-विकास की देन है। बड़ी सामाजिक संरचनाओं पर काम करने वाले समाज-विज्ञानियों ने इसी रूपांतरण को कभी सामाजिक 'प्रतिष्ठा' के सामाजिक 'संविदा' में, कभी 'यांत्रिक' एकजुटता के 'संगठित' एकजुटता में और कभी 'गेमीनशैफ्ट' के 'गेजलशैफ्ट' में परिवर्तन की तरह व्याख्यायित किया है....।'[4] हिंदू धर्म में समुदाय के ऊपर आत्म की प्रबलता ने सामुदायिक दायित्व-बोध की स्वीकृति को कमजोर करने की भूमिका निभाई है। कहना न होगा कि इसके पीछे धर्म ही अकेला कारण नहीं रहा। ऊँच-नीच की सामाजिक-आर्थिक संरचना भी इस जागरूकता की राह में रोड़ा बनी रही। लेकिन, यह तो मानना ही होगा कि अपने व्यावहारिक रूप में धर्म ने ऐसा कोई प्रतिसंतुलनकारी नैतिक उपकरण मुहैया नहीं कराया जिसके दबाव में व्यक्ति अपने आध्यात्मिक विकास को समुदाय के कल्याण से जोड़ कर देख सकता। इसी संदर्भ में स्वामी विवेकानंद ने कहा था कि भारत को समाज के प्रति शंकर की

दार्शनिक और गौतम बुद्ध की मानवतावादी दृष्टि का समन्वय करना चाहिए। विवेकानंद के उन्नयनकारी धर्म-प्रचार के दायरे से अलग भी कई अन्य प्रेक्षकों ने यही बात अधिक स्पष्टता से कही है, 'आत्म ज्ञान प्राप्त करने के उच्च हिंदू आदर्श में मनुष्य और मनुष्य के बीच संविदा का कोई प्रावधान नहीं है। यह हिंदूवाद की सबसे बड़ी खामी है....।'[5]

हिंदू धर्म में सभी के लिए नैतिक मानक निर्धारित करने वाले एक शक्तिशाली और सुस्पष्ट केंद्र का अभाव है। इस विशेषता पर हम अपने विश्लेषण में खास तौर से ध्यान देंगे। किसी भी काम को बिना किंतु-परंतु के पाप का पर्याय बताने का कोई प्रावधान इस धर्म में नहीं है। धर्म के व्यावहारिक शब्दकोश में वस्तुतः पाप की अवधारणा ही नहीं है। एक संदर्भ में अनुचित माना गया कोई भी काम दूसरे संदर्भ में न केवल क्षम्य, यहाँ तक कि प्रशंसनीय भी मान लिया जाता है। इसका तात्पर्य यह नहीं है कि हिंदू धर्म अनैतिक होने का पक्षधर है, बल्कि वह सापेक्षिक नैतिकता को स्वीकार करता है और कर्म को उचित-अनुचित के काले-सफेद खानों में नहीं बाँटना चाहता। इस सापेक्षतावाद में एक अधिभूतवादी दृष्टि निहित है जो जगत को सार्थकता से विहीन और अंततः मिथ्या मानती है। जब हिंदू धर्म की निगाह में जगत है भी और नहीं भी, अर्थात केवल माया है, तो ऐसी आधारहीनता पर एक अपरिवर्तनीय किस्म की नैतिक भित्ति खड़ी हो ही नहीं सकती। *गीता* एक ओर निष्काम कर्म की जबर्दस्त वकालत करती है, दूसरी तरफ *महाभारत* के दौरान कृष्ण अपने वांछित लक्ष्य की प्राप्ति के लिए अनुचित साधनों तक को अपनाना ठीक बताते हैं। इस महाकाव्य का मुख्य खलनायक दुर्योधन जब मारा जाता है तो स्वर्ग से उस पर पुष्पवर्षा होती है क्योंकि वह एक महावीर था। द्रौपदी के पिता जब पाँचों भाइयों से अपनी बेटी की शादी करने पर नैतिक प्रश्न उठाते हैं, तो युधिष्ठिर का उत्तर होता है कि नैतिकता सापेक्ष है और उसकी कोई अंतिम परिभाषा नहीं होती। *रामायण* में राम के हाथों रावण की पराजय बुराई के ऊपर अच्छाई की विजय बताई गई है, लेकिन साथ ही रावण को शिव का बहुत बड़ा भक्त बताया गया है। यहाँ तक कि उसने अपनी तपस्या के बदले शिव से वरदान तक प्राप्त कर रखा था। *भागवत पुराण* में स्पष्ट उल्लेख है कि वृंदावन की गोपियाँ विवाहित थीं। अपने पतियों को छोड़ कर कृष्ण के साथ गोपियों के रास को व्यभिचार की संज्ञा इसलिए नहीं दी गई कि मुरलीधर के अंक में समा कर उन्हें अपना-अपना मोक्ष मिल गया था। यह एक ऐसा प्रकरण है जो उचित-अनुचित की पारंपरिक धारणाओं को पूरी तरह निरर्थक कर देता है। ऐसे न जाने कितने उदाहरण हिंदू मिथकों में भरे पड़े हैं। तात्पर्य यह है कि हिंदू धर्म के पास ऐसा कोई एकीकृत और असंदिग्ध नीतिशास्त्र नहीं है जो एक निर्धारित आचार संहिता के दायरे में व्यक्ति के कामों को संयमित कर सके। स्थिति यह है कि एक स्तर पर नैतिक रूप से गिरे हुए आचरण का दोषी व्यक्ति अपने आराध्य देव को

प्रसन्न करके आध्यात्मिक मुक्ति प्राप्त करने का दावा कर सकता है। आखिरकार, अंतिम लक्ष्य तो मोक्ष की प्राप्ति है जो देवताओं की आराधना करके प्राप्त किया जा सकता है। मोक्ष मिल जाने पर बाह्य जगत की मान्यता या अस्वीकार का कोई अर्थ नहीं रह जाता।

सभी को एक आचार संहिता में बाँधने वाले नीतिशास्त्र की अनुपस्थिति हिंदू धर्म में समुदाय के ऊपर व्यक्ति की महत्ता को सैद्धांतिक आधार प्रदान कर देती है। इसके बाद कुटुम्ब, वंश और जाति के प्रति निष्ठा का स्थान आता है। ऊपरी तौर पर लगता है कि शायद ये निष्ठाएँ व्यक्ति को उसकी निजी दुनिया से निकाल कर व्यापक और सामूहिक दृष्टि से संपन्न होने की गुंजाइशें प्रदान करती हैं। लेकिन, असल में विरोधाभास यह है कि ये निष्ठाएँ भी अंततः मोक्ष के लिए लालायित आत्म का ही विस्तार साबित होती हैं। कुटुम्ब, वंश और जाति के प्रभाव में निष्ठाएँ संकीर्ण दायरों में सिमट जाती हैं और संपूर्ण समुदाय के प्रति दायित्व-बोध मंद पड़ जाता है। कुल मिलाकर अपनी धार्मिक विरासत या सामाजिक संरचना की अनम्यता अथवा सामुदायिक मूल्यों पर बल देने वाले नैतिक आग्रहों को अनुपस्थिति के कारण औसत मध्यवर्गीय व्यक्ति में समुदाय के समग्र हित के प्रति सामाजिक संवेदनशीलता अविकसित रह जाती है। वह समाज के साथ परोपकार की भावना पर आधारित संबंध बनाने को प्राथमिकता नहीं देता। निजी लाभ का ख्याल किए बिना समाज की बेहतरी में योगदान करने संबंधी उसकी प्रेरणा कमजोर रहती है। वह अपने आप को नहीं समझा पाता कि उसे अपने निजी कल्याण के आग्रह को अपने निकट की दुनिया से भी क्यों जोड़ना चाहिए। उसके सरोकार केवल अपने आप से, अपने परिवार से और एक निचले स्तर पर अपने वंश अथवा जाति से जुड़े रहते हैं। उसके ब्रह्माण्ड में व्यक्ति की हैसियत स्वयं में एक लघु-ब्रह्माण्ड जैसी होती है। उसका रास्ता दूसरों की आवश्यकताओं के रास्ते से नहीं गुजरता। अगर दूसरों को विपत्ति में मदद की कोई जरूरत है, तो भी वह उन्हें उनके कर्मों के फल भुगतने के लिए छोड़ देता है।

कट्टर हिंदुओं को इस व्याख्या में विद्वेषपूर्ण सामान्यीकरण का प्रयास दिखाई देगा और वे इसके निष्कर्षों को ठुकराने के लिए शास्त्रों में से कई विपरीत उदाहरण भी खोज लाएँगे। लेकिन, इससे भी हिंदू जीवन में सिद्धांत और व्यवहार का अंतर्विरोध ही प्रमाणित होगा—एक तरफ देव-प्रतिमाओं की शक्ल में दैवी अस्तित्व के विपुल मानवीकरण के उदाहरण होंगे, तो दूसरी ओर परम तत्त्व की अधिभूतवादी निर्गुण व्याख्या होगी। भौतिक समृद्धि के मूर्तिमान प्रतीक के रूप में लक्ष्मी की आराधना की जाएगी, और साथ ही भौतिकवाद को नकारने वाली शक्तिशाली दार्शनिक परंपरा भी पनपती रहेगी। व्यक्तियों के बीच किसी भी अलगाव को तोड़ने का महान आदर्श *वसुधैव कुटुम्बकम* के रूप में पेश किया जाएगा, लेकिन जाति और सामाजिक श्रेणीक्रम की कठोर संरचनात्मक अनम्यताएँ

भी कायम रखी जाएँगी। एक तरफ महाभारत द्वारा ठोस राजनीति को वैधता दी जाएगी, और दूसरी तरफ त्याग, क्षमा और करुणा को परम आदर्श का दर्जा दे दिया जाएगा। स्त्री को देवी के पद पर प्रतिष्ठित करके यथार्थ में उस पर गुलामी थोप कर भी पश्चात्ताप की आवश्यकता महसूस नहीं की जाएगी। हिंदू धर्म में प्रारब्ध के अटूट बंधनों के साथ-साथ व्यक्तिगत कर्म के लिए भी पूरी गुंजाइश मिलती है। पर्यावरणीय शुद्धता के प्रति सरोकार एक तरफ होंगे, और दूसरी तरफ मंदिरों तक के आस-पास गंदगी का साम्राज्य होगा। स्पष्ट है कि हिंदू धर्म की हर अभिधारणा का विलोम उसी के अंदर से निकल आता है। चूँकि हमारा मकसद सिद्धांत संबंधी जटिलताओं में न फँस कर व्यक्ति के सामाजिक व्यवहार पर धर्म के प्रभाव की शिनाख्त करना है, इसलिए हम कह सकते हैं कि मोक्ष को सर्वोच्च लक्ष्य और नैतिकता को सापेक्ष मान लेने के कारण हिंदू धर्म सामाजिक सद्गुणों के विकास को रोक देता है। परिणामस्वरूप एक सामान्य हिंदू अपने समुदाय के व्यापक हित के साथ व्यक्तिगत रूप से जुड़ा हुआ महसूस नहीं करता।

शिक्षित भारतीय की व्यक्तिवादी और खंडित दृष्टि का मुकाबला करने की सबसे बड़ी कोशिश गाँधी-नेहरू विरासत के रूप में उभरी थी। इस विरासत में नैतिक आग्रहों और गहन सामाजिक संवेदनशीलता पर सबसे ज्यादा बल था जिसके कारण शिक्षित भारतीय राष्ट्रीय लक्ष्यों के साथ जुड़ाव महसूस करते थे। उन्हें लगता था कि वे परंपरा के दायरे में जिन मूल्यों और आस्थाओं को मानने के आदी हैं, उससे कहीं व्यापक और बड़ी मान्यताओं के साथ उन्हें एक विराट संयुक्त उद्यम में भागीदारी करने का मौका मिल रहा है। आजादी के लिए किए गए संघर्ष ने सामूहिक आकांक्षाओं को अपनी भावात्मक अभिव्यक्ति का मंच प्रदान कर दिया था। इसके आधार पर यह विरासत पनप सकती थी। हम देख चुके हैं कि किन कारणों से यह विरासत इतनी अल्पजीवी रह गई कि भारतीय मानस का रूपांतरण स्थायित्व न ग्रहण कर सका। जैसे ही गाँधी-नेहरू विरासत का प्रभाव घटा, वैसे ही पहले से जारी सामाजिक लगाव के अभाव की प्रवृत्तियों ने सिर उठा लिया। चूँकि उन्हें संयमित करने के लिए कोई विचारधारात्मक विन्यास बचा ही नहीं था, इसलिए इस बार वे और ताकतवर होकर उभरीं।

गाँधी और नेहरू द्वारा बनाई गई सामाजिक सहमति जिस रफ्तार से बिखराव का शिकार हुई, उससे लगता है कि उसकी बुनियाद ही काफी कमजोर थी। अन्यायपूर्ण सामाजिक-आर्थिक संरचना से सर्वाधिक लाभ उठाने वाले तबके मध्य वर्ग की दिलचस्पी हमेशा ही अपने स्वार्थ को साधने में थी। ऊपर से उसकी इन प्रवृत्तियों को एक ऐसी धार्मिक परंपरा का सहारा मिल गया जिसने उसे संकीर्ण हितों के दायरे को तोड़ने के लिए प्रेरित नहीं किया। कहना न होगा कि इस धार्मिक कारण की आड़ में मध्य वर्ग को अपने स्वार्थी रवैये की सफाई देकर बच निकलने का रास्ता दिखाना हमारा उद्देश्य नहीं है। हम तो उन कारकों की समझ

विकसित करना चाहते हैं जिनके प्रभाव में अधिकांश मध्यवर्गीय अपनी देहरी से बाहर मौजूद हाहाकारी पीड़ा और अभावग्रस्तता को अनदेखा करते रहते हैं। कई बार तो इस देश के मध्यवर्गीय नागरिक दरिद्रता के वजूद तक को स्वीकार करने से इनकार कर देते हैं।

कथित समाजवादी राज्य के पचास साल के बाद आज अगर मध्य वर्ग की प्रमुख सामाजिक प्रवृत्तियों की सूची बनाई जाए तो उसमें पहला नंबर उसकी आश्चर्यजनक निष्ठुरता को देना पड़ेगा, जिसके कारण वह तब तक अपनी दुनिया से बाहर के हालात से प्रभावित नहीं होता, जब तक स्वयं उसके फौरी स्वार्थ पर आँच न आ गई हो। शुरुआत में और 1947 के फौरन बाद तक इस वर्ग में कम से कम इतनी जागरूकता तो थी कि भारत एक गरीब देश है और वह गरीबों के वजूद को स्वीकार करता था। वह मानता भी था कि गरीबों के लिए कुछ न कुछ अवश्य किया जाना चाहिए। आज यह स्थिति नहीं है। गरीबों की संख्या बढ़ती गई है लेकिन दुख की बात यह है कि उनके वजूद को स्वीकार करने की मध्य वर्ग की क्षमता घटती चली जा रही है। गरीबों का अस्तित्व इतना पुराना हो चुका है कि मध्य वर्ग ने उन्हें अपने परिदृश्य का अनिवार्य और स्वाभाविक अंग मान लिया है। चूँकि वे खत्म होने का नाम नहीं लेते या उन्हें हटाया नहीं जा सकता, इसलिए मध्य वर्ग उनके होने पर कम से कम ध्यान देना चाहता है। इस दूरदृष्टिविहीनता के कुछ फायदे भी हैं—गरीबों पर जितना कम ध्यान दिया जाएगा, उतना ही सामाजिक दायित्व के पचड़े में कम पड़ने की नौबत आएगी। इसी तरह गरीब जितने कम दिखेंगे, निजी स्तर पर आर्थिक मोक्ष पाने के उन्मत्त अभियान में उतना ही कम संकोच होगा। क्या दुनिया में आगे बढ़ने के लिए जरूरी नहीं है कि अपने चिंतन-जगत को सीमित कर लिया जाए ताकि जनता के अन्य हिस्सों की आवश्यकताओं और परिस्थितियों का विघ्न रास्ते में आ ही न सके? यही कारण है कि देश की राजधानी दिल्ली जैसे शहर में एक तरफ मध्य वर्ग की महत्त्वाकांक्षाएँ और स्वैर कल्पनाएँ नित्यप्रति अपना नाटक खेलती हैं, दूसरी तरफ एक तिहाई आबादी झुग्गियों में रहती है और एक चौथाई के लिए शौचालयों की सुविधा तक उपलब्ध नहीं है।

देश के अन्य शहरी इलाकों की भी यही कहानी है। किसी जमाने में ये शहर सामंती कुलीन तंत्र के गढ़ थे। बाद में ये धीरे-धीरे मध्य वर्ग के केंद्रों के रूप में उभरे। इस रूपांतरण के साथ झोपड़पट्टियाँ भी उसी रफ्तार से बढ़ीं। नागरिक सुविधाएँ गिरती चली गईं और प्रदूषण बहुत ज्यादा हो गया। हीरा व्यापारियों के शहर सूरत में गंदगी इतनी बढ़ी कि इतिहास के गर्भ में समा चुके प्लेग के विषाणु कूड़े के ढेरों में से पुनः फूट पड़े। शिक्षा और अध्यापन से जुड़े मध्य वर्ग के शहर अलीगढ़ का केवल छः प्रतिशत पानी ही पीने योग्य रह गया। शहर की मल व्ययन प्रणाली पूरी तरह से नाकाम हो गई। आज वहाँ की 34 प्रतिशत आबादी को खुले

में मल-विसर्जन करना पड़ता है।[6] बिहार में गरीबी की भयानक हालत अपने-आप में सर्वविदित है। इसके ठीक उलट उसकी राजधानी पटना में बहुमंजिली इमारतें बढ़ती ही चली जा रही हैं। खरीदारों की गहमा-गहमी से भरे शॉपिंग काम्पलेक्सों में नए-नए बुटीक खुलते जा रहे हैं। जिस राज्य में गरीबी की रेखा से नीचे की जनता सबसे ज्यादा है, उसमें स्टाक एक्सचेंज आश्चर्यजनक रूप से फल-फूल रहा है। 'बैंकिंग क्षेत्र में हजारों करोड़ रुपए जमा किए गए हैं और 'अर्ध-बैंकिंग' गतिविधियों का दावा करने वाली संस्थाओं ने तो और भी बड़ी रकमें जमा कर ली हैं....इन 'गैर-बैंकिंग वित्तीय संस्थाओं' ने असंख्य लोगों (अधिकांशतः मध्यवर्गीय) को निवेश पर आकर्षक आमदनी का आश्वासन देकर छोटी-छोटी राशियों के रूप में बहुत बड़ी जमा राशि एकत्र कर ली है।'[7] सट्टेबाजी और आकर्षक ब्याज कमाने में तल्लीन लोगों के अंदर अन्य जरूरतमंदों के लिए स्वैच्छिक योगदान के किसी आंदोलन का कोई चिह्न नहीं दिखाई पड़ता। दक्षिण भारत में कोयम्बटूर के नजदीक स्थित तिरुपुर में पिछले दिनों बुने हुए सूती वस्त्रों के निर्यात का जबर्दस्त उछाल आया। इस सफलता के पीछे मध्यवर्गीय उद्यमशीलता के साथ-साथ सामाजिक संवेदनशून्यता का भी बड़ा हाथ था। मीलों तक फैली खेती-योग्य जमीन को कारखाने और भंडारगृह खड़े करने के लिए तरह-तरह के गैरकानूनी हथकण्डों से अधिग्रहीत किया गया। इस नगर में सड़कों का नामो-निशान नहीं है, लेकिन नई एस्टीम और कंटेसा कारों, स्कूटरों और मोपेड गाड़ियों की रेल-पेल मची रहती है। शहर में पेय जल का सर्वथा अभाव है, लेकिन बाजार में खरीद-फरोख्त बड़े पैमाने पर जारी है। खुले हुए नालों और फैली हुई झोपड़पट्टियों की बगल में ही नए-नए घरों और दफ्तरों के भवन खड़े हो गए हैं।[8]

इधर-उधर से उठाए गए इन उदाहरणों की भाँति ही देश के अन्य शहरों की स्थिति है। प्रश्न केवल गरीबी का नहीं है। गरीब देश होने के कारण भारत में गरीबी को छुपाया नहीं जा सकता। प्रश्न तो इस सर्वव्यापी गरीबी के प्रति नागरिकों के खुशहाल और समृद्ध तबके के रवैये का है। मध्य वर्ग की संख्या बढ़ती जा रही है और वह प्रगति की होड़ में लगा हुआ है, लेकिन उसकी निगाह में गरीबी का वजूद खत्म हो चुका है। अब गरीबी में वह असर नहीं रह गया है कि मध्य वर्ग के लोग उससे दुखी होकर कुछ करने पर तुल जाएँ। मान लिया गया है कि गरीबी है, इसलिए वह रहेगी ही। भारत से घनिष्ठता रखने वाले विदेशी प्रेक्षकों को भी जिस गरीबी से उबकाई आ जाती है, उससे मध्यवर्ग के माथे पर शिकन तक नहीं आती। आम तौर पर इन लोगों की दिलचस्पी सिर्फ अपने जीवन में है। उन्हें अभाव के रेगिस्तान में अपने छोटे-छोटे नखलिस्तान बनाने से कोई एतराज नहीं है। केवल अपने अस्तित्व और केवल अपनी बेहतरी में खोये रहने एवं सामाजिक दायित्व के बोध से पूरी तरह कटे रहने की यह प्रवृत्ति काफी कुछ रंगभेद से मिलती-जुलती है। एक मामले में तो यह रवैया रंगभेद से भी अधिक मानव-विरोधी है

क्योंकि इसमें वंचित किए जा चुके लोगों की हालत के बारे में सोचना ही बंद कर दिया गया है। आध्यात्मिक स्तर पर मोक्ष प्राप्त करने की चिंता लौकिक स्तर पर दैत्याकार रूप ग्रहण कर लेती है अर्थात व्यक्ति स्वार्थ के संकीर्णतम दायरे से बाहर कुछ भी देखने और समझने में पूरी तरह अक्षम हो जाता है। सामाजिक परोपकार के लिए किसी सघन नैतिक आग्रह की गैर-मौजूदगी ने मूल्यहीन नेताओं और मौकापरस्त नीतियों के प्रभाव में समाज के प्रति भारी उपेक्षा को डरावनी शक्ल अख्तियार कर ली है। इस प्रवृत्ति ने एक संकीर्णमना, आक्रामक, स्वार्थी, आर्थिक-लालसाओं में गले तक डूबी हुई और सामाजिक रूप से निष्ठुर जीवन शैली को जन्म दिया है।

अपनी बेहतरीन रचना *बटर चिकन इन लुधियाना* में पंकज मिश्रा ने भारत के जीवन के कुछ गहन चित्र उकेरे हैं। अपने मुजफ्फरनगर दौरे के बारे में वे लिखते हैं:

> जिस घर में मैं ठहरा था, वह एक बड़ी मध्यवर्गीय कालोनी में स्थित था। उल्टी-सीधी इमारतों के ऐसे ही हजारों झुण्ड पूरे देश के शहरों में मिल जाएँगे। कालोनी के अंदर की सड़कों पर खड़ंजा तक नहीं था। निश्चित रूप से बारिश के दिनों में उनका इस्तेमाल नामुमकिन हो जाता होगा। जगह-जगह जंगली घास और खरपतवार उगी हुई थी। हर घर के पिछवाड़े कूड़े के बड़े-बड़े ढेर जमा थे। रिसते हुए पाइपों से पानी की आवाज साफ सुनाई दे रही थी। यह पानी एक छोटे से नाले में गिर रहा था जिसे बड़ी चालाकी से किसी ने सिंचाई के लिए अपने बाग की ओर मोड़ दिया था।
>
> ऐसा नहीं है कि धन की कमी के कारण हालात ऐसे थे : दरअसल इन घरों में बेतहाशा खुशहाल लोग रहते थे। हर घर के सामने कारें पार्क थीं। छतों पर लगी हुई सैटेलाइट डिशों की संख्या ताज्जुब में डाल देती थी। घरों की डिजाइनें बताती थीं कि उन पर खूब पैसा खर्च किया गया होगा....।
>
> नागरिक सुविधाओं की इस बदतर हालत के पीछे धन का अभाव तो किसी कीमत पर नहीं था। उल्टे, अगर कोई कसूरवार था तो वह था अचानक हुआ धन का बाहुल्य : नागरिक उत्तरदायित्व के बोध को सघन करने के बजाय धन की इस प्रचुरता ने लाभार्थियों में एक तरह का आक्रामक व्यक्तिवाद प्रोत्साहित किया था। रिश्वत खिलाने और हड़प सकने की क्षमता की दम पर अगर पानी, बिजली और टेलीफोन के गैरकानूनी कनेक्शन लिए जा सकते थे, तो कालोनी की परवाह करने की क्या जरूरत थी। कालोनी के घर किले जैसे थे और हर व्यक्ति अपने-अपने किले की

सरदारी तक ही सीमित रहना चाहता था, भले ही कूड़े के ढेर और ऊँचे क्यों न होते चले जाएँ, या जंगली घास घर की चौहद्दी से भी ऊँची क्यों न हो जाए और बारिश में अपने आराम के लिए खासतौर से तैयार कराई गई मारुति-1000 के पहिए गीली मिट्टी में क्यों न धँस जाएँ।[9]

जाहिर है कि खुशहाल लोगों की यह दुनिया बाह्य जगत से कतराती हुई नागरिक उत्तरदायित्व की अनदेखी करने के लिए अपने ही दायरों में कैद रहना चाहती है। लेकिन इसके परिणामस्वरूप ये लोग एक तरह की घिरी हुई मानसिकता के शिकार हो जाते हैं—कोई गंदा आदमी उनकी चौहद्दी न पार कर सके इसलिए वे अपने आस-पास ऊँची से ऊँची दीवार खड़ी करते चले जाते हैं। अगर पानी की आपूर्ति ठीक नहीं है तो वे ट्यूब वैल या पानी की टंकी लगवा लेते हैं। अगर नहीं तो टुल्लू पंप लगा कर पालिका की पानी की लाइन से ही पानी खींच लिया जाता है। भले ही इससे दूसरों को पानी मिलना बंद हो जाए। अगर बिजली की कटौती ज्यादा है तो जेनरेटर लगवा लिया जाता है या स्थानीय सब-स्टेशन में मुट्ठी गर्म करके स्वीकृत लोड को बढ़ा लिया जाता है। ऐसे लोग शार्ट-कट और फटाफट हल में यकीन करते हैं, भले ही वह अनैतिक हो, पर उसका असर फौरन दिखना चाहिए। ध्यान रहे कि अन्यायपूर्ण घेराव के खिलाफ संघर्ष करने वालों के रवैये में जो बेगुनाही और पराक्रम होता है, वह इस घिरी हुई मानसिकता की विशेषता नहीं होती। मध्य वर्ग तो इसलिए घिरा हुआ महसूस करता है क्योंकि वह समाज के साथ रचनात्मक आदान-प्रदान से मानव-द्वेषी और जाना-बूझा अलगाव स्वीकार कर लेता है। मध्य वर्ग यह मानने के लिए तैयार नहीं होता कि उसके अपने हित से भी बड़ा कोई हित हो सकता है। मध्य वर्ग का यह यकीन केवल उसकी सैद्धांतिक आत्मग्रस्तता में ही नहीं, व्यवहार में भी आसानी से झलकने लगता है। आमतौर पर माना जाता है कि नागरिक जीवन की शुचिता की शहरी गरीब को कोई परवाह नहीं होती। मध्य वर्ग को गरीबों के बारे में यह धारणा काफी प्रिय है। लेकिन असलियत यह है कि पूरे देश में भारी पैमाने पर होने वाली बिजली चोरी का सबसे बड़ा कसूरवार पैसे वाला मध्यवर्गीय 'यप्पी' तबका ही है।[10] इसी तरह, महानगरीय भारत में प्रदूषण का सबसे बड़ा स्रोत मध्य वर्ग के वाहन ही हैं। दिल्ली में 1,500 टन कूड़ा रोज यूँ ही पड़ा रहता है। इस कूड़े का अधिकांश हिस्सा गरीबों की बस्तियों से पैदा नहीं होता। एक निम्न आय वर्ग कालोनी प्रति व्यक्ति केवल 0.3 किग्रा कूड़ा निकालती है, जबकि मध्य वर्ग या धनी व्यक्तियों की कालोनी पर प्रति व्यक्ति 1.5 किग्रा से ज्यादा कूड़ा पैदा करने की जिम्मेदारी आती है। गरीब लोगों के कूड़े के ढेर का 90 फीसदी अंश जैविक रूप से

नष्टप्राय होता है जबकि अमीर आदमियों के कूड़े में यह अंश केवल 40 फीसदी होता है। एक हजार घरों की सामान्य मध्यवर्गीय कालोनी प्रति दिन औसतन प्लास्टिक के 5,200 थैले फेंकती है।[11] इनमें प्लास्टिक के वे सैकड़ों थैले शामिल नहीं हैं जो सप्ताहांत की छुट्टियों के बाद सार्वजनिक स्थलों पर यूँ ही छोड़ दिए जाते हैं। एक ताजा अध्ययन से पता चला है कि अहमदाबाद पानी के संकट का सामना इसलिए कर रहा है क्योंकि मध्यवर्गीय कालोनियाँ अपने सामान्य हिस्से से दस गुना ज्यादा पानी खर्च कर रही हैं। यहाँ केवल पानी का हद से ज्यादा खर्च होना ही चिंता का विषय नहीं है, बल्कि उसकी लापरवाह बरबादी अधिक परेशान करने वाली है।[12]

मध्य वर्ग की 'हड़पू नीति' का एक बड़ा कारण यह मान लेना भी है कि व्यवस्था पूरी तरह अक्षम हो चुकी है और अब यह आशानुरूप नतीजे नहीं दे सकती। यहाँ तक कि बिजली-पानी की आपूर्ति और कूड़ा साफ करने जैसी अनिवार्य सेवाएँ भी मुहैया नहीं करा सकती। दिक्कत यह है कि राज्य की सीमाओं के प्रति यह असंतोष मध्य वर्ग में बुनियादी कारणों का समाधान करने की प्रेरणा पैदा नहीं करता। वह कभी अपने गिरेबान में झाँक कर नहीं देखता। औसत मध्यवर्गीय भारतीय के दिमाग में कभी यह बात नहीं आती कि करोड़ों अधपेट गरीबों से भरे इस देश में राज्य की प्राथमिकताएँ एक मुखर लेकिन अल्पसंख्यक तबके की उत्तरोत्तर बढ़ती हुई माँगों को कुशलतापूर्वक पूरा करने के अलावा भी कुछ हो सकती हैं। राज्य की अक्षमताओं और चौतरफा भ्रष्टाचार की मध्य वर्ग द्वारा की जाने वाली आलोचना को गलत नहीं कहा जा सकता। लेकिन, यह आलोचना पूरी तरह से एक ही प्रश्न पर केंद्रित है कि 'राज्य हमारा बेहतर हित-साधन क्यों नहीं कर सकता!' इसी बिंदु पर यह आलोचना दोषपूर्ण है क्योंकि यह राज्य की खामियों को दूर करने के लिए किसी संगठित कदम को उठाने की इच्छा को प्रेरित नहीं करती। मध्य वर्ग कुछ इस ढंग से माँगें रखता है और कुछ इस लहजे में निंदा करता है कि उसकी राज्य पर संपूर्ण निर्भरता पूरी तरह खुल कर सामने आ जाती है। उसका दावा रहता है कि राज्य को अपनी जिम्मेदारियाँ पूरी करनी चाहिए। उसे मध्य वर्ग की जरूरतों से कहीं आगे बढ़कर नतीजे देना चाहिए। और अगर वह ऐसा नहीं कर पाता है तो मध्य वर्ग उसके खिलाफ आलोचना के अधिकार का उपयोग करने के लिए स्वतंत्र है। लेकिन, किसी भी कीमत पर मध्य वर्ग अपनी माँगों से परे जाकर कोई कदम उठाने के लिए तैयार होता नहीं दिखाई देता।

मुश्किल यह है कि उचित-अनुचित और कर्तव्य-बोध की किसी व्यापक समझ से वंचित मध्य वर्ग के नजरिये की यह संकीर्णता प्रतिकूल परिस्थितियों में भी कायम रहती है। देश में स्थिति यह है कि मध्यवर्गीय जीवन की सामान्य

आवश्यकताओं और सुविधाओं को भी आसानी से हासिल नहीं किया जा सकता है। फोन का कनेक्शन हो या गैस कनेक्शन, हर जगह लंबी लाइन है। या तो रिश्वत देनी पड़ेगी या सिफारिश लगानी पड़ेगी। एक छोटा सा एपार्टमेंट खरीदने में जिंदगी-भर की बचत साफ हो जाती है। दुनिया के किसी भी देश के मुकाबले भारत में कारें ज्यादा महँगी हैं। स्कूल-कालेजों में बच्चों के दाखिले के लिए बेईतिहा आपाधापी मचती है। हर सुविधा, बिजली हो या पानी, एक अधिकार की तरह प्राप्त नहीं की जा सकती। पश्चिमी देशों अथवा दक्षिण-पूर्व एशिया के नवविकसित देशों में मध्य वर्ग को ये सुविधाएँ प्रायः उपलब्ध रहती हैं। खास बात यह है कि इन सुविधाओं के मुहैया न हो पाने के तथ्य के बाद भी मध्यवर्गीय लोग अपनी इच्छित दुनिया और भारत जैसे बेतहाशा गरीब देश की व्यवस्थाजन्य संभावनाओं के बीच के अंतराल को स्वीकार करने की स्थिति में नहीं आ पाए हैं। उल्टे इस तथ्य ने उन्हें वांछित चीजों और सुविधाओं को येन-केन-प्रकारेण प्राप्त करने की दीवानगी की हद पर पहुँचा दिया है। दूसरी तरफ इस सच्चाई के प्रतिक्रियास्वरूप मध्य वर्ग में वंचित होने का एक एहसास घर करता जा रहा है। वह हमेशा आत्मदया में लिप्त रहता है और अक्सर अपने आप को एक ऐसे बेसहारा समुदाय के रूप में पेश करता है जिसे अक्षम और अन्यायपूर्ण व्यवस्था लगातार सता रही है। अंतिम विश्लेषण में यह सिलसिला सामाजिक 'हैसियत' को हद से ज्यादा महत्त्व देकर एक तरह का ध्येय बना लेने तक पहुँच जाता है। जब हालात इच्छाओं की पूर्ति के अनुकूल न हों लेकिन जब आस-पास का हर व्यक्ति वांछित वस्तुओं को हासिल करने की क्षमता को ही अस्तित्व की शर्त बताने में लगा हो, तो हासिल करने की क्रिया ही सामाजिक प्रतिष्ठा की परिभाषा का सबसे प्रबल आयाम बन जाती है। आर्थर कोएस्लर ने इसीलिए कभी कहा था, 'संपत्ति और सत्ता का स्वामी होना ही प्रतिष्ठा प्राप्त करने और उसे बनाए रखने के लिए काफी नहीं होता। संपत्ति और सत्ता होने का प्रमाण भी देना पड़ता है क्योंकि प्रतिष्ठा उसी प्रमाण के आधार पर प्रदान की जाती है।'[13] कहना न होगा कि प्रतिष्ठा और हैसियत के प्रति आग्रह तकरीबन सभी मध्य वर्गों की विशेषता होती है। यह एक ऐसा वर्ग है जो अपने से नीचे वालों को सीढ़ी की तरह इस्तेमाल करता है और अपने ऊपर और पहुँच से बाहर वालों के अनुरूप बनने में सारा जोर लगा देता है। कौन सा मध्य वर्ग इस प्रवृत्ति के कितने प्रभाव में है, यह इस तथ्य से तय होता है कि वह किस हद तक आर्थिक समृद्धि हासिल कर चुका है। इस लिहाज से भारतीय मध्य वर्ग अन्य मध्य वर्गों से गुणात्मक रूप से भिन्न दिखाई देता है। अपने आंतरिक दायरे में समृद्धि से जुड़ी श्रेणियों की यह मध्य वर्ग जितनी परवाह करता है, उतना ही वह अपने हितों से 'असम्बद्ध'

दुनिया के हालात के प्रति लापरवाह रहता है।

❋

सवाल यह है कि क्या सांसारिक सुखों की परम लालसा और भौतिक समृद्धि प्राप्त करने की एकांत इच्छा ने मध्यवर्गीय व्यक्ति के जीवन में धर्म की भूमिका को घटा दिया है? पश्चिमी समाजों का ऐतिहासिक अनुभव बताता है कि इस शताब्दी में 'आधुनिक' और उपभोक्तावादी संस्कृति के कारण चर्च के प्रभाव का काफी हद तक क्षय हुआ है। 'रोमन कैथोलिक समुदायों को एकजुट रखने वाली शक्ति का आश्चर्यजनक तेजी से क्षय हुआ है। साठ के दशक के दौरान कूबेक (कनाडा) के चर्चों में होने वाली सामूहिक प्रार्थनाओं में भाग लेने वालों की संख्या कम होती चली गई है....पादरी बनने और धार्मिक जीवन के अन्य रूपों को अपनाने वालों की संख्या तेजी से गिरी....अधिक पुराने प्रोटेस्टेंट सम्प्रदायों के चर्चों समेत अपने सदस्यों पर कुछ हल्का प्रभाव रखने वाले पश्चिमी चर्चों का असर तो और भी तेजी से कम हुआ है।'[14] क्या भारतीय मध्य वर्ग भी यही रुझान प्रदर्शित कर रहा है? क्या वह भी तर्कणावाद और प्रगति के आधुनिक विचारों से उसी तरह प्रभावित है? क्या 'आधुनिकता' की धारणा और अतीत में की गई धार्मिक कट्टरता की नेहरूवादी आलोचना का उस पर असर पड़ा है? यदि नेहरूयुगीन मध्य वर्ग पर इसका प्रभाव था तो क्या उत्तर-नेहरू युग में भी यह कायम रहा? अगर हाँ, तो किस रूप में और अगर नहीं, तो क्यों नहीं?

हम पहले ही विचार कर चुके हैं कि संगठित धर्म के प्रति नेहरू की अरुचि में उनके मध्यवर्गीय अनुयायी पूरी तरह भागीदार नहीं थे। नेहरू की आधुनिकतावादी दृष्टि मध्य वर्ग को आकर्षित तो करती थी, लेकिन इस दृष्टि को कभी रूपांतरकारी शैली में कार्यान्वित नहीं किया गया। मृत अतीत की जकड़ से मुक्ति की नेहरूवादी दृष्टि के समर्थन का अर्थ था उस सामाजिक आग्रह का अंग बनना जिसके तहत व्यक्ति उदारतावादी और प्रगतिशील वैचारिक जगत की ऊर्ध्वगामिता को स्वीकार कर लेता है। मध्यवर्गीय भारतीय अपनी छवि में यह आयाम भी शामिल करना चाहते थे। उन्हें इसमें कोई दिक्कत भी नहीं हुई क्योंकि इसका और धार्मिक परंपरा का मेल आसानी से हो सकता था। व्यक्ति उदार व प्रगतिशील भी बना रह सकता था और कर्मकांडों, अंधविश्वासों और पूर्वग्रहों का पालन भी करता रह सकता था। नेहरू की मृत्यु और गाँधी-नेहरू विरासत के प्रभावहीन हो जाने के पश्चात कथनी और करनी की एकता के सार्वजनिक वक्तव्य और दावों को भी तिलांजलि दे दी गई। आर्थिक अवसरों और गतिशीलता में बढ़ोतरी हुई। साथ-साथ व्यक्ति को सहारा देने वाली संयुक्त परिवार जैसी

पारंपरिक संरचनाओं का बिखराव भी शुरू हो गया। होना यह चाहिए था कि इन वजहों से व्यक्ति को परंपरा के बंधनों से छुटकारा मिल जाता और पारंपरिक धार्मिक आचरण की बाध्यताएँ समाप्त हो जातीं। एक हद तक ऐसा हुआ भीः धार्मिक कर्मकांडों और रीति-रिवाजों के साथ लोगों का पहले जैसा सघन परिचय नहीं रह गया। लेकिन धार्मिक अस्मिता पर बल देने की आवश्यकता बढ़ गई। यह इस परिस्थिति का बहुत बड़ा विरोधाभास था।

इस परिघटना के कारणों को इस तरह समझा जा सकता था—पहला, कुटुंब (विस्तारित परिवार) और उससे जुड़ी हुई भावनाएँ कमजोर हो गई थीं। कुटुंब का हिस्सा होने और उससे मिलने वाली सुरक्षा का बोध भी नहीं रह गया था। इस परिस्थिति ने व्यक्ति को एक ऐसे भावातीत अस्तित्व का अंग बनने के लिए लालायित किया जो समान आस्था के माध्यम से समुदाय बोध को पुनर्जीवित कर सकता था। दूसरा, कई मध्यवर्गीय परिवारों को लगा कि उनकी एक पीढ़ी को ही इतने अधिक और तेज परिवर्तन से दो-चार होना पड़ रहा है कि उसे पचाना मुश्किल है। मध्य वर्ग में ऐसे लोगों की कमी नहीं थी जिनकी शिक्षा गाँव के स्कूल और बगल के कस्बाई कालेज में हुई, लेकिन नौकरी करने के लिए उन्हें महानगर में जाना पड़ा। एक दशक की अवधि में उन्होंने एक शताब्दी के परिवर्तनों को देखाः एकदम नया माहौल, नई प्रौद्योगिकी, नई मान्यताएँ, नया कौशल, नई उम्मीदें और नई जीवन शैली से उनका साबका पड़ा। बेतहाशा तेज और थका देने वाले इस रूपांतरण से व्यक्ति के लिए धर्म आसानी से सुलभ सहारे की तरह उभरा। धर्म का सहारा लेने के बाद वह चकराया हुआ व्यक्ति अतीत को आदर्श बना कर उसके सहज जीवन और आग्रहों की स्मृतियों में ही जीवित रह सकता था।

तीसरा कारण यह था कि शहरी मध्य वर्ग ने समृद्धि प्राप्त करने को ध्येय बना कर इतनी जबर्दस्त होड़ को जन्म दिया कि आगे बढ़ने के लिए जूझते हुए लाखों-लाख लोगों के बीच में व्यक्ति खुद को अकेला महसूस करने लगा। अनाक्रामक और अशक्त के साथ बेरहमी से पेश आने वाली और डार्विन के सिद्धांत 'शक्तिशाली की विजय' के आधार पर चलने वाली दुनिया उसे अपनेपन से वंचित लगने लगी। परिणामस्वरूप प्रतियोगिता और संघर्ष में डूबे व्यक्ति में त्याग के प्रतिसंतुलनकारी मूल्यों की वकालत करने वाली किसी भी संस्था के प्रति आकर्षण विकसित होना स्वाभाविक ही था। चौथा, मध्य वर्ग अधिकांशतः शहरों में रहता था और शहरी भारत के परिदृश्य में समुदाय के अंदर होने वाली अन्योन्यक्रिया के लिए संगठनों का अभाव था। अभिजात वर्ग के लोग क्लबों की सदस्यता ले लेते थे, लेकिन क्लब स्वयं में सामाजिक अलगाव के उपकरण थे। ज्यादातर लोग गुजरे जमाने के मुहल्लों अथवा सावयविक रूप से बसी हुई बस्तियों में हासिल होने वाली सुरक्षा के अभ्यस्त थे लेकिन बड़े शहरों में उन्हें विशाल नगरीय कालोनियों का अरक्षित एहसास झेलना पड़ रहा था। यद्यपि इन लोगों की आर्थिक

आकांक्षाओं और उनसे संबंधित चिंताओं में बुनियादी समानता थी, लेकिन इसके कारण परस्पर सांत्वना और समर्थन का माहौल शायद ही कभी पैदा हो पाता था। अपरिचय के माहौल में रह रहे लोग अपने पड़ोसी के बारे में भी कुछ नहीं जानते थे। हर व्यक्ति अपनी ही खुशी या दुख में लीन था। एपार्टमेंट्स में निवास करने वालों में सामुदायिक जीवन की संभावनाएँ थीं। लेकिन पहली बात तो यह थी कि यह जीवन-शैली अभी शैशवावस्था में ही थी। और दूसरे, इसमें सामुदायिक जीवन की ऊपरी शक्ल ही थी, उसका सार विकसित होना मुश्किल दिखाई पड़ता था। इसमें इतनी क्षमता नहीं थी कि वह अपनी जड़ों से कटे होने और अलगाव की व्यापक अनुभूति को दुरुस्त कर सके। निर्वैयक्तिक सामाजिक संरचना में गले तक फँसे व्यक्ति ने इसीलिए धर्म में शरण प्राप्त की। 'सांप्रदायिक संगठनों की अधिकांश लोकप्रियता का कारण....शहरी बस्तियों के दैनंदिन जीवन को प्रभावी और संगठित स्पर्श देने की उनकी क्षमता में निहित है। लोकप्रिय सांप्रदायिक गोलबंदी कर पाने के पीछे....एक कारण यह भी है कि ये संगठन लोगों के मनोरंजनार्थ उनकी सांस्कृतिक और कल्याण संबंधी आवश्यकताओं के लिए सेवाएँ मुहैया करते हैं....।'[15]

धार्मिक अस्मिता के लिए बढ़ती इच्छा का पाँचवाँ कारण था—भ्रष्टाचार और मानवद्वेषी प्रवृत्तियों का लगभग हर धर्मनिरपेक्ष संस्था पर छा जाना। स्वाभाविक ही था कि ऐसे में लोग सर्वश्रेष्ठ मूल्यों के आगार के रूप में धर्म की ओर अधिक आकर्षित होते। समाज-मनोविज्ञान के विशेषज्ञ सुधीर कक्कड़ के अनुसार इस माहौल में 'अतीत में समा चुके संसार की मान्यताओं और मूल्यों के प्रति व्यथा को स्पष्ट रूप से व्यक्त होना ही था। इसी खोये हुए संसार को सिंहावलोकन के जरिये आदर्श बना लिया गया था क्योंकि नई दुनिया के भड़कीले माहौल में प्रगति का परिणाम अक्सर नंगी विषमता में निकल रहा था, तर्कबुद्धि खुदगर्जी में और स्वार्थसिद्धि व व्यक्तिवाद असीमित लालच में पतित हो गया था।'[16] अंतिम कारण था मध्य वर्ग के दायरे में आए नए संगठित समूहों द्वारा पेश किया गया अस्मिता का दावा। खास बात यह थी कि इस दावे के लिए इन नए मध्यवर्गियों ने ऐसे मुहावरे को चुना था जिसके साथ वे आसानी से तादात्म्य स्थापित कर सकते थे। जाहिर था कि इस प्रक्रिया में इन समूहों के लिए 'धार्मिक विचारधाराएँ हितों की सुरक्षा के लिहाज से अधिक सुलभ, प्रभावी और सार्थक साबित हुईं, न कि वर्ग, राष्ट्रवाद और नागरिकता की कम परिचित विचारधाराएँ।'[17] पुराना मध्य वर्ग प्रगति की धर्मनिरपेक्ष अवधारणा को स्वयंसिद्ध मानता था। उन्नीसवीं सदी के यूरोप के उदारतावादी राजनीतिक विचारों में रँगे हुए इस वर्ग को अपने पश्चिमी श्रोताओं से भारत संबंधी चर्चा करना सहज लगता था, लेकिन साधारण भारतीय से बातचीत करने में उसे उलझन होती थी। इसके विपरीत मध्य वर्ग के नए सदस्य न तो पहले की तरह अंग्रेजी में उतने पारंगत थे और न ही उनकी निगाह में पश्चिमी

आस्थाएँ उतनी ग्राह्य थीं। उल्टे उन्हें मध्य वर्ग के वरिष्ठ सदस्यों द्वारा जताई जाने वाली विचारधारात्मक श्रेष्ठता का मुकाबला करने के लिए धार्मिक अस्मिता के दावे का इस्तेमाल करना ज्यादा आसान लगता था।

इस विश्लेषण से साफ हो जाता है कि धार्मिक अस्मिता के प्रति आकर्षण के प्रभावी और वस्तुगत कारण क्या-क्या थे। लेकिन इससे यह नहीं मान लेना चाहिए कि मध्य वर्ग धार्मिक पुनरुत्थानवाद की भींच में फँस गया था। दरअसल, समझना यह चाहिए कि अतिपश्चिमीकृत अभिजात वर्ग की समझ के विपरीत धर्मनिरपेक्ष भारत में प्रगति और आधुनिकीकरण की छतरी के नीचे धर्म के प्रति आकर्षण का मजबूत आधार बना हुआ था, धर्म के प्रति इसी आकर्षण ने धर्म-आधारित राजनीति करने वाले संगठनों के विकास का समर्थन करने अथवा उनके खिलाफ कदम न उठाने के मनोवैज्ञानिक रुझान के लिए आधार बनाया। धर्म के प्रति अनुराग अपने आप में बुरी बात नहीं है, लेकिन विभिन्न धर्मावलम्बियों के इस देश में इस अनुराग को अन्य धर्मों के खिलाफ जुझारू तेवर में कभी भी बदल दिए जाने का खतरा तो था ही।

वास्तव में मध्य वर्ग को ऐसी किसी भी कोशिश के खिलाफ सतर्क रहना चाहिए था। लेकिन, उसने इस कर्त्तव्य का पालन नहीं किया। इसका प्रभाव रामजन्मभूमि आंदोलन और फिर दिसंबर 1992 में बाबरी मस्जिद के ध्वंस में मिला। यह मानना नाइंसाफी होगा कि अधिकांश मध्यवर्गीय इस अतिवादी कदम के समर्थक थे। ध्वंस की वास्तविक कार्रवाई तो लंपट तत्त्वों की कारिस्तानी थी जिनका नेतृत्व भारतीय जनता पार्टी और उसके अतिवादी सहयोगी संगठनों के कट्टर कार्यकर्त्ताओं के हाथ में था। केंद्र सरकार के प्रशासन की टाल-मटोल के कारण ही इन लोगों को अपना धार्मिक उन्माद तृप्त करने का मौका मिल सका था। जैसे ही मस्जिद-ध्वंस की खबर मिली, अयोध्या में मंदिर बनवाने का समर्थन कर रहे मध्यवर्गियों में भी पहली प्रतिक्रिया सदमे की ही हुई। सांप्रदायिक एकता के पक्ष में सामाजिक रुझान की प्रतीक इस प्रतिक्रिया का श्रेय गाँधी-नेहरू विरासत के बचे हुए प्रभाव को ही दिया जाना चाहिए। लेकिन अगर मध्य वर्ग ने ध्वंस की चरम परिणति का समर्थन करने से इनकार कर दिया था, तो भी वह इस भीषण कृत्य के लिए परिस्थितियाँ बनाने वाली सांप्रदायिक भावनाओं के प्रसार में हाथ बँटाने का दोषी तो था ही।

मध्य वर्ग ने सांप्रदायिकता का हमेशा और हर समय खुला अथवा सार्वजनिक समर्थन नहीं किया। राम मंदिर के लिए बनाई गई विशेष ईंटें अयोध्या ले जाने में केवल मध्य वर्ग के सदस्यों ने ही भाग नहीं लिया था। लेकिन इस आंदोलन ने सांप्रदायिक भावनाओं की जो लहर चलाई, उसे आत्मसात करने के लिए ज्यादातर मध्यवर्गीय तैयार बैठे थे। छोटे-छोटे कस्बों में यायावरी करते हुए पंकज मिश्रा ने पाया कि बाबरी मस्जिद ध्वंस 'में परिणत होने वाला आंदोलन आजादी के बाद

अपने किस्म का सबसे बड़ा आंदोलन था और इसे छोटे कस्बों और शहरों की मध्यवर्गीय आबादी ने सर्वाधिक सक्रिय समर्थन दिया था।'[18] मिश्रा इस निष्कर्ष पर इसलिए पहुँच सके क्योंकि उन्होंने देखा कि 'भारत में भारतीय जनता पार्टी के हिंदूवाद को नए उभरे व्यापारी और मध्य वर्ग का काफी समर्थन हासिल था।'[19] मध्य वर्ग के इस रवैये की व्याख्या इस आधार पर की जा सकती है कि भाजपा द्वारा लगाए गए 'अल्पसंख्यक तुष्टीकरण' के आरोप को अपने-अपने ढंग से ज्यादातर मध्यवर्गीय उचित मानते थे, इसलिए उन्होंने आंदोलन को समर्थन दिया। यह मानना भी अनुचित नहीं होगा कि *गर्व से कहो हम हिंदू हैं* जैसे आह्वान ने मध्य वर्ग के अधिकांश सदस्यों को प्रभावित किया था। ये तमाम लोग धर्म के सार्वजनिक पालन के प्रति अरुचि व्यक्त करने वाली नेहरूवादी धर्मनिरपेक्षता के असर में बहुत दिनों से अपनी धार्मिक भावनाएँ दबाते-दबाते आजिज आ चुके थे। मध्य वर्ग इसलिए भी नाराज था क्योंकि सांप्रदायिकता के खतरों के खिलाफ सबसे ज्यादा कठोर भाषा बोलने वाली पार्टियाँ ही धर्मनिरपेक्षता की राजनीति कर रही थीं। मानव-द्वेषी माहौल के कारण उन लोगों की साख गिर गई थी जो भाजपा की 'सांप्रदायिक' राजनीति का उसूलन विरोध करते थे। 'हिंदू अस्मिता' के दावे का स्वाभाविक परिणाम था इस अस्मिता पर आ सकने वाले किसी भी खतरे के खिलाफ संवेदनशीलता का बहुत बढ़ जाना। इसी बढ़ी हुई संवेदनशीलता के दम पर बने वातावरण ने कारसेवकों को युद्ध की मुद्रा में अयोध्या की तरफ कूच करने की प्रेरणा दी। अयोध्या में जब मस्जिद ढहाई गई तो उसके साथ नेहरूवादी समाजवाद की खुराक पर पली पुराने मध्यवर्गियों की पूरी पीढ़ी की मान्यताएँ भी खँडहर में बदल गईं। पहले तो सदमा लगा जो बाद में अपराध बोध में बदल गया। उल्लेखनीय यह है कि अपराध बोध की परिणति पश्चात्ताप में नहीं हुई, बल्कि उस बोध को दबाने के लिए मध्य वर्ग ने दो तरह के पैंतरे अपनाए–ध्वंस की भर्त्सना की और हिंदू सांप्रदायिकता के उभार को उचित ठहराने वाली दलीलों को पहले से भी ज्यादा जोर से दोहराया।

तथ्य यह है कि बाबरी मस्जिद के ध्वंस के बाद भी शहरी मध्य वर्ग की धार्मिक मुद्दों में दिलचस्पी कम होने के बजाय बढ़ी है। हम जानते हैं कि धार्मिक सरोकारों में रुचि बढ़ने का एक बड़ा कारण धर्मनिरपेक्ष दायरे में फिलहाल किसी मजबूत विचारधारात्मक आधार की गैरमौजूदगी ही है। इसका संकेत टीवी पर धार्मिक और पौराणिक सीरियलों की तेजी से बढ़ती हुई संख्या से मिलता है। देश-भर में दर्शकों को अनगिनत हफ्तों तक सम्मोहित रखने वाले रामायण और महाभारत धारावाहिकों के बाद धार्मिक सीरियलों की बाढ़-सी आ गई। इन्हें देखने वाले दर्शकों की संख्या सबसे ज्यादा आँकी गई। इनके निर्माताओं और दूरदर्शन को इनसे धुआँधार मुनाफा हुआ। स्थिति यह है कि शहरों की आवासीय कालोनियों और ऐसे ही अन्य तबकों की माँगों के कारण कई जगह केबल आपरेटरों ने

धार्मिक कार्यक्रमों के दैनिक प्रसारण शुरू कर दिए हैं। बाबरी प्रकरण के बाद इस माँग का बढ़ना विशेष रूप से उल्लेखनीय है। ऐसा लगता है कि मस्जिद ध्वंस की अविश्वसनीय घटना होते ही मानो ज्यादातर मध्यवर्गीय लोग किसी धर्मनिरपेक्ष अंतर्बाधा से मुक्त हो कर अपने जीवन में धर्म की भूमिका को खुल कर आमंत्रित करने लगे हैं।

यह बढ़ी हुई धार्मिक चेतना किसी गंभीर बहस या विचार-विमर्श का परिणाम नहीं है। अतिरंजित शिकायतों और पौराणिक टेली-सीरियलों का परिणाम होने के कारण यह सांप्रदायिक राजनीति में अभिव्यक्त होने के अंदेशे से काफी ग्रस्त है। 1990 से 1998 तक हुए चुनावों के परिणाम इस तथ्य की पुष्टि करते हैं कि 'सांप्रदायिक' राजनीति का सर्वाधिक उत्साहपूर्ण समर्थन शहरी मध्यवर्गीय मतदाताओं ने किया है। महाराष्ट्र में शिव सेना और उप्र व गुजरात में भाजपा का समर्थन-आधार इसे प्रमाणित करता है। लगता है कि धार्मिक उग्रवाद महिलाओं पर सबसे जल्दी असर डालता है। खासतौर से शहरों के निर्वैयक्तिक जीवन में भाग्य के उतार-चढ़ाव में डूबती-उतराती निम्न-मध्यवर्गीय महिलाओं को धार्मिक राजनीति की काली-सफेद दुनिया में आस्था और परिचय खोजना आसान लगता है। जनवरी 1996 में मुंबई में हुए एक सर्वेक्षण में पाया गया था कि भाजपा और शिव सेना को सबसे ज्यादा समर्थन उन महिलाओं में प्राप्त है जिनके घरों की आमदनी 4,000 से 6,000 रुपए प्रति माह से ज्यादा नहीं है। सर्वेक्षण हेतु एक हजार महिलाओं का सेम्पल बनाने के लिए बेतरतीब चयन की पद्धति इस्तेमाल की गई थी और उनमें सबसे कम आमदनी का स्तर 4,000 से 6,000 रुपए वाला ही था।[20] कुल मिलाकर मध्य वर्ग और खास कर महिलाओं में कट्टरपंथ के प्रति इसी आकर्षण के कारण एक टिप्पणीकार ने इस परिघटना की जर्मनी में नाजीवाद के उभार से ऐतिहासिक तुलना की थी, 'संभवतः कुछ-कुछ ऐसा ही नाजी जर्मनी में हुआ था जब महिलाएँ और आमतौर पर मध्य वर्ग थर्ड राइश के पैदल सिपाही बन गए थे। वाइमर गणराज्य की अशक्त राजनीति से मोहभंग होने के बाद ये लोग नेशनल सोशलिस्टों के मुखापेक्षी हुए ताकि वे उनके लिए *किंडर, किर्के, कुचे* (बच्चे, चर्च और रसोई) को निरापद कर सकें। कुछ लोगों को यह तुलना कुछ ज्यादा ही अतिवादी या घबराहट-भरी लग सकती है। पर यह आसानी से देखा जा सकता है कि भारतीय राजनीति और समाज खूनी प्राक्-फासीवादी दौर के कई लक्षणों की चुगली खा रहा है और जिनके कारण अनगिनत शहरों में कई-कई स्थानीय *क्रिस्टलनाश्ट* पहले ही बन चुके हैं।'[21]

बड़े शहरों में मध्य वर्ग का एक पश्चिमीकृत तबका ऐसा जरूर है जो हमेशा धर्मनिरपेक्षता के सवाल पर संघर्ष की मुद्रा में रहता है। दुर्भाग्य से ऐसे महानगरीय समूह अब कोई खास प्रभावी नहीं रह गए हैं। चूँकि यह तबका अपनी सांस्कृतिक जमीन से साफ तौर पर कटा हुआ है, इसलिए अपनी आदर्शवादिता के बावजूद

उसका संदेश धीरे-धीरे विश्वसनीयता खो चुका है। अयोध्या प्रकरण पर बोलने वाले किसी आलोचक के तर्क तभी गले उतर सकेंगे जब कम से कम उसे इतना ही पता हो कि रामायण में है क्या। असलियत यह है कि इस पश्चिमीकृत धर्मनिरपेक्ष तबके को रामायण जैसे लोकप्रिय महाकाव्य के बारे में केवल इतनी ही जानकारी है जितनी भारतीय साहित्य पर प्रकाशित अंग्रेजी के एक संकलन द्वारा मुहैया कराई गई है। ऐसे आलोचकों को न केवल अपने दृष्टिकोण की आत्ममुग्धता का एहसास करना होगा, बल्कि इस संस्कृति और उसकी धरोहर को भी समझना पड़ेगा जिसकी विसंगतियों को दुरुस्त करने का बीड़ा उन्होंने उठाया है। अगर बेतरतीब चयन के आधार पर सर्वे कराया जाए तो साफ हो जाएगा कि महानगरों में बहसबाज़ी के अड्डों पर जमे रहने वाले धर्मनिरपेक्षता के कई मुखर पैरोकार राष्ट्र-गान की पंक्ति दर पंक्ति गाकर नहीं सुना सकते। गाँधी द्वारा की जाने वाली सांप्रदायिक भाई-चारे की अपील इसलिए विश्वसनीय लगती थी क्योंकि वे अपने धर्म और दूसरों के धर्म के आधार-तत्त्वों से अच्छी तरह वाकिफ तो थे ही, साथ ही अपने सांस्कृतिक मुहावरे व उसके तात्पर्य में भी रचे-बसे थे। जरूरी नहीं कि धर्मनिरपेक्षता का हर समर्थक गाँधी बन जाए और न ही यह संभव है। लेकिन, यदि उदारतावादी मान्यताएँ अपने धर्म और संस्कृति को समझने में बाधक बन जाएँ, तो उनका फायदा नुकसान में बदल जाता है। ध्यान रखना होगा कि धर्म और संस्कृति के प्रत्यय अक्सर अविमोचनीय होते हैं। मध्य वर्ग का अंग्रेजी रंग में रँगा हुआ अभिजात शहरी धर्म की बू सूँघते ही स्वाभाविक प्रतिक्रिया के तौर पर धर्मनिरपेक्षता का पैंतरा अख्तियार कर लेता है। इस तबके के कई सदस्य धार्मिक आस्था को मध्ययुगीन और सभी तरह के धार्मिक आचरण को अंधविश्वास व कर्मकाण्ड का पर्याय मानते हैं। धर्म की इस तिरस्कारपूर्ण उपेक्षा का रवैया भी कुछ-कुछ गले उतर सकता था अगर यह हमेशा ही एक तरह की सांस्कृतिक अज्ञातकुलशीलता की उपज न होता। इसी सांस्कृतिक अल्लम-गल्लम को लंबे अरसे से आधुनिकता समझने की गलती की जाती रही है। इसी कारण से सांप्रदायिकता के ये आलोचक ब्रिटिश फेबियनवादियों की कार्बन कापी व अपने ही सांस्कृतिक परिवेश के लिए पूरी तरह से विजातीय बन कर रह गए हैं।

वस्तुस्थिति यह है कि भारतीय जनता का विशाल बहुलांश धार्मिक आस्था के गतिशील प्रभाव में रँगा हुआ है। इस तथ्य को समझ कर इसी आस्था में से सांप्रदायिक मैत्री का आग्रह उत्पन्न करना एक बात है, और बड़े-बड़े त्योहारों के अर्थ और पृष्ठभूमि के बारे में बुनियादी जानकारी भी न होते हुए धर्मनिरपेक्षता का मंत्र जपते रहने रहना दूसरी बात है। ज्यादातर आलोचकों की दरअसल यही स्थिति है। इस प्रकार की अज्ञानता और अधकचरी जानकारी पर आधारित धर्मनिरपेक्षता 'आस्तिकता और उसकी अपरिहार्य नैतिकता का फैशनेबल विरोध बन कर रह जाती हैं।'[22] धर्मनिरपेक्ष लोगों की यही कमजोरी अफसोसनाक नतीजों

को जन्म दे रही है। भारतीय मध्य वर्ग की मौजूदा पीढ़ी गाँधी-नेहरू विरासत के निष्प्रभावी होने के बाद उभरी है। इसलिए उस पर तर्कणावाद और धर्मनिरपेक्षता की उदारतावादी पश्चिमी विचारधाराओं का बहुत कम असर है। यह पीढ़ी बहुत आसानी से सांप्रदायिक शक्तियों के हाथों में खेल जाने के अंदेशे से उत्तरोत्तर ग्रस्त होती जा रही है। उधर, धर्मनिरपेक्ष आस्थाओं से जुड़ा हुआ उच्च-मध्य वर्ग का छोटा सा पश्चिमीकृत तबका दिनों-दिन 'प्रगतिशीलता' के निर्जन द्वीप पर स्वयं को अकेला होता पा रहा है। यह तबका उन धार्मिक-सांस्कृतिक आवेगों से पूरी तरह कटा हुआ है जो अधिकांश देशवासियों की चेतना में उथल-पुथल मचाए रहते हैं।

❋

तीस के दशक के मध्य में जवाहरलाल नेहरू ने लिखा था, 'फासीवाद की तरफ़ जाने के लिए असली दबाव स्वाभाविक रूप से मध्य वर्ग के अपेक्षाकृत युवा सदस्यों की ओर से आएगा....यह राष्ट्रवादी मध्य वर्ग फासीवादी विचारों के प्रसार के लिए उर्वर जमीन की तरह है....अगर ब्रिटिश नियंत्रण पूरी तरह हटा लिया जाए तो संभवतः फासीवाद तेजी से फैलता चला जाएगा और उसे निश्चित रूप से उच्च-मध्य वर्गों और निहित स्वार्थों का समर्थन मिलेगा।'[23] आजादी के पचास वर्ष बाद भी नेहरू का यह कथन प्रासंगिक लग रहा है। निस्संदेह लोकतंत्र ने एक संस्था के रूप में अपनी जड़ें इस देश में अच्छी तरह जमा ली हैं। साथ-साथ आजाद हुए कई अन्य देशों के कटु अनुभवों के बरअक्स भारत में लोकतंत्र कायम रहना और उसकी शक्ति में वृद्धि का तथ्य अपने आप में भारतीय राज्यतंत्र की असाधारण उपलब्धि है। इसका श्रेय हमारे राष्ट्र के संस्थापक नेताओं की दृष्टि और कार्यक्षमता को भी जाता है। बहरहाल, यहाँ हमारी पड़ताल का विषय एक प्रणाली के तौर पर लोकतंत्र की संस्थागत मजबूती नहीं है। इस पहलू से हमारे लोकतंत्र की सफलता तो निर्विवाद है ही, जानना हम यह चाहते हैं कि लोकतंत्र को एक तरह की राजनीतिक गतिविधि के रूप में स्वीकार कर लेने के अलावा मध्य वर्ग ने लोकतांत्रिक मूल्यों को किस सीमा तक आत्मसात किया है। इस प्रश्न को उठाने के कई कारण मौजूद हैं। हालाँकि कोई शिक्षित भारतीय अपने लोकतांत्रिक होने को संदेह की निगाह से देखने के लिए तैयार नहीं होगा, लेकिन अपने बारे में इसकी इस मान्यता को और भी परखने की आवश्यकता है।

हम पिछले अध्याय में देख चुके हैं कि 1975 में इंदिरा गाँधी द्वारा थोपे गए आपातकाल के दौरान लोकतंत्र को मुल्तवी करने के कदमों को मध्य वर्ग ने किस तरह बिना चूँ-चपड़ किए स्वीकार कर लिया था। गनीमत यह है कि तानाशाही हुकूमत की वह अवधि बहुत छोटी रही, लेकिन इस अल्पकालिक निरंकुशता ने

एक कँपा देने वाला तथ्य बिलकुल साफ कर दिया—लोकतंत्र की जाहिरा खूबियों पर अपने सैद्धांतिक यकीन के बावजूद मध्य वर्ग निरंकुश शासन के विकल्प को खुशी-खुशी स्वीकार कर लेने के लिए तैयार हो जाएगा बशर्ते उसे वह तानाशाही अपने हितों के ज्यादा अनुकूल लगे। अर्थात मध्य वर्ग की लोकतंत्र के लिए प्रतिबद्धता इतनी मजबूत नहीं है कि प्राथमिकताओं के क्रम में उसके स्वार्थ से प्रबल साबित हो सके। आपातकाल की तरफदारी करने वाले अक्सर यह दलील देते हैं कि कभी-कभी लोकतंत्र को बचाए रखने के लिए तानाशाही की एक खुराक जरूरी हो जाती है। चिंता की बात यह है कि मध्य वर्ग का एक बहुत बड़ा हिस्सा आपातकाल के दौरान जितना इस तर्क के पक्ष में था, उतना ही वह आज भी इसे वैध मानता है।

'लोकतंत्र से थक जाने' के संलक्षण का इस प्रकार के नजरिये में भारी योगदान होता है। लगता है कि मध्य वर्ग इसी बीमारी का शिकार हो गया है। राजनेताओं की अंतहीन तिकड़में, राजनीतिक अस्थिरता का साया, राजनीति के क्षेत्र में मूल्यों और सिद्धांतों की लगभग शून्यता और अखिल भारतीय स्तर के किसी नेता के अभाव ने राजनीतिक प्रक्रिया में लोगों के विश्वास को भंग कर दिया है। व्यवहार में लोकतांत्रिक प्रणाली की जो हालत है, उसके कारण मध्य वर्ग की दुनिया में अक्सर ऐसे जुमले सुनने को मिलते हैं—'देश को तो आज एक तानाशाह की जरूरत है' या 'हुकूमत उसको मिलनी चाहिए जो डंडा चला सके'। दिक्कत यह है कि हालात के प्रति घृणा की इस अनुभूति के बावजूद मध्य वर्ग के परंपरागत आधारों से ऐसे बहुत कम लोग निकले हैं जिन्होंने परिवर्तनकामी इच्छा से लैस होकर राजनीति में कदम रखा हो। यह भूमिका न तो नौकरशाही ने निभाई, और न ही विभिन्न प्रतिष्ठित व्यवसायों से जुड़े लोगों के तबके ने। अपने इस संकोच की सफाई में मध्य वर्ग दलील यह देता है कि राजनीति का खेल इतना ज्यादा 'गंदा' हो चुका है कि 'भले' लोग उसमें टिक ही नहीं सकते। इस प्रकार के सोच की वजह समझ में आती है, लेकिन राजनीति और राजनेताओं की भर्त्सना एक तरह का बहाना भी हो गया है जिसकी आड़ में मध्य वर्ग राजनीति के उतार-चढ़ाव से बचते हुए अपनी नौकरियों के आगोश में सुरक्षित बना रहना चाहता है। राजनीति को दुष्टों की अंतिम शरणस्थली बताने वाले बर्नार्ड शॉ के मशहूर कथन की रोशनी में ही मध्य वर्ग राजनीति को परिभाषित करता है। इस तरह स्वार्थपरता और अनुत्तरदायित्व को छिपाने वाली दलीलों का चक्र पूरा हो जाता है—राजनीति गंदी है इसलिए भले लोग उससे दूर रहते हैं और चूँकि भले लोग उसमें नहीं हैं इसलिए राजनीति गंदी हो गई है। घुमा-फिर कर एक ही जगह पहुँचाने वाले इस तर्क के दम पर मध्य वर्ग स्वयं को नैतिक मंच पर आरूढ़ कर राजनीतिक परिदृश्य पर आलोचना-भरी निगाह डालता रहता है। साथ ही वह उस मंच से उतर कर परिदृश्य बदलने के लिए कुछ करने से बचने की अपनी प्रवृत्ति को भी

जायज ठहराता रहता है।

यहाँ हमारा इरादा राजनीति के प्रति अरुचि के लिए मध्य वर्ग को दोष देने का नहीं है। ईमानदारी का तकाजा यह है कि उसे चुनाव न लड़ने की इच्छा के लिए कसूरवार नहीं ठहराया जाना चाहिए। लेकिन इस बात पर गौर जरूर किया जाना चाहिए कि लोकतंत्र के प्रति सर्वाधिक लगाव जताने वाला यह तबका कमोबेश लोकतांत्रिक व्यवस्था के भ्रष्ट होते चले जाने का आलोचनात्मक दर्शक बन कर ही क्यों रह गया? इसका कारण निश्चित रूप से राजनीति में व्याप्त कदाचार के सामने उसका असहायता बोध हो सकता है: जब राजनीति में भागीदारी की शर्तें बार-बार व्यक्ति के सुधारवादी जोश पर ठंडा पानी डाल रही हों, तो कोई क्या कर सकता है! होता यह है कि असहायता की यह अनुभूति उस बुनियादी प्रवृत्ति के साथ मिल कर अनुल्लनंघनीय बन जाती है जिसके कारण मध्य वर्ग हर उस गतिविधि से हाथ खींच लेता है जो सीधे-सीधे उसकी स्वार्थ-सिद्धि नहीं करती। मध्य वर्ग का जोर राजनीति में भाग लेने के जरिये उसमें परिवर्तन करने पर तो है ही नहीं, वह परिवर्तन की जरूरत पर बल देते हुए भी उसमें अपनी भागीदारी को रोकने में जुटा रहता है। हाल के एक अखिल भारतीय सर्वेक्षण में लोकतांत्रिक प्रक्रिया को उसके हाल पर छोड़ देने के इस रुझान के प्रमाण मिले हैं। इसके अनुसार चुनावों में साधनहीन लोग वोट डालने में कहीं अधिक दिलचस्पी दिखाते हैं और लोकतांत्रिक व्यवस्था का विरोध सबसे ज्यादा साधन-संपन्न लोगों में पाया जाता है।[24]

संभवतः मध्य वर्ग मानने लगा है कि निर्वाचन प्रणाली उसका हित साधने की स्थिति में नहीं रह गई है। वह चाहता तो यह था कि यह प्रणाली सिर्फ उसी के स्वार्थों की सिद्धि करती, लेकिन अब तो यह पहले की तरह भी काम नहीं कर पा रही है, जब वह दूसरे वर्गों के मुकाबले सबसे ज्यादा माँगें मध्य वर्ग की पूरी करती थी। मध्य वर्ग की यह मान्यता काफी चिंताजनक है। चुनाव दरअसल संख्या का खेल है और शहरी व ग्रामीण गरीब जनता संख्या में मध्य वर्ग से बहुत ज्यादा है। पहले यह विशाल संख्यात्मक बहुमत शांत पड़ा रहता था जिसे साधन-संपन्न लोग उसके अच्छे चाल-चलन की निशानी मानते थे। लेकिन जैसे-जैसे गरीब लोग लोकतांत्रिक राजनीति के संपर्क में आए, वैसे-वैसे उनमें अपने अधिकारों के प्रति चेतना आई। धीरे-धीरे वंचित वर्ग चुनाव को ऐसे मौके के रूप में देखने लगे जिसका लाभ उठा कर वे व्यवस्था से वह हासिल कर सकते हैं जो अन्यथा उन्हें नहीं मिलने वाला है। साधनहीन लोगों की चुनाव में अधिक उत्साहपूर्ण भागीदारी यही बताती है कि उन्होंने अपने संख्या-बल के मूल्य को और चुनावी राजनीति में उससे मिलने वाले लाभ को भाँप लिया है। यद्यपि इस संबंध में गरीब वर्गों का आचरण एक समान नहीं है। गरीब किसान हों या मँझोले किसान हों, दोनों पर ही जातिगत व अन्य ऐसी ही आत्मगत निष्ठाओं का प्रभाव पड़ता है। इसके बावजूद

इस सच्चाई से इनकार नहीं किया जा सकता कि अब भारतीय लोकतंत्र बने-ठने लोगों का जमावड़ा-भर नहीं रह गया है और अब गरीब अपने हितों को उनकी अधीनता में ही छोड़ने के लिए तैयार नहीं हैं।

मध्य वर्ग को अब चुनावों पर अपनी स्वार्थ-सिद्धि के लिहाज से पहले जितना भरोसा नहीं रहा। पहले उसे लगता था कि लोकतांत्रिक प्रक्रिया के माध्यम से वह अपना वर्गीय हित विश्वसनीय ढंग से साधता रहेगा लेकिन चूँकि उसे अब ऐसा नहीं लगता इसलिए वह लोकतंत्र के प्रति उतना प्रतिबद्ध भी नहीं रहा। इस परिस्थिति से यह नतीजा निकालना अनुचित नहीं होगा कि अगर मध्य वर्ग को कुछ कम लोकतांत्रिक और कुछ अधिक निरंकुश व्यवस्था विकल्प के तौर पर उसका हित साधते हुए दिखे तो वह बेहिचक उसे अपना लेगा। यह कोई घबराहट में किया गया या अतिवादी आकलन नहीं है क्योंकि जब किसी समाज में मूल्य और मान्यताएँ निजी हितों के अधीन हो जाती हैं तो उनके साधन को मूल्यों के ऊपर स्वाभाविक रूप से प्राथमिकता मिल ही जाती है। लोकतंत्र का उद्देश्य होता है अधिकतम लोगों को अधिकार-संपन्न करना, और निजी स्वार्थ का मकसद होता है अधिकार-संपन्न करने की प्रक्रिया को एक सीमा में रखना ताकि वह स्वार्थ-सिद्धि में कोई रुकावट न डाल सके। यह अंतर्विरोध उस समय और तीखा हो जाता है जब राज्य के संसाधन सीमित हों और अंतर्विरोध को मित्रतापूर्ण बनाने के लिए कोई विचारधारात्मक विन्यास उपलब्ध न हो। राजनीतिविज्ञानी पाल ब्रास ने इसीलिए निष्कर्ष निकाला था, 'मध्य वर्गों को राजनीतिक लोकतंत्र का मुख्य समर्थक मानने की पारंपरिक समझ को संशोधित करना आवश्यक है। विकासशील देशों में इन वर्गों की बढ़ती हुई उपभोग संबंधी माँगों को बहुसंख्यक जनता की जरूरतों की उपेक्षा करके या दमन के जरिये ही पूरा किया जा सकता है।'[25]

लोकतंत्र के सिद्धांत और उसकी स्वतंत्रताओं से वाकिफ होने का मतलब यह नहीं होता कि लोग उसके लिए आवश्यक संयम और नियंत्रण को भी स्वीकार कर लेंगे। शिक्षित भारतवासियों ने लोकतंत्र को हमेशा ही अपनी माँगें उठाने, अधिकारों का दावा करने या विरोध दर्ज कराने के माध्यम के रूप में अधिक ग्रहण किया है। वे सामुदायिक उत्तरदायित्व स्वीकार करने, अनुचित हितों को नियंत्रित करने और स्वतंत्रता को कर्त्तव्यबोध से संयमित करने की लोकतंत्र-प्रदत्त भूमिका को कम ही मान्यता देते हैं। दूरदर्शी प्रेक्षकों ने आजादी के बाद शुरूआती वर्षों में ही इस प्रवृत्ति की ओर संकेत कर दिया था। नेहरू ने 1958 में कहा था, 'पहली बात तो यह है कि जिस देश में एक पूरी की पूरी पीढ़ी सरकार का विरोध करने की एक खास शैली की अभ्यस्त हो गई हो, वहाँ अपनी सरकार बनने पर लोगों से भिन्न तरह का चिंतन करवाना आसान नहीं होता। सरकार भले ही उनकी अपनी हो, फिर भी लोगों में सरकार के खिलाफ सोचने की आदत होती है....दूसरे, उन्हें विरोध की उस शैली को अपनाने में महारत होती है— किसी शिकायत अथवा किसी भी बात

पर जोर डालने के लिए वे उपद्रवी रुख अख्तियार करने में कुशल होते हैं।'[26] विडंबना यह है कि प्रतिरोध और माँग करने की इस संस्कृति का अपेक्षाकृत खुशहाल लोगों ने ज्यादा कुशलतापूर्वक इस्तेमाल किया है। अक्सर इस आंदोलनात्मक रवैये का लोकतांत्रिक उसूल अथवा आचरण से कोई लेना-देना नहीं होता। बेहद संकीर्ण स्वार्थों के लिए कानून के उल्लंघन ने धीरे-धीरे एक ललित कला का रूप ग्रहण कर लिया है। नेहरू के एक समकालीन टिप्पणीकार ने इसी प्रवृत्ति के बारे में स्पष्टतः कहा था, 'एक तरफ तो आवश्यक विचार-विमर्श और आलोचना के बिना व्यक्ति-पूजा और नेता के प्रति समर्पण का भाव दिखता है, और दूसरी तरफ सार्वजनिक जीवन में इस कदर अनुशासनहीनता है कि उससे घबराहट होने लगती है।'[27] उत्तर-नेहरू वर्षों में लोकतांत्रिक राजनीति की पहुँच और लोकप्रियता में निश्चित रूप से वृद्धि हुई, लेकिन साथ ही उस एकतरफा दृष्टि का विकास हुआ जिसके अनुसार लोकतंत्र को 'देने' का नहीं केवल 'पाने' का माध्यम समझा जाता है। समाज के ऊपर व्यक्ति को श्रेष्ठता हावी कर दी जाती है। समझा जाता है कि लोकतंत्र माँग करने की स्वतंत्रता देता है न कि कभी-कभी दूसरों की माँगें मानने की भी। इस तरह लोकतंत्र कामनाओं के निर्बाध विस्फोट में बदल गया है। नतीजतन, आजादी के बाद विकसित हुई बेहतर लोकतांत्रिक जागरूकता के बावजूद 'हर व्यक्ति पहले अपने समूह या समुदाय के हितों के प्रति जागरूक होता है। हर व्यक्ति अपनी ही जागरूकता को विलक्षण समझता है और हर समूह अपने आक्रोश को दूसरे समूहों के आक्रोश से अलग करके देखता है।'[28]

लोकतांत्रिक स्वभाव का एक महत्त्वपूर्ण पहलू प्रश्न उठाने की प्रवृत्ति है। इसके तहत सत्ता के प्राधिकार पर सवाल खड़ा किया जाता है। यह प्रवृत्ति हर समस्या पर सरकार-विरोधी झंडा उठा लेने और चापलूसों के अंदाज में सत्ता को सभी तरह की जवाबदेही से मुक्त कर देने की दो अतियों के बीच कहीं स्थित होती है। सवाल यह है कि शिक्षित भारतवासियों में इस संतुलन को प्राप्त करने की क्षमता किस सीमा तक है? कई सामाजिक चिंतकों और विश्लेषकों का ख्याल है कि औसत भारतीय अधिनायकवाद के प्रति स्वयं को जितना आकर्षित मानता है, दरअसल वह तानाशाही प्रवृत्तियों के प्रति उससे कहीं ज्यादा आकर्षण महसूस करता है। इन विद्वानों की दलील है कि भारतीय अहम् 'अविकसित' है और बाहरी 'बैसाखियों' पर हद से ज्यादा निर्भर है। मसलन उसे माँ के सहारे की कुछ ज्यादा ही जरूरत रहती है। भारत में माँ 'पश्चिम की अपेक्षा ज्यादा लंबे समय तक बच्चे के बाह्य अहम् की भूमिका निभाती है।'[29] इसी तरह कुल, जाति और धर्म की बैसाखी के बिना भी उसका काम नहीं चलता। इन बैसाखियों के सहारे जीवन-यापन करते-करते स्वतंत्र दृष्टि और निर्णय लेने की क्षमता का ह्रास हो जाता है। शहर की निर्वैयक्तिक दुनिया से दो-चार होने पर अक्सर लोग इस तरह के सहारों से वंचित हो जाते हैं। तब उन्हें अपने नाकाफी होने का बोध सताता है और वे राजनीतिक

'प्राधिकार' में सुरक्षा तलाशने लगते हैं। अध्येताओं का एक मत यह भी है कि 'बच्चे का लालन-पालन करने की हमारी परंपराओं में आक्रामक आवेगों की नियंत्रित अभिव्यक्ति पर बल नहीं दिया जाता है। इसलिए, जब आक्रोश फूटता है तो वह आदिम और अराजक शैली में निकलता है। यह प्रवृत्ति भी अधिनायकवादी संलक्षणों से मेल खाती है।'[30] भारतीय मानस के इस मनोविश्लेषण की जो भी खूबियाँ-खामियाँ हों, यह एक सच्चाई है कि परंपरागत रूप से श्रेणीबद्ध समाजों के लिए राजनीतिक प्राधिकार का अनुकरण काफी लाभदायक होता है। सत्ता का प्राधिकार जब कमजोर हो जाता है और समाज व्यवस्था की क्षमताएँ पुरानी पड़ जाती हैं, तो व्यक्तिगत हितों का राग अलापा जाने लगता है। दबे हुए आवेग अराजक शैली में फूटने लगते हैं। इसके उलट जब प्राधिकार कठोरता से लागू होता है तो संपूर्ण आत्मसमर्पण की दूसरी अति दिखाई देती है। आपातकाल इसी संलक्षण का ज्वलंत उदाहरण था। प्राधिकार का दावा लोकतांत्रिक संरचना के तहत भी किया जा सकता है, लेकिन परेशानी की बात यह है कि मध्य वर्ग लोकतांत्रिक शासन-पद्धति का उल्लंघन करने वाले निरंकुश शासन के सामने आसानी से घुटने टेकता रहा है। इस संदर्भ में इस व्याख्या का भी ध्यान रखा जाना चाहिए कि महाभारत और कौटिल्य के अर्थशास्त्र में वर्णित भावशून्य निर्ममता ने मध्य वर्ग के सम्मुख 'राजनीति की परंपरागत अवधारणा को अनैतिक और दयाहीन शासन कला के रूप में पेश किया है।'[31] सवाल यह है कि क्या अतीत की इस विरासत को पिछले 50 वर्षों के लोकतांत्रिक अनुभव ने पूरी तरह प्रतिस्थापित कर दिया है? अथवा, इसके अवशेष अब भी बचे हुए हैं, जिसके कारण अधिनायकवादी प्रवृत्तियाँ स्वीकार कर ली जाती हैं? खासकर करिश्माई नेताओं की निरंकुशता को आसानी से समर्थन मिल जाता है।

इन प्रश्नों का स्पष्ट उत्तर देना आसान नहीं है। फिर भी मध्य वर्ग को फासीवाद की छूत से पूरी तरह बचाने में बाधक कुछ कारकों को नजरअंदाज करना उचित नहीं होगा। इनमें पहला कारक है राजनीतिक जीवन के मौजूदा हालात और चिरस्थायी राजनीतिक अस्थिरता से जुड़े हुए अंदेशे। इसने राजनीतिक प्रणाली में मध्य वर्ग के विश्वास का काफी क्षय कर दिया है। आपातकाल से पहले के दिनों में लोकतांत्रिक शासन पद्धति के प्रति मोहभंग का जैसा माहौल था, आज मध्य वर्ग उससे भी कहीं तीखी मोहभंग की अनुभूति से गुजर रहा है। दूसरा कारक यह है कि मध्य वर्ग में अपनी स्वार्थ-सिद्धि को एकमात्र चालक तत्त्व मानने और साधनों की पवित्रता के प्रति पूरी तरह बेपरवाह होने को निरंतर बढ़ती जा रही प्रवृत्ति के कमजोर पड़ने के कोई संकेत नहीं दिखाई पड़ रहे हैं। तीसरा कारक है कि लोकतंत्र के विस्तार के कारण पृष्ठभूमि से निकल कर सामने आ जाने वाले नए-नए मुद्दों और हितों ने सुविधाभोगी वर्ग की पारंपरिक इजारेदारी को चुनौती दे दी है। सांप्रदायिक शक्तियों की बढ़ी हुई लोकप्रियता तथा लोकतांत्रिक राजनीति के

प्रसार के साथ-साथ आवश्यक लोकतांत्रिक मूल्यों को आत्मसात न किए जाने ने भी इस चिंता को बढ़ाया है। इन समस्याओं के बावजूद भारत में लोकतांत्रिक प्रणाली निश्चित रूप से बरकरार रहेगी। भले ही उसकी प्रासंगिकता और उपयोगिता मध्य वर्ग के लिए कम हुई हो लेकिन अपेक्षाकृत कम सुविधा-संपन्न देशवासियों की विशाल संख्या के लिए तो वह बढ़ी ही है। फिर भी, यह मान लेना यथार्थ को नजरअंदाज करना होगा कि मध्य वर्ग इस प्रक्रिया में बिना हीला-हवाला किए लोकतंत्र को समर्थन और सहयोग देता रहेगा।

❋

पश्चिम के साथ हुई अन्योन्यक्रिया ने भी मध्य वर्ग की प्रवृत्तियों और रुचियों को बदला है। यह आयाम भी बेहद विचारणीय है। निस्संदेह मध्य वर्ग पर पश्चिम की बहुत ज्यादा छाप है। स्वतंत्रता आंदोलन की प्रवृत्ति और ब्रिटेन की औपनिवेशिक सत्ता के मूल्यों व संस्थाओं के असर से यह छाप निकली है। मध्य वर्ग ने गुलाम बनाने वाली ताकत के रूप में ब्रिटेन का विरोध किया था, लेकिन एक जीवंत लोकतंत्र और मजबूत आर्थिक व फौजी ताकत के रूप में वह उसका पालन करता था। खास बात यह है कि आदर की इस भावना के पीछे कोई वस्तुनिष्ठता नहीं थी। ब्रिटिश शासन आजादी के आंदोलन के ज्यादातर नेताओं और उस समय के उदीयमान मध्य वर्ग के मानस का औपनिवेशीकरण करने में बेहद कामयाब साबित हुआ था। इसका परिणाम यह निकला कि औपनिवेशीकृत दिमागों के लिए ब्रिटिश सत्ता काफी कुछ श्रेष्ठतर सभ्यता की प्रतीक बन गई। उसकी मूल्य-संरचना और सांस्कृतिक परिवेश को अक्सर स्वदेशी परंपराओं और धरोहर के ऊपर प्राथमिकता दी गई। 'भारतीयता' पर बल देने की आकांक्षा एक नवस्वतंत्र देश के लिए असामान्य नहीं थी। लेकिन अक्सर यह आकांक्षा विदेशी संस्कृति के सभ्यतामूलक मूल्यों के प्रति दिमाग में जम चुकी आदर की भावना की अधीनता में चली जाती थी। इस विचित्र परिस्थिति के गर्भ से मध्य वर्ग के लिए अस्तित्वगत दुविधाएँ निकलनी ही थीं। वैसे भी, यह दुविधा एकदम नई समस्या नहीं थी। आजादी के कई दशक पहले जिन राजा राममोहन राय ने भारत को नए रूप में प्रस्तुत किया था, उन्हीं के जीवन का एक उदाहरण इस दुविधा के पहले से मौजूद होने का प्रमाण देता है। राममोहन राय के दो घर थे– 'एक में उन्हें छोड़ कर हर चीज पश्चिमी थी और दूसरे में उन्हें छोड़ कर हर चीज भारतीय थी।'[32]

पराधीन देशों के प्रभु-वर्ग की प्रवृत्तियों और जीवन शैली पर औपनिवेशिक सत्ता का स्थायी प्रभाव पड़ने के कई उदाहरण मिलते हैं। भारतीय उदाहरण उन सबसे इसलिए अलग है क्योंकि यहाँ पर औपनिवेशिक सत्ता की पराजय के

बावजूद उसका विचारधारात्मक वर्चस्व उसी मात्रा में बना रहा। भारतीय उदाहरण इसलिए भी विलक्षण है क्योंकि यहाँ का प्रभु वर्ग स्वदेशी संस्कृति, परंपराओं, इतिहास और सामाजिक विशिष्टताओं के मुताबिक आधुनिकीकरण का प्रतिमान विकसित नहीं कर पाया।

वैसे, यह कोई आसान कार्य नहीं था। मध्य वर्ग के नायक नेहरू ने स्वयं स्वीकार किया था: 'मैं स्वय पूर्व और पश्चिम का विचित्र घालमेल बन गया हूँ। मैं किसी भी माहौल में फिट नहीं हो पाता और घर में तो मैं न यहाँ होता हूँ, न वहाँ। शायद मेरे विचार और जीवन की प्रवृत्तियाँ पूर्व के मुकाबले पश्चिम के अधिक अनुकूल हैं। पर भारत मेरा पीछा नहीं छोड़ता....मैं पश्चिम के लिए विजातीय और अजनबी बन जाता हूँ। लेकिन, अपने देश में भी कभी-कभी मुझे ऐसी अनुभूति होती है, मानो मैं कोई निर्वासित हूँ।'[33] नेहरू ने अपनी दुविधा का एहसास कर लिया था। यह उनकी महानता थी। लेकिन, इस दुविधा पर पूरी तरह पार न पा सकना उनकी कमजोरी समझी जानी चाहिए। चूँकि अंग्रेज, विशेषकर बी.बी.सी. को उनके नाम की लंबाई 'आतंकित' कर देती थी, इसलिए वे अपने नाम को 'जवाहर' और 'लाल' में तोड़ने के लिए तैयार हो गए थे।[34] मौजूदा राष्ट्रगान के विरोधियों से बहस करते हुए नेहरू ने दलील के तौर पर न्यूयार्क के वाल्डर्फ एस्टोरिया होटल में हुई अंतर्राष्ट्रीय सभा पर इस गीत के जबर्दस्त प्रभाव का उदाहरण दिया था। नेहरू ने राष्ट्रगान के प्रति विदेशियों के रुख का हवाला देते हुए बताया था कि विदेशों के बड़े से बड़े संगीतकारों ने कितने उत्साह से इस गीत का पक्ष लिया है।[35] प्रधानमंत्री के तौर पर नेहरू 'विदेशी टिप्पणीकारों की राय पर न केवल अनावश्यक ध्यान देते थे वरन् उससे निर्देशित भी होते थे। वे चाहते थे कि विदेशी, खासतौर पर अंग्रेज भारत के बारे में अच्छी राय रखें। उन्होंने प्रधानमंत्री के रूप में अपनी ऊँची हैसियत की परवाह किए बिना ऐसे विदेशियों को भी इंटरव्यू देने में संकोच नहीं किया जिनका अपने देश की राजनीति में कोई खास राजनीतिक या कोई और महत्त्व नहीं था। कभी-कभी तो ये इंटरव्यू बहुत लंबे भी हो जाते थे।'[36]

पश्चिम का अनुमोदन प्राप्त करने की प्रवृत्ति नेहरू में निश्चित रूप में काफी स्पष्ट थी। लेकिन, यह मानना गलत होगा कि इससे उनकी भारतीयता का क्षय हो गया था। अपनी प्रखर प्रतिभा और भारतीयता में सच्चे गौरव की अनुभूति के कारण वे पश्चिम से कुछ ऊँचे ही बैठते थे। समस्या यह थी कि औसत मध्य वर्ग के कम समझदार भारतीय की निगाह में उनका पश्चिम-मुखापेक्षी होना नस्ली हीनता की उस ग्रंथि को और गहन कर देता था जो औपनिवेशक शासन की देन थी। यह हीनता कई तरह से अभिव्यक्त होती थी। इसी हीनता के कारण मध्य वर्ग अतीत को आदर्श बना कर उसकी वास्तविक या काल्पनिक उपलब्धियों में शरण ढूँढ़ता था ताकि अपनी निगाह में अपने ही महत्त्व के क्षय को कुछ रोक सके। दूसरी तरफ

यह ग्रंथि पश्चिम द्वारा की गई किसी भी सराहना अथवा आलोचना के प्रति उसकी संवेदनशीलता को बहुत ज्यादा बढ़ा देती थी। पश्चिम द्वारा आलोचना का प्रतिकार करने में मध्य वर्ग द्वारा आवश्यकता से अधिक आक्रामकता और पश्चिम द्वारा सराहना के प्रति अशोभनीय उल्लास दिखाया जाता था। हीनता का तीसरा परिणाम सर्वाधिक नुकसानदेह था। पश्चिम की नकल करने की प्रवृत्ति बेहद व्यापक और गहन हो गई थी। यहाँ तक कि उसके कारण प्रतिभा और सर्जनात्मकता को नुकसान पहुँचना शुरू हो गया। अधिकांश शिक्षित भारतीय अपनी जीवन-शैली, आकांक्षाओं और सांस्कृतिक अभिव्यक्ति में बिना सोचे-समझे पश्चिम की अनुकृति बन कर रह गए।

उपलब्धियों का ऐसा कोई क्षेत्र मिलना मुश्किल है जहाँ इस नकलचीपन और उसके कारण उत्पन्न सस्तेपन को मिली मान्यता का जोर न हो। सौंदर्यबोध का मामला हो या रहन-सहन का, हर जगह यही हालत है। अकादमीय जगत ऐसे शोध-प्रबंधों से भरा पड़ा है जिनमें 'विदेशी' विशेषज्ञों के लंबे-लंबे उद्धरणों के अलावा कुछ नहीं होता। भारत पर तैयार किए गए सबसे अच्छे प्रबंध आज भी विदेशी विशेषज्ञों द्वारा अथवा विदेश-स्थित संस्थाओं में अपनी प्रतिभा से अचानक परिचित हो गए भारतवासियों द्वारा लिखे जा रहे हैं। वैज्ञानिकों का मूल्यांकन उनकी 'विदेशी' डिग्रियों के आधार पर होता है। मध्य वर्ग में आम धारणा है कि 'भारत में विज्ञान और प्रौद्योगिकी स्तरीय नहीं होती।'[37] अध्ययन और ज्ञान की संस्थाओं की संरचना पश्चिम की तर्ज पर की गई है। उनके पाठ्यक्रम में भारतीय प्रासंगिकता के समावेश पर न के बराबर ध्यान दिया जाता है। कई श्रेष्ठ और अत्यंत प्रतिभाशाली छात्र भारत में अध्ययन करते हुए भी पश्चिम जाने में अपना हित देखते हैं। वे पश्चिम की कोई डिग्री हासिल करके किसी न किसी प्रकार अपना बाजार-मूल्य बढ़ाने में लगे रहते हैं। मशहूर संस्थानों में अध्ययन करने वालों के पास अमेरिका से प्राप्त की गई 'अनिवार्य' डिग्रियाँ हैं, जिन्हें हासिल करने के बाद अब उन्हें ढंग का कोई और शोध-कार्य करने की जरूरत ही महसूस नहीं होती। हालत यह है कि 'अमेरिका में एक अच्छे मैनेजमेंट स्कूल का प्रोफेसर एक वर्ष में औसतन तीन से लेकर छः शोध-पत्र प्रकाशित कराता है। जबकि इसी तरह के भारतीय संस्थान के अस्सी फैकल्टी सदस्य संस्थान से निकलने वाली पत्रिकाओं को छोड़ कर घरेलू और अंतर्राष्ट्रीय पत्रिकाओं में मिल कर छः से भी कम शोध-पत्र प्रकाशित करवा पाते हैं।'[38] यह हालत अहमदाबाद के प्रतिष्ठित इंडियन इंस्टीट्यूट ऑव मैनेजमेंट की है।

लुटियंस द्वारा रची गई दिल्ली पर ब्रिटिश स्थापत्य की स्पष्ट छाप देखी जा सकती है, लेकिन उसमें भारतीय अभिप्रायों और इमारती सामग्री का कल्पनाशील समावेश भी मिलता है। अफसोस की बात है कि लुटियंस के बाद की भारतीय वास्तुकला पश्चिमी डिजाइनों और अवधारणाओं की सतही और भद्दी प्रतिकृति बन

कर रह गई है। इसके दयनीय और बदज़ायका नमूनों की कमी नहीं है। 'चाँदनी चौक चिपंडेल, टैमिल टिफनी, बनिया गोथिक, पंजाबी बरोक़' जैसे अरुचिकर और संकर नाम दिल्ली-भर में फैले हुए हैं। कितनी विचित्र बात है कि आज भी नई आवासीय कॉलोनियों को गर्व से बेवर्ली पार्क, रिजेंसी पार्क, मेफेयर गार्डन, मालिबु टाउन जैसे विदेशी नामों से विभूषित किया जाता है। किसी जमाने में भारतीय फिल्म संगीत की मधुरता, लय और गीतात्मकता पूरी तरह हमारी शास्त्रीय और लोकसंगीत परंपराओं पर आधारित थी। लेकिन, अब धीरे-धीरे इसकी जगह पश्चिम के पॉप संगीत की तेज रफ्तार ताल व सनसनी लेती जा रही है। यह ताल थोड़ी देर के लिए अवश्य ध्यान खींचती है, लेकिन इसमें गहनता नहीं होती। ऐसा संगीत मात्र नक़ल करने और स्वदेशी परंपरा की संभावना और लोकप्रियता की बिना सोचे-समझे उपेक्षा का परिणाम है। नाना प्रकार की स्वदेशी लोककथाओं और पुराण-कथाओं की जानकारी से वंचित उच्च-मध्य वर्ग की पिछली पीढ़ी इंग्लैंड के कस्बाई जीवन की पृष्ठभूमि पर रचित एनिड ब्लायटन की मनोरंजक कहानियों पर पली-बढ़ी है। इस वर्ग की नई पीढ़ी बार्बी और सिंडी गुड़ियों के साथ खेलती हुई बड़ी हो रही है। इसे भारतीय गुड़ियों की समृद्ध परंपरा की कोई जानकारी नहीं है। शिक्षाशास्त्री कृष्ण कुमार ने विदेशी गुड़ियों के भारतीय बच्चों के मानस पर पड़ने वाले प्रभाव पर टिप्पणी की है, 'बार्बी और सिंडी गुड़ियों के रूपक बच्चे की कल्पनाशक्ति को अपना आदी बना लेते हैं और जैसे-जैसे वह गुड़िया से खेलने की उम्र पार करता है, वैसे-वैसे संवेदनशीलता का एक निर्जन प्रदेश पीछे छूटता चला जाता है।'[40]

भारत में कलात्मक प्रतिभा भी बड़े लज्जाजनक ढंग से तब तक उपेक्षित पड़ी रहती है जब तक उसे विदेशों से मान्यता न मिले। पश्चिम द्वारा सराहना होते ही विवेक को ताक पर रख कर नई खोज को सिर पर उठा लिया जाता है। दूसरों की सनद की चिंता किए बिना अपनी क्षमताओं में विश्वास से पैदा होने वाले विवेक और संतुलन का इस मामले में पूरी तरह अभाव दिखता है। फैशनपरस्त लोग पश्चिम की किसी भी सनक या लेबिल को फटाफट अख़्तियार करने के लिए तैयार रहते हैं। हमारी महिलाओं में से कई तो 'लॉंजरी' (स्त्रियों के अधोवस्त्र) शब्द का उच्चारण 'लिंगर हेयर' ही कर पाती हैं। फिर भी पश्चिम के डिजायनर वस्त्रों का गर्व से प्रदर्शन करते हुए घूमती हैं। 'एक जमाने में भारतीय महिला की शख़्सियत इतनी अलग हुआ करती थी कि कोई दो महिलाएँ एक तरह से साड़ी या शलवार-कमीज पहने हुए नहीं मिल सकती थीं, आज वही भारतीय महिला उन अधोवस्त्रों में अपने शरीर को तोड़-मरोड़ कर बड़े कष्ट के साथ किसी न किसी तरह फिट करने में लगी हुई है जो पश्चिम की उस स्त्री के लिए बनाए गए हैं जो एक-आध संतान के बाद सक्रिय यौन जीवन गुजारना चाहती है।'[41] बड़े शहरों के अभिजन अगर विक्टोरियाज सीक्रेट जैसे असली विदेशी ब्रांड्स के अभ्यस्त हैं तो

कस्बाई मध्य वर्ग भी कोई खास पीछे नहीं है। असली जैसे लगने वाले डिजाइनर लेबिलों को वह बड़े उत्साह से अपनाता है। अखबारों में छपने वाले वैवाहिक विज्ञापनों में अक्सर 'कॉन्वेंटिड' शब्द का इस्तेमाल किया जाता है। कन्या की योग्यता के लिए ऐसा शब्द शायद ही किसी देश में चलता हो। 'कॉन्वेंटिड' अर्थात ईसाई मिशनरियों द्वारा संचालित अंग्रेजी माध्यम के कॉन्वेंट स्कूलों में पढ़ने वाली (ईसाई मठों से शिक्षा प्राप्त करने वाली नहीं) कन्याओं की भारी माँग है। मान्यता यह है कि इन 'कॉन्वेंटिड' कन्याओं के कारण उनके शिक्षित वरों के सामाजिक रुतबे में बढ़ोतरी हो जाएगी क्योंकि वे अंग्रेजी शिक्षा के कारण अपने देशी हाव-भाव को तनिक छोड़ कर पश्चिमी तौर-तरीके अपना लेंगी। पश्चिम की दिमागी गुलामी के ऐसे न जाने कितने उदाहरण हमारे चारों ओर बिखरे पड़े हैं। पालने के लिए कुत्ते भी विदेशी नस्ल के चुने जाते हैं। उन्हें बड़े खूबसूरत अंग्रेजी नामों से बुलाया जाता है। भारतीय नस्ल के कुत्ते अपनी मजबूत काठी के बावजूद सड़कों पर बेघरबार और भूखे-प्यासे घूमते रहते हैं क्योंकि अंग्रेजों ने उन्हें उपहास के साथ 'मॉंगरेल' (दोगला) करार दे दिया था।

निश्चित रूप से ऐसे कई क्षेत्र अभी बाकी हैं जिनकी उपलब्धियाँ पश्चिम के प्रमाण-पत्र की मोहताज नहीं हैं। यहाँ यह स्पष्ट कर देना भी जरूरी है कि ऊपर वर्णित पश्चिमीकरण के उदाहरणों का मकसद पश्चिम की आलोचना करना नहीं है। पश्चिम ने हम पर कई तरह के सकारात्मक प्रभाव भी डाले हैं। उनका भारतीय परंपरा के साथ नए-नए तरीके निकाल कर सृजनात्मक संश्लेषण कर लिया गया है। पश्चिम को आड़े हाथों लेने की बजाय हमारा मकसद तो मध्य वर्ग के बहुलांश द्वारा उसके प्रभाव के प्रति अपनाये गए रवैये और सोचने के ढंग की शिनाख्त करना है। कई तरह के ऐतिहासिक कारणों की वजह से आजादी के बाद का भारत एक ऐसा सांस्कृतिक मुहावरा विकसित नहीं कर पाया है जो न केवल प्रामाणिक रूप से उसका अपना हो, वरन् गोरी चमडी वालों द्वारा आरोपित हीनता की ग्रंथि से भी हमें मुक्त कर सकता हो। इस वजह से ही पश्चिम की हर चीज के प्रति खास तरह का नकलचीपन कम होने के बजाय बढ़ता चला गया है। आर्थिक परिवर्तनों, रोजी-रोटी और व्यवसायगत मजबूरियों के कारण होने वाले विस्थापन ने मध्य वर्ग को पारंपरिक जड़ों से काट दिया है, इसलिए वह पश्चिमी प्रभाव की गिरफ्त में और भी आसानी से आ जाता है। ऊपर से मीडिया के प्रचार-प्रसार ने उसके सामने पश्चिमी जीवन-शैली और उसकी भौतिक उपलब्धियों की लालसाएँ परोस दी हैं। पश्चिम के प्रभाव को विश्वासपूर्वक आत्मसात कर लेने वाले प्रतिभा के आगार अपवादस्वरूप ही हैं। मध्य वर्ग की नई पीढ़ी अपने माता-पिता के मुकाबले पश्चिम के अंधे अनुकरण में कहीं ज्यादा लिप्त है। जिस देश का छोटा सा मध्य वर्ग बिना सोचे-समझे पश्चिमी जीवन-शैली और रीति-रिवाज अपनाता जा रहा हो और दूसरी तरफ आधी से ज्यादा अशिक्षित बहुसंख्यक जनता

एकदम अलग तरह के सांस्कृतिक माहौल में गुजर-बसर कर रही हो, उसमें इन दोनों तबकों के बीच खाई का खतरनाक रूप से बढ़ते चले जाना स्वाभाविक ही है।

इस समस्या के परिणामों का अभी अंदाजा नहीं लगाया जा सकता। लेकिन, इस परिस्थिति के कारण समाज में विच्छेद और तनाव बढ़ना अवश्यंभावी है। इसका एक लक्षण उस समय दिखाई पड़ा, जब 1996 में बंगलूर में हुई विश्व-सुंदरी प्रतियोगिता पर आपत्तियाँ हुईं। मध्य वर्ग के पश्चिमीकृत युवक कतई समझ नहीं पाए कि आखिर ये कट्टर 'परंपरावादी' किस बात का विरोध कर रहे हैं। दूसरी ओर प्रतियोगिता के विरोधी इस बात से परेशान थे कि आखिर उनके देशवासियों का ही एक हिस्सा भारतीय संस्कृति को अपमानित करने वाले विदेशी स्त्रियों की अधनंगी परेड के इस पश्चिमी तमाशे का इतने जोश के साथ समर्थन क्यों कर रहा है। जाहिर है कि मसला बुरी तरह उलझ गया था। महिला-मुक्ति के पक्ष में लड़ने के लिए तैयार रहने वाले 'खुले दिमाग' के लोगों को एक ऐसे पश्चिमी आयोजन पर कोई आपत्ति नहीं थी जिसमें 'सेक्स ऑब्जेक्ट' के रूप में महिलाएँ प्रतियोगिता कर रही थीं। पाले के दूसरी तरफ वे लोग थे जो महिलाओं की अधीनस्थ भूमिका में विश्वास करते थे और इस दृष्टिकोण से सौंदर्य प्रतियोगिता की कड़ी भर्त्सना में लगे हुए थे।

※

मध्य वर्ग के मनोजगत में झाँकने के लिए उसका यौन-विषयक रवैया सर्वाधिक दिलचस्प आयाम प्रस्तुत करता है। सेक्स के बारे में इस तबके के नजरिये पर तीन कारकों ने अपनी छाप छोड़ी है—पहला है अतीत की विरासत, जिसकी मिसाल अक्सर *खजुराहो* और *कामसूत्र* के रूप में दी जाती है। जाहिर है कि इस मामले में हमारा अतीत ताजगी और खुलेपन से परिपूर्ण था। दूसरा है सेक्स को एक वर्जित कर्म मानने की प्रवृत्ति जो महात्मा गाँधी की देन है। तीसरा कारक है मीडिया क्रांति, विशेष तौर से इलेक्ट्रॉनिक संचार माध्यम और भारतीय व पश्चिमी फिल्में।

जहाँ तक पहले कारक का सवाल है, अतीत के यौन-विषयक मूल्य आधुनिक भारतीय के जीवन में कोई सार्थक भूमिका निभाने में असमर्थ हो चुके हैं क्योंकि वह बहुत लंबे समय से इस विरासत से कटा हुआ है। मुसलमानों और उनके बाद ब्रिटिश विक्टोरियन मूल्यों के आगमन से पहले हिंदू शास्त्रों और हिंदू जीवन-दृष्टि में यौन को सुरुचि एवं सौंदर्यबोध विकसित करने की प्रक्रिया का अनिवार्य अंग माना जाता था। मनुष्य के चार पुरुषार्थों में धर्म, अर्थ और मोक्ष के साथ काम का भी स्थान था। यौनेच्छा को जीवन का वैध आयाम समझते हुए तत्संबंधित परिष्कार व विशेषज्ञता को सुसंस्कृत व्यक्ति का गुण समझा जाता था। वात्स्यायन ने प्रेम

कला के ऊपर पहली से पाँचवीं सदी के बीच की अवधि में कभी अपने विख्यात ग्रंथ *कामसूत्र* की रचना इसी संदर्भ में की थी। कामदेव को आकर्षण की आदिम शक्ति के रूप में *कामसूत्र* से पहले के हिंदू शास्त्रों में ही सार्वभौमिक मान्यता मिल चुकी थी। यूनानी पुराणों के देवता इरोज को *कामदेव* के समकक्ष माना जा सकता है। हमारे पौराणिक आख्यानों में अधिकांश हिंदू देवी-देवता काफी मुक्त यौनाभिव्यक्ति से संपन्न दिखते हैं। मुरलीधर कृष्ण तो काम भाव को श्रृंगार रस के रूप में ईश्वर के दर्शन का माध्यम बना देते हैं। संस्कृत कविता और साहित्य काम-विषयक प्रसंगों और भावों से परिपूर्ण है। खजुराहो और कोणार्क के मंदिर ज्यादा पुराने नहीं हैं। ग्यारहवीं सदी में बने इन मंदिरों की प्रस्तर मूर्तियाँ यौन और कामेच्छा को पूरा महत्त्व देने वाली सशक्त भारतीय परंपरा की साहसपूर्ण अभिव्यक्तियाँ हैं। मिथुनरत युगलों की ये मूर्तियाँ बताती हैं कि एक जमाना वह भी था जब इस धरती पर सुसंस्कृत समाज लालित्य और संयम के साथ बिना किसी अपराधबोध के यौन-क्रिया का आनंद उठाता था।

करीब हजार साल पहले मुसलमानों के आगमन के साथ ही भारतवासियों को एक नई मूल्य प्रणाली का सामना करना पड़ा। इसने हिंदू जीवन-दृष्टि में दैहिक कामनाओं के संसार को मिलने वाली प्राथमिकता को अनुचित घोषित कर दिया। फिर अंग्रेज आए और भारत को अपना उपनिवेश बनाया। उन्होंने हिंदू धर्म व सभ्यता की 'नैतिक पतनोन्मुखता' को अपनी प्रजाति, धर्म और संस्कृति की 'श्रेष्ठता' के बरअक्स रखा। उन्होंने दावा किया कि 'हिंदू घिनौनी व डरावनी आस्थाओं और रीतियों....उल्लेख न किए जा सकने लायक विचारों से बँधे हुए हैं।' हिंदुओं की संस्कृति में कोई 'नैतिक आचार संहिता' नहीं है और वह 'बड़ी से बड़ी विषय-वासना को प्रोत्साहित' करती है। उनकी पूजा-पद्धति 'काफी हद तक अरुचिकर ही नहीं, अनैतिक तक है।' अंग्रेजों की निगाह में कृष्ण का रसिकावतार व्यभिचार और परस्त्रीगमन के अलावा कुछ नहीं था।[42] इस प्रकार अंग्रेजों ने हिंदू धर्म की समृद्ध श्रृंगार-परंपरा और हिंदू दर्शन में काम की दैवी तत्त्व के रूप में प्रबुद्ध मान्यता की एकांगी और यांत्रिक व्याख्या कर डाली। दुर्घटना यह हुई कि अंग्रेजों के इस मूल्यांकन को उन्नीसवीं सदी के पुनरुत्थानवादी और सुधारवादी आंदोलन ने बड़ी हद तक आत्मसात कर लिया। 'यह सांस्कृतिक प्रतिरोपण का बड़ा विडंबनापूर्ण उदाहरण था; जिसमें विक्टोरियन नैतिकता को हिंदू धर्म की पुनर्व्याख्या के लिए कसौटी की तरह इस्तेमाल किया गया था। यौन को गंदी चीज मानने की प्रवृत्ति मजबूत हुई और उसे अँधेरे बंद कमरों में पनपने के लिए छोड़ दिया गया।'[43] हमारे नवांकुरित राष्ट्रवाद के पास एक विजातीय संस्कृति और सभ्यता द्वारा किए गए इस अपमानजनक मूल्यांकन पर आलोचनात्मक निगाह डालने की फुर्सत नहीं थी। ऊपर से महात्मा गाँधी के यौन-विषयक विचारों ने परसंस्कृतिकरण की इस प्रक्रिया पर अंतिम मुहर लगा दी।

गाँधीजी ने 34 वर्ष की आयु में ही ब्रह्मचर्य अपना लिया था। वे यौनिकता को जहरीला और यौन-वृत्ति को एक ऐसा शत्रु मानते थे जिससे मानव शरीर और आत्मा को कठोरतापूर्वक मुक्त कराया जाना चाहिए था। उन्होंने कामवासना को अशुद्धता और विकार का पर्याय बताया एवं किसी भी काम-विषयक विचार को शर्मनाक माना। वे वैवाहिक जीवन में भी यौन क्रिया के शपथपूर्वक त्याग के पक्ष में थेः

> विवाह का तो उद्देश्य ही यौनेच्छा को संयमित करते हुए उसका उदात्तीकरण है। यौनेच्छा संतुष्ट करने के लिए किया गया विवाह व्यभिचार है, विषयवासना है....यदि उनका (पति-पत्नी) मिलन केवल प्रेमपूर्ण आलिंगन के लिए ही होता है तो समझिये कि वे शैतान के अत्यंत निकट पहुँच चुके हैं।
>
> ऐसी परिस्थिति (अगर गर्भाधान नहीं हुआ है) में केवल एक नियम का पालन किया जाना चाहिए कि जब तक गर्भाधान न हो जाए तो मासिक धर्म की अवधि के अंत में केवल एक बार संभोग किया जाए। यह उद्देश्य पूरा होते ही इसे आगे के लिए शपथपूर्वक त्याग देना चाहिए।[44]

हम यहाँ गाँधी के यौन-विषयक विचारों की कठोरता के कारणों और स्रोतों में नहीं जाना चाहते। इस बारे में पर्याप्त शोध-कार्य किया जा चुका है और विश्वसनीय निष्कर्ष निकाले जा चुके हैं। संभवतः अपने जीवन के शुरुआती दौर में हुई घटनाओं के कारण गाँधी ने यौन को अपराधबोध के साथ जोड़ लिया था। इन घटनाओं का उन्होंने अपनी आत्मकथा में बेहिचक जिक्र किया है। यह एक सुपरिचित तथ्य है कि गाँधी ने अधिकांश जीवन यौनेच्छा को काबू करते हुए गुजारा। महत्त्वपूर्ण यह है कि उनके ये विचार उनके लिए नितांत व्यक्तिगत नहीं रहे। इस बारे में वे अक्सर बोलते और लिखते रहे। चूँकि वे एक बहुत बड़ी शख्सियत के मालिक थे और आजादी के आंदोलन में उनकी इतनी अधिक केंद्रीय भूमिका थी, इसलिए उनके राजनीति से इतर विचारों को नजरअंदाज करना नामुमकिन था। उनके व्यक्तित्व को खानों में बाँट कर नहीं, बल्कि संपूर्ण रूप से ही ग्रहण किया जाना था। वे राजनीतिक कर्म, आर्थिक उत्थान और समाज सुधार के बीच कृत्रिम विभाजन में यकीन नहीं करते थे। उन्होंने दूसरों से जो करने के लिए कहा, उसे अपने जीवन में भी करके दिखाया। परिणाम यह निकला कि स्वराज, अहिंसा, सत्याग्रह और अस्पृश्यता-निवारण के साथ-साथ जीवन और जीवनयापन संबंधी उनके विचारों को भी राष्ट्र ने आत्मसात कर लिया। इसमें उनके यौन-विषयक विचार भी शामिल थे।[45]

इस प्रकार दो शक्तिशाली लेकिन परस्पर विपरीत विरासतों के बीच संघर्ष का परिदृश्य उभरा। इनमें से एक विरासत हमारी ऐतिहासिक स्मृति का फलितार्थ थी। यह मौजूदा सामाजिक, दार्शनिक और सांस्कृतिक संदर्भ से कटी हुई थी। इसके बावजूद, एकांत में दुनिया की नजर बचा कर किए जाने वाले *कामसूत्र* के अध्ययन और *खजुराहो* की तस्वीरों पर चोरी से डाली गई निगाह के जरिये यह स्मृति उस जमाने की याद दिला देती थी जब विषयभोग को स्वीकार्य माना जाता था। दूसरी विरासत गाँधीजी की देन थी जो स्पष्ट रूप से यौन को बुराई की तरह चिह्नित करते हुए सेक्स से अपराधबोध को स्थायी रूप से जोड़ देती थी। परस्पर विपरीत विरासतों के मिले-जुले इस प्रभाव में फिल्म और मीडिया ने भी योगदान किया। तीस के दशक में *कर्म* और *लाइट ऑव एशिया* जैसी फिल्मों में हिमांशु राय और देविका रानी बेझिझक एक-दूसरे को चूमते दिखाए गए थे और इस पर कोई हंगामा नहीं हुआ था। मूक युग की अधिकांश और सवाक फिल्मों के शुरुआती दौर में प्रेमी युगल का चुंबन दिखाने पर कोई आपत्ति नहीं होती थी। बाद के वर्षों में मध्य वर्ग पर शुद्धतावादी पाखंड का प्रभाव बढ़ता चला गया। परिणामस्वरूप चुंबन की जगह बेतुकी प्रतीक योजना ने ले ली जिसमें दो फूल एक दूसरे की तरफ झुकते हुए या दो पक्षी चोंचें भिड़ाते हुए दिखाए जाने लगे। अधिकांश व्यावसायिक फिल्मों में भद्दे गीतों, अश्लील ढंग से कूल्हे मटकाने और नग्नता से भी अधिक उत्तेजक चिपके और अंग-प्रदर्शन करने वाले वस्त्रों एवं भौंडे द्विअर्थी संवादों का बोलबाला होता चला गया। केबिल टीवी पर पश्चिमी सीरियलों के प्रदर्शन ने यौनमूलक बिम्ब-विधान को नए आयाम दे दिए। *बेवाच, बेवर्ली हिल्स, सांता बारबरा* और *द बोल्ड एंड द ब्यूटीफुल* जैसे ये धारावाहिक कुछ कम अश्लील होते हुए भी साहसी से साहसी हिंदी फिल्मकार को इस मामले में पीछे छोड़ने लगे।

सेक्स और उसकी सामाजिक भूमिका के बारे में औसत मध्यवर्गीय मानस की ग्रंथियाँ इन्हीं तीन आयामों से मिलकर बनीं: यौन व्यवहार के लिए लाइसेंस की तरह अतीत की स्मृति का आह्वान करना, कामेच्छा को अनुचित मानते हुए उसे अपराधबोध से जोड़ने वाली गाँधी की विरासत को अपनाना, और वर्तमान में फिल्मों की 'सेक्सी' अश्लीलता तथा पश्चिमी सोप आपेरा में प्रदर्शित सेक्स की स्वैर कल्पना।

इस विश्लेषण में एक तथ्य निश्चित रूप से स्वीकार किया जाना चाहिए कि कामना के रूप में हो या अपराधबोध के रूप में, सेक्स मध्यवर्गीय मानस पर छाया हुआ है। लेकिन सवाल यह है कि सेक्स में मध्य वर्ग की दिलचस्पी समाज के स्तर पर कैसे अभिव्यक्त होती है? बड़े शहरों के कुछ पश्चिमीकृत लोगों को छोड़ कर शेष मध्य वर्ग के लिए सेक्स की खुली अभिव्यक्ति वर्जनीय है। कुल मिला कर मध्य वर्ग स्त्री-पुरुष के बीच मेल-मिलाप को लेकर अनुदार ही है। सेक्स में मध्य

वर्ग की रुचि का उदात्तीकरण उत्तरोत्तर कठिन होता जा रहा है। होता यह है कि संयुक्त परिवार, जाति अथवा वंश द्वारा यौन व्यवहार पर लगाई गई बंदिशें शहरी जीवन के विस्तार में खोकर कमजोर पड़ जाती हैं। ऊपर से उन्हें पश्चिमी टीवी धारावाहिकों द्वारा परोसे गए खुले यौन-बिम्बों का भी मुकाबला करना पड़ता है। इस परिस्थिति में मध्य वर्ग की यौन आकांक्षाएँ सबसे पहले परिवार के अंदर ही निकलती हैं। हिंदू समाज के बारे में माना जाता है कि वह 'पारिवारिक संबंधों के दायरे में स्वेच्छाचार को एक सेफ्टीवाल्व की तरह इजाजत देता है। शर्त केवल उसके पूरी तरह गुप्त रखे जाने की होती है। वह आपत्ति स्वेच्छाचारिता पर नहीं, बल्कि उसके खुले दिखावे पर करता है।'[46] आज भी हिंदू परिवारों में यह प्रवृत्ति काफी पाई जाती है। प्रमुख साप्ताहिक पत्रिका संडे की एक आवरण कथा में मध्यवर्गीय घरों में होने वाली कौटुम्बिक व्यभिचार की घटनाओं के अनेक प्रमाण उपलब्ध हैं।

घर की चारदीवारी से बाहर मध्य वर्ग का यौन-विषयक रवैया पाखंड, अपराधबोध और आक्रामकता से भरा रहता है। चूँकि यौनाकर्षण को खुले आम स्वीकार नहीं किया जा सकता, इसलिए पाखंड अपनाना पड़ता है। चूँकि यौन-क्रिया को अनुचित माना जाता है इसलिए कोई भी यौन गतिविधि अपराधबोध को जन्म दे देती है, और चूँकि अनुदारतापूर्ण माहौल के कारण स्त्री-पुरुष के बीच सामान्य संबंधों के विकास का मौका ही नहीं मिलता, इसलिए स्त्री के साथ रिश्तों में आक्रामकता आ जाती है। ऊपर से संचार माध्यम लगातार यह संदेश देते रहते हैं कि औरतें उसी मर्द को उपलब्ध होती हैं जो उन पर हावी हो सकता हो।

आज के माहौल में नई परिघटना यह है कि मध्यवर्गीय शुद्धता की आड़ में पहले से कहीं ज्यादा यौनमूलक गतिविधियाँ हो रही हैं। पुरानी अंतर्बाधाएँ अभी हैं, लेकिन नई उत्सुकताएँ और उनके शमन के लिए नए-नए अवसर भी हैं। सेक्स संबंधी अज्ञानता और गलत जानकारी का अब भी बोलबाला है, लेकिन अखबारों और पत्रिकाओं के यौन-विषयक सलाह देने वाले स्तंभों पर मध्यवर्गीय पाठकों के प्रश्नाकुल पत्रों की बौछार-सी हो गई है। इन पत्रों में वह सब पूछा जाता है जिस पर खुल कर विचार-विमर्श करना पत्र- लेखकों के बस की बात नहीं है। शहरों के वीडियो पार्लरों का सर्वेक्षण करने पर पता चला है कि ब्लू फिल्में देखने वाले मध्यवर्गीय ग्राहकों की संख्या निरंतर बढ़ रही है। महानगरों के सार्वजनिक पार्कों के पेड़ों और झाड़ियों की आड़ में प्रणयी युगलों की प्राक्क्रीड़ा सपरिवार पिकनिक को अक्सर मुश्किल बना देती है। सेक्स अपील बढ़ाने की गारंटी करने वाले ब्यूटी पार्लर देश-भर में जगह-जगह फैलते जा रहे हैं। छोटे-छोटे शहरों में भी ये पार्लर हैं क्योंकि वेक्सिंग, ब्लीचिंग और इलेक्ट्रोलैसिस विधियों के जरिये स्कूली लड़कियाँ ही नहीं, उनकी माताएँ भी

सुंदर बनने के लिए इच्छुक हो उठी हैं। खूबसूरत बनने की यह दीवानगी अफसोसनाक ढंग से अज्ञानता का शिकार भी रहती है। खासतौर से यौन-विषयक मामलों में अज्ञानता तो आम बात है, क्योंकि मध्य वर्ग उसे अपने औचित्य के दायरे में नहीं ला पाया है। उसकी दुनिया में सेक्स अब भी भूमिगत रखा जाता है। इस रवैये के चौंकाने वाले नतीजे निकलते हैं। मसलन, नवरात्रों के बाद गुजरात के भाषाई अखबारों में 150 रुपए के बदले सुरक्षित और गोपनीय गर्भपात कराने की पेशकश करने वाले विज्ञापनों की बाढ़ आ जाती है। ये विज्ञापन दो संकेत देते हैं: समाज में यौन गतिविधियाँ बढ़ रही हैं, लेकिन गर्भनिरोध और सुरक्षित सहवास के प्रति अज्ञान भी छाया हुआ है।[47]

ये बढ़ती हुई यौन गतिविधियाँ हमेशा ही निर्दोष प्रेम का परिणाम नहीं होतीं। छोटे-छोटे शहरों में सेक्स-स्कैंडल प्रकाश में आने लगे हैं– जलगाँव, नासिक, चित्रदुर्ग, अजमेर, जयपुर और जालंधर के सेक्स-स्कैंडल 'मध्यवर्गीय नैतिकता के सजे-सँवरे चेहरे पर मुहाँसों की तरह उभर आए हैं। हर स्कैंडल की कहानी में वही दुखद समानता है: वैभवपूर्ण जीवन के मोहपाश में फँसी लड़कियाँ, ऊँचे सम्पर्कों वाले नैतिकताविहीन पुरुष, सेक्स और ब्लेकमेल।'[48] छान-बीन से पता चला है कि संचार माध्यमों के प्रभाव ने ही छोटे शहरों की इस परिघटना में योगदान किया है। अनुदार सामाजिक माहौल में एम टीवी जैसे चैनलों द्वारा प्रचलित जीवन-शैली की नकल करके मासूम लड़कियाँ आधुनिक होने की गलतफहमी में फँस जाती हैं और फिर छुटभैये नेताओं और नवधनाढ्य व्यापारियों के लिए उनका बेजा इस्तेमाल करना आसान हो जाता है। इस प्रक्रिया को एक टिप्पणीकार ने 'संस्कृतियों का घातक संकरण (दोगलाकरण)' करार दिया है। स्त्री के प्रति औसत पुरुष के रवैये के कारण यह प्रक्रिया और भी दुखद तथा घिनौनी हो गई है।

चूँकि हमारे समाज में स्त्री-पुरुष के बीच खुले मेल-मिलाप का सामाजिक प्रावधान है ही नहीं, इसलिए मध्यवर्गीय पुरुष को परस्पर आदर और समानता के स्तर पर महिलाओं से मिलने का मौका कम ही मिल पाता है। परंपरा ने उसके दिमाग में बैठा दिया है कि औरत को मर्द की अधीनता में रहना चाहिए। लेकिन, उसने एक आधुनिक मुद्रा भी अपनायी हुई है जो उसे औरत-मर्द की बराबरी स्वीकार करने के लिए मजबूर करती है। इसके कारण वह कम से कम सैद्धांतिक स्तर पर इस बराबरी को मानने लगता है। लेकिन, दूसरी तरफ पालन-पोषण के दौरान उसके दिमाग में घर कर चुके बिंब उसे 'आधुनिक' औरत को 'भोग के लिए उपलब्ध' की दृष्टि से देखने पर विवश करते रहते हैं क्योंकि यह आधुनिका पारंपरिक वेष-भूषा और आचरण के साँचे में फिट नहीं बैठती। लोकप्रिय भारतीय फिल्में भी उसे बार-बार यही सीख देती हैं कि औरत उसे ही मिलती है जो

हाथ बढ़ा कर उसे हासिल करता है। ये फिल्में अक्सर एक और छवि परोसती हैं: नए से नए फैशन और कम से कम वस्त्रों वाली आधुनिका का साड़ी पहनने वाली शांत व आज्ञाकारी पत्नी में रूपांतरण। यह फिल्मी रूपांतरण इस धारणा को और पुख्ता कर देता है कि 'आधुनिकता' सतही ही होती है एवं स्त्री-पुरुष संबंधों की असमानता में कुछ भी फर्क नहीं है। दफ्तरों में काम करने वाली मध्यवर्गीय महिलाओं का यौन-उत्पीड़न इसी का नतीजा है। इस तरह की घटनाओं की खबरें भले ही कम आती हों, लेकिन इनकी संख्या तेजी से बढ़ती जा रही है। शहरों में नौकरीपेशा महिलाएँ आज पहले से कहीं ज्यादा हैं। मध्यवर्गीय स्त्री-पुरुषों के लिए दफ्तर ऐसे सोशल-क्लब बन गए हैं जहाँ आसानी से मेल-जोल संभव है, जबकि परिवार के परंपरागत ढाँचे में इसकी संभावनाएँ न के बराबर ही हैं। स्त्री के प्रति आदर की सार्वजनिक मुद्रा ग्रहण करते हुए भी निजी जीवन में अतीत के पुरुष-प्रधान रवैये को अख्तियार किए रहने की प्रवृत्ति अन्य क्षेत्रों में भी दिखाई पड़ती है। दहेज की बुराई की भर्त्सना करने वाले कई पढे-लिखे युवक अपनी शादी की नौबत आने पर यह तर्क देकर बड़े आराम से कतराकर निकल जाते हैं कि उन्हें माँ-बाप की इच्छा का लिहाज तो रखना ही है। दहेज-हत्याएँ अधिकांशतः मध्यवर्गीय परिवारों में ही घटती हैं और बिडंबना यह है कि पति के परिवार की स्त्रियाँ भी बहू को तंग करने व सताने में आगे रहती हैं।

इस परिस्थिति में कुछ प्रकाश किरणें भी हैं। महिलाओं में शिक्षा बढ़ रही है और वे अपनी अस्मिता का अधिकाधिक दावा करते हुए अतीत की पुरुष-प्रधान धारणाओं को चुनौती दे रही हैं। इस प्रक्रिया को गति देने में कई महिला संगठन अगुआ भूमिका निभा रहे हैं। ये संगठन व्यवस्था से जूझने वाली महिलाओं को सहयोग-समर्थन भी मुहैया कराते हैं। खतरा यह है कि इस आशावाद पर अतीत के अवशेष और वर्तमान की विकृतियाँ न हावी हो जाएँ। इस संबंध में उदाहरण के लिए शेखर कपूर की फिल्म *बेंडिट क्वीन* का वह क्षणिक नग्न दृश्य याद आता है जो किसी भी तरह संदर्भ से कटा हुआ नहीं था। आखिर वह फिल्म 'एक ऐसी विद्रोही औरत को चित्रित कर रही थी जो क्रूर हिंसा और बलात्कार का शिकार होने के बावजूद पुरुष-प्रधान व्यवस्था के सामने झुकने से इनकार करती है।'[17] व्यावसायिक सिनेमा में रोज दिखाई जाने वाली अश्लीलता और भौंड़े दृश्यों को प्रसन्नतापूर्वक स्वीकार करने वाले कई मध्यवर्गीय लोगों को *बेंडिट क्वीन* का यह दृश्य 'भारतीय संस्कृति पर आघात' लगा और हमारी न्यायपालिका कई हफ्ते तक फिल्म पर लगे इस आरोप पर विचार करती रही।

❋

आमतौर पर माना जाता है कि मध्यवर्गीय व्यक्ति शांतमना होता है। उसकी मंजिल अक्सर पूर्वानुमेय होती है और उसकी महत्त्वाकांक्षाएँ सीमित। वह रोजमर्रा के जीवन की दौड़-धूप से बोर नहीं होता। वह नौकरी, पत्नी और परिवार के स्थायित्व में खुश रहता है। इन्हीं सब तत्त्वों से मिलकर वनी छवि में रचा-बचा मध्य वर्ग अक्सर अपने बारे में यह कहता मिल जाएगा–'भई, हम तो मिडिल क्लास लोग हैं।' यह कहते हुए वह अपनी मर्यादा, प्रयास और परिणाम की सीमाओं का ऐलान करता नजर आता है। निश्चित रूप से आजादी के बाद कई वर्षों तक मध्य वर्ग की यह छवि उसके यथार्थ से मेल खाती रही। मध्यवर्गीय लोग अपनी सीमित आकांक्षाओं की पूर्ति करके संतुष्ट रहे। तब न ज्यादा होड़ थी और न ही ज्यादा मौके थे। परिवर्तन की प्रक्रिया तब भी थी, लेकिन उसकी अंतर्धारा में एक निरंतरता थी। मध्य वर्ग के संदर्भ-बिंदु निर्धारित थे और उसकी उछाल का शिखर बहुत ऊँचा नहीं था।

लेकिन, आज के मध्य वर्ग पर यह छवि फिट नहीं बैठती। यथार्थ और इस छवि के बीच परेशान कर देने वाला फर्क आ गया है। अदम्य भौतिक कामनाएँ और उन्हें पूरा करने की अंतहीन होड़ ने उसे सामूहिक स्नायु रोग की कगार पर पहुँचा दिया है। इसके लक्षण साफ होते जा रहे हैं। 1984 से 1994 के बीच देश में आत्महत्या करने वाले लोगों की संख्या दोगुनी हो चुकी है।[50] आत्महत्या की कोशिश करने वालों की संख्या इस आँकड़े में शामिल नहीं है। यह सफल होने वालों से दस गुनी है। तलाक भी बहुत होने लगे हैं। तनाव से उपजी बीमारियाँ अब आम हैं। सर्वाधिक चिंताजनक तो यह है कि वयस्कों तक सीमित रहने वाली इन बीमारियों के लक्षण बच्चों में भी दिखने लगे हैं।

आखिर गड़बड़ कहाँ हुई है? भौतिक प्रगति के उदाहरण तो हर जगह मौजूद हैं। आज के औसत मध्यवर्गीय परिवार के पास पिछली पीढ़ी के मुकाबले उपभोक्ता सामग्रियाँ कहीं ज्यादा हैं। लेकिन इनसे भी इच्छाओं की तृप्ति नहीं हुई है। मध्य वर्ग और ज्यादा पाने की अंतहीन दौड़ में फँसा हुआ है। उसकी एक इच्छा कई इच्छाओं को जन्म देती है। समस्या इसलिए और भी जटिल है क्योंकि मध्य वर्ग को अपनी कामनाएँ नागरिक सुविधाओं की भारी कमी के माहौल में ही पूरी करनी हैं। आवास, परिवहन व शिक्षा ही नहीं, पानी-बिजली जैसी बुनियादी आवश्यकताओं का भी संकट है। दूसरी दिक्कत यह है कि समृद्धि की दौड़ में शामिल होने के बावजूद मन में वही पुरानी सुरक्षाओं के आश्वासन की चाह है। घर की आमदनी बढ़ाने के लिए नौकरी कर सकने वाली वधुओं की माँग बढ़ रही है। लेकिन, हालत यह है कि 'शादी के बाद (मध्यवर्गीय पति) अपनी नौकरी न

करने वाली माँ द्वारा की गई परिवार की एकनिष्ठ सेवा को याद करता रहता है। यह अंतर्विरोध महिलाओं को भी सताता है: आर्थिक रूप से अपने पैरों पर खड़े होने की कामना उनमें जितनी प्रबल होती है, उतना ही वे अपनी माताओं द्वारा घर की सुरक्षा में गुजारे गए जीवन की इच्छा करती रहती हैं।'[51] इस प्रक्रिया में सबसे ज्यादा और निरंतर दबाव घर की संस्था को झेलना पड़ रहा है। संयुक्त परिवार के तिरोहित होने के बाद छोटे एकक परिवार ने उसकी जगह ले ली है। परिवार के इस रूप में साथ-साथ होने, अपनेपन और एक-दूसरे को सहारा देने के परंपरागत मूल्य नहीं होते। उनके स्थान पर निजी प्रयासों और महत्त्वाकांक्षाओं का आवेग होता है। आर्थिक आत्मनिर्भरता और शिक्षा के कारण स्त्रियाँ अपने अधिकारों का दावा पहले से ज्यादा करने लगी हैं। अधिकांश मामलों में यह दावा सही ही होता है, लेकिन इससे मध्यवर्गीय परिवारों का परंपरागत संतुलन गड़बड़ा गया है। पुरुष-प्रधान समाज के मूल्य बहुत धीरे-धीरे ही सही पर कमजोर हो रहे हैं। दूसरी ओर, विवाह संस्था में निहित समझे जाने वाले समझौते और समन्वय के आयाम भी अब उतने प्रभावी नहीं रह गए हैं। तलाक मध्य वर्ग के लिए एक वास्तविक विकल्प बनता जा रहा है। दिल्ली की अदालतों में प्रत्येक दिन तलाक के बीस मुकदमे दायर किए जाते हैं। अन्य बड़े शहरों का भी यही हाल है। हालाँकि बंगलूर में जीवन की गति बाकी चार महानगरों की तरह तेज नहीं है, लेकिन वहाँ भी पिछले तीन वर्षों में तलाक के मुकदमे दोगुने हो गए हैं।[52] हाल ही में *हम आपके हैं कौन* और *दिलवाले दुल्हनिया ले जाएँगे* नामक दो फिल्मों के सुपरहिट होने के पीछे भी यही कारण है कि उनमें एक आदर्श संयुक्त परिवार का चित्रण किया गया है। यह फिल्मी परिवार एक तरह की उद्देश्यहीन लेकिन पूँजीवादी समृद्धि के कारण आर्थिक स्थायित्व प्राप्त कर चुका है; और उसे अक्सर यथार्थ जीवन में परेशान करने वाले तनावों व संघर्ष का भी सामना नहीं करना पड़ता। मध्य वर्ग की दुनिया में काफी कुछ बदला है, पर फार्मूला फिल्मों के प्रति उसका आकर्षण वैसा का वैसा ही है। संगीत, रोमांस और रंक से राजा बनने की कहानियों से भरी ये फिल्में मनोरंजक तो होती हैं, लेकिन इनका पलायनवाद मध्य वर्ग के स्वप्न को भंग नहीं होने देता। इनके बहाने यह वर्ग बाह्य जगत के दबावों और कुंठाओं से पलायन करता रहता है।

फिर भी सुविधाओं और समृद्धि के लिए चल रही उन्मत्त प्रतियोगिता उसका पीछा नहीं छोड़ती। बच्चों तक को प्रभावित करने वाली इस होड़ के दूरगामी परिणाम बेचैन कर देते हैं। 'बच्चे अपनी ही दुनिया में एक तरह के घेराव में फँस गए हैं: शहरों के मध्य और उच्च-मध्य वर्गों का संसार अब उनके लिए निश्चिंत नहीं रह गया है। मनोवैज्ञानिकों और मानसिक समस्याओं के समाधान के लिए सलाह देना सीख रहे छात्रों का मत है कि तीव्र गति से परिवर्तित होते हुए समाज में धन-समृद्धि की प्रबल आकांक्षा के दबाव में संयमित करने वाली परंपराओं को

त्याग दिया गया है और इसके प्रभाव को झेल रहा है मध्यवर्गीय बालक।'[53] शिशु अवस्था से ही बालक पर दबाव पड़ना शुरू हो जाता है। सबसे पहले उसे अच्छे स्कूल में दाखिले की बाधा पार करनी पड़ती है। इससे पहले कि वह दस तक की गिनती गिनना सीखे, महत्त्वाकांक्षी माता-पिता उसके कैरियर के बारे में सोचना शुरू कर देते हैं। परीक्षा में अच्छे नतीजे निकालने का आग्रह तो बच्चे के दिमाग पर छाया ही रहता है, क्योंकि व्यावसायिक शिक्षा के लिए किसी प्रतिष्ठित कालेज में प्रवेश 90 फीसदी के ऊपर अंक लाए बिना नहीं हो सकता। माता-पिता की बेचैनियों के साथ तालमेल बैठाना बच्चे के लिए बहुत मुश्किल होता है। स्कूलों में 'कम्पीटीशन' का माहौल इतना ज्यादा है कि बचपन के खेल-कूद और मस्तियाँ वक्त से पहले ही छूट जाती हैं। नौकरीपेशा माता-पिताओं की संख्या बढ़ती जा रही है। घर की चाबियाँ लेकर स्कूल जाने वाले उनके बच्चे लौटकर बंद दरवाजा खोलते हैं। घर में उनकी मुलाकात सिर्फ टीवी से होती है। बचा-खुचा वक्त बच्चे के साथ गुजारते समय कामकाजी माता-पिता बच्चे के प्रति अपराधबोध से ग्रस्त होकर उसकी भरपाई कुछ अतिरिक्त लाड़-प्यार या खर्चे-पानी के जरिये करने की कोशिश करते हैं। इससे बच्चों की आदतें खराब होती हैं। ऐसे मध्यवर्गीय जीवन का बच्चों पर एक और हानिकारक असर दिखाई देता है: उनमें पढ़ने की आदत कम होती जा रही है। वे पढ़ते भी हैं तो मनोरंजन के लिए नहीं, बल्कि इम्तहानों में अच्छे नंबर लाने के लिए सामान्य ज्ञान बढ़ाने वाली या इनसाइक्लोपीडिया (ज्ञान कोश) जैसी पुस्तकें ही पलटते हैं। समाज और टीवी उन्हें निरंतर उपभोक्तावाद के शिकंजे में कसते चले जाते हैं। जैसे-जैसे बचपन गुजरता है, वैसे-वैसे उपभोक्ता वस्तुओं को हासिल करने की उत्कट कामना उन पर हावी होती चली जाती है और उनके सभी प्रयास सिर्फ इसी ओर केंद्रित हो जाते हैं। यह प्रक्रिया जीवन के प्रति एकांगी दृष्टिकोण को प्रोत्साहित करती है। किसी भी नागरिक समाज में सामुदायिक कल्याण के लिए आवश्यक मूल्यों और गुणों के प्रतिसंतुलनकारी प्रभाव से वंचित यह नई पीढ़ी समृद्धि की आकांक्षा में गले तक धँसती चली जाती है।

दरअसल, जीडीपी (कुल घरेलू उत्पाद) के साथ-साथ जीडीएच (कुल घरेलू खुशी) भी किसी देश के स्वास्थ्य का आकलन करने का पैमाना होना चाहिए। मध्य वर्ग पैसे की कमी का रोना कितना भी रोये, यह एक तथ्य है कि जीडीपी में हुई वृद्धि का फायदा उसे दूसरे वर्गों की अपेक्षा कहीं अधिक हुआ है। लेकिन जीडीएच के मामले में उसकी हालत तीस साल पहले की हालत से भी गई-गुजरी है। मध्य वर्ग में उद्यमशीलता और चरित्र बल की कमी नहीं है। सफलता की अदम्य इच्छा तो स्पष्ट ही है। लेकिन, वह इस कदर आत्मकेंद्रित हो गया है कि औसत मध्यवर्गीय व्यक्ति के जीवन में समाज के साथ एक संपूर्ण परिपुष्टकारी आदान-प्रदान की कोई गुंजाइश ही नहीं बची है। केवल स्वार्थ-सिद्धि के एकांगी प्रयासों में लगे रहने

के कारण वह नए तरह के अलगाव में फँसता जा रहा है। उसकी चेतना निष्प्राण होती जा रही है। ज्यादा से ज्यादा पाने और ऊँचे से ऊँचा उठने की लालसा ने सामुदायिक जीवन के लिए अनिवार्य संयम को भंग कर दिया है। समाज में किसी नैतिक केंद्र की अनुपस्थिति ने उसे संतुलन और मानवीय प्रयास के परिणामों के बारे में किसी भी परिप्रेक्ष्य से वंचित कर दिया है। निजी जीवन में भी और सामूहिक जीवन में भी, उसका स्नायुतंत्र दिन-ब-दिन रोगी होता जा रहा है। मध्य वर्ग के लिए सफलता और संतुष्टि के बीच की खाई चौड़ी होती जा रही है।

5

समय साक्षी है!

इक्कीसवीं सदी की चुनौती

1991 के मध्य में तत्कालीन प्रधानमंत्री नरसिंह राव ने अपने अर्थशास्त्री वित्त मंत्री मनमोहन सिंह की मदद से आर्थिक सुधारों की घोषणा की ताकि अक्षम सरकारी नियंत्रणों से छुटकारा पाकर भारतीय अर्थतंत्र को विश्व अर्थ- व्यवस्था से और ज्यादा जोड़ा जा सके। नरसिंह राव के इस एकमुश्त 'उदारीकरण' का मकसद था भारत को 'भूमंडलीकृत' अर्थव्यवस्था का महत्त्वपूर्ण भागीदार बनाना। इस प्रक्रिया ने मध्य वर्ग को एक सर्वथा नई रोशनी में देखा कि उसकी उपभोग-क्षमता क्या है? अपनी अर्थव्यवस्था के दरवाजे खोलने के लिए भारत को यह जानना जरूरी था कि आखिर उसकी क्रय-शक्ति क्या है? चूँकि खरीदने की सर्वाधिक क्षमता मध्य वर्ग में ही थी, इसलिए उसकी उपभोक्ता शक्ति का ठीक-ठीक आकलन अनिवार्य था।

यह मूल्यांकन भारत सरकार के लिए नहीं विकसित देशों के लिए भी जरूरी था। मध्य वर्ग की क्रय-शक्ति का लालच दिखा कर भारत इन देशों को अपने बाजार में आमंत्रित करना चाहता था, जबकि विकसित दुनिया अपने माल और प्रौद्योगिकी को बेचने के लिए हमेशा की तरह नए उपभोक्ताओं की तलाश कर रही थी। इन दोनों दृष्टियों के कारण मध्य वर्ग आर्थिक सुधारों के केंद्र में आ गया। उसका विश्लेषण किया जाने लगा। विश्लेषकों को इस बात में रुचि नहीं थी कि मध्य वर्ग का विचारधारात्मक आधार बंजर क्यों है या उसके सरोकार अपनी आर्थिक समृद्धि से परे क्यों नहीं जाते या वह किसी भी तरह के सामाजिक अथवा नैतिक ध्येय के प्रति इस कदर उपेक्षा-भाव क्यों रखता है। वे तो यह आँकना चाहते थे कि उसमें अमीर देशों का माल खरीदने की ललक किस सीमा तक है।

इस जाँच-पड़ताल में मध्य वर्ग के आकार को पहली बार काफी महत्त्व मिला। तरह-तरह के आँकड़े दिए गए। मध्य वर्ग का संख्यात्मक आकार 20 करोड़ से 80 करोड़ तक आँका गया। रातों-रात मध्य वर्ग की उपभोक्तावादी तृष्णा उसकी

सबसे बड़ी खूबी और भारतीय बाजार की गतिशीलता का प्रतीक बन गई। नई अर्थ नीति के जानकार पैरोकारों ने अभिभूत होकर कहा कि 'शहरी भारत स्वयं में दुनिया का तीसरा सबसे बड़ा देश है।'[1] मध्य वर्ग के बारे में इस समझ को तथ्यों द्वारा पुष्ट करने के लिए विधिपूर्वक कई सर्वेक्षण किए गए। इनमें सर्वाधिक विस्तृत सर्वेक्षण 1994 में नेशनल कौंसिल ऑव एप्लाइड इकॉनामिक रिसर्च (एनसीएईआर) का था जिसका मकसद उसके शीर्षक द *कंज्यूमर क्लासेज*[2] से ही स्पष्ट हो जाता था। सर्वेक्षण से जानकारी मिली कि देश में करीब 60 लाख लोग अथवा दस लाख परिवार बेहद अमीर की श्रेणी में आते हैं। इनके नीचे मध्य वर्ग है जो तीन तबकों में बँटा हुआ है: सबसे पहले है तीन करोड़ घरों या 15 करोड़ लोगों का उपभोक्ता वर्ग जो लगभग सभी तरह की उपभोक्ता वस्तुओं को खरीद सकता है। इसके बाद है निरंतर प्रगति की सीढ़ियाँ चढ़ने वाला पाँच करोड़ घरों अथवा 27.5 करोड़ लोगों का तबका। तीसरे नंबर पर आता है करीब इतनी ही संख्या का ऐसा तबका जो उपभोक्ता होने की मध्यवर्गीय आकांक्षाओं से लबालब है। सर्वेक्षण का विचार था कि दूसरे और तीसरे नंबर के तबकों को समझाना पड़ेगा कि वे 'आपका माल क्यों खरीदें और फिर यह कि वे आपका ही ब्रांड क्यों चुनें।'[3] एनसीएईआर ने अपने सर्वेक्षण का आधार आमदनी के स्तर के बजाय उपभोग-संरचना को बनाया था। उसकी कोशिश यह थी कि मध्य वर्ग की वह छवि तोड़ दी जाए जिसमें वह एकसार और एक-सी उपभोग-आवश्यकताओं व क्षमताओं वाले वर्ग के रूप में उभरता था। 'विशाल बाजार को एक अविभाजित रूप के बजाय तीन स्तरों में बाँट कर' सर्वेक्षण 'विक्रेताओं को समझना चाहता था कि आमदनी के स्तर और कुछ खास उत्पादों की माँग के बीच सीधे अंतर्संबंध को न देख कर उन्हें उपभोक्ताओं के खरीद संबंधी निर्णय से जुड़ी हुई वास्तविक प्राथमिकताओं का एहसास करना चाहिए।'[4] इसी दौरान भारतीय उद्योग महासंघ (सीआईआई) ने भी अनुसंधान जारी रखा और निष्कर्ष निकाला कि देश में 18 करोड़ ऐसे लोग हैं जिनकी सालाना आमदनी 3,197 डालर या 1,20,000 रुपए से अधिक है।

इस प्रकार भारतीय उदारीकरण की रेलगाड़ी चलने के लिए तैयार हो गई। मान लिया गया कि मध्य वर्ग उसके इंजन की भूमिका अदा करेगा। लेकिन, मध्य वर्ग की आर्थिक शक्ति के बारे में इन सर्वेक्षणों ने कुछ ऐसे तथ्य भी पेश किए थे जिनसे उदारीकरण के उत्साही समर्थकों के जोश पर पानी फिर जाना चाहिए था। एनसीएईआर का सर्वेक्षण बताता था कि देश में 33 करोड़ दस लाख लोग तो ऐसे हैं जो 12,500 और 40,000 रुपए सालाना आमदनी वाले घरों के सदस्य हैं।

आबादी का केवल 4.1 फीसदी यानी 3.70 करोड़ लोगों की आमदनी 40,000 रुपए सालाना से ऊपर है। पाँच लाख रुपए प्रति वर्ष से ज्यादा की आमदनी वाले अमीर लोगों की संख्या 14 लाख से ज्यादा नहीं है। निजी इस्तेमाल में आने वाली

कारों की संख्या भी प्रति एक हजार घरों पर 14 से ज्यादा नहीं है। दक्षिण कोरिया में प्रति एक हजार घरों पर यही आँकड़ा 400 कारों का था। मैक्सिको में यही आँकड़ा 112 कारों का और ब्राजील में 85 कारों का निकला। केवल सत्तर लाख घरों में टेलीफोन थे, यानी देश के कुल घरों के चार फीसदी से भी कम के पास यह सुविधा थी। कुल आबादी के केवल 5.5 फीसदी के पास रंगीन टीवी था। अगर श्वेत-श्याम टीवी सेट्स भी जोड़ लिए जाएँ तो भी दक्षिण-पूर्व एशिया के देशों के मुकाबले भारत कहीं नहीं ठहरता था। थाईलैंड और मलेशिया में प्रति सौ व्यक्तियों पर क्रमशः 11.4 और 14.8 टीवी सेट्स थे, जबकि भारत में यही आँकड़ा केवल 3.2 टीवी सेट्स का था। अन्य उपभोक्ता वस्तुओं का प्रसार भी इसी प्रकार सीमित निकला। वीडियो रिकार्डरों या प्लेयरों वाले घर केवल 1.2 फीसदी थे। केवल 1.8 फीसदी घरों में कपड़े धोने की मशीन थी और सिर्फ 1.3 फीसदी घरों के पास स्टोरेज अथवा इंस्टेंट हीटर या गीजर थे। केवल 80 फीसदी मध्य-वित्त घरों (आबादी के 16 फीसदी) और 59 फीसदी निम्न-वित्त घरों (आबादी के 33 फीसदी) के पास बिजली का पंखा था। बड़े पैमाने पर बिकने वाली साइकिल और घड़ियों जैसी चीजों की माँग भी कम थी। पाँच में से केवल एक भारतीय घड़ी बाँधता था और केवल 48 फीसदी घरों में साइकिल थी। भारत एक हजार लोगों पर तीस घड़ियाँ बेचता था, जबकि चीन इतने ही लोगों पर 60 घड़ियाँ बेच देता था। इस मामले में दुनिया का औसत 150 था। 90 करोड़ से ज्यादा आबादी वाले और करोड़ों मध्यवर्गीय लोगों के देश में केवल सोलह लाख लोग शेयर-धारक थे और ढ़ाई करोड़ से भी कम लोग स्नातक की डिग्री प्राप्त कर सके थे।

ये आँकड़े बताते थे कि भारत में मध्य वर्ग तो है लेकिन यह एक गरीब देश का मध्य वर्ग है। उसकी संख्या, उसकी क्रय-शक्ति और उसकी उपभोक्तावादी महत्त्वाकांक्षाओं में वृद्धि जरूर हुई है, लेकिन अभी वह पोलैंड जैसे देश से भी पीछे है। आर्थिक खुशहाली के रास्ते पर चलने के लिए संघर्षरत पोलैंड के तेजी से बढ़ते हुए मध्य वर्ग के हर घर में कम से कम एक-एक टीवी, कपड़े धोने की मशीन और वीसीआर अवश्य है। तथ्य यह था कि 'भारतीय मध्य वर्ग प्रभावी माँग पैदा करने में सक्षम नहीं है। उसकी क्रय-शक्ति दक्षिण एशियाई अभिजात वर्ग की दस साल पहले की क्रय-शक्ति से भी काफी कम है। यह वर्ग अभिजातवर्गीय उपभोक्ता माँग में तेज वृद्धि को कायम रखने लायक भी नहीं है।'[5] भारत के मध्यवर्गीय बाजार में अपना माल बेच कर चाँदी काटने की योजनाओं के साथ कूदी कई बहुराष्ट्रीय कंपनियों को अब इस असलियत का भान होना शुरू हो गया है। *आउटलुक* पत्रिका ने 1997 में देश-भर में बिना बिकी उपभोक्ता वस्तुओं के दुकानों की अलमारियों में ही भरे रह जाने का जिक्र किया है। वाणिज्य संबंधी रपटें बताती हैं कि दो लाख रेफ्रीजरेटर ग्राहकों के अभाव में ठंडे पड़े हुए हैं। 1996-97 में केवल 17 लाख रंगीन टीवी ही बिके यानी इस क्षेत्र में केवल आठ

फीसदी वृद्धि ही हुई। उपभोक्ता वस्तुओं में लाभ की दर मुँह के बल तीन फीसदी तक गिर चुकी है। भारतीय बाजार के लिए नए-नए मॉडल की कारें लाने वाले निर्माताओं को अपने निर्माण लक्ष्य में कटौती करनी पड़ रही है। इस समय 2.2 लाख कारें बनाने वाले भारतीय ऑटोमोबाइल उद्योग को उम्मीद नहीं है कि सन् 2000 तक वह चार लाख का आँकड़ा पार कर लेगा। मैक्सिको और ब्राजील हर वर्ष क्रमशः 10.8 और 14.2 लाख कारें बनाते हैं। यहाँ तक कि 2 करोड़ 10 लाख की आबादी वाला ताइवान भारत से 86 फीसदी अधिक अर्थात 3.9 लाख कारें प्रति वर्ष बनाता है। मार्च 1996 में अमेरिकी पत्रिका *न्यूजवीक* से बात करते हुए एक प्रमुख रूसी राजनेता ने अपने देश के बारे में कहा था, 'सुबह लोग यह सोचते हुए आँख खोलते हैं कि उनका न कोई इतिहास है, न पूर्वज हैं और वे एकदम अशिक्षित व संस्कारहीन हैं।'[4] कम्युनिस्ट नेता गेन्नादी युगानोव की इस टिप्पणी से ऐसे लोग अपने दावों पर पुनर्विचार करने के लिए अवश्य मजबूर हुए होंगे जो अतीत से पूरी तरह छुटकारा प्राप्त करके अपने पश्चिमी आकाओं द्वारा परोसी गई कल्पनाओं के मुताबिक रातों-रात उत्तर-साम्यवादी रूस को नया रूप देने के मंसूबे बाँधे हुए थे। युगानोव की यह टिप्पणी भारत के लिए भी उतनी ही प्रासंगिक है। हमें नहीं भूलना चाहिए कि नई अर्थ-नीति के क्षितिज पर मुख्यतः उपभोक्ता की शक्ल में उभरा मध्य वर्ग उदारीकरण की नीतियों की घोषणा से बहुत पहले ही जन्म ले चुका था। नीति-निर्माताओं ने मध्य वर्ग की क्रय-शक्ति और आकार का आकलन जब शुरू किया तो उससे पहले ही उसके पास अपना 'इतिहास' भी था और 'पूर्वज' भी थे। नीति-निर्माताओं को चाहिए था कि वे मध्य वर्ग के उद्गम, क्रम-विकास, व्यवहार शैली तथा समाज के अन्य तत्त्वों से उसकी अन्योन्यक्रिया पर भी उतना ही ध्यान देते, जितना ध्यान उन्होंने उसकी उपभोग संबंधी रुचियों और क्रय-शक्ति के निर्धारण पर दिया था। अगर वे ऐसा करते तो उनके सामने तुरंत स्पष्ट हो जाता कि उपभोक्ता वर्ग की अभिरुचियों को मापने वाले सर्वेक्षणों ने ही देश में दरिद्रों की संख्या बीस करोड़ के आसपास गिनाई है। वे फौरन समझ जाते कि ऐसे मध्य वर्ग को केवल उसकी भौतिक कामनाओं के आधार पर संपूर्ण देश की आर्थिक वास्तविकताओं से स्वतंत्र और स्वायत्त अस्तित्व के रूप में मान्यता नहीं दी जा सकती। ऐतिहासिक दूरंदेशी के इस अभाव ने दुहरी गलती को जन्म दिया—उन्होंने मध्य वर्ग को एक ऐसी काल्पनिक आर्थिक हैसियत प्रदान कर दी जो भारत जैसे देश में उसे मिल ही नहीं सकती थी। दूसरे, उन्होंने इस अंदेशे पर भी कोई ध्यान नहीं दिया कि नैतिक दृष्टि से भटक चुके, भौतिक समृद्धि की लालसा के गर्त में गले तक धँसे हुए और अपने स्वार्थ के अलावा किसी भी अन्य सरोकार के प्रति सामाजिक रूप से संवेदनाशून्य मध्य वर्ग के ऊपर उदारीकरण की नीतियाँ कितना विकट प्रभाव डालेंगी!

आर्थिक उदारीकरण की नीतियों की कोई सरलीकृत आलोचना करना हमारा

मकसद नहीं है। हम तो इस मान्यता की आलोचना करना चाहते हैं कि उदारीकरण का जादू शून्य में भी चल सकता है। यानी उदारीकरण के जरिये अतीत को वर्तमान से काट कर अलग किया जा सकता है और मध्य वर्ग झटके के साथ अपने अन्य आधारभूत तत्त्वों से अलग होकर विशाल उपभोक्ता वर्ग के रूप में पुनर्जन्म ले सकता है। यह मान्यता मध्य वर्ग के हर सदस्य को भारतीय क्रय-शक्ति तालिका के निर्वैयक्तिक आँकड़ों के रूप में देख रही थी। जबकि इसके विपरीत आर्थिक नीतियों का सरोकार वास्तविक लोगों से होना चाहिए था, उन वास्तविक लोगों से जिनकी रचना एक खास तरह के क्रम-विकास के जरिये होती है। नीति-निर्माताओं को ख्याल रखना चाहिए था कि ऐसे लोगों की एक निश्चित व्यवहार शैली होती है जिसका अर्थ-नीति के प्रभाव और परिणामों पर गहरा असर पड़ता है। और यह प्रक्रिया शुद्ध आर्थिक रणनीतियों के तहत कार्य-कारण संबंधों के जोड़-बाकी से निर्धारित नहीं हो सकती।

उदारीकरण की नीतियों के प्रभाव को यदि 1991 तक भारतीय मध्य वर्ग के सिलसिलेवार विकास की रोशनी में देखा जाए तो साफ हो जाता है कि इसके कारण इस वर्ग की उपभोक्तावादी लालसाएँ किसी भी प्रकार के संयम या संकोच के दिखावे से भी मुक्त हो जाने वाली थीं। मध्य वर्ग की निगाह में गरीबों की तरफदारी करने वाली नीतियाँ सरकार द्वारा पहले ही काफी दिनों तक चलाई जा चुकी थीं। भले ही पाखंड हो, लेकिन अमीरों के मुकाबले गरीबों की बहुसंख्या वाले देश की इन नीतियों में किफायत पर जोर होता था और अमीरी की लालसा पर संयम की वकालत की जाती थी। मध्य वर्ग इन बातों से उकता चुका था। चूँकि सरकार ने अर्थव्यवस्था खोल दी थी इसलिए उसे अपनी कामनाएँ पूरी होते साफ दिखाई दे रही थीं। उपभोक्तावाद को मान्यता देकर मध्य वर्ग की उपभोग-क्षमता ही प्रगति का सूचकांक घोषित कर दी गई थी। भौतिक कामनाओं के साथ प्रायः संबंधित रहने वाला अपराधबोध अनायास खत्म हो गया था। 'गाँधीवादी आदर्शवाद की दमनकारी और जीवन को झुठलाने वाली प्रकृति' एक तरह से प्रेतबाधा की तरह थी जिससे मध्य वर्ग सामूहिक रूप से मुक्त हो गया था।[7] सादगी पर दिए गए गाँधी के जोर को नकारा तो नहीं जा सकता था, लेकिन उसके अनुकरण की भी क्या जरूरत थी; मध्य वर्ग ने उत्साहपूर्वक उससे पल्ला छुड़ाया और उदारीकरण के घोड़े पर सवार होकर अतीत के रवैये व चिंतन को फलाँगता हुआ अपनी दमित कामनाओं के शिखर पर चढ़ता चला गया। उसने घोषणा की: 'किसी अपराधबोध के बजाय वास्तव में जन-स्वीकृति के साथ अब हम वह सब कुछ कर सकते हैं जो हम हमेशा करना चाहते थे।' गाँधी में 'गरीबी, कष्टसाध्य और तपस्वी जीवन के प्रति प्रेम व सराहना' के भाव थे, लेकिन नेहरू उनकी इस प्रवृत्ति की आलोचना करते थे: 'निजी तौर पर मैं गरीबी और दुःखभोग की प्रशंसा को नापसंद करता हूँ। मुझे नहीं लगता कि ये बातें तनिक भी वांछनीय हैं। इनका तो

उन्मूलन किया जाना चाहिए।'[8] बहरहाल, गाँधी के व्यक्तित्व में निहित अतीतोन्मुखता के पहलुओं के प्रति नेहरू कितने भी असहमत रहे हों, वे राजकीय नीति को गरीबों के पक्ष में करने के नैतिक आग्रह के प्रति पूरी तरह सचेत थे। गाँधी गरीबों से भावनात्मक लगाव महसूस करते थे जबकि नेहरू का समाजवाद इसी सिक्के का दूसरा पहलू था। गाँधी गरीब की तरह रह सकते थे और रहना चाहते भी थे, तो नेहरू भी भड़कीले उपभोक्तावाद के भद्देपन से उतनी ही नफरत करते थे। उदारीकरण ने इन दोनों दिग्गजों की विरासत को निष्प्रभावी कर दिया। खासतौर से मध्य वर्ग तो इसके लिए तैयार ही बैठा था क्योंकि उसकी दृष्टि में कई सरकारों की समाजवादी लफ्फाजी बेकार साबित हो चुकी थी। उसका फैसला दूसरी अति पर चला गया था: उसका विचार था कि समाजवाद, 'संरक्षण', और 'आत्मनिर्भरता' की नीतियाँ आर्थिक रूप से अक्षम हैं इसलिए कुछ देर के लिए गरीबों को भूल जाने और नए आर्थिक नुस्खे से लाभान्वित हो सकने वाले लोगों द्वारा अपने नैतिक तुष्टीकरण में लग जाने में क्या बुराई है!

भले ही मध्य वर्ग की आर्थिक ताकत सीमित रही हो, लेकिन एक चमकदार और सुविधा-संपन्न जीवन के लिए मध्य वर्ग की आकांक्षाओं पर अब कोई बंदिश नहीं थी। 1996 में भारत-भ्रमण पर आए नोम चोम्स्की को भी यही लगा, 'भारतीय अभिजात वर्ग की जीवन-शैली वास्तव में आश्चर्यजनक है। मैंने अमेरिका में भी इस प्रकार की अमीरी नहीं देखी।'[9] महँगी कारों, अतिआधुनिक उपभोक्ता मशीनों, डिजाइनर वस्त्रों और आनुषंगिक वस्तुओं के साथ-साथ जिस पंचतारा जीवन-शैली को मध्य वर्ग ने अपना आदर्श बनाया, वह उदारीकरण की प्रक्रिया से उपजे भोगवादी माहौल का ही नतीजा थी। यद्यपि मध्य वर्ग पहले भी अभिजातवर्गीय उपभोग की सीढ़ियाँ चढ़कर गरीबी की गंदगी और अमीरी के सुख के बीच अनुल्लंघनीय दूरी बना देना चाहता था, लेकिन अब उसकी इस इच्छा पर 'सरकारी' मुहर भी लग गई थी और उसे विचारधारात्मक मान्यता भी मिल गई थी। एक राष्ट्रीय समाचार पत्र के संपादकीय पृष्ठ पर लिखते हुए नई अर्थनीति के सिद्धांतवेत्ता गौतम मुखर्जी ने इसी भावना को यूँ व्यक्त किया, 'हमें साफ तौर पर समझ लेना चाहिए कि भारत जैसे आकार और महत्त्व वाले देश के सामने मुक्त बाजार के क्रोम और काँच से बने चमचमाते भवनों में अपने भाग्य के साथ एक नई मुलाकात करने के अलावा कोई और चारा नहीं बचा है। कार की खिड़कियों से पीछे छूटती जा रही अजीबोगरीब झोपड़ियों को उदासी से देखने से कुछ हासिल होने वाला नहीं है क्योंकि *वे झोपड़ियाँ और उनमें रहने वाले हमारी बढ़ती हुई जरूरतों को पूरा नहीं कर सकते और अगर सच कहें तो कभी पूरा नहीं कर पाएँगे* (जोर मेरा) ।'[10] इसी दलील को एक नई पत्रिका ने भी दोहराया। इस पत्रिका के चमकदार और रंगीन पृष्ठ 'उत्तम रहन-सहन की प्रामाणिक निर्देशिका' होने का दावा करते हैं। यद्यपि इसके स्वर में मुखर्जी जैसा आनंदातिरेक नहीं था,

लेकिन उदारीकरण की अनिवार्यता जताने में वह पीछे भी नहीं था: 'पिछले कुछ वर्षों से देश-भर को प्रभावित करते जा रहे आर्थिक उदारीकरण ने भारत के विकासमान मध्य वर्ग के बड़े हिस्से के जीवन को बदल दिया है। अब इन लोगों का नजरिया और आकांक्षाएँ कहीं अधिक अंतर्राष्ट्रीय, उनकी जीवन-शैली व प्रवृत्तियाँ अधिक परिष्कृत और उदार हो गई हैं। निश्चित रूप से ये लोग छुट्टियाँ मनाने और मौज-मजा करने के मामले में अधिक उत्साह और अपेक्षाओं का प्रदर्शन करते हैं। समाज के संपन्न तबके की गतिविधियों को अरुचिकर और उत्तम रहन-सहन पर किए गए खर्चे को और भी बड़ा पाप मानने की मनोवैज्ञानिक विरासत नेहरू युगीन समाजवादी दौर की देन थी। *आज हालत यह है कि बहुत से लोग इस लांछन से मुक्त महसूस करते हैं* (जोर मेरा)। मनमोहनोमिक्स (अर्थात मनमोहन सिंह के नेतृत्व में नई अर्थ-नीति) के कारण धनोपार्जन के ही नहीं उसे खर्च करने के और भी ज्यादा नए-नए अवसर उपलब्ध हो रहे हैं।'[11]

इस दृष्टिकोण को उपभोक्तावादी समर्थन मिलना स्वाभाविक ही था। लगभग हर उपभोक्ता वस्तु को किश्तों पर खरीदा जा सकता था। मनचाहा उत्पाद खरीदने के लिए उचित स्रोत से उचित ऋण दिलाने के लिए फर्में नए-नए तरीके ईजाद करने में लगी हुई थीं। देखते-देखते क्रेडिट कार्ड का कारोबार 1600 करोड़ का आँकड़ा पार गया। करीब दस लाख से ज्यादा भारतीय ऐसे थे जिन्होंने किफायती रहन-सहन के आग्रहों से पल्ला झाड़ लिया था। पहले ये लोग कर्जा लेने से डरते थे लेकिन अब वे क्रेडिट कार्ड-धारक बन चुके थे। 1995 में मास्टर कार्ड ने भारत में 106 फीसदी की वृद्धि दर्ज की। एशिया-प्रशांत क्षेत्र में यह वृद्धि-दर सर्वाधिक थी। वीजा कार्ड में 94 फीसदी की अभूतपूर्व वृद्धि हुई। 1994-95 में अमेरिकन एक्सप्रेस कार्ड 102 फीसदी की दर से बढ़ा और इसके अगले वर्ष यह दर 135 फीसदी हो गई। उपभोक्ता माल बनाने वाली बड़ी-बड़ी कंपनियों ने विज्ञापन पर करोड़ों रुपए खर्च किए। एक सर्वेक्षण के अनुसार 1995 में उपभोक्ताओं पर अपना निशाना और बेहतर ढंग से साधने के लिए पहली दस कंपनियों ने 600 करोड़ रुपए का व्यय किया। विज्ञापन पर देश-भर में सर्वाधिक खर्च करने वाली कंपनी हिंदुस्तान लीवर का विज्ञापन बजट एक साल में 22 फीसदी बढ़ा। इलेक्ट्रानिक सामान में मध्य वर्ग की विशेष रुचि थी। इस क्षेत्र का विज्ञापन व्यय 1995 में 70 फीसदी बढ़ा जबकि उसकी बिक्री की वृद्धि दर तीस फीसदी से भी कम रही। उपग्रहीय टीवी के विस्फोट ने घर-घर में उपभोक्तावाद का संदेश जिस दक्षता और प्रभावोत्पादकता के साथ पहुँचाया उसकी कुछ वर्ष पहले कल्पना भी नहीं की जा सकती थी। इस 'क्रांति' का आगाज 1991 में हुआ था। 1995 तक अनुमानतः करीब एक करोड़ 80 लाख घरों के तार केबिल अथवा उपग्रहीय टीवी से जुड़ चुके थे। बहुत से मध्यवर्गीय परिवारों ने दूरदर्शन की इजारेदारी को फलाँगते हुए पाया कि अब उनके पास देखने के लिए पचास से

भी ज्यादा चैनल हैं। हर चैनल का आधार अनिवार्यतः विज्ञापन ही था। इनका प्रभाव इतना बढ़ा कि विज्ञापन के कारोबार में लगे कुछ लोगों ने 'विज्ञापन के पश्चिमी मुहावरे और व्याकरण के सामने भारतीय विज्ञापन जगत द्वारा घुटने टेक देने पर अफसोस व्यक्त किया।' उनका ख्याल था कि 'दिल्ली अपनी जीवनी शक्ति डलास से प्राप्त करते हुए लग रही है। दोनों की यह समानता विज्ञापन की सतही प्रतीकात्मक दुनिया तक ही सीमित न रह कर बुनियादी भाषा और मूल्य-प्रणाली के स्तर पर भी है।'[12] उपग्रहीय चैनलों पर चौबीसों घंटे चलने वाले कार्यक्रमों से संदेश मिला कि भारतीय अभिजात वर्ग अपने पैर जमा चुका है और एक महानगरीय, संपन्न और शहर-केंद्रित उच्च-मध्यवर्गीय दुनिया बन चुकी है। 1995 में किए गए सर्वेक्षण से जानकारी मिली कि तीन प्रमुख चैनलों पर चल रहे सबसे लोकप्रिय धारावाहिकों के दो सौ खंडों के महिला पात्रों में से 80 फीसदी से अधिक पात्र ऊपरी तबके के थे। पुरुष पात्रों के मामले में यही आँकड़ा 70 से 80 फीसदी के बीच था।

'एक खास तरह की जीवन-शैली और रहन-सहन की तलाश में व्यस्त मध्य वर्ग पर उपग्रहीय चैनलों के इस छवि-निर्माण का भारी असर पड़ना स्वाभाविक था। पाँचवें राष्ट्रीय पाठक सर्वेक्षण ने जानकारी दी कि सभी शहरी घरों की 3/5 संख्या में टीवी सेट आ गए हैं और अब इस माध्यम की पहुँच 1990 के नौ फीसदी से बढ़कर 1995 में 74 फीसदी हो गई है। बेशकीमती उपभोक्ता वस्तुएँ मध्य वर्ग की नवविकसित आकांक्षाओं की प्रतीक चिह्न बन गईं : उसके सपनों पर 22 लाख में खरीदी जा सकने वाली मर्सडीज बेंज कारें या छः लाख की ओपल आस्ट्रा, 32 और 40 इंच के टीवी सेट, एक-एक लाख से ज्यादा कीमत के अत्याधुनिक रेफ्रिजरेटर, इतालवी सूट, 'आयातित' ब्रांडिड कमीजें और दस-दस हजार के मांट ब्लांक पेन कब्जा कर चुके थे। चैनलों पर प्रदर्शित विज्ञापनों ने एक खास तरह के मूड को भी प्रक्षेपित किया। इसका 'मूल संदेश बालों के तेल के विज्ञापन में आने वाली दादी माँ से मिलाः जमाना बदल गया है! चैनल वी ने इसे यूँ पेश कियाः *कोप अप ऑर लेफ्ट आउट!* और इसके लिए करना क्या थाः वियर और एटिट्यूड। *गेम्बलर* फिल्म के गोविंदा ने यही बात गा कर समझाई! *मेरी मर्जी!* पेप्सी द्वारा प्रायोजित होर्डिंग ने चमक कर कहाः *इट्स माई लाइफ!* मैं, मेरा और मस्ती! ये हैं मस्ती के क्षण! उपभोग के इस विशाल दायरे से कुछ भी बाहर नहीं रह सकता। राजस्थान के कुटीर उद्योग में बनने वाली हमारी स्वादिष्ट भुजिया भी नहीं। बहुराष्ट्रीय बन गई भुजिया को बेचने वाले विज्ञापनों ने हिंदी फिल्मों का इस्तेमाल किया। इनकी आखिरी पंक्ति बड़ी जोरदारी से माहौल के रुझान की चुगली खा रही थीः *इसमें है मजा अनलिमिटेड।*'[13]

बच्चों ने इस उपभोक्तावादी उछाल के मूड को ज्यादा आसानी से ग्रहण किया। अनुसंधानकर्ताओं ने निष्कर्ष निकाला कि 'पुरानी पीढ़ी की अपेक्षा बच्चे दर्शकों के दिमाग

में बैठाई जा रही उत्तम रहन-सहन की छवि को ज्यादा आत्मसात करते हैं।'[14] यह भी प्रमाणित हो गया कि मध्यवर्गीय घरों के बच्चे टीवी सबसे ज्यादा और मन-बहलाव के अन्य साधन भी होने के कारण उच्च वर्गीय बच्चे टीवी सबसे कम देखते हैं।[15] टीवी से चिपके रहने वाली इस पीढ़ी के 75 फीसदी बच्चों ने पूछने पर बताया कि वे टीवी विज्ञापन में दिखाए जा रहे उत्पाद को हासिल करना चाहते हैं। 'एज ऑव सुपरब्रेट' शीर्षक से आवरण कथा छाप कर एक प्रमुख पत्रिका ने निष्कर्ष निकालाः 'प्रगति की सीढ़ियाँ चढ़ने में लगी इस दुनिया में वयस्क सत्ता, महत्त्वाकांक्षा और धन के पीछे भागते हैं। पैसे का बोलबाला है जिसमें बच्चे तय करते हैं कि किस पर और कैसे धन खर्च किया जाए....इस सबसे एक ऐसी लड़ाई जन्म लेती है जिसके लिए हिरोशिमा और कुछ नहीं टोबलरॉन, बार्बी गुड़िया अथवा बास्किन रॉबिंस की आइसक्रीम जैसी चीजें हैं।'[16]

'समझदार' वयस्कों ने भी आर्थिक सुधारों के कारण बने उम्मीद-भरे माहौल की मुखर सराहना कीः 'इस प्रकार की नई-नई प्रौद्योगिकियों, नए उद्यमों और नए किस्म की नौकरियों के मौके पहले कभी नहीं मिले थे। पहले कभी विदेशी मुद्रा-भंडार इतना भरा हुआ नहीं था। सबसे बड़ी बात तो यह है कि हवाओं में उम्मीद साफ दिखाई दे रही है। लोग लाभदायक सौदे कर रहे हैं, उन्हें अच्छी तनख्वाहों की नौकरियाँ मिल रही हैं। वे यात्राएँ कर रहे हैं, छुट्टियाँ मना रहे हैं और उन्हें यकीन है कि भारत ने अंततः रास्ते की बाधा को पार कर लिया है।'[17] विदेशी अखबारों और पत्रिकाओं ने भी अचानक भारत की बदलती हुई आर्थिक शक्ल के बारे में सामग्री प्रकाशित करना शुरू कर दिया। ऐसी बातें मध्य वर्ग के लिए हमेशा ही बड़ी विश्वसनीय थीं इसलिए प्रेक्षकों को लगा कि भारतवासियों में एक नए तरह का 'मानस' बन रहा हैः 'माहौल आश्वस्त करने वाला है। लोगों को विश्वास है कि उनकी संतानें उनके मुकाबले अधिक संपन्न होंगी। यह अनुभूति व्यापार में लगे लोगों और छात्रों में खासतौर से देखी जा सकती है, लेकिन राजनेता, अधिकारी वर्ग, ट्रेड यूनियन नेता और गृहणियों पर भी इसका असर है। इस मानसिकता ने धनोपार्जन को सफलता के मान्य और वैध तरीके की तरह ग्रहण कर लिया है। धन के प्रति हमारा पहले वाला पाखंड खत्म हो चुका है। लोग कुछ 'कर गुजरने' पर आमादा हैं। हर किस्म के लोग जोखिम उठाते हुए नए-नए व्यापारों में हाथ डाल रहे हैं....अखबारों के व्यापार संबंधी पृष्ठ कहीं अधिक जीवंत हो चले हैं। 1990 में *इकॉनॉमिक टाइम्स* की प्रसार संख्या एक लाख से कम थी। 1994 में यह पाँच लाख पार कर गई और वह दुनिया का दूसरा सबसे बड़ा व्यापार संबंधी समाचार पत्र बन गया। रंक से राजा बनने की कहानियाँ पूरे देश में गूँज रही हैं। पचास के दशक की शुरुआत वाली जोरदार संभावनाओं से धड़कती उम्मीदें फिर आ गई हैं।'[18]

बहरहाल, बहुराष्ट्रीय कंपनियों और मार्केटिंग महारथियों ने भारतीय बाजार

की इन 'जोरदार संभावनाओं' को बढ़ा-चढ़ा कर आँका। उनका आकलन था कि क्रय-शक्ति के लिहाज से मध्य वर्ग का आकार करीब 25 करोड़ का है लेकिन असल में यह आकार दस करोड़ से ज्यादा नहीं था। विदेशी कंपनियों को दूसरा सबक यह सीखना था कि भारतीय उपभोक्ता 'अपने पैसे की पूरी कीमत वसूलना चाहता है।' यह एक नया अंतर्राष्ट्रीय ब्रांड खरीदने के लिए ऊँची कीमत एक बार अदा करने के लिए तो तैयार था, लेकिन उसी चीज को वह 'दोबारा बिना पूरी तरह संतुष्ट हुए खरीदने को तैयार नहीं था।' उसे आसानी से उल्लू नहीं बनाया जा सकता था और न ही 'पश्चिम में बाजार से बाहर हो चुके उत्पाद' उसके मत्थे मढ़े जा सकते थे। इसके अलावा पुरानी चीज को आसानी से बेकार मान कर उसकी जगह 'अधिक उत्तम उत्पाद' खरीदने की बारंबारता भारतीय उपभोक्ता में बहुत नीची थी। एक ही उत्पाद की विविध किस्मों को खरीदने की क्षमता भी उसमें नहीं थी। वह 'पश्चिम की भाँति छः जोड़ी नाइकी जूतों के बजाय एक जोड़ी में ही संतुष्ट रहने वाला था।'[19] लेकिन, बहुराष्ट्रीय कंपनियों का एक अंदाजा सौ फीसदी सही था: वे जानती थीं कि सीमित क्रय-शक्ति के बावजूद मध्य वर्ग की कामनाओं का संसार असीमित है। अनंत इच्छाओं का यह सामूहिक 'मानस' ही इन कंपनियों को भारत में स्थायी रूप से बनाए रखने का आधार था। ये कंपनियाँ अल्पावधि के लिए अपनी अपेक्षाओं में कटौती करने के लिए तैयार थीं, लेकिन उनका निशाना तो दूरगामी था। विश्लेषकों की मान्यता थी कि 'अधिकांश बहुराष्ट्रीय कंपनियाँ भारतीय बाजार को दीर्घकालीन परिप्रेक्ष्य में देखना शुरू कर चुकी हैं। रुपया-डालर विनिमय दर के कारण वे भारत में और अधिक निवेश करने और बिना दिक्कत महसूस किए दस साल से भी ज्यादा इंतजार करने को तैयार हैं। पश्चिमी बाजारों की क्षमता चुक जाने के कारण भारतीय बाजार अपनी तमाम मुश्किलों के बावजूद उनके लिए आकर्षक बना हुआ है। भले ही भारतीय उपभोक्ता जेब से पैसा निकालने से पहले सौ बार सोचता हो, *वह उस सनसनी का मजा लेने के लिए भी व्याकुल है जो उसे जीवन में पहले कभी नहीं मिली* (जोर मेरा)। उसे वे दिन याद हैं जब उसे विदेश यात्रा करने वाले रिश्तेदारों से लेवी जींस या केमे लाने का अनुरोध करना पड़ता था, या जब वह तस्करी का माल बेचने वाले दुकानदार से हेड एंड शोल्डर लोशन और बैंकाक में बनी लेकॉस्ट टी-शर्ट्स के लिए मोल-भाव करता था। अब वह निश्चित रूप से अपनी पसंद चलाने और अपने आग्रहों को मनवाने के मूड में है।'[20]

आज के संचार माध्यमों, खासतौर से इलेक्ट्रॉनिक मीडिया ने अपने दर्शकों के सामने मृग-तृष्णाएँ परोसने में महारत हासिल कर रखी है। 'हवाओं की उम्मीद' या 'जोरदार संभावनाओं' से आवेशित 'नया मानस' ही मध्य वर्ग के महाविभ्रम का प्रतीक था। इस वर्ग को लग रहा था कि अर्थतंत्र के दरवाजे खुलने के कारण उसे किस्म-किस्म की उपभोक्ता वस्तुओं में से चुनने का मौका मिल गया है, और इसी

के दम पर चमत्कारिक ढंग से देश की अर्थव्यवस्था पूरे जोश के साथ पटरी पर दौड़ने लगेगी। एक ही झटके में पूरा देश समृद्धि व प्रगति की मंजिल के निकट पहुँच जाएगा। यहाँ तक कि विदेशी ब्रांड के वैफर्स भी व्यक्ति को आसानी से उपलब्ध हो जाएँगे। अपने स्वभाव के मुताबिक मध्य वर्ग को यकीन था कि जो उसके लिए फायदेमंद है, वही सारे देश के लिए भी लाभकारी है। उम्मीद और आशावाद के इस आम माहौल का सबसे दुर्भाग्यपूर्ण पहलू यह था कि इसके कारण भारतीय अर्थव्यवस्था की असली हालत से जुड़े हुए कुछ असुविधाजनक परिदृश्य पृष्ठभूमि में चले गए थे। 'अच्छी तनख्वाहों वाली नौकरियों' तथा 'यात्राएँ करने व छुट्टियाँ मनाने' की संभावनाओं से मोहित लोगों के लिए उन कम से कम 25 करोड़ देशवासियों को भूल जाना स्वाभाविक ही था जो अपनी रातें उस समय भी भूखे पेट ही गुजार रहे थे। जिन लोगों को यकीन था कि भारत ने अंततः रास्ते की बाधा को पार कर लिया है, उनके लिए इस तथ्य को नजरअंदाज कर देना आसान था कि यह देश दुनिया में सबसे ज्यादा यानी 29 करोड़ निरक्षरों का देश भी है और यह संख्या अमेरिका और कनाडा की मिली-जुली आबादी से भी ज्यादा है। केबिल टीवी की रंगीन विज्ञापनीय दुनिया में खोये हुए लोग यह मानने के लिए तैयार नहीं हो सकते थे कि सुरक्षित पेय जल के बिना जीने वाला दुनिया का हर तीसरा व्यक्ति उनके अपने देश में रहता है अथवा यह कि हैजे के कारण हर वर्ष भारत में 15 लाख शिशु काल के गाल में समा जाते हैं। हर तीन मिनट में एक बच्चा प्राण त्याग देता है। अपनी संतानों के लिए अपने से अधिक संपन्न भविष्य के प्रति अतिआश्वस्त लोगों के लिए इस वास्तविकता से अनजान बने रहना स्वाभाविक ही था कि पाँच साल से कम आयु के 53 फीसदी भारतीय बच्चे कुपोषण के शिकार होते हैं और उनका वजन कम होता है। भारत का यह प्रतिशत इथियोपिया के 48 फीसदी से भी ज्यादा है। इन लोगों को इस तथ्य में भी रुचि नहीं हो सकती थी कि भारत में बच्चों की मृत्यु-दर दुनिया में सबसे ऊँची है। प्रगति की सीढ़ियाँ चढ़ने में लगा वर्ग 'धनोपार्जन के अवसरों' का इस्तेमाल करने में इतना व्यस्त था कि उसे ग्रामीण महिलाओं में 70 फीसदी निरक्षता अथवा उत्तर प्रदेश और बिहार जैसे देश के सर्वाधिक आबादी वाले प्रदेशों की अनुसूचित जाति की महिलाओं में से केवल 15 फीसदी के साक्षर होने जैसे तथ्यों की कोई परवाह नहीं थी। उत्तम रहन-सहन से जुड़े लांछन से मुक्ति पा जाने से आह्लादित लोगों की चिंताओं में इस सच्चाई का कोई स्थान नहीं हो सकता था कि शहरों में रहने वाले आधे भारतीयों को सार्वजनिक स्वच्छता की सुविधाएँ उपलब्ध नहीं हैं और देहातों में यह हालत और भी खराब है। वहाँ तो 97 फीसदी भारतीय साफ-सफाई की सुविधाओं से वंचित हैं।

यदा-कदा ऐसा भी होता है कि आँकड़ों का जगत गरीबी की भयावहता को अभिव्यक्त करने में नाकाम हो जाता है। अभावग्रस्तता के घिनौने यथार्थ को जताती

हुई विशाल संख्याएँ निष्प्रभावी होकर केवल जनसंख्यामूलक तथ्य बन कर रह जाती हैं। लेकिन मध्य वर्ग भले ही इन आँकड़ों से प्रभावित होने से इनकार करे, अंततः ये संख्याएँ उस 'दरिद्र' भारत की नुमाइंदगी तो करती ही हैं जो मिट्टी की झोपड़ियों में बसता है और जो 'मुक्त बाजार में बने क्रोम और काँच के चमकदार भवनों में नियति के साथ एक नई मुलाकात का वायदा' करने के लिए उतावले लोगों की नजरों में चुभता है। जब आसन्न उपभोक्तावादी मोक्ष की सर्वव्यापी, आकर्षक और सम्मोहक संभावनाएँ इतनी साफ दिखाई दे रही हों, तो केवल आँकड़ों के चश्मे से गरीबी की स्तब्ध कर देने वाली उस खौफनाक असलियत को महसूस न कर पाना स्वाभाविक ही है जिसमें 39 फीसदी भारतीय, सरकारी आँकड़ों के मुताबिक, अब भी गरीबी की रेखा से नीचे गुजर-बसर कर रहे हैं। सवाल उदारीकरण की आर्थिक सक्षमता पर बहस का नहीं है। वैसे भी समाजवादी रूपांतरण की प्राणहीन लफ्फाजी के चक्कर में अर्थतंत्र परेशानियों के दलदल में फँस चुका था। डॉक्टर मनमोहन सिंह द्वारा नई अर्थनीतियों की शुरुआत करने से कुछ पहले ही अर्थतंत्र के दरवाजे खोलने की जरूरत महसूस की जाने लगी थी। इन नीतियों की अंतर्वस्तु और दिशा के बारे में मतभेद हो सकते थे, लेकिन उनकी आवश्यकता निर्विवाद थी। जो हो, हमारे लिए महत्त्वपूर्ण यह है कि इन नीतियों ने उस मध्य वर्ग पर क्या असर डाला जिसके ज्यादातर सदस्य पहले ही आदर्शवाद, नैतिकता अथवा सामाजिक संवेदनशीलता के दिखावे को भी स्वार्थ और आर्थिक संपन्नता की वेदी पर कुर्बान कर चुके थे। पहला असर तो यह पड़ा कि आर्थिक उदारीकरण से भारतीय मध्य वर्ग को बहाना मिल गया और उसने अपनी 'दुनिया' वंचितों और अभावग्रस्तों के 'दरिद्र' भारत से निस्संकोच अलग कर ली। साधनहीनों के प्रति उसके अंतरमन की बची-खुची भावनाएँ भी मुरझा गईं। भारत के दो हिस्से हो गए और इन दो तरह के भारतों के वजूद के लिए उदारीकरण ने एक चमकीला विचारधारात्मक तर्क भी मुहैया कर दिया। इनमें से एक भारत अपने खगोलीकरण पर आमादा था और दूसरा नाउम्मीदी की भींच में फँसा हाशिये पर पड़ा हुआ था। आकांक्षाओं के स्वप्निल संसार में ज्यादातर मध्यवर्गीय भारतीय अपनी साधारण क्रय-शक्ति के बावजूद अमीरों की जीवन-शैली से सम्मोहित हो चुके थे। इसका एक बड़ा कारण यह था कि अतीत के निष्प्रभावी समाजवादी नियंत्रणों से घोषित मुक्ति के दावे को ही उच्चवर्गीय विपुलता और विलासितापूर्ण जीवन की उपलब्धि का पर्याय समझ लिया गया था।

तात्पर्य यह है कि 'उदारीकरण की मौजूदा लहर ने उस प्रवृत्ति को और गहन कर दिया जिसके कारण संपन्न भारतीय पहले ही गरीबों के कष्ट की अनदेखी कर रहे थे....*जब एक बार गरीबी को नजरअंदाज करना मान्य हो गया, तो फिर सामाजिक जीवन में सामुदायिक बोध की कोई गुंजाइश ही नहीं रह गई* (जोर मेरा)।'[21] उदारीकरण की आर्थिक अंतर्वस्तु पर अक्सर खुश्क किस्म की तकनीकी

विचारधारात्मक बहसें होती रहती हैं। इन नीतियों के पीछे इरादे कितने ही नेक क्यों न हों, यह मुद्दा इन बहसों जितना ही महत्त्वपूर्ण है कि उदारीकरण ने समाज के संपन्न तबके के रवैये और व्यवहार को किस ढंग से प्रभावित किया। जिस समय उदारीकरण के गर्भ से निकली मादक संभावनाएँ अपने शिखर पर थीं, एक प्रमुख भारतीय पत्रिका ने उड़ीसा में रायगढ़ जिले के बेहद दरिद्र ग्रामों में भुखमरी की कगार पर खड़े लोगों के बारे में आवरण कथा छापी। इसमें भूख से संघर्ष कर रहे लोगों के सजीव चित्र थे और यह भी गिनाया गया था कि इन अति दरिद्रों को साल-भर के लिए क्या नसीब होता है: बारहों महीनों न दोपहर का भोजन, न रात का भोजन, और कुछ महीनों में तो केवल जंगली कंद, मूल, फल और बीज, इत्यादि। इस आवरण कथा का निष्कर्ष था: 'रायगढ़ के बुरसुंडा गाँव के उस अभावग्रस्त परिवार की एक ही स्मृति याद रह जाती है--फूले हुए पेट और फोड़े-फुंसियों से भरे हुए बच्चों का झुंड। आखिरी बार फोटो खींचने के लिए उन्हें एक जगह खड़ा करते ही दिमाग में सवाल आया: पारिवारिक तस्वीरों के बीच इस परिवार की तस्वीर कैसी लगेगी! यह उस देश का यथार्थ था जहाँ 'हमारी संस्कृति' किसी भी मानव को भूखा न छोड़ने का दावा करती है। जहाँ परोपकार को जनसाधारण की सामूहिक चेतना का अभिन्न अंग माना जाता है। ऐसे देश में विचार और कर्म की चौतरफा लकवाग्रस्त स्थिति अपने गहरे से गहरे अर्थों में भी स्वीकार नहीं की जा सकती।'[22] इस लोकप्रिय पत्रिका का पाठक वर्ग अधिकांशतः मध्यवर्गीय ही है, फिर भी इस रपट पर पाठकों की ओर से कोई प्रतिक्रिया नहीं आई। इस बात का कोई सबूत नहीं मिला कि इस वर्ग ने पल-भर के लिए भी अपने गिरेबान में झाँका हो। न ही उन वंचितों की मदद करने के लिए स्वैच्छिक अनुदान जुटाने की कोई कोशिश दिखाई दी। उनके प्रति हमदर्दी, सरोकार अथवा मनोव्यथा का कोई संकेत भी नहीं मिला। इस आवरण-कथा को पढ़ कर मध्य वर्ग में ज्यादा से ज्यादा यही अनुभूति हुई कि जैसा वर्तमान है वैसा ही अतीत भी था। भारत में तो भूखे लोग हमेशा रहते ही आए हैं। अब उन्हें मुद्दा बनाने की क्या जरूरत है? फिर, इस समय तो देश तेजी से विदेशी निवेश के लिए आकर्षक और विकासमान बाजार की छवि बनाने की कोशिश कर रहा है। जाहिर था कि मध्य वर्ग पर अपने ही देशवासियों के दुख-दर्द से निष्प्रभावी रहने और नियोन लाइटों वाले विज्ञापन-पटों के परे कुछ न देख पाने का रवैया हावी हो चुका था। वह मानने के लिए तैयार ही नहीं था कि देश की बहुसंख्यक जनता की साधनहीनता तथा उत्तम रहन-सहन की संभावनाओं के बीच कोई सूत्र भी बन सकता है! उसने अंतिम रूप से मान लिया था कि भारतवासियों के एक बड़े हिस्से को गरीबी में जीवनयापन करना ही होगा और उसकी अपेक्षा एक छोटा-सा हिस्सा आर्थिक सुधारों से निकली 'मादक संभावनाओं' का उत्सव मनाता रहेगा। मध्य वर्ग का यह रोग इतना गंभीर है कि इसके इलाज के लिए पार्टी-पॉलिटिक्स के दायरे से ऊपर उठ कर

गौर करने की आवश्यकता है। हमारी मंजिल पूँजीवाद हो या समाजवाद, दोनों ही हालतों में इस देश के चेहरे पर यहाँ के शिक्षित और सुविधा-संपन्न देशवासियों की संवेदनशून्यता अंकित रहेगी। नई अर्थनीति ने इस संवेदनहीनता को और बढ़ाया है। इसके कारण संपन्नों व दरिद्रों की दो दुनियाओं के बीच मनोवैज्ञानिक ध्रुवीकरण पूरी तरह स्पष्ट हो गया है।

मध्य वर्ग के लिए अब यक्ष प्रश्न यह है कि क्या इस प्रकार का ध्रुवीकरण अनंत काल तक कायम रखा जा सकता है? या अब समय आ गया है कि इस वर्ग को नए ढंग से सोचना शुरू कर देना चाहिए। उसे अपने दीर्घकालीन हितों को ध्यान में रखते हुए 'अभिजातवर्गीय दृष्टि के हाशिये' से परे जा कर चिंतन की कोशिश करनी चाहिए? अपनी तमाम विविधताओं के बावजूद भारत एक राष्ट्र होने के नाते अविभाज्य है। जब तक इसके सभी अंश एक राष्ट्रीय सहमति के घटक नहीं बनते, जब तक इसके सभी लोग अधिकार-संपन्न होने की प्रक्रिया से लाभान्वित नहीं होते और जब तक इसके सभी नागरिक एक समान नियति के भागीदार नहीं होते, तब तक इसका कोई एक वर्ग अलग से प्रगति के विभ्रम को नहीं पाले रख सकता। यद्यपि इस विभ्रम को त्यागना कुछ मुश्किल ही है। कुछ विचारधाराएँ मध्य वर्ग को यह समझाने में लगी हुई हैं कि साधन-संपन्नों द्वारा अपनी आर्थिक कामनाओं की पूर्ति के लिए चलाए जा रहे निर्बाध प्रयास के लाभ कभी न कभी बूँद-बूँद करके वंचित तबके तक भी पहुँचेंगे। हो सकता है कि कुछ समाजों में ऐसा हो भी जाए, लेकिन, भारतीय मध्य और अभिजात वर्गों को अपने देश के संदर्भ में स्वयं से पूछना चाहिए कि जहाँ की चालीस फीसदी आबादी भयावह गरीबी की शिकार हो और आधी जनसंख्या लिखना-पढ़ना न जानती हो, क्या वहाँ बूँद-बूँद विकास का यह सिद्धांत लागू हो सकता है? सभी भारतवासियों के जीवन में परिवर्तन लाने के लिए आखिर कितने दशकों तक यह प्रक्रिया चलानी पड़ेगी? साधन-संपन्नों के सामने दूसरा रास्ता यह है कि इस दरिद्र भारत की तरफ से आँखें बंद कर ली जाएँ और उपभोक्तावादी नखलिस्तानों में मौज उड़ाई जाए। दिक्कत यह है कि किसी राष्ट्र को दो एकदम अलग-अलग खानों में बाँटना अगर असंभव नहीं तो बेहद मुश्किल अवश्य है। खासतौर से लोकतांत्रिक व्यवस्था के तहत एक तबके की जरूरतों और दूसरे तबके की कामनाओं को एक दूसरे से सर्वथा असंपृक्त रखने के लिए कोई रेखा नहीं खींची जा सकती। ऐसा करने की कोई भी कोशिश राजनीतिक अस्थिरता को निमंत्रण देगी। उसका नतीजा भयावह सामाजिक तनाव को जन्म देगा जो अंतिम विश्लेषण में मध्य वर्ग द्वारा आकांक्षित समृद्धि और संपन्नता के लक्ष्य के खिलाफ ही जाएगा।

क्या मध्य वर्ग में अपने स्थायी हितों की सिद्धि के लिए दूर तक देखने की क्षमता है? क्या वह एक क्षण के लिए अपने तात्कालिक स्वार्थ से परे जा कर गंभीरतापूर्वक सोच सकता है कि आखिर असली समस्या क्या है? केवल अपने

कल को आनंदपूर्ण बनाने में जुटे रहने के बजाय अपेक्षाकृत सुरक्षित आधार पर अगली पीढ़ी और निकट भविष्य के लिए उत्तम जीवन का लक्ष्य आखिर कैसे हासिल किया जा सकता है? क्या मध्यवर्गीय भारतवासियों में अपनी विविध कामनाओं और इच्छाओं की हंगामाखेज दुनिया से निकल कर दीर्घजीवी दृष्टि का आधार रचने की क्षमता है? क्या वह किसी न किसी तरह इस विभ्रम की भौंच से निकल सकता है कि उसकी प्रगत्याकांक्षा अधिकांश देशवासियों की अभावग्रस्तता से कभी प्रभावित नहीं होगी? इन सवालों के जवाब में यही कहा जा सकता है कि मध्य वर्ग के चिंतन में इस तरह की बुनियादी तब्दीली आने की संभावनाएँ बहुत कम हैं। उसके जीवन में सामाजिक प्रतिबद्धता अथवा किसी नैतिक आग्रह के प्रति विश्वसनीय आकर्षण का कतई अभाव है, इसलिए निजी लाभ और उन्नति के लक्ष्य के प्रति उसकी तल्लीनता को भंग नहीं किया जा सकता। राष्ट्रीय जीवन में नैतिकता का दायरा सिकुड़ता जा रहा है जिससे कुछ नेक इरादे वाले लोगों का संकल्प भी हिल गया है। 'नैतिक गिरावट विकिरण की तरह गंधहीन और रंगहीन होती है पर उसके परिणाम कहीं अधिक भयावह होते हैं।'[23] साधनों की सीमा अथवा नतीजों की परवाह किए बिना ज्यादा से ज्यादा चीजें हासिल करने का लालच एक उर्वरक की तरह काम करता है जिससे सिर्फ कामनाओं के पौधे ही फल-फूल सकते हैं। उससे संयम और पुनर्मूल्यांकन की फसल नहीं उपजती। ऊपर से संचार माध्यम उपभोक्तावादी मोक्ष का संदेश देते चले जाते हैं और आत्मनिरीक्षण के लिए गुंजाइश ही नहीं छोड़ते। धनोपार्जन से जुड़ा लांछन खत्म हो जाने से पाखंड-मुक्ति तो होती है, पर साथ ही किसी भी अन्य चीज के प्रति सरोकार की आवश्यकता भी समाप्त हो जाती है। इस परिस्थिति की व्याख्या कुछ इस तरह की गई है कि 'जब अरसे से दबी हुई तमन्नाएँ परवान चढ़ती दिखाई देती हैं तो उनकी लालसा में कुछ लोग नैतिकता को ताक पर रख देते हैं।'[24] ये लोग सिर्फ अपनी बेहतरी के लिए प्रयास करते हैं। किसी और बात के लिए वे चिंतित नहीं रहते। इससे जो माहौल बनता है उसमें संयम टूटने का सिलसिला तेजी से आत्मसंयम की समग्र संरचना को ढीला करता चला जाता है। हालत यहाँ तक पहुँच जाती है कि लोग 'लू' (शौचालय) थीम पार्टियाँ आयोजित करने लगते हैं। दिल्ली की परिधि पर स्थित एक डिस्को में इसी तरह की 'लू' थीम पार्टी एक युवा फैशन डिजाइनर ने आमंत्रित की थी। इसमें भाग लेने वाले हर मेहमान को वैसा ही परिधान धारण करना था जैसा कि लू में पहना जाता है। पार्टी को सजा कर एक लू जैसा ही बना दिया गया था। अब इस तरह की पार्टी को क्या माना जाए? संपन्न वर्ग की एक बचकाना और छिछोरी हरकत? या उसकी अश्लीलता और यौनकुंठा का प्रमाण? अगर इसे नैतिक-अनैतिक के मानंदडों पर न भी कसा जाए तो भी यह तो देखना ही होगा कि आखिर इस तरह की पार्टी से क्या संदेश निकलता है। क्या इससे नहीं लगता कि थोड़े से लोगों के समूह ने अमेरिका के

मैनहटन में होने वाले उद्दाम और दुराचारी अनुष्ठानों की भाँति उस अर्धशहरी माहौल में मौज-मजा करके अपने और गरीबों के बीच विशाल खाई को बड़े बेपरवाह ढंग से स्वीकृति दे दी है, जबकि इसके विपरीत 'लू' पार्टी से कुछ गज दूर हजारों-हजार लोग रोजाना इसी अर्धशहरी इलाके के खेतों में सुबह मल-त्याग करते हैं अथवा उन्हें पीने के पानी के लिए किलोमीटर-भर पैदल चलना पड़ता है। जाहिर है कि हमारी यह टिप्पणी उस महत्त्वहीन 'लू' पार्टी की ओर लक्षित नहीं है। यह तो उन मुट्ठी-भर पश्चिम के रंग में रँगे संपन्न लोगों की समझ पर टिप्पणी है जो मौज-मजा करने के ऐसे विचित्र और भौंडे तरीके ईजाद करते रहते हैं, बिना यह चिंता किए कि उनकी पार्टी के आस-पास के माहौल के बरक्स उनकी ये हरकतें किस कदर जुगुप्सा पैदा करेंगी।

यह उदाहरण बताता है कि मध्य वर्ग को पूर्वानुलोकन और आत्मनिरीक्षण में काफी दिक्कतें आएँगी। लेकिन, अपने दीर्घकालीन हितों की सुरक्षा करने के लिए उसे मुश्किलों के बावजूद कोशिश तो करनी ही होगी। हम कहना यह चाहते हैं कि मध्य वर्ग जिस समृद्धि और प्रगति का सपना देखता है, उसे बेहतर ढंग से तभी सुनिश्चित किया जा सकता है जब वह फौरी लाभ हड़पने के हथकंडों से ऊपर उठकर प्रयास करे। हम यह भी कहना चाहते हैं कि दो तरह के भारत का अस्तित्व उत्तम रहन-सहन के दीर्घकालीन हित में नहीं है। जब एक तरफ उपभोग करने वाला वर्ग होगा जिसे तरह-तरह के आकर्षक ब्रांड और भी उपभोग के लिए प्रेरित कर रहे होंगे, और दूसरी तरफ दो वक्त की रोटी की जुगाड़ में लगा तबका होगा, तो उत्तम जीवन का आधार अस्थायी और विरल हो जाएगा। अतएव मध्य वर्ग का अपना स्वार्थ ही इस अस्वीकार्य और तर्कहीन हालत को बदलने की माँग करता है। गाँधी को परोपकार की धारणा के तहत यकीन था कि सक्षम नागरिक अपने कमजोर व गरीब भाइयों का ख्याल रखेंगे। इसीलिए उन्होंने कहा था कि गरीबों के हित में अमीरों को चाहिए कि वे स्वयं को अपनी संपत्ति का ट्रस्टी समझें। गाँधीजी को गुजरे हुए अब कई दशक हो चुके हैं। परोपकार का जमाना तो अब नहीं रहा, लेकिन हो सकता है कि स्वार्थ का तर्क मध्य वर्ग की समझ में आ जाए।

चूँकि मध्य वर्ग स्वार्थ के तर्क से सुपरिचित है इसलिए अगर इसी के जरिये वह अपने दीर्घकालीन लाभ की रणनीतियों पर सोचना शुरू करता है, तो उसे सही रास्ता बताने के लिए कई उदाहरण जुटाए जा सकते हैं। हालाँकि पूर्वी एशियाई अर्थव्यवस्थाओं को पिछले दिनों कुछ झटके लगे हैं, फिर भी मध्यवर्गीय लोग आमतौर पर भारतीय आर्थिक विकास की जड़ता के मुकाबले उनका जिक्र आर्थिक प्रगति के उदाहरण के रूप में करते रहते हैं। इस संदर्भ में याद रखना चाहिए कि इनमें से कई अर्थव्यवस्थाओं ने 'बड़े पैमाने पर भूमि सुधारों को अंजाम देकर ग्रामीण अधिसंरचनात्मक विकास संपन्न किया था....'पूर्वी एशियाई चमत्कार'

में कृषि ने महत्त्वपूर्ण भूमिका का निर्वाह किया है।...कृषि के विकास ने गैर-कृषि विकास को उत्प्रेरित किया...उदाहरणार्थ, ताइवान में निर्यात के बजाय कृषि ने घरेलू माँग और रोजगार पैदा करने में अगुआ भूमिका निभाई।'[25] इसके विपरीत भारत में जानकार लोगों के बीच भी 'आर्थिक उदारीकरण की पूरी बहस कुछ इस ढंग से चलाई जाती है मानो कृषि क्षेत्र अथवा ग्रामीण भारत का वजूद ही न हो, और अगर हो भी तो वह महत्त्वहीन हो। जिस अर्थव्यवस्था में दो-तिहाई श्रम-शक्ति खेती में लगी हो और तीन-चौथाई आबादी देहातों में रहती हो, उसके संदर्भ में इस रवैये को अविश्वसनीय ही कहा जाएगा। आबादी के अनुपात में ग्रामीण क्षेत्र की अर्थतंत्र में हिस्सेदारी भले ही काफी कम हो, यह नहीं भूलना चाहिए कि वोटों के मामले में ग्रामीण जनता की राजतंत्रीय हिस्सेदारी उनकी संख्या के मुताबिक ही होती है। राजनीतिक न सही, लोकतंत्र में चुनावी आग्रहों को बहुत दिनों तक नजरअंदाज नहीं किया जा सकता।'[26] हम पहले ही यह दलील दे चुके हैं कि राजनीतिक उथल-पुथल विश्व-अर्थव्यवस्था के संपन्न देशों से जुड़ने के मध्यवर्गीय सपनों को धूल-धूसरित करने की क्षमता रखती है।

यह जानना भी जरूरी है कि शिक्षा में निवेश 'देर में उद्योगीकृत हुए और खासतौर से आजकल प्रेरणा का स्रोत समझे जाने वाले पूर्वी एशिया के सफल देशों में आर्थिक विकास के लिए निर्णायक'[27] साबित हुआ है। इस तथ्य के बावजूद आर्थिक उदारीकरण के उल्लास में डूबे बहुत से मध्यवर्गीय भारतीय इस यथार्थ को विचारणीय भी नहीं मानते कि लगभग आधे भारतीय निरक्षर हैं। किसी पुस्तक पर प्रतिबंध लगने से या किसी फिल्म के दृश्य सेंसर द्वारा काट दिए जाने से आंदोलित हो जाने वाले मध्यवर्गीय अधिकांशतः इस असलियत से नावाकिफ ही हैं कि इतने बड़े पैमाने पर निरक्षरता 'सेंसरशिप का सर्वाधिक अनिष्टकारी रूप है'[28] दक्षिण कोरिया प्रति वर्ष प्रति व्यक्ति 130 डालर की दर से प्राथमिक शिक्षा पर निवेश करता है। मलेशिया में यह खर्च 128 डालर है। भारत में यह व्यय केवल नौ डालर और पाकिस्तान में तीन व बांग्लादेश में दो डालर है। इंडोनेशिया की 77 फीसदी आबादी साक्षर है। मलेशिया की 78 फीसदी और थाइलैंड की 93 फीसदी आबादी साक्षर है। दक्षिण कोरिया को इस मामले में भी तुलनात्मक मिसाल दी जा सकती है। 1960 में उसकी 60 फीसदी से ज्यादा आबादी औपचारिक शिक्षा से वंचित थी। 1980 तक यह आँकड़ा 12 फीसदी रह गया। शिक्षा, मानव शक्ति नियोजन और व्यावसायिक प्रशिक्षण के कारण यह रूपांतरण संभव हो पाया। 1995 में विश्व प्रतिस्पर्द्धामूलकता रपट (डब्ल्यूसीआर) ने दक्षिण कोरिया को 48 देशों में 24वाँ स्थान दिया था। भारत का स्थान इस रपट में 39वाँ था। कई मध्यवर्गीय भारतवासियों को इस बात पर गर्व है कि भारत के पास दुनिया की दूसरी सबसे बड़ी और अमीर देशों के मुकाबले काफी नीचे वेतनमान वाली श्रम-शक्ति है। इस श्रम-शक्ति का एक हिस्सा काफी ऊँचे दर्जे के कौशलों में प्रशिक्षित

भी है। लेकिन, असली स्थिति यह है कि उत्पादकता, गुणवत्ता और दक्षता जैसे अत्यंत महत्त्वपूर्ण पैमानों पर भारत की अधिकांश श्रम-शक्ति बेहद स्तरहीन बैठती है। 'श्रमिक उत्पादकता की दृष्टि से देखते ही भारतीय विनिर्माण (मैन्यूफेक्चरिंग) क्षेत्र में प्रति श्रमिक मूल्यवर्द्धन जापान का दसवाँ और सिंगापुर का चौथा हिस्सा निकलता है। 'व्यक्तियों' और 'प्रबंधन' जैसे कारकों में भारत का स्थान क्रमशः सैंतालीसवाँ और उन्तालीसवाँ है अर्थात देश को प्रतिस्पर्द्धात्मक बनाने में इनका योगदान न के बराबर ही है।'[29] ये सच्चाइयाँ भविष्य की तस्वीर साफ कर देती हैं। पूर्वी एशियाई देशों अथवा पश्चिम के अमीर देशों जैसी समृद्धि का स्वप्न देखने वालों को अब यह तस्वीर देखनी और समझनी शुरू कर देनी चाहिए। 'मानव-संसाधनों में पर्याप्त निवेश किए बिना ढाँचागत सुधारों का परिणाम उत्पादकता-वृद्धि में नहीं निकलेगा और इसके लिए शिक्षा हेतु संसाधनों में भारी बढ़ोतरी करनी होगी। *पर्याप्त रूप से विकसित मानव-संसाधनों की अनुपस्थिति में विश्व अर्थव्यवस्था के साथ एकीकरण के फायदे हमें कतई नहीं मिलेंगे* (जोर मेरा)।'[30] यही है वह संदर्भ जिसमें गालब्रेथ द्वारा निकाला गया यह सुस्पष्ट निष्कर्ष अत्यंत सार्थक हो कर उभरता है: 'इस दुनिया में ऐसी कोई साक्षर आबादी नहीं है जो गरीब हो और ऐसी कोई निरक्षर आबादी नहीं है जो गरीब के अलावा कुछ और हो।'[31]

हमारे देश में गरीबी इतनी ज्यादा है कि इसके प्रति संपन्न नागरिकों को चिंतित होना ही चाहिए। हम बता चुके हैं कि 39 फीसदी नागरिक गरीबी की रेखा के नीचे रहते हैं। इस रेखा का निर्धारण करने वाली गणनात्मक गतिविधि उन लोगों के लिए सिर्फ एक भावशून्य सांख्यिकीय व्यायाम है जो गरीबी की भीषणता से कभी दो-चार नहीं हुए हैं। गरीबी से कतई असंबद्ध साधन-संपन्न लोगों के लिए गरीबी का आकलन कुछ लोगों की 'परिमापन संबंधी लत' के सिवा कुछ नहीं है। ध्यान रखना होगा कि 'साधन-संपन्न' अथवा 'सुविधाभोगी' होने का मतलब भारत के संदर्भ में पश्चिमी मानकों के अनुसार अमीर होना नहीं भी हो सकता है। लेकिन भारतीय संदर्भ में ही दिन में तीन बार भोजन प्राप्त करने, बच्चों को स्कूल भेजने और बुनियादी स्वास्थ्य-सुविधाओं का उपभोग करने वाले व्यक्ति को 'सुविधाप्राप्त' समझा जाना चाहिए। गरीबी के बारे में चर्चा करते समय अक्सर इस तथ्य को भुला दिया जाता है कि गरीबी की रेखा से नीचे रहने वाले 39 फीसदी लोगों के अलावा 35 से 40 फीसदी लोग ऐसे भी हैं जो इस रेखा के दायरे में आने से बाल-बाल बच गए हैं और हर तरह से बेहद गरीब हैं। अर्थात देश में गरीबी के प्रकोप ने 'हमारी आबादी के तीन बटा पाँच हिस्से को साक्षरता, अंक ज्ञान और बुनियादी कौशलों से युक्त पूर्ण मानव बनने से रोका हुआ है।'[32] यह हालत अपनी आर्थिक बेहतरी का ठोस आधार बनाने में लगे मध्य वर्ग के लिए बेहद चिंता का विषय होनी चाहिए। लेकिन, ऐसा है नहीं। इस बिंदु पर एक बार फिर हमें उन देशों का

विकास-क्रम देखना होगा जिनकी प्रगति से मध्य वर्ग प्रभावित है। इंडोनेशिया में गरीबी की रेखा से नीचे के लोगों का प्रतिशत 1972 में 58 था जो 1982 में घट कर 17 रह गया। मलेशिया में यही प्रतिशत 1973 में 37 से घट कर 1987 में 14 रह गया। थाईलैंड में यह प्रतिशत 1962 में 49 था जो 1986 में घट कर 26 रह गया। यह सही है कि इन देशों की समस्याएँ और उनके समाधान के लिए अपनायी गई रणनीतियाँ उन देशों की विशिष्ट परिस्थितियों के अनुकूल थीं, और उन्हें भारत के लिए हर बार प्रतीकात्मक मिसाल के तौर पर पेश नहीं किया जाना चाहिए। लेकिन, समझने लायक बात यह है कि इन देशों में जैसे-जैसे गरीबी घटी, वैसे-वैसे उनकी समृद्धि बढ़ी। आर्थिक रणनीतियों के दायरे से बाहर भारत की प्रमुख समस्या तो यह है कि यहाँ का 'सुविधाप्राप्त' वर्ग उत्तरोत्तर यह मानता चला जा रहा है कि हमारे यहाँ गरीबी का वजूद ही नहीं है और अगर है भी तो वह उनकी जीवन-शैली को प्रभावित नहीं कर सकता। इस वर्ग के अधिकांश सदस्यों ने गरीबों को उस परिदृश्य का स्थायी अंग मान कर छोड़ दिया है जिस पर वे निगाह भी नहीं डालना चाहते। गरीबों के प्रति यह निष्ठुरता गरीबी-उन्मूलन के रास्ते की बहुत बड़ी बाधा है। जब तक कोई देश और समाज अपनी इच्छाएँ पूरी करने में लगे उपभोक्ताओं के बजाय सरोकार रखने वाले नागरिक पैदा नहीं करता, तब तक वहाँ समृद्धि का राजनीतिक रूप से स्थिर अथवा आर्थिक रूप से लचीला व सुदृढ़ आधार नहीं बनाया जा सकता।

सुविधाप्राप्त और प्रभावशाली लोगों के तबके का बहुत बड़ा हिस्सा मध्य वर्ग से ताल्लुक रखता है। जब तक गरीबी का प्रकोप इस तबके को इस समस्या का समाधान करने के लिए प्रेरित नहीं करता तब तक बाजार का अदृश्य हाथ या अन्य कोई जादू स्वयं उसी प्रभु वर्ग की दिन-प्रतिदिन बढ़ती आकांक्षाओं के अंतर्निहित तर्क को मजबूत नहीं कर सकता। नीतियाँ कितनी भी उपयुक्त अथवा प्रभावी क्यों न हों, उन्हें सामाजिक शून्य में लागू नहीं किया जा सकता। लोग ही उन्हें बनाते हैं और लोग ही उन पर अमल करते हैं। जब ये लोग समझेंगे कि उनकी अपनी खुशहाली अभावग्रस्तों की हालत सुधारने के साथ अनिवार्य रूप से गुँथी हुई है, तभी संभवतः विवेकसम्मत स्वार्थ तथा जरूरतमंदों के हितों पर आधारित सामाजिक प्रतिबद्धता का जन्म होगा। मध्य वर्ग का समझदार हिस्सा आजकल अन्य देशों के अनुभवों और फार्मूलों की यांत्रिक नकल करते हुए सरकार के कम या अधिक हस्तक्षेप पर बहस में खोया हुआ है। सामाजिक प्रतिबद्धता इन लोगों को बता सकती है कि सरकार भारत की बुनियादी आवश्यकताओं के अनुसार सही प्राथमिकताएँ और दिशा कैसे तय करे। इस प्रतिबद्धता के अभाव में उदारीकरण का नारा अधिकांश मध्य वर्ग के पहले से ही कमजोर सामाजिक सरोकारों का और क्षय कर रहा है। उदारीकरण की अभ्यर्थना में व्यस्त लोगों में से शायद ही किसी को अहसास है कि 1991 के बाद से गरीबी

की मात्रा घटने की बजाय और बढ़ गई है। 'तेंदुलकर और जैन द्वारा किए गए एक प्रकाशित अध्ययन पर आधारित ऑक्सफेम के विश्लेषण के अनुसार 1991-92 मे ग्रामीण दरिद्रता का स्तर 35.35 फीसदी से बढ़ कर 42.06 फीसदी और फिर अगले वर्ष 46.6 फीसदी हो गया। इसी तरह शहरी दरिद्रता 32.43 फीसदी से बढ़कर 33.87 फीसदी हो गई। यह रुझान अब भी जारी है। गरीबी के स्तर में वृद्धि के पीछे खाद्यान्न के दामों में हुई जबर्दस्त बढ़ोतरी है। खाद्यान्न के दाम 1991 के मुकाबले 1995 के अंत तक 60 फीसदी बढ़ चुके हैं।'[33]

हो सकता है कि ये आँकड़े नई अर्थनीतियों के कारण शुरुआत में आमतौर पर होने वाली क्षति के फलितार्थ हों और आर्थिक सुधारों के पूरे लाभ अभी दिखाई देने बाकी हों। हो सकता है कि इन नीतियों के समर्थकों का यह तर्क सही हो कि 'चालू सुधारों ने....सात प्रतिशत की टिकाऊ विकास दर....के लिए परिस्थितियाँ तैयार कर दी हैं। इस विकास दर को भविष्य में प्रक्षेपित करने पर भारत की आमदनी हर दस वर्ष में दोगुनी होती दिखाई देती है। इस हिसाब से 55 करोड़ लोग सन् 2025 तक मध्य वर्ग के दायरे में आ जाएँगे। अतएव एक पीढ़ी के अंदर-अंदर भारत की 50 फीसदी आबादी (आज की 18 फीसदी आबादी के मुकाबले) मध्य वर्ग में बदल जाएगी और आबादी के केवल 15 फीसदी लोग ही गरीब रह जाएँगे।'[34] इस दावे को संदेह का लाभ देने में हमें कोई आपत्ति नहीं है। लेकिन, इसके बावजूद बिना किसी अस्पष्टता या द्वैध के हम इस अनिवार्य तर्क को फिर दोहराना चाहेंगे: अगर आर्थिक विकास के साथ अभावग्रस्तों की चिंता और उनके प्रति सरोकार की सामाजिक खूबियाँ संलग्न न हुई, तो जारी न रखी जा सकने वाली जीवन-शैली और अस्वीकार्य दरिद्रता के बीच खतरनाक खाई बनी रहेगी। अगर सन् 2025 तक 55 करोड़ लोग मध्य वर्ग के दायरे में आ जाते हैं तो संतुलित अनुमानों के अनुसार उस समय भी 75 करोड़ लोग इस स्तर से नीचे रहेंगे और उनका बड़ा हिस्सा तुलनात्मक दृष्टि से पूरी तरह दरिद्र ही होगा। और, अगर गरीबों के प्रति मौजूदा सामाजिक संवेदनहीनता को सन् 2025 में प्रक्षेपित किया जाए, तो उस समय हमारे देश की प्रति व्यक्ति आमदनी तो ज्यादा होगी लेकिन हमारा समाज अंदर से विखंडित होगा और लोकतांत्रिक व्यवस्था के कारण काफी राजनीतिक अस्थिरता का भी शिकार होगा। भारतीय सामाजिक आर्थिक संरचना इस कदर विषमताग्रस्त है कि उदारीकरण द्वारा लाभान्वित किए जा रहे लोगों और उन लोगों के बीच बुनियादी वैचारिक अंतराल है जिन्हें उदारीकरण से लाभान्वित करने के लिए पहले अधिकार-संपन्न किया जाना आवश्यक है। नीतियाँ वामपंथी हों या दक्षिणपंथी, उन्हें साधन-संपन्नों के 'साधनहीनों' के प्रति मनोवैज्ञानिक नजरिये को बदल कर इस अंतराल को भरना होगा। उदारीकरण के समर्थक अंतिम विश्लेषण में उदारीकरण को ही नुकसान पहुँचाएँगे, अगर उन्होंने केवल उन लोगों का ध्यान रखा जिनके पास कनाडा ड्राई या कोकाकोला में से कोई एक

पेय चुनने की क्रय-शक्ति है, और अगर उन्होंने इस तथ्य की परवाह नहीं की कि पिछले पाँच वर्षों में ऐसे लोगों से कहीं ज्यादा बड़ा तबका इन्हीं नीतियों के कारण दरिद्रता के चंगुल में फँस गया है। जाहिर है कि खामी केवल नीतियों में ही नहीं, बल्कि उन लोगों के दृष्टिकोण में भी है जो खुद को उन नीतियों का लाभार्थी मानते हैं। 'खगोलीकरण' के व्यापक आग्रह को वैध माना जा सकता है लेकिन विकसित देशों द्वारा अपनाये गए आर्थिक आग्रहों और विकासशील राष्ट्रों के अभिजात वर्ग की सामाजिक अभिरुचियों का मिलन-बिंदु कहीं न कहीं मूल्यों की जमीन पर टिका होना चाहिए। वरना होगा यह कि शहरों के ज्यादातर 'उदारीकृत' लोग उस 'दलाल' वर्ग की नकल करने में लग जाएँगे जो चीन के 'ट्रीटी पोर्ट्स' (निर्यात संवर्द्धन के लिए बनाए गए विशेष क्षेत्र) में पिछले कुछ वर्षों में पनपा है: 'यह वर्ग संस्कृति की दृष्टि से अधकचरा, द्विभाषी और नैतिक रूप से अस्थिर होता है। ये लोग चरित्रहीन, धन-लोभी और व्यक्ति-केंद्रित होते हैं....ट्रीटी पोर्टों का अतिशहरीकरण हो चुका है। परंपरा और संस्कृति से विहीन इन क्षेत्रों में धन-संपत्ति अर्जित करना ही एकमात्र मकसद है। पश्चिम और पूर्व का मिलन ऐसी जमीन पर होना दुर्भाग्यपूर्ण है।'[35]

महान गायिका एमएस सुब्बलक्ष्मी से जब पूछा गया कि ऐसी कौन सी बात है जो उन्हें व्यथित कर देती है, तो उन्होंने सीधा जवाब दिया कि वह है गरीबी। उन्होंने कहा, 'इतने गरीब लोगों को देख कर हृदय विदीर्ण हो जाता है।'[36] अगर सुविधाप्राप्त लोग गरीबों और उनकी तकलीफों व अभावग्रस्तता के प्रति इस हमदर्दी का एक अंश भी आत्मसात कर लें, तो किसी भी विचारधारात्मक रंग की नीति के कारगर होने के अवसर बढ़ जाएँगे। अक्सर देखा गया है कि गरीबों की परवाह करने के आर्थिक लाभ भी होते हैं। 'खाती-पीती, स्वस्थ और शिक्षित आबादी, जिसे पीने का पानी लेने के लिए मीलों न चलना पड़ता हो, त्वरित आर्थिक विकास की सबसे अच्छी गारंटी होती है।'[37] जिस दिन मध्य वर्ग के सदस्यों को यह एहसास हो जाएगा, उस दिन संभवतः समृद्धि की खोज एक नया आयाम ग्रहण कर लेगी। आजकल तो यही मध्य वर्ग '3,800 टन पोटाटो चिप्स' खा रहा है, 'अपने ऊपर 15,100 टन टाल्कम पाउडर छिड़क रहा है, शीतल पेय की 288 करोड़ बोतलों का पान कर रहा है और एक साल में एक करोड़ बार हवाई यात्राएँ करने में व्यस्त है।'

शिक्षित भारतवासियों को इस तथ्य से ताज्जुब होगा कि विश्व पूँजीवाद के केंद्र अमेरिका में आजकल सामाजिक सरोकारों से संबंधित मुद्दे काफी उठने लगे हैं। मुनाफाखोरी को सर्वोच्च मूल्य मानने वाली अमेरिकी कंपनियों के मुख्य कार्यकारी अधिकारी (सीईओ) अपनी फर्मों का आकार घटाने में व्यस्त हैं। अर्थात अमेरिकी फर्मों में शारीरिक श्रम करने वालों तथा मानसिक श्रम करने वाले कर्मचारियों की बड़े पैमाने पर छँटनी हो रही है। इन कंपनियों के शीर्ष संचालकों की दलील है

कि उनका काम सिर्फ अपने शेयरधारकों के लिए लाभ सुनिश्चित करना है। इस प्रक्रिया में अनुमानतः अस्सी के दशक से अब तक करीब 30 लाख मजदूरों को ड्यूटी से हटाया जा चुका है। अमीर और भी अमीर होते जा रहे हैं और अधिकांश आबादी की आमदनी अगर घटी नहीं है, तो बढ़ भी नहीं रही है। सत्तर के दशक के मध्य में बेहद अमीर और बेहद गरीब के बीच आमदनी का अंतराल सबसे कम था। एक फीसदी आबादी 18 फीसदी संपत्ति पर काबिज थी। 1996 में स्थिति यह बनी कि इस एक प्रतिशत के हाथ में 40 फीसदी संपत्ति आ गई। आज बीस फीसदी सबसे ज्यादा कमाने वाले और बीस फीसदी सबसे गरीब अमेरिकियों के बीच सर्वाधिक यानी एक और नौ का फर्क आ चुका है। एक ओर मजदूरों को खड़े-खड़े निकाला जा रहा है और दूसरी तरफ कारपोरेशनों के मुख्य कार्यकारी अधिकारियों के वेतन औसत वेतन-वृद्धि के मुकाबले 35 गुने से बढ़ कर 187 गुना हो चुके हैं।

अमेरिका में ये तथ्य अब स्पष्ट दिखाई देने लगे हैं। कहना न होगा कि अमेरिका में वंचितों की फौज कोई क्रांति नहीं करने जा रही है और आज भी दुनिया का सर्वाधिक उत्पादकता और उछाल वाला अर्थतंत्र अमेरिका ही है। मुद्दे की बात यह है कि भारत के मुकाबले बहुत कम सामाजिक विषमताओं वाले अमेरिका जैसे देश में भी कारपोरेट पुनर्संयोजन की प्रक्रिया ने एक बहस को जन्म दे दिया है। पहले कभी लोग इतने चिंतित नहीं हुए थे। आज वे आत्मनिरीक्षण कर रहे हैं कि क्या आर्थिक गतिविधियों का अर्थ, उद्देश्य और अंतिम परिणाम यही होना चाहिए? द *न्यूयार्क टाइम्स* ने कर्मचारियों की छँटनी पर पूरी श्रृंखला प्रकाशित की है और सत्तर के दशक में अमेरिकी युद्ध मंत्रालय (पेंटागन) के दस्तावेजों को दी गई जगह से ज्यादा स्थान इस प्रकरण को दिया है। इस श्रृंखला ने 'उन बड़ी-बड़ी और भावशून्य संख्याओं को मानवीय चेहरा प्रदान कर दिया है जो एटी एंड टी, चेज मेनहटन और ऐसी ही कंपनियों से निकाले गए लोगों से ताल्लुक रखती हैं। इसने न केवल निजी तकलीफ को वाणी दी है वरन् नई अर्थव्यवस्था की निर्ममता के सामाजिक नतीजों को भी दिखाया है कि समुदाय नष्ट हो रहा है, परिवार अपनी जमीन से कटते जा रहे हैं और आशाएँ मुरझा रही हैं।'[39] स्तंभकारों ने खेद व्यक्त किया है कि 'अमेरिकी सामाजिक संविदा को गंभीर क्षति पहुँची है।'[40] उन्होंने इस तथ्य की ओर ध्यान खींचा है कि 'अतीत में नागरिक सेवा और सार्वजनिक उत्तरदायित्व की शक्तिशाली परंपराओं से युक्त धार्मिक शुद्धतावाद अमेरिकी वाणिज्यवाद को संयमित करता था।....अमेरिकी स्कूलों और विश्वविद्यालयों में छात्रों को सार्वजनिक उत्तरदायित्व की संहिता सिखाई जाती थी।'[41] प्रतिष्ठित पत्रकार, राजनेता, सरकारी अधिकारी, अकादमीशियन और व्यापार में लगे लोग बेचैनी के साथ बहस कर रहे हैं कि 'बाजार-अर्थशास्त्र द्वारा संचालित दुनिया में अमेरिकी समाज किधर जा रहा है' तथा 'व्यक्तियों और समुदायों को हो

रहा नुकसान किन सामाजिक-आर्थिक नीतियों से घटाया जा सकता है।' इस बहस में कुछ स्वर बिना लाग-लपेट के संदेश दे रहे हैं: 'समुदाय और श्रमिकों के हितों को बाजार और लाभ के मातहत कर देने वाले मौजूदा आर्थिक सिद्धांतों को चुनौती दी जानी चाहिए। व्यापार संबंधो शिक्षा और कारपोरेट नैतिकता के तहत इस मान्यता को पुनः स्थापित किया जाना चाहिए कि व्यापार-जगत समाज के प्रति उत्तरदायी है।'[42] खास बात यह है कि छँटनी किए गए मजदूरों की समस्या ने बाजार की भूमिका को उसी जमीन पर कठघरे में खड़ा कर दिया है जहाँ पर बाजार के आधिपत्य की धारणा विकसित हुई थी। *वाशिंगटन पोस्ट* ने संपादकीय लिखा है कि समाजवाद पर पूँजीवाद की जीत से 'दो *शताब्दी पुरानी उस बहस का अंत नहीं हुआ है कि मुक्त बाजार की दक्षता और व्यक्ति-केंद्रीयता को समुदाय के प्रति न्याय और सरोकार की भावनाओं से किस प्रकार संयमित किया जा सकता* है (जोर मेरा)। कुछ दिन रुके रहने के बाद यह बहस फिर शुरू हो चुकी है। इसके पीछे विकसित विश्व पर पड़ रहे खगोलीकरण के दबाव, पूर्व कम्युनिस्ट देशों में हो रहे संक्रमण की असुरक्षाएँ और कई विकासशील देशों का अटूट दुख-दर्द है।'[43]

अगर कुछ नागरिकों के जीवन में आया विस्थापन और विघटन इतने ज्यादा प्रभावशाली अमेरिकनों की चेतना को झकझोर सकता है, और अगर इसके कारण अमेरिकी अर्थव्यवस्था के आधारभूत उसूलों पर सवाल खड़े किए जा सकते हैं, तो भारत में इतने वर्षों से चली आ रही इतने ज्यादा लोगों की दरिद्रता और भूख सुविधाप्राप्त भारतवासियों की चेतना और संवेदनशीलता पर इतना कम असर क्यों डालती है? यह सवाल सीधे-सीधे उन लोगों से पूछा जाना चाहिए जो बिना सामाजिक हालात की परवाह किए आर्थिक नीतियों को प्रभावी बताने पर तुले हुए हैं। चूँकि 'सुविधाप्राप्त तबके' के वर्ग-हित ने ही समाजवाद के सराहनीय इरादों को नाकाम किया था, इसलिए नई अर्थनीति के अनुमानित लाभों को गरीबों के बजाय उसी वर्ग द्वारा हड़प लेने से कैसे रोका जा सकता है? यह अंदेशा आज केवल बाजारोन्मुख अर्थतंत्र के आलोचकों को ही परेशान नहीं कर रहा है। दावोस स्थित विश्व आर्थिक मंच के अध्यक्ष और संस्थापक क्लाउस श्वैब ने लिखा है: यह स्पष्ट है कि खगोलीकरण के कारण होने वाली बहुत बड़े पैमाने की प्रचंड प्रतियोगिता में जीतने वाले को ही सारे लाभ मिलते हैं। जो आगे निकल जाता है उसे बेतहाशा फायदा होता है और जो हारता है वह बहुत ज्यादा नुकसान में रहता है। चूँकि खगोलीकरण की लहर पर सवार हो सकने वाले लोग सूचना और संचार को सुविधाओं से लैस हैं, इसलिए उनके और पीछे रह जाने वालों के बीच राष्ट्रीय, कारपोरेट और व्यक्तिगत स्तर पर अंतराल और बढ़ता जा रहा है।'[44]

भारत के मध्य और अभिजात वर्गों को अपने दीर्घकालीन हितों के मुताबिक ही सही, इस संभावित स्थिति पर गौर करना चाहिए। क्या आज ईमानदारी से यह

दावा किया जा सकता है कि इस तबके के लोगों में नागरिक उत्तरदायित्व, कारपोरेट नैतिकता अथवा सामाजिक जिम्मेदारी का बोध है? समुदाय के समग्र कल्याण की वाहक दृष्टि केवल इसी बोध के आधार पर पनप सकती है और केवल इसी जरिये आगे निकल जाने और पीछे रह जाने वालों के बीच का अंतर कम किया जा सकता है। आर्थिक नीतियों के प्रभाव को निर्धारित करने वाले नियम भौतिकी के नियमों की तरह कार्य-कारण के अटल सत्य से बँधे नहीं होते। 'आर्थिक व्यवहार सामाजिक और राजनीतिक संदर्भों में सन्निहित रहता है। इनकी जटिलता और संभावनाओं का वैज्ञानिक विश्लेषण तो किया जा सकता है लेकिन उससे विस्तृत व वैज्ञानिक रूप से वस्तुनिष्ठ निष्कर्ष नहीं निकाले जा सकते।'[45] मध्य वर्ग के कई सदस्य अकसर मान बैठते हैं कि अर्थव्यवस्था को खोलने के फायदे अनिवार्यतः सर्वाधिक दरिद्रों समेत सभी को मिलेंगे और चूँकि यह एक सर्वस्वीकार्य समझ है इसलिए इस पर बहस की जरूरत ही क्या है। इस प्रकार का विश्वास उनकी प्रवृत्तियों के अनुकूल बैठता है। इसका मतलब यह हुआ कि उत्तम रहन-सहन उपलब्ध करने की अपनी मुहिम वे एक पल भी रोकने के लिए तैयार नहीं हैं। न ही वे वंचितों के प्रति अपनी निष्ठुरता को बदलेंगे। वे केवल लाभार्जन और धनोपार्जन की चिंता करते रहेंगे और गरीबी और निरक्षरता अपने आप खत्म हो जाएगी। इस तरह की बेतुकी आस्था कोरे जज़्बात पर ही आधारित नहीं है, बल्कि स्वार्थ-केंद्रित भी है। परिणामों के लिहाज से इसे भ्रामक ही कहा जा सकता है। आर्थिक दृष्टि से 'भूमंडलीकृत' भारत केवल तभी समृद्ध हो सकता है जब उसकी नीतियों का निर्माण करने वाले और उन्हें दिशा देने वाले लोगों की सामाजिक संवेदनशीलता में काफी बढ़ोतरी हो। अमेरिका के एक प्रमुख स्तंभकार ने अपने देश के संदर्भ में यही बात इस तरह व्यक्त की है : 'एक चीज तो एकदम स्पष्ट है: हम अमेरिकी लोग बाजार के जादू से समाधानों के निकलने की उम्मीद नहीं कर सकते। सामुदायिक मूल्य और उत्तरदायित्व की प्रवृत्ति संस्कृति के जरिये प्राप्त होनी है। *अगर समाज इन्हें प्रदान नहीं करता तो बाजार के माध्यम से तो इनकी उपलब्धि हो ही नहीं सकती* (जोर मेरा)। समाज जब इनकी आपूर्ति करता है, तो बाजार को इनके साथ सामंजस्य करना पड़ता है।'[46]

सवाल यह है कि क्या भारतीय समाज में सामुदायिक मूल्यों और जनसाधारण की चिंता करने की प्रवृत्तियाँ हैं? आर्थिक नीतियों का लाभ अगर केवल उनसे फायदा उठा सकने वाले लोगों के बीच ही सीमित नहीं रखना है तब तो समाज को इन खूबियों की जरूरत पड़नी ही है। अफसोस की बात यह है कि आज हमारा समाज इस स्थिति में नहीं है। शिक्षित भारतीय इस विभ्रम के शिकार हैं कि उनके अपने वर्ग की संपन्नता व संपूर्ण समाज की समृद्धि का उनकी सामाजिक उत्तरदायित्वहीनता के साथ कोई संबंध नहीं है। अधिकांश मध्यवर्गियों के सामाजिक भटकाव के केंद्र में यही विभ्रम है। विभिन्न तरह की गणनाओं के अनुसार इस वर्ग

की संख्यात्मक शक्ति 10 से 20 करोड़ के बीच है। कितनी अविश्वसनीय-सी बात है कि इनमें से केवल 12 लाख के आस-पास लोग ही कराधान के दायरे में हैं और उनमें से भी केवल चार लाख लोग वास्तव में कर देते हैं। पिछले दिनों स्वैच्छिक आय घोषणा योजना (वीडीआईएस) काफी कामयाब हुई, लेकिन उसकी सफलता से भी इस तथ्य में कोई परिवर्तन नहीं हुआ कि शहरी भारत के केवल दो फीसदी लोग ही कर अदा करते हैं। देश की सबसे बड़ी 1,500 कंपनियों में से 70 फीसदी टैक्स नहीं देतीं।'[47] भारत की पचास सर्वोच्च कंपनियों में से 14 सरकारी नियम-कानूनों की खामियों के दम पर टैक्स देने से साफ बच निकलती हैं। ऊपर से कंपनियाँ अपनी बिक्री-प्राप्तियों का औसतन 0.6 फीसदी ही अनुसंधान और विकास पर व्यय करती हैं जबकि विकसित देशों में यही आँकड़ा पाँच से दस प्रतिशत के बीच है। 1995-96 के वित्त वर्ष में देश की 350 सबसे बड़ी कंपनियों की बिक्री औसतन 24 फीसदी बढ़ी है लेकिन इसके बावजूद कारपोरेट टैक्स भुगतान गिर कर 30 फीसदी ही रह गया है।

दरअसल, मध्य और अभिजात वर्ग के चिंतन पर करवंचन और बेईमानी की संस्कृति हावी हो चुकी है। दूरंदेशी से पल्ला झाड़ चुके ये वर्ग समझते हैं कि फौरी किस्म का गैरकानूनी लाभ संपन्नता की दीर्घकालीन संभावनाओं को प्रभावित नहीं करेगा। हमेशा की तरह उनके पास सामाजिक उत्तरदायित्व से बचने के अपने रवैये को न्यायोचित ठहराने का तर्क भी रहता है। वे कहते हैं कि करों की दर जितनी नीची होगी और कर-ढाँचा जितना सरल होगा, कर-वसूली उतनी ही ज्यादा होगी। कर-ढाँचे को सरल करने की दलील कुछ समझ में भी आती है, लेकिन करों की दर घटाने का तर्क तो साफ तौर पर एक बार फिर सामाजिक उत्तरदायित्व से बचने की कोशिश ही लगता है। ये लोग समाज के ऊपर होने वाले व्यय में अपना हिस्सा कम से कम करना चाहते हैं। ऊपर से मध्य वर्ग यह धारणा भी पाले रहता है कि उसके ऊपर हद से ज्यादा बोझ लदा हुआ है। ये सब बातें कुल मिला कर जिस विश्व-दृष्टिकोण को मजबूत करती हैं उसमें भौतिक संपन्नता या उसके अभाव को चौतरफा फैली हुई गरीबी के संदर्भ से काट कर देखने की प्रवृत्ति रहती है। टैक्स अदा करने के मामले में दो तरह के तर्क दिए जाते हैं। यह तर्क कुछ विश्वसनीय लग सकता है कि 'भारत जैसे गरीब देश में 60,000 रुपए सालाना आमदनी वाले भी अगर कोई टैक्स अदा न करें तो इसकी क्या तुक है?'[48] लेकिन, दूसरी तरफ इस दलील का क्या किया जाए कि भारत में कर बहुत लगाए जाते हैं। लगभग सभी मध्यवर्गीय लोगों को यह तर्क सही लगता है। 1991 में भारत के कुल घरेलू उत्पाद का केवल 11.5 फीसदी हिस्सा केंद्रीय कर राजस्व से आया था, जबकि मलेशिया के लिए यही आँकड़ा 20 फीसदी, थाईलैंड में 18.9 फीसदी, दक्षिण कोरिया में 15.6 फीसदी, ब्रिटेन में 34.1 फीसदी और फ्रांस में 38 फीसदी है।[49] जाहिर है कि दुनिया के लगभग सभी देशों में

साधन-संपन्न लोगों से कर वसूल करके जरूरतमंदों पर खर्च करने की विधि अपनायी जाती है। लेकिन, भारत में इसका ताल्लुक कर-नियोजन से कम और नैतिकता के क्षय और सामाजिक उत्तरदायित्व के किसी भी एहसास की गैरमौजूदगी से ज्यादा है। आय कर-दरों में कटौती पर मध्य वर्ग खुशी से झूम उठता है। आमतौर पर इस कटौती से कर-आधार में कोई खास बढ़ोतरी नहीं होती। 'तथ्य यह है कि नीची दरों से लोगों पर कर-भार घट जाता है लेकिन करवंचन के माध्यम से वे टैक्स से छुटकारा प्राप्त कर ही लेते हैं।'[50] जब तक रंग-रुतबे वाले लोग करवंचन को एक स्वीकार्य व्यवहार के रूप में मान्यता देते रहेंगे तब तक प्रवर्त्तन का कोई भी तंत्र समस्या से पूरी तरह नहीं निबट सकता। इसका एक कारण यह भी है कि प्रवर्त्तन-तंत्र भी इसी परिवेश से आता है। अमेरिका में बीस के दशक के कुख्यात गुंडा सरदार अल कैपोन को संघीय जाँच ब्यूरो ने नहीं वरन् इंटरनल रेवेन्यू सिस्टम (आईआरएस) ने पकड़ा था। अमेरिकी आईआरएस की शक्ति और पहुँच केवल दंडात्मक तंत्र पर ही निर्भर नहीं थी वरन् अधिकांश करदाताओं के इस यकीन पर निर्भर थी कि करवंचन एक अनुचित हरकत ही नहीं, सामाजिक कलंक भी है।

भारत में स्थिति उलटी है। सुविधा-प्राप्त लोगों को सामाजिक रूप से अवैध हरकतों के बावजूद किसी सामाजिक लांछन का जोखिम नहीं उठाना पड़ता। सार्वजनिक वितरण-प्रणाली के तहत चलने वाली राशन की दुकानों पर शहरी व देहाती गरीबों के लिए आया मोटा अनाज व्यापारियों के गोदामों में इसीलिए बेहिचक चला जाता है। यही व्यापारी इन राशन की दुकानों को भी नियंत्रित करते हैं। हर व्यक्ति इस सच्चाई को जानता है लेकिन इस अपराध में लगे लोगों की आत्मा उन्हें कभी नहीं धिक्कारती। ऊपर से इन अपराधों में बहुत कम लोगों को सजा होने के कारण उन्हें बढ़ावा और मिलता है। विदेश व्यापार क्षेत्र में कई प्रतिष्ठित उद्यमियों द्वारा आयात के बढ़े-चढ़े और निर्यात के घटे हुए बिल बनाना आम बात है। देश से काफी मात्रा में पूँजी पलायन का यह सर्वाधिक सुविधाजनक जरिया बन गया है। हर साल अनुमानतः एक से तीन अरब डालर की पूँजी का पलायन इन्हीं तरीकों से होता है। नब्बे के दशक की शुरुआत में विश्व बैंक ने अनुमान लगाया था कि विदेशों में भारतीयों का करीब सौ अरब डॉलर काला धन जमा है। यह धन ऐसे इलाकों के बैंकों में जमा कराया जाता है जहाँ करों में सौ फीसदी छूट होती है। जिन वर्षों का यह आँकड़ा है उस समय भारत पर करीब इतना ही विदेशी कर्ज था। इसके अलावा, देश के अंदर काला धन इतना था कि उससे 1.6 लाख करोड़ के प्रत्यक्ष कर अर्थात् कुल घरेलू उत्पाद के 35 फीसदी के बराबर धन प्राप्त किया जा सकता था।

आँकड़े बदलते रहते हैं और उनका अर्थ भी। अर्थशास्त्री आँकड़ों से खेलने और उनसे उनके सहज अर्थ से भिन्न मतलब निकालने में माहिर होते हैं। भारत के

संदर्भ में यह एक जाना-माना तथ्य है कि अधिकार-संपन्न लोगों के निर्द्वंद्व लालच और बेईमानी ने आर्थिक विकास की दीर्घकालीन संभावनाओं को अपनी भींच में जकड़ रखा है। राज्य हमेशा संसाधनों की कमी का शिकार रहता है और जाहिर है कि सिर्फ विदेशी कर्जों से इस लाइलाज समस्या का समाधान नहीं हो सकता। भारत की ऋणग्रस्तता तेजी से खतरनाक स्तर की तरफ बढ़ रही है। आजकल लोग खरीदते पहले और बचत बाद में करते हैं इसलिए बचत की दर 23 फीसदी के ही आस-पास है। अर्थशास्त्रियों के अनुसार कुछ घरेलू उत्पादों की वृद्धि-दर सात फीसदी रखने के लिए कम से कम 30 से 35 फीसदी बचत दर की जरूरत है। प्रत्यक्ष विदेशी निवेश बढ़ा है लेकिन आर्थिक सुधारों के शुरुआती उछाह में जो अंदाजे लगाए गए थे, वे उससे अब भी बहुत कम हैं। ऐसी स्थिति में सरकार के पास भूख, बीमारी और शिक्षा की समस्याओं से निबटने के लिए संसाधन कहाँ से आएँगे? वह विकास का काम कैसे करेगी और सुधार प्रक्रिया के लिए आवश्यक अधिसंरचनात्मक सुविधाएँ जुटाने हेतु धन का स्रोत क्या होगा? न तो इन समस्याओं को नजरअंदाज किया जा सकता है और जैसा कि हम पहले भी जोर देकर कह चुके हैं, मध्य व अभिजात वर्ग के दूरगामी हित में ऐसा किया जाना उचित भी नहीं है।

एक युवा सरकारी अधिकारी का यह कथन भारत की असली समस्या को पूरी तरह स्पष्ट कर देता हैः 'समाज को उसी के अधिक सक्षम नागरिकों के शिकंजे से कैसे बचाया जाए—शासन करने से जुड़ी समस्याओं का यह केंद्रीय प्रश्न है।'[51] इन अधिक सक्षम नागरिकों की अर्थनीति से संबंधित समझ को इस प्रकार सूत्रबद्ध किया जा सकता हैः उपभोक्ता वस्तुओं के खुले आयात की इजाजत, कम से कम कराधान और आमदनी में निरंतर बढ़ोतरी। असल में आर्थिक उदारीकरण को इस तबके द्वारा दिए जा रहे समर्थन के पीछे इसी तरह की अपेक्षाएँ हैं। वह समझता है कि उदारीकरण है ही इसलिए। यही कारण है कि अभिजातवर्गीय लोगों की उम्मीदों और भारत की किसी भी अर्थनीति के वास्तविक और अनिवार्य लक्ष्य के बीच कोई तालमेल होना मुश्किल दिखाई पड़ता है। 1997 में विश्व बैंक द्वारा जारी रपट 'इंडियाः अचीवमेंट एंड चेलेंजिज इन रिड्यूसिंग पॉवर्टी' ने भी बुनियादी प्राथमिकताओं को इस प्रकार पेश किया हैः 'भारत अपनी गरीब जनता के विशाल बहुमत को देश की आर्थिक मुख्यधारा में लाने के लिए आवश्यक आवेग प्राप्त नहीं कर पाया है। भारत के लिए भविष्य के सबक स्पष्ट हैं—विकास को प्रोत्साहन, जनता को ज्यादा स्वस्थ व शिक्षित बनाने में और निवेश तथा स्थानीय व राष्ट्रीय स्तर पर किसी भी देश के विकास के लिए आवश्यक भौतिक ढाँचा खड़ा करने पर और ज्यादा व्यय।'

मध्य वर्ग के लिए निर्णायक महत्त्व के फैसले लेने का समय आ चुका है। उसके सामने दो ही रास्ते हैं। या तो वह अपने हितों के ख्याल से आत्मनिरीक्षण

करते हुए भविष्य की योजना पर विचार करे ताकि उसकी दीर्घकालीन समृद्धि सुनिश्चित हो सके, अथवा वह अपने मौजूदा रवैये के अनुसार येन-केन-प्रकारेण, फटाफट और फौरन जो हासिल किया जा सकता है, उसे हासिल करने में लगा रहे। उसे अपने तात्कालिक लाभ पर केंद्रित रहने की प्रवृत्ति को नियंत्रित करना होगा। उसे स्थायी आर्थिक प्रगति के लिए पूरे राष्ट्र के हितों की कुछ अधिक चिंता करनी होगी। या तो उसे अपने अंदर सामाजिक संवेदनशीलता की भावना और विकसित करनी होगी या फिर उसे इस सच्चाई को स्वीकार कर लेना होगा कि वह जो कुछ हासिल करने में लगा है, वह उन ताकतों द्वारा बेरहमी से नष्ट किया जा सकता है जो मध्य वर्ग के काबू के बाहर की हैं। भारत में वंचितों द्वारा हिंसक क्रांति की संभावनाएँ कमजोर हैं। इसके कई कारण हो सकते हैं, लेकिन अगर वंचितों की समस्याओं पर क्षमतावान लोगों ने अधिक चिंता और हस्तक्षेपकारी ढंग से ध्यान न दिया तो एक महान राजनीतिक अस्थिरता का अंदेशा पैदा होता है। यह अस्थिरता आर्थिक उन्नति और समृद्धि के लिए हिंसक क्रांति से कम नुकसानदेह नहीं होगी। भारत में लोकतांत्रिक व्यवस्था है और रहेगी। सफल और समृद्ध लोगों के पृथकतावाद अर्थात अपनी अलग दुनिया बनाने के किसी भी प्रयास को लोकतांत्रिक व्यवस्था तार-तार कर देती है। समय आ गया है कि सुविधाप्राप्त अभिजनों को अब ऐसा कोई भी विभ्रम त्याग देना चाहिए।

भारतीय मध्य वर्ग एक ऐतिहासिक चौराहे पर खड़ा है। क्या वह सही रास्ता अपनाने में सक्षम है? हम जानते हैं कि जिस चिंतन और व्यवहार की आदत पड़ चुकी हो, उसमें गुणात्मक परिवर्तन लाना आसान नहीं होता। दिक्कत यह भी है कि हमारा राजतंत्र व्यापक और वृहत्तर दृष्टि को प्रेरित कर सकने वाली किसी भी विचारधारा से वंचित है। न ही ऐसा नेतृत्व उपलब्ध है जो मौजूदा हालात के एक विश्वसनीय विकल्प का आह्वान कर सके। समाज से नैतिकता पूरी तरह तिरोहित हो चुकी है। बेहतर सामाजिक उत्तरदायित्व के लिए की गई किसी भी अपील को नई उदारीकृत अर्थव्यवस्था द्वारा प्रेरित उपभोक्तावादी लालसाएँ असानी से मंद कर सकती हैं। परंतु, इन मुश्किलों के बावजूद स्वार्थ से जुड़ा विवेक गंभीर आत्मनिरीक्षण की माँग करता है, और केवल इसी तरह अतीत के चिंतन से छुटकारा पाया जा सकता है।

इस सिलसिले में पहला कदम स्वार्थ को तात्कालिक लाभ के बजाय दीर्घकालीन लक्ष्यों से जोड़ने के रूप में उठाया जा सकता है। भारतीय अनुभव का संदेश यह है कि नीतियों के सक्षम या अक्षम होने से कहीं ज्यादा समृद्ध वर्गों द्वारा नीतियों को अपने पक्ष में मोड़ने की प्रवृत्ति के कारण हमें घोषित लक्ष्यों से हटना पड़ा है। सामाजिक सरोकार की जरूरत केवल आदर्शवादी नजरिये के कारण ही नहीं है, बल्कि उत्तम रहन-सहन की आकांक्षा पूरी करने के लिए भी है। क्लाउस श्वैब का तर्क इस मामले में अकाट्य प्रतीत होता है: 'नैतिकता के आग्रह जो भी

हों, टिकाऊ विकास उस समय तक संभव ही नहीं है जब तक व्यापक जनता यह महसूस न करे कि अर्थतंत्र के सफल कामकाज में स्वयं उसके हित भी दाँव पर लगे हुए हैं।'[52]

मध्य वर्ग और उसके लिए प्रेरणा स्रोत बन चुके अभिजात वर्ग को लंबे अरसे से अपने फौरी हितों के अलावा कुछ और दिखाई नहीं दिया है। आखिर सामाजिक सरोकार की अतिआवश्यक खूबी उसमें कैसे पैदा होगी? अगर यह तबका अपने वर्ग-स्वार्थ में लीन न होता और व्यक्ति के ऊपर समुदाय का महत्त्व समझा सकने वाले नेतृत्व से वंचित न होता, तो बात और होती। इसके विपरीत, सामाजिक निष्ठुरता की तरफ इस तबके को धकेलने में एक अन्य प्रवृत्ति का भी योगदान है। यह है भारत में गरीबों और सुविधाप्राप्त लोगों के बीच बढ़ता जा रहा 'शारीरिक' अंतराल। दरिद्रता और अभावग्रस्तता इतनी ज्यादा है कि आमदनी के लिहाज से उन्नति कर चुके लोगों ने स्वयं को अलग खानों में बंद कर लिया है। समाजवादी लफ्फाजी के दौर ने भी इस मान्यता को बढ़ाया है कि गरीबी जैसी समस्या से निबटना केवल सरकार का काम है। गरीब और अमीर भारत की दो दुनियाओं तथा सरकार व व्यक्ति के बीच कृत्रिम अलगाव के माहौल में देश के लिए चिंतित नागरिकों की जगह पूरी तरह ख़ुदगर्जी से भरे हुए लोगों ने ले ली है। इस चिंतित नागरिक का पुनर्जन्म कैसे होगा? निश्चित रूप से जोर-जबर्दस्ती इस प्रश्न का उत्तर नहीं है। इसी तरह उपदेश-वर्षा का भी कोई खास असर नहीं होने वाला क्योंकि राजनीतिक माहौल ने भारतवासियों की निगाह में उपदेशकों की साख काफी गिरा दी है। केवल एक ही तरीके से ऐसा हो सकना संभव लगता है कि सरकारी दायरे से बाहर शिक्षा, गरीबी-उन्मूलन और स्वास्थ्य के क्षेत्र में स्वयंसेवी गतिविधियाँ भारी पैमाने पर चलाई जाएँ।

कई मध्यवर्गीय लोगों को यह विचार पहली नजर में आदर्शवादी तरंग जैसा लगेगा। लेकिन, यह पेशकश इतनी अवास्तविक भी नहीं है। मध्य वर्ग की आकांक्षाओं, जीवन-शैली के चुनाव और व्यवहार संबंधी प्रवृत्तियों को निर्धारित करने में हमारा अभिजात वर्ग हमेशा से प्रमुख भूमिका निभाता रहा है। अभिजात वर्ग में कुछ ऐसे बेहद अमीर और व्यावसायिक रूप से कामयाब तत्त्व भी हैं जिन्होंने सामाजिक उद्देश्यों के लिए चलाई जाने वाली कुछ परियोजनाओं की शुरुआत की है। यद्यपि इनकी संख्या बहुत कम है लेकिन उनकी पहलकदमी ने एक रास्ता खोला है। कुछ वर्ष पहले निजी क्षेत्र में इस्पात बनाने वाली देश की प्रमुख कंपनी टिस्को (टाटा आयरन एंड स्टील कंपनी) ने जमशेदपुर के आस-पास 32 ग्राम-समूहों में सामुदायिक सेवा के लिए अलग से टाटा स्टील रूरल डेवलपमेंट सोसाइटी स्थापित की थी। आज यह सोसाइटी बिहार, उड़ीसा और मध्य प्रदेश के आठ जिलों के 600 ग्रामों में सक्रिय है। वह सिंचाई और घरेलू इस्तेमाल के लिए जल-स्रोतों के विकास में लगी हुई है। यह सोसाइटी खेती और मवेशी पालन के

बेहतर तरीके अपनाने में किसानों की मदद करने के अलावा स्कूलों के लिए भवन-निर्माण, ग्रामीण उद्योगों और उद्यमशीलता को प्रोत्साहन, प्रौढ़ शिक्षा, महिलाओं को अधिकार-संपन्न करने और ग्रामीण स्वच्छता व अन्य स्वास्थ्य रक्षा संबंधी गतिविधियों में संलग्न है।

रैनबेक्सी एक विशाल औषधि निर्माता कंपनी है। उसने 1980 में रैनबेक्सी कम्युनिटी हेल्थ केयर सोसाइटी स्थापित की थी ताकि कंपनी के संयंत्रों के पास स्थित ग्रामों में स्वास्थ्य रक्षा की मुहिम चलाई जा सके। यह सोसाइटी दिल्ली, देवास (मप्र), पाओंटा साहिब (हिप्र), मोहाली व व्यास (पंजाब) में पाँच सचल स्वास्थ्य रक्षा इकाइयाँ चलाती है। हर इकाई में एक डॉक्टर, कई हेल्थ विजिटर और एक फार्मासिस्ट काम करता है। पिछले एक दशक में इन स्वास्थ्य केंद्रों ने दस लाख से ज्यादा मरीजों का इलाज किया है। करीब साढ़े दस लाख बच्चों को निरोधक टीके लगाए गए हैं। ये केंद्र करीब 20,000 जोड़ों को परिवार कल्याण के दायरे में लाए हैं। करीब 40,000 बच्चों को अंधत्व रोगरोधी विटामिन ए प्रोफिलैक्सिस नामक औषधि के इंजेक्शन लगाए गए हैं। अब यह सोसाइटी शहरी झोपड़ पट्टियों में परिवार कल्याण केंद्र खोलने की योजना बना रही है।

देश में सर्वाधिक स्कूटर बनाने वाली फर्म बजाज ऑटो लिमिटेड ने अपने कारपोरेट मुख्यालय पुणे के पास एक समेकित परियोजना हाथ में ली है जिसका मकसद स्वच्छता की आवश्यकता के प्रति जागरूकता बढ़ाना, जलापूर्ति की समस्याओं के हल सुझाना और उन समाधानों को लागू करने के लिए लोगों को शिक्षित करना है। कंपनी ने एक पायलट प्रोजेक्ट भी शुरू किया है जो सामुदायिक शौचालयों का निर्माण करने संबंधी विशेषज्ञता उपलब्ध कराएगा। बजाज ऑटो की सामुदायिक गतिविधियों में जलसंभरण विकास, कृषि संबंधी सुधार, वृक्ष प्रतिरोपण, पेयजल और सिंचाई का पानी उपलब्ध कराना और कम लागत वाले घरों के निर्माण का काम भी शामिल है।

इसी तरह इंडल एल्यूमिनियम कंपनी लिमिटेड (आईएनडीएएल) ने साक्षरता प्रोत्साहन कार्यक्रमों के लिए एक करोड़ रुपए और प्राथमिक और प्रौढ़ शिक्षा कार्यक्रमों के बनाए गए व्यावसायिक शिक्षा न्यास हेतु ढाई करोड़ रुपए मुहैया कराए हैं। विभिन्न कंपनियों के समुच्चय आईसीआई इंडिया लिमिटेड ने 35 ग्रामों को ग्रहण करके उन पर पाँच करोड़ रुपए खर्च किए हैं जिन के कारण चली शैक्षिक, पर्यावरणीय और स्वास्थ्य संबंधी गतिविधियों से 85,000 परिवारों को लाभ पहुँचा है। एशिया ब्राउन बावेरी (एबीबी) अपने दस कारखानों से लगे इलाकों में सामुदायिक विकास कार्य कर रहा है। बड़ोदरा में उसकी परियोजनाओं का जोर अपने कर्मचारियों की पत्नियों और ग्रामवासियों के बीच प्रौढ़ शिक्षा, स्वास्थ्य रक्षा और परिवार कल्याण का प्रचार-प्रसार करना है।[53]

यदि सर्वोच्च कारपोरेट संस्थाओं द्वारा सामाजिक सरोकार के इन उदाहरणों

को कई गुना बढ़ाया जा सके, अगर देश-भर में जगह-जगह ऐसे ही काम किए जा सकें और यदि सरकार समुचित नीति संबंधी प्रोत्साहन के माध्यम से इस तरह के प्रयासों को बढ़ा सके तो इससे बड़ा प्रभावशाली संदेश निकलेगा। इससे लाखों-लाख प्रगतिकामी मध्यवर्गीय भारतवासियों को भी सामाजिक कार्य में हाथ बँटाने की प्रेरणा मिलेगी क्योंकि ये लोग अभिजातवर्गीय व्यवहार से फौरन प्रभावित हो जाते हैं। यहाँ हमारा मकसद कारपोरेट क्षेत्र की लोकोपकारी गतिविधियों को देश की समस्त समस्याओं के हल के तौर पर प्रस्तुत करना नहीं है। हम तो सामाजिक संवेदनशीलता के कुछ उत्साहवर्द्धक उदाहरणों को सामने लाना चाहते हैं ताकि वे उन बहुत से लोगों के रवैये को बदलने में सहायक बन सकें जिनकी एकमात्र चालक शक्ति अमीरों की भौतिक संपन्नता की नकल करना ही है। हमें मालूम है कि इन बड़ी-बड़ी कंपनियों ने खूब माल कमा लेने के बाद ही समाज कल्याण की सुधि ली है। हम यह अंदाजा भी लगा सकते हैं कि अपने मुनाफे को देखते हुए ये कंपनियाँ समाज कल्याण के क्षेत्र में और भी बहुत कुछ कर सकती हैं। यह भी हो सकता है कि सामाजिक प्रतिबद्धता दिखाने के पीछे उनके चार्टर्ड एकाउंटेंट्स की राय काम कर रही हो कि टैक्स बचाने के लिए खर्चा कैसे दिखाया जाए। संभावना यह भी है कि गरीबों के प्रति अमीरों के इस रहमोकरम को कुछ अतिसंवेदनशील प्रेक्षक बढ़ा-चढ़ा कर मान लें और परोपकार के नाम पर कुछ टुकड़े फेंकने से ही पछताती हुई आत्माओं का प्रायश्चित पूरा हो जाए।

बहरहाल, अगर ऐसा है भी तो उससे कोई खास अंतर नहीं पड़ता। किसी भी तरीके से सही दिशा में उठाया गया कोई भी कदम स्वागत-योग्य है। देश में कारपोरेट सफलताओं की न जाने कितनी कहानियाँ बिखरी पड़ी हैं लेकिन उनके सालाना तुलन-पत्र (बैलेंस शीट) में सामाजिक सरोकारों पर एक पाई का खर्च भी दर्ज नहीं मिलता। अधिकांश कामयाबियों का परिणाम विलासितापूर्ण उपभोग में ही निकलता है। समाज की चिंता को अमीरों द्वारा पूरी तरह नजरअंदाज करने की इसी प्रवृत्ति को मध्य वर्ग ने प्रमुख सामाजिक रुझान की तरह आत्मसात कर लिया है। हमें देखना होगा कि इस समस्या का इलाज क्या है और हमारे सामने रास्ते कौन-कौन से हैं। सरकार द्वारा की गई किसी अपील के आधार पर तो मध्य वर्ग अभावग्रस्तों के कल्याण में हाथ लगाने से रहा। लेकिन अगर मध्य वर्ग को यह दिख सके कि जिन्हें वह आदर्श मानता है वे ही गरीबों की सेवा कर रहे हैं, तो वह शायद अपनी प्रवृत्तियों पर पुनर्विचार करने की शुरुआत कर सकता है। कारपोरेट फर्मों द्वारा बड़े से बड़े पैमाने पर किए जाने वाले स्वयंसेवी कार्य का समाज पर काफी असर पड़ेगा। इसी तरह फैशन मॉडल, डिजायनर्स और फिल्म व टीवी सितारे भी इन कामों में शामिल हो कर मिसाल बना सकते हैं। मध्य वर्ग इन लोगों को भी अपने आदर्श की तरह देखता है। अगर अखबारों और पत्रिकाओं

के गॉसिप कालमों में छाये रहने वाले कुछ प्रमुख फैशन डिजायनर 'शौचालय' पार्टी में शामिल होने के बजाय किसी प्राइमरी स्कूल को गोद लेने के मकसद से किसी गाँव में जाएं तो उनकी मिसाल सामाजिक रूप से स्वीकृत और उचित व्यवहार का मानक बन सकती है। युवा पीढ़ी के लिए तो यह तबका एक खास तरह की जीवन-शैली का प्रतीक बन चुका है। इसलिए यह पहलकदमी नए लोगों पर जरूर असर डालेगी।

इन सभी सुझावों के पीछे हमारा मकसद अभिजात और मध्य वर्गों में समाज के प्रति चिंता के एहसास को जगाना है। हमारे विख्यात अभिजन यह भूमिका निभा सकते हैं। और अगर वे ऐसा नहीं करते तो हमारा भविष्य बहुत बड़ी सामाजिक व राजनीतिक उथल-पुथल का शिकार होने के लिए अभिशप्त है। यद्यपि, यह सुझाव सामान्य धारणा के विपरीत है, लेकिन भारत के सुविधाप्राप्त लोग गरीबों की परवाह करना तभी शुरू करेंगे जब उनसे कहीं ज्यादा समृद्ध लोग उन्हें यह करते हुए बार-बार दिखने लगेंगे और जब मीडिया इस तरह के कामों को ज्यादा से ज्यादा उछालेगा। इस प्रक्रिया को शुरू करने के लिए अभिजनों को अपने मुनाफे और व्यावसायिक गतिविधियों की कीमत पर नहीं, बल्कि अपने इन्हीं दूरगामी हितों को सुरक्षित रखने की एक रणनीति के रूप में पहल करनी पड़ेगी और मिसाल पेश करनी होगी।

दसियों वर्ष से जारी नैतिक क्षय और खुदगर्जी में बढ़ोतरी के बावजूद अब भी मध्य वर्ग में ऐसे तत्त्व हैं जो इस पहलकदमी को और आगे ले जा सकते हैं। अमीरी की आराधना और नैतिक मूल्यों की चौतरफा गैरमौजूदगी की प्रतिक्रियास्वरूप मध्य वर्ग के कुछ सदस्यों के अवचेतन में अपने जीवन के अधिक सार्थक आयामों की चाह पैदा हो गई है। विदेशों में भी कहीं-कहीं ऐसा हुआ है। निरंतर समृद्धि की होड़ में फँसे रहने की प्रवृत्ति ने प्रतिक्रिया में उस आदर्शवाद के लिए जमीन तैयार कर दी है जिसके बारे में कुछ वर्ष पहले सोचा भी नहीं जा सकता था। स्पेन के युवाओं द्वारा की गई भूख हड़ताल इसका प्रमाण है। 1994 तक आए आर्थिक उछाल में पनपे 'पहले मैं-पहले मैं' के रवैये से उकता चुके इन भूख हड़तालियों की माँग थी कि सरकार को अपने कुल आर्थिक उत्पादन का 0.7 फीसदी विकासशील देशों को अनुदानस्वरूप दे देना चाहिए। भारत में अभी इस तरह के आग्रह बहुत कमजोर और दिशाहीन हैं। उन पर मूल्यहीनता का माहौल बड़ी आसानी से हावी हो जाता है। लेकिन सिक्के का दूसरा पहलू भी है। शुरुआती ही सही लेकिन सामाजिक रूप से सार्थक गतिविधियाँ कुछ संस्थाओं द्वारा दृढ़तापूर्वक चलाई जा रही हैं। सेल्फ इम्प्लाइड वूमेंस एसोसिएशन (सेवा) इसकी मिसाल है। इस गैरसरकारी संस्था (एनजीओ) ने गरीब औरतों को कर्ज देने और बैंकिंग सुविधाएँ मुहैया कराने के लिए श्रेयस्कर कार्य किया है। इसी तरह एक और एनजीओ दक्कन डेवलपमेंट सोसाइटी ने आंध्र प्रदेश के मेडक जिले के 60

से ज्यादा ग्रामों में दलित महिलाओं की सहकारी संस्थाओं को भूमि और भूमि-आधारित संसाधन मुहैया कराने के क्षेत्र में बेहतरीन काम करके दिखाया है। इस सोसाइटी का संचालन सोसाइटी फॉर प्रमोशन ऑव एरिया रिसोर्स सेंटर के हाथ में है। तिलोनिया का सोशल वर्क एंड रिसर्च सेंटर राजस्थान के सर्वाधिक पिछड़े और उपेक्षित क्षेत्रों में काम कर रहा है। उसका लक्ष्य है वैकासिक संसाधनों को उनके सही लाभार्थियों तक पहुँचाना। दिल्ली में गृहणियों, स्कूली छात्रों और अवकाशप्राप्त लोगों ने स्वयंसेवी भाव से दस लाख से ज्यादा निरक्षरों को शिक्षित करने का बीड़ा उठाया है। कास्प्लान और दीपालय जैसी सामाजिक एजेंसियों ने झोपड़पट्टियों में स्कूल खोले हैं। श्रमिक विद्यापीठ और कम्युनिटी एजूकेशन एंड डेवलपमेंट फाउंडेशन जैसे एनजीओ इस मुहिम में सहायक हैं। रोटरी क्लब, लायंस क्लब और पेरेंट-टीचर्स एसोसिएशन द्वारा इस अभियान को समर्थन दिया जा रहा है। महाराष्ट्र के जामखेड़ में कार्यरत विस्तृत ग्रामीण स्वास्थ्य परियोजना और मुंबई के स्त्रीहितकारिणी जैसे संगठनों ने गरीबों को कम लागत पर बुनियादी सुविधाएँ मुहैया कराने के लिए अंतर्राष्ट्रीय सराहना प्राप्त की है।

भारत की आबादी के मुकाबले यहाँ एनजीओ गतिविधियाँ दुनिया में सबसे कम हैं। लेकिन ऊपर वर्णित संगठनों के टिके रहने और सफल होने से उम्मीद बँधती है कि अगर सुविधाप्राप्त लोगों में सुप्त पड़ी सामाजिक उत्तरदायित्व की भावना जगाने के लिए मुहिम चलाई जा सकी तो ऐसे और भी कई संगठन बनाए और चलाए जा सकेंगे। स्वाध्याय आंदोलन नाम का एक ऐसा प्रयास भी है जो हिंदू धर्म की शिक्षाओं का सहारा लेकर साधन-संपन्नों और साधनहीनों के बीच का अंतराल घटाने की कोशिश कर रहा है। 'गीता को पथप्रदर्शक मान कर आंदोलन के संस्थापक (पांडुरंग शास्त्री आठवले) ने अपने अनुयायियों को भक्ति, कर्म और ज्ञान के तीन निर्धारित रास्तों पर चलने, अपने सभी कार्यों में आलोचनात्मक बुद्धि का प्रयोग करने तथा समस्त प्रयासों को प्रभु योगेश्वर के प्रति समर्पित करने की सलाह दी....लोगों के बीच पारस्परिकता का बोध विकसित करने के उद्देश्य से किए जाने वाले काम के लिए स्वाध्याय की मुख्य पद्धति है भक्तिफेरी। यह ऐसा मानवीय रिश्ता बनाने की पहल करती है जो शोषण पर आधारित नहीं होता और जीवंत व सक्रिय समुदाय की परिस्थितियों....(और) साहचर्य की उस भावना को उत्पन्न करता है जिसका समाज में इतना अभाव है।'[55] स्वाध्याय की न राजनीति में रुचि है और न ही वह धार्मिक पुनरुत्थानवाद को प्रोत्साहित करता है। धर्मनिरपेक्षता की भावशून्य, यांत्रिक और अनुचित व्याख्या से परे जाते हुए स्वाध्याय आंदोलन ने धर्म का सहारा लिया। उसने धर्म, सेवा, भक्ति व जरूरतमंदों के लिए रचनात्मक कार्य जैसी अवधारणाओं के बीच सूत्र स्थापित किया। इस आंदोलन की सफलता बताती है कि सभी धर्मों की कुछ सार्वभौमिक मान्यताओं के प्रभाव से लोगों को सामुदायिक कल्याण के लिए गोलबंद किया जा सकता है। धर्म

के सभी आयाम सांप्रदायिक नहीं होते। यह सच्चाई काफी महत्त्वपूर्ण है। इसमें अवसर भी निहित है और चुनौती भी, क्योंकि मध्य वर्ग के बीच आजकल धर्म के प्रति आकर्षण एक बार फिर बढ़ता दिख रहा है। समाज के प्रति 'चिंतित लोगों का गठजोड़' बनाने के लिए कुछ अन्य संभावनापूर्ण संरचनाओं का इस्तेमाल किया जा सकता है। शहरी मध्यवर्गीय जीवन में ऐसे संगठनों की कमी नहीं है जिनके साथ 'वेलफेयर' अथवा 'कल्याण' शब्द जुड़ा रहता है। एपार्टमेंटों के मालिकों की वेलफेयर एसोसिएशन होती है। कालोनियों में भी ऐसे संगठन होते हैं। विभिन्न विभागों की सर्विस एसोसिएशनें, सामुदायिक एसोसिएशनें और सोसाइटियाँ भी 'वेलफेयर' लकब के साथ काम करती हैं। रोटरी और लायंस क्लबों जैसे भारत-भर में फैले संगठनों के अलावा न जाने कितने मनोरंजन क्लब हैं। प्रायः ऐसे संगठनों को ज्यादा से ज्यादा व्यवस्थागत लाभ उठाने हेतु किसी समूह की सौदेबाजी की क्षमता बढ़ाने के मकसद से बनाया जाता है और उनकी 'कल्याण गतिविधियाँ' अधिकांशतः उनके अपने ही कल्याण तक सीमित रहती हैं। इसमें कुछ गलत भी नहीं है, लेकिन इनमें से कुछ संगठनों का सामाजिक महत्त्व के ठोस कामों में इस्तेमाल किया जा सकता है। आर्थिक तंगी के शिकार बच्चों को ये संगठन पाठ्य-पुस्तकें खरीद कर दे सकते हैं। झोपड़पट्टियों के नजदीक बने 'सरकारी' स्कूलों को मदद दी जा सकती है। इनमें से कुछ स्कूलों में तो कक्षाएँ नियमित रूप से लगती ही नहीं, और लगती भी हैं तो खुले आसमान के नीचे लगती हैं क्योंकि स्कूलों में छत है ही नहीं। ये संगठन उन इलाकों में स्वच्छता के लिए काम कर सकते हैं जहाँ खुले में मल-त्याग किए जाने से बीमारी फैलने का खतरा है। इसी तरह दूषित जल के कारण हैजे के शिकार नजदीक के किसी ग्राम को पेयजल मुहैया कराया जा सकता है। इस किस्म के कामों में लगने से इन संगठनों के सदस्यों में एक जागरूक नागरिक का व्यक्तित्व विकसित होगा।

यद्यपि ये गतिविधियाँ सक्रियता के सामान्य दायरे से बाहर की हैं, पर इन गतिविधियों में हाथ बँटाने की प्रभावकारिता को कम करके नहीं आँका जाना चाहिए। किसी निरक्षर को एक बार लिखना-पढ़ना सिखाने की प्रक्रिया से जुड़ चुका स्वयंसेवक उत्तम रहन-सहन के हाशिये पर स्थित जीवन का यथार्थ कभी नहीं भूल सकता। इस सामाजिक उद्यम की प्रकृति निश्चित रूप से रूपांतरकारी साबित होगी। निरक्षर जनता अमीरों के रिहायशी इलाकों में नहीं रहती। उस तक पहुँचने के लिए कार्यकर्त्ता को 'दरिद्र' भारत के वजूद को स्पर्श करना होगा। सीखने की यह प्रक्रिया अभावग्रस्तता के भावशून्य आँकड़ों को जीवन और पृष्ठभूमि से परिपूर्ण कर देगी। इस गतिविधि में सफलता का मतलब होगा रोज-मर्रा के काम-धंधों और महत्त्वाकांक्षाओं के संकीर्ण दायरे के बाहर की गई उपलब्धि पर गर्व करने का अवसर। इसी तरह सिर्फ एक गाँव के लिए भी बुनियादी स्वास्थ्य सुविधाएँ मुहैया कराने वाली रेजीडेंट्स एसोसिएशन के कुछ

सदस्य तो निश्चित रूप से टीवी के चकाचौंध वाले विज्ञापनों की दुनिया से बाहर जीवन का अर्थ समझ पाएँगे।

यहाँ एक बात साफ कर देनी जरूरी है। उत्तम रहन-सहन की महत्त्वाकांक्षा को नीची निगाह से देखना इस विश्लेषण का उद्देश्य नहीं है। इसका उद्देश्य तो इसे पूरा करने की उन एकतरफा कोशिशों की आलोचना करना है जिनके कारण चारों ओर बिखरी अभावग्रस्तता को देखने-समझने से भी इनकार कर दिया जाता है, जबकि यह अभावग्रस्तता इतनी प्रबल है कि इसके शिकार लोग भविष्य में भी कोई महत्त्वाकांक्षा पालने की जुर्रत तक करने योग्य नहीं हो पाएँगे। यहाँ औसत मध्यवर्गीय भारतीय को महात्मा गाँधी बनाने की कोशिश नहीं की जा रही है। स्वप्न-द्रष्टाओं के लक्ष्य कितने भी महान क्यों न हों, उन्हें यथार्थ की जमीन पर ही परखा जाना चाहिए। महात्मा गाँधी सरीखी जागरूक सामाजिक सक्रियता अगर तकरीबन असंभव है तो सुविधाभोगियों की मौजूदा पीढ़ी की परम स्वार्थपरता भी अस्वीकार्य है। रास्ता इन दोनों प्रवृत्तियों के बीच से निकाला जाना है। गाँधी के आदर्शों को केवल इसीलिए नहीं त्याग दिया जाना चाहिए कि उनके पदचिह्नों पर चलना बहुत ज्यादा कठिन है। गाँधी की स्मृति को श्रद्धांजलि देने की खाना-पूरी करने और यथार्थ जीवन में उनकी विरासत को पूरी तरह भुला देने के पाखंड से मुक्ति में भी यही बीच का रास्ता मदद करेगा। हमें ध्यान रखना चाहिए कि हर समाज में आदर्श और वास्तविकता के बीच एक अंतराल रहता है। भारतीय समाज की समस्या यह है कि उसके आदर्श इतने ज्यादा ऊँचे हैं कि उनसे जरा-सा भी विचलन बहुत ज्यादा गिरावट का सूचक बन जाता है। असफलता अगर बहुत भयावह हो तो पुनः कोशिश का उत्साह मारा जाता है। लक्ष्य यदि बहुत ऊँचा हो तो उस तक पहुँच पाने की अक्षमता स्वाभाविक लगने लगती है। यदि कोई वांछित और संभव के बीच अंतर को मान्यता नहीं देता, तो धीरे-धीरे वह दोनों ही मंजिलों को भुला देता है। अतएव, जरूरत इस बात की है कि आदर्शवाद की अपील को इतना ऊँचा न उठने दिया जाए कि उसकी आवाज ही सुनाई देना बंद हो जाए। लोग उसे सिर्फ इस डर से ही नजरअंदाज न कर दें कि कहीं उसके कारण बहुत ज्यादा कुर्बानियाँ तो नहीं देनी पड़ जाएँगी। यदि ईमानदारी का अर्थ अतिसंयम बना दिया जाएगा, तो ज्यादातर लोग खुद को थोड़ा या ज्यादा बेईमान स्वीकार करके उसी के मुताबिक आचरण करते रहेंगे। दरअसल, भारत को एक परिणामवादी व्यावहारिक क्रांति की जरूरत है जिसके प्रभाव से गाँधी के सामाजिक सरोकारों और सामाजिक लगाव से सर्वथा वंचित होने के बीच संतुलन कायम किया जा सके।

मध्य और अभिजात वर्ग को पहले आश्वस्त होना होगा कि सामाजिक सरोकार के थोड़े से प्रदर्शन से उनकी प्रिय जीवन-शैली को कोई नुकसान नहीं पहुँचेगा। उन्हें समझना होगा कि इससे दूरगामी तौर पर उस जीवन-शैली को और टिकाऊ

आधार ही मिलेगा। केवल तभी सामाजिक सरोकार और स्वार्थ के सहअस्तित्व के लिए आवश्यक मध्य मार्ग खोजा जा सकता है। आदर्शवाद से पूर्णरूपेण वंचित परिदृश्य में छोटी-छोटी शुरुआतों से ही धीरे-धीरे समाज के लिए चिंतित उस नागरिक के उभरने की गुंजाइश बन सकती है जो आज वक्त की जरूरत है। चाहे ऊपर वर्णित एनजीओ गतिविधियों के रूप में हो, अथवा समाज हित के लिए प्रेरित किसी व्यक्ति की ईमानदारी और प्रतिबद्धता की मिसाल हो, जब भी ऐसी कोशिशें हुई हैं, परिणाम अक्सर आशाजनक ही निकले हैं। दिल्ली में एचडी शौरी ने 1980 में *कामन कॉज* नामक संस्था का गठन किया था। अवकाश प्राप्त कर चुके श्री शौरी उस समय 70 वर्ष के थे। वे चाहते तो अपने तमाम दोस्तों और समकालीनों की भाँति शांतिपूर्वक वृद्धावस्था गुजार सकते थे। लेकिन, शौरी यह देख कर चिंतित थे कि मध्यवर्गीय शिक्षितों को जिन उद्देश्यों से लगाव होना चाहिए, उन्हीं के प्रति उनमें बड़ा भारी उपेक्षा-भाव है। शौरी ने देखा कि अक्षम, मनमाने और भ्रष्ट सरकारी विभागों के सामने व्यक्ति असहाय हो चुका है एवं सार्वजनिक जीवन में शुचिता और जवाबदेही के मुद्दों पर जनसाधारण संगठित अथवा प्रभावी ढंग से कुछ कह पाने में असमर्थ है। इसी परिस्थिति से बेचैन होकर शौरी ने एक व्यक्ति के जेहाद के तौर पर कामन कॉज शुरू किया। आज भी यह कुल मिला कर एक व्यक्ति का ही प्रयास है लेकिन शौरी की यह नागरिक सक्रियता जल्दी ही लोगों की नजरों में चढ़ गई। उन्हें न केवल दिल्ली से वरन् देश के अन्य शहरों से भी स्वयंसेवी सहयोग के इतने प्रस्ताव मिले कि वे अभिभूत हो गए। 1997 की शुरुआत में राजधानी के एक युवा व्यापारी सत्यशील और भारतीय प्रबंधन संस्थान, अहमदाबाद में शिक्षित उनके भाई सौरभ ने दिल्ली के घातक प्रदूषण के खिलाफ जनजागरण अभियान चलाने की पहल की। उनके आंदोलन का जोर कम उम्र के युवाओं को इस चिंता से जोड़ने पर था। उन्होंने स्कूल जाने वाले बच्चों को न केवल उस हवा की गुणवत्ता (क्वालिटी) के बारे में चिंतित किया जिसमें वे साँस लेते हैं, वरन् उन्हें प्रदूषण फैलाने वाले वाहनों के मौके पर ही निरीक्षण में भी लगाया। कुछ ही महीने में प्रदूषण के खिलाफ छात्रों के इस आंदोलन में शहर के 184 स्कूल शामिल हो गए। इस मुहिम में सरकारी दायरे से बाहर शामिल होने वाले प्रदूषण-विरोधी युवा कार्यकर्त्ताओं की संख्या तीन लाख से ज्यादा हो गई।

एक व्यक्ति की कोशिशें भी कुछ असर डाल सकती हैं– यह भावना तकरीबन दब चुकी है। लेकिन, ये उदाहरण बताते हैं कि इसे पुनर्जीवित किया जा सकता है। सूरत में एक युवा सरकारी अधिकारी एस. आर. राव ने निजी प्रयास और उदाहरण के दम पर पूरे शहर को गंदगी और कूड़े की सफाई में लगा दिया। 1994 में जिस शहर की गंदगी से प्लेग की महामारी ने जन्म लिया था, वह शहर पश्चिम भारत का सर्वाधिक स्वच्छ शहर बन गया। भारत के मध्य और अभिजात

वर्गों में प्रतिभाशाली और योग्य लोगों की कमी नहीं है। समस्या यह है कि उनमें से बहुत कम ही एस. आर. राव की तरह कुछ कर गुजरने की जरूरत महसूस करते हैं। देश की प्रतिष्ठित प्रबंधन संस्थाओं में प्रवेश लेने वाले 25 फीसदी भारतीय प्रौद्योगिकी संस्थान (आई.आई.टी) के स्नातक होते हैं। बाकी भी देश के सर्वश्रेष्ठ कालेजों की कक्षाओं के बेहतरीन छात्र ही होते हैं। खेद की बात है कि इन सभी प्रतिभाशाली और योग्य नौजवानों में एक ही इच्छा होती है कि बहुराष्ट्रीय कंपनियों के ऊँचे वेतन वाले पदों को प्राप्त करके कैसे अपने देश के यथार्थ से पल्ला झाड़ लिया जाए। इसमें भी ज्यादातर युवक सेवा क्षेत्र की कम जोखिम वाली नौकरियाँ पसंद करते हैं। यहाँ आपत्ति भौतिक सुविधाएँ प्राप्त करने के लिए प्रयास करने की इच्छा पर नहीं है। परेशानी इस बात की है कि इस देश के सर्वाधिक प्रतिभाशाली तत्त्व अपनी सामाजिक निष्ठुरता के साथ 'श्रेष्ठ' बने रहने में ही संतुष्ट हैं। उन्हें अपने अधिकांश देशवासियों की दुर्दशा में कोई रुचि नहीं है और उनके असंतोष का कारण केवल यह है कि उनके चमाचम कारपोरेट कार्यालयों में विदेशियों को उनसे ज्यादा वेतन क्यों मिलता है। आखिर क्या वजह है कि सरकारी सेवा में जाने के इच्छुक कई मध्यवर्गीय अभ्यार्थी ऊपरी आमदनी के लालच में कस्टम और आय कर सेवाओं में जाने का चुनाव करने में कतई नहीं हिचकिचाते? ज़ाहिर है कि ऐसे प्रतिभासंपन्न लोगों के देश के साथ कुछ गंभीर गड़बड़ जरूर है।

अपनी कृति *हिंदुस्तान की कहानी* में नेहरू ने एक भविष्यसूचक बात कही थी: 'समाज के लिए कोई भी महत्त्वपूर्ण भूमिका निभाने में अक्षम हो चुके वर्गों की मेधा का विशेष तौर से क्षय हो जाता है।'[56] अगर भारत को समृद्धिशाली बनना है तो इसके प्रभावशाली मध्य वर्ग को किसी न किसी तरह नागरिक व्यवस्था की महत्त्वपूर्ण परियोजना में लगाना होगा। केवल इसी तरह यह वर्ग तात्कालिक लाभों के प्रति मोहग्रस्तता से मुक्ति प्राप्त कर सकता है और केवल तभी राष्ट्र के दीर्घकालीन लाभ तथा स्वयं उस वर्ग की आर्थिक खुशहाली को स्थायित्व मिल सकता है। केवल इसी प्रयास में वह उम्मीद निहित है जिसके आधार पर पुनरुत्थानशील भारत को सच्ची प्राथमिकताओं को प्रमुखता मिल सकेगी। केवल इसी प्रयास से नई अर्थनीति को दिशा और अर्थ प्राप्त हो सकेगा और कुछ लोगों की 'खगोलवादी' आकांक्षाओं और बहुत से लोगों की बुनियादी आवश्यकताओं में तालमेल स्थापित हो सकेगा।

इक्कीसवीं सदी में एकताबद्ध, लोकतांत्रिक, सुस्थिर और समृद्ध देश के रूप में भारत का उत्थान कैसे संभव है? मध्य वर्ग और अभिजात वर्ग भारत को जैसी 'महाशक्ति' बनाना चाहते हैं, वैसा देश बनने की क्या शर्त है? यह सब केवल तभी हो सकता है जब मध्यवर्गीय भारतीय एक राष्ट्रीय सहमति के वाहक बनें जो सभी देशवासियों की भागीदारी वाली प्रगति और वैकासिक रणनीति का आधार हो। जब तक यह सहमति विकसित कर सुविधा-प्राप्त वर्गों के मौजूदा संकीर्ण व

दूरदृष्टिविहीन एजेंडे पर हावी नहीं हो जाती तब तक आर्थिक नवीकरण की कोई भी नीति लंबे समय तक कामयाब नहीं रह सकती। एक राष्ट्र और काँच-घर की पौध में अंतर होता है। काँच-घर की भाँति राष्ट्र में कुछ सुविधाभोगी नागरिकों की स्वैर कल्पनाओं के आधार पर समृद्धि का पौधा नहीं उगता। अगर किसी राष्ट्र को अपना कद बढ़ाना है तो उसे अपने सभी नागरिकों, विशेषकर गरीबों और कमजोर नागरिकों के प्रति चिंता और परवाह की उर्वर मिट्टी से पोषण प्राप्त करना पड़ेगा। केवल निजी कामनाओं का योगफल बन कर कोई समाज जीवित नहीं रह सकता। यही कारण है कि कोई देश केवल बाजार-भर ही नहीं होता। लाभ कमाना एक बात है लेकिन समाज से कट कर लाभार्जन की कोशिश से लाभ के बढ़ने का आधार ही नष्ट हो जाता है। स्वार्थ पर यदि कोई नियंत्रण न रहा तो उसकी पूर्ति की बुनियाद ही दरक जाएगी। प्रौद्योगिकी कोई चमत्कार नहीं कर सकती। न ही उत्पादकता कोई क्रांति कर सकती है। इन विधियों से नितांत अभावग्रस्त भारत और समृद्ध होते जा रहे भारत के बीच निरंतर बढ़ती जा रही आत्मपराजय की खाई नहीं भर पाएगी। केवल सुविधाप्राप्त तबके द्वारा अपने ही दूरगामी हितों के लिहाज से अपने रवैये में परिवर्तन से कुछ फर्क पड़ सकता है।

क्या भारतीय मध्य वर्ग भविष्य के इन सूचकों को समझेगा? अगर यह ऐसा कर सका तो समझिए कि अभी उम्मीद बाकी है। और अगर नहीं, तो मान लीजिए कि आज के भारत का कल अनैतिकता व मानवद्वेष से बजबजाता, आर्थिक रूप से निस्तेज और टूट से दुर्बल हुए किसी भी राष्ट्र से बदतर होगा; उसके हाथ में सिर्फ खोये हुए अवसरों की फसल और एक व्यर्थ हो चुकी विरासत के सिवा कुछ नहीं रह जाएगा।

■ ■ ■

संदर्भ एवं टिप्पणियाँ

अध्याय एक

1. देखें प्रोफेसर रवींद्र कुमार का 26 अप्रैल, 1991 के *टाइम्स ऑव इंडिया* में प्रकाशित लेख, 'कंटम्परेरी हिंदुइज़्म, एग्जिस्टेंशियल ऑर इंस्ट्रूमेंटल रिलीजन'।
2. रवींद्र कुमार, द *मेकिंग ऑव ए नेशनः एसेज इन इंडियन हिस्टरी एंड पालिटिक्स* (नई दिल्ली, 1989), पृ. 84
3. आशीष नंदी द्वारा रचित *एट द एज ऑव साइकोलाजीः एसेज इन पालिटिक्स एंड कल्चर* (नई दिल्ली, 1980), पृ. 60 पर उद्धृत।
4. जान प्लमेंटाज, 'टू टायप्स ऑव नेशनलिज़्म', संकलितः यूनेन कामेंका (सं.), *नेशनलिज़्मः द नेचर एंड इवोल्यूशन ऑव एन आइडिया* (लंदन, 1976), पृ. 31 पर उद्धृत।
5. जवाहर लाल नेहरू, *एन ऑटोबायोग्राफी* (पुनर्मुद्रित, 1980), पृ. 23.
6. वही, पृष्ठ 3, 5, 24
7. वही, पृ. 48
8. वही, पृ. 27
9. वही, पृ. 29
10 रवींद्र कुमार, *मिथ एंड रियलिटीः द स्ट्रगल ऑव फ्रीडम इन इंडिया,* 1945-47, सं. ए. के. गुप्ता की भूमिका।
11. वही।
12. शाहिद अमीन, 'गाँधी एज महात्मा', संकलितः *सबाल्टर्न स्टडीज,* खंड-तीन, *राइटिंग्स ऑन साउथ एशियन हिस्टरी एंड सोसाइटी,* सं. रंजीत गुहा (नई दिल्ली 1985), पृ. 24
13. वही, पृ. 4-5
14. नेहरू, *पूर्वोक्त,* पृ. 515
15. वही, पृ. 416

16. वही, पृ. 416
17. वही, पृ. 557
18. वही, पृ. 138
19. वही, पृ. 32
20. रवींद्र कुमार, *मिथ एंड रियलिटी* की भूमिका, *पूर्वोक्त।*
21. वही।
22. संविधान सभा की बहस, *आफीशियल डिबेट्स,* खंड-एक (नई दिल्ली, 1985), पृ. 5
23. भवानी सेन गुप्ता की कृति *इंडिया: प्राब्लम्स ऑव गवर्नेंस* में उद्धृत (नई दिल्ली, 1996)
24. अचिन विनायक, द *पेनफुल ट्रांजीशंस* (लंदन, 1990), पृ. 72
25. नेहरू, *एन ऑटोबायोग्राफी,* पूर्वोक्त, पृ. 446
26. वही, पृ. 455
27. राजमोहन गाँधी की कृति द *गुड बोटमेन* (नई दिल्ली, 1995) में उद्धृत, पृ. 352
28. वही, पृ. 389-90
29. पार्थ चटर्जी, *नेशनलिस्ट थाट एंड द कालोनियल वर्ल्ड* (नई दिल्ली, 1986), पृ. 169

अध्याय दो

1. योगेंद्र सिंह, *सोशल चेंज इन इंडिया–क्राइसिस एंड रेजीलिएंस* (नई दिल्ली, 1993), पृ. 46
2. डी. एल. शेठ, 'द लेंग्वेज डिबेट', *क्राइसिस एंड चैंजिज इन कंटेम्परेरी इंडिया,* सं. उपेंद्र बख्शी और भीखू पारेख (नई दिल्ली, 1995), पृ. 192
3. वही, पृ. 199
4. वही, पृ. 199
5. नेहरू, *एन ऑटोबायोग्राफी, पूर्वोक्त,* पृ. 429
6. वही, पृ. 431
7. वही, पृ. 431
8. गुन्नार मिर्डाल, *एन इनक्वारी इन टु द पॉवर्टी ऑव नेशंस,* खंड-एक, (लंदन, 1968), पृ. 61
9. जवाहर लाल नेहरू, द *डिस्कवरी ऑव इंडिया* (लंदन 1956), पृ. 522
10. डी. के. रांगणेकर, *पावर्टी एंड केपीटल डेवलपमेंट ऑव इंडिया* (लंदन, 1958), पृ. 81

11. नेहरू, द *डिस्कवरी ऑव इंडिया, पूर्वोक्त*, पृ. 343
12. गुन्नार मिर्डल, *पूर्वोक्त*, पृ. 119
13. उपेंद्र बख्शी, 'इमेंसिपेशन एंड जस्टिसः बाबा साहेब आंबेडकर्स लीगेसी एंड विजन', *क्राइसिस एंड चेंज इन कंटेम्परेरी इंडिया, पूर्वोक्त*, पृ. 130
14. वी. एस. नैपॉल की कृति *इंडियाः ए वूंडिड सिविलाइजेशन* (लंदन, 1979) में उद्धृत, पृ. 156
15. *इंडियन एंड फारेन रिव्यू*, 15 जून 1964, पृ. 4
16. योगेंद्र सिंह, *सोशल चेंज इन इंडिया, पूर्वोक्त*, पृ. 8
17. *संविधान सभा की बहस, पूर्वोक्त*, पृ. 269-70
18. वही।
19. प्रणव वर्धान, द *पालिटिकल इकोनामी ऑव डेवलपमेंट इन इंडिया*, चतुर्थ मुद्रण (नई दिल्ली, 1994), पृ. 38
20. अतुल कोहली, 'डेमोक्रेसी एंड डिस्कांटेंट', संकलितः *इंडियाज ग्रोइंग क्राइसिस ऑव गवर्नेबिलिटी*, भारतीय संस्करण (प्रिंसटन, 1992), पृ. 31
21. बेरिंगटन मूर जूनियर, *सोशल ऑरिजिंस ऑव डिक्टेटरशिप एंड डेमोक्रेसी* (लंदन, 1966/91), पृ. 390
22. पाल आर. ब्रास, द *पालिटिक्स ऑव इंडिया सिंस इंडिपिंडेंस* (केम्ब्रिज, 1994), पृ. 278-79
23. बेरिंगटन मूर जूनियर, *पूर्वोक्त*, पृष्ठ 394
24. नेहरू, फ्रेंक मारिस की कृति *जवाहर लाल नेहरू* (न्यूयार्क, 1956) में पृष्ठ 428 पर उद्धृत।
25. पाल आर. ब्रास, *पूर्वोक्त*, पृ. 289
26. वही, पृ. 292
27. पचास के दशक के उत्तरार्द्ध में चक्रवर्ती राजगोपालाचारी ने इस अभिव्यक्ति का प्रयोग किया था।
28. प्रणव वर्धान, *पूर्वोक्त*, पृ. 58
29. पाल आर. ब्रास, *पूर्वोक्त*, पृष्ठ 301
30. जयश्री पी. मेहता ने भारत में स्वास्थ्य संबंधी परिदृश्य की एक समीक्षा में 'स्वास्थ्य रक्षा के विशेषीकृत पश्चिमी, शहरी और अभिजातवर्गीय मॉडल पर भारी निर्भरता' के तथ्यों को उजागर किया है। 1947 से चल रही ऐसी नीतियों ने कुछ अहम उपलब्धियों के बावजूद शिशुओं, बच्चों और माताओं के स्वास्थ्य की देखभाल के मामले में शहरी व ग्रामीण आबादी के बीच में भारी विषमता पैदा कर दी है।
31. अमर्त्य सेन, *इंडियाज डेवलपमेंट, सिलेक्टिड रीजनल पर्सपेक्टिव्ज*, सं. ज्याँ ड्रेज और अमर्त्य सेन (नई दिल्ली, 199), पृ. 14

32. वही, पृ. 9
33. प्रणव वर्धान, *पूर्वोक्त,* पृ. 52
34. गुन्नार मिर्डल, खंड-3, *पूर्वोक्त,* पृ. 1645-46
35. *संविधान सभा की बहस, पूर्वोक्त।*
36. *कंस्ट्रक्टिव प्रोग्राम,* नवजीवन प्रेस (अहमदाबाद, 1944) पृ. 16
37. नेहरू, *द डिस्कवरी ऑव इंडिया, पूर्वोक्त,* पृ. 413-414
38. डी. एल. शेठ, देखें *क्राइसिस एंड चेंज इन कंटेम्परेरी इंडिया, पूर्वोक्त,* पृ. 200
39. कृष्ण कुमार, लर्निंग फ्राम कांफ्लिक्ट (नई दिल्ली, 1996)। एक फरवरी 1997 के द *पायनियर* में प्रकाशित एक पुस्तक समीक्षा से।
40. नेहरू, *एन ऑटोबायोग्राफी,* पूर्वोक्त, पृ. 422
41. एंटोनियो ग्राम्शी, *सिलेक्शंस फ्राम द प्रिजन नोटबुक्स,* पार्थ चटर्जी में उद्धृत, *पूर्वोक्त,* पृ. 30

अध्याय तीन

1. वी. एस. नैपॉल, *इंडियाः ए वूंडिड सिविलाइजेशन* (लंदन, 1979), पृ. 137
2. इंदर मल्होत्रा, *इंदिरा गाँधी* (लंदन, 1989), पृ. 87
3. वही, पृ. 125
4. वही, पृ. 117
5. डाम मारिस, *इंदिरा गाँधी* (यूएसए, 1980), पृ. 135
6. बेरिंगटन मूर जूनियर, *सोशल आरिजिंस ऑव डिक्टेटरशिप,* पूर्वोक्त, पृ. 395-407
7. इंदर मल्होत्रा, *पूर्वोक्त,* पृ. 151
8. 7 मार्च, 1996 के *टाइम्स ऑव इंडिया* में उमेश आनंद द्वारा उद्धृत।
9. भारत सरकार, गृह मंत्रालय, *रिपोर्ट ऑव द कमेटी आन प्रिवेंशन ऑव करप्शन* (नई दिल्ली, 1964), पृ. 12, 13, 101
10. इंदर मल्होत्रा, *पूर्वोक्त,* पृ. 196
11. आर. के. करंजिया की कृति द *माइंड ऑव मि. नेहरू* में उद्धृत (लंदन, 1960), पृ. 61
12. आशीष नंदी की कृति *एट द एज ऑव साइकोलाजी—एसेज इन पालिटिक्स एंड कल्चर* (नई दिल्ली, 1984), पृ. 43
13. अचिन विनायक, *द पेनफुल ट्रांजीशंस* (लंदन, 1990), पृ. 29
14. पूर्वोक्त।
15. प्रणव वर्धान, द *पालिटिकल इकानोमी ऑव डेवलपमेंट इन इंडिया* (नई

दिल्ली, 1984), पृ. 43

16. अचिन विनायक, *पूर्वोक्त*, पृ. 36
17. वही, पृ. 29
18. लायड और सूजन रूडोल्फ, *इन परसूट ऑव लक्ष्मी* (शिकागो, 1987), पृ. 324
19. वी. एस. नैपॉल, *पूर्वोक्त*, पृ. 93
20. इंदर मल्होत्रा, *पूर्वोक्त*, पृ. 158-59
21. डाम मारिस, *पूर्वोक्त*, पृ. 207
22. वही, पृ. 226
23. प्रणव वर्धान पूर्वोक्त, पृ. 61
24. सोनिया गाँधी की कृति *राजीव* में उद्धृत (नई दिल्ली, 1992), पृ. 88
25. योगेंद्र सिंह, *सोशल चेंज इन इंडिया—क्राइसिस एंड रेज़ीलिएंस* (नई दिल्ली, 1993), पृ. 35
26. वही।
27. 9 सितंबर, 1996 के द *हिंदुस्तान टाइम्स* में अनिरुद्ध देशपांडे द्वारा उद्धृत।
28. द *टाइम्स ऑव इंडिया*, एक अगस्त, 1995. एम. एन. श्रीनिवास की कृति भी देखें, *कास्टः इट्स ट्वेंटीथ सेंचुरी अवतार* (नई दिल्ली)।

अध्याय चार

1. गुन्नार मिर्डल, *एशियन ड्रामा*, *पूर्वोक्त*, खंड-दो, पृ. 767
2. ए. एम. रोजेंथाल, "द फ्यूचर इन रिट्रोस्पेक्टः 'मदर इंडिया' थर्टी इयर्स आफ्टर", *फारेन एफेयर्स*, खंड-35, अंक 4, जुलाई 1957. पृ. 623
3. आर्थर कोएस्लर द्वारा *द लोटस एंड द रोबो* में किया गया एक अनुवीक्षण (न्यूयार्क, 1961), पृ. 280
4. गुन्नार मिर्डल, *पूर्वोक्त*, खंड-दो पृ. 896-97
5. वी. एस. नैपॉल, *इंडियाः ए वूंडिड सिविलाइजेशन*, *पूर्वोक्त*, पृ. 45
6. 14 मार्च, 1996 के द *स्टेट्समेन* में ए. डी. मॉडी।
7. 17 मई 1996 के द *इंडियन एक्सप्रेस* में अरविंद नारायण दास।
8. 10 सितंबर, 1995 के द *टाइम्स ऑव इंडिया* में रघु दयाल।
9. पंकज मिश्रा, *बटर चिकन इन लुधियाना* (नई दिल्ली, 1995), पृ. 8-9
10. 6 अगस्त, 1996 के द *टाइम्स ऑव इंडिया* में पी. पुरकायस्थ।
11. पाँच जून, 1996 के द *इंडियन एक्सप्रेस* में इकबाल मलिक।
12. दो जुलाई 1907 के द *टाइम्स ऑव इंडिया* में राजीव शाह।
13. थार्स्टीन वेबलेन, 'द थियरी ऑव द लीजर क्लास', संकलितः *क्लास, स्टेटस*

एंड पावर, संपा. रिचर्ड बेंडिक्स, सेमूर माइटिव लिपसेंट (लंदन, 1963)।

14. एरिक हॉब्सबाम, *एज ऑव एक्सट्रीम्ज–द शार्ट ट्वेंटियथ सेंचुरी* (1914-1991), (लंदन, 1995), पृ. 337
15. अचिन विनायक, *पूर्वोक्त*, पृ. 161
16. सुधीर कक्कड़, द *कलर्स ऑव वायलेंस*, (नई दिल्ली, 1995), पृ. 187
17. लायड एंड सूजन रूडोल्फ, *पूर्वोक्त*, पृ. .
18. पंकज मिश्रा, *पूर्वोक्त*, पृ. 11
19. एरिक हॉब्सबाम, *पूर्वोक्त*, पृ. 369
20. *द इंडियन एक्सप्रेस*, 10 जनवरी, 1996
21. राजदीप सरदेसाई, *संडे*, 25 मार्च-एक अप्रैल।
22. 17 जून, 1996 के *द इंडियन एक्सप्रेस* में ओ. वी. विजयन।
23. जवाहर लाल नेहरू, *एन ऑटोबायोग्राफी, पूर्वोक्त*, पृ. 591
24. *इंडिया टुडे-आईसीएसएसआर- सीएसडीएस सर्वे*, 31 अगस्त, 1996
25. पाल आर. ब्रास, द *पालिटिक्स ऑव इंडिया सिंस इंडिपेंडेंस*, *पूर्वोक्त*, पृ. 362
26. इंफार्मेशन सर्विस ऑव इंडिया, स्टाकहोम, *नेहरू इन स्केंडिवेनिया*, 1958, पृ. 19
27. एम. आर. मसानी, *अफ्रो-एशियन एटीट्यूड्स* (नई दिल्ली, 1961), पृ. 71
28. वी. एस. नैपॉल, *इंडियाः ए मिलियन म्यूटिनीज नाउ* (लंदन, 1990), पृ. 420
29. सुधीर कक्कड़, इंडियाः *ए वूंडिड सिविलाइजेशन*, *पूर्वोक्त*, में वी. एस. नैपॉल द्वारा उद्धृत।
30. आशीष नंदी, *एट द एज ऑव साइकोलाजी–एसेज इन पालिटिक्स एंड कल्चर*, *पूर्वोक्त*, पृ. 108
31. वही, पृ. 105
32. 24 जनवरी, 1996 के द *पायनियर* में अनिरुद्ध देशपांडे।
33. जवाहर लाल नेहरू, *एन ऑटोबायोग्राफी*, पूर्वोक्त, पृ. 596
34. 1937 में कृष्ण मेनन को लिखा गया पत्र। इसे भीखू पारेख की रचना 'जवाहर लाल नेहरू एंड द क्राइसिस ऑव माडर्नाइजेशंस' में उद्धृत किया गया है। संकलितः *क्राइसिस एंड चेंज इन कंटम्परेरी इंडिया*, सं. उपेंद्र बख्शी, भीखू पारेख, पूर्वोक्त, पृ. 42
35. एस. गोपाल, सं. *सिलेक्टिड वर्क्स*, खंड-6, पृ. 282
36. भीखू पारेख, *पूर्वोक्त*, पृ. 42
37. दिनेश मोहन 'माडर्न टेक्नोलाजिकल रिवोल्यूशन एंड सोशल डेवलपमेंट', संकलितः मुचकुंद दुबे, सं, *इंडियन सोसाइटी टुडे, चैलेंजिज ऑव ईक्वलिटी, इंटीग्रेशन एंड इम्पावरमेंट* (नई दिल्ली, 1995), पृ. 254
38. 20 अगस्त 1996 के द *हिंदुस्तान टाइम्स* में संदीप।

39. देखें गौतम भाटिया, *पंजाबी बरोक एंड द अदर मेमोरीज ऑव आर्कीटेक्चर* (नई दिल्ली, 1994)।
40. तीन अगस्त, 1996 के द *टाइम्स ऑव इंडिया* में कृष्ण कुमार। बार्बी गुड़िया बनाने का उद्योग दो अरब डालर का है। इसकी बिक्री 140 देशों में दो गुड़िया प्रति सेकेंड की दर से होती है।
41. दो जून, 1996 के द *हिंदू* में गीता डाक्टर।
42. हिंदू धर्म, समाज और संस्कृति के प्रति अंग्रेजों की समझ के शिक्षाप्रद और विस्तृत अध्ययन के लिए देखें सुहास चक्रवर्ती की रचना *द राज सिंड्रॉम* (नई दिल्ली, 1991)।
43. पवन के. वर्मा, *कृष्णा, द प्लेफुल डिवाइन,* (नई दिल्ली, 1995), पृ. 137
44. सुधीर कक्कड़, *इंटीमेट रिलेशंसः एक्सप्लोरिंग इंडियन सेक्सुअलिटी* (नई दिल्ली, 1989), पृ. 95
45. देखें, पवन के. वर्मा, *पूर्वोक्त,* पृ. 138
46. नीरद सी. चौधरी, *थ्री हार्समेन ऑव द न्यू अपोकलिप्स,* (लंदन, 1997), *इंडिया टुडे* के 28 जुलाई, 1997 में प्रकाशित अंशों से।
47. 24 नवंबर, 1996 के द *इंडियन एक्सप्रेस* में छपी खबर।
48. वही।
49. 18 मई, 1996 के द *टाइम्स ऑव इंडिया* में राजेंद्र कुमार।
50. *इंडिया टुडे,* 30 जून, 1996; इसी अवधि में आत्महत्या की दर एक लाख लोगों पर 6.8 से बढ़ कर 9.9 हो गई। यद्यपि कई विकसित देशों के मुकाबले यह दर काफी नीची है लेकिन भारत में 16 से 35 वर्ष के लोगों के लिए मृत्यु के पहले तीन कारणों में से एक आत्महत्या ही है।
51. *आउटलुक,* 19 जून, 1996
52. वही।
53. मधु जैन, *इंडिया टुडे,* 15 अप्रैल 1996

अध्याय पाँच

1. 14 मार्च, 1996 के द *हिंदुस्तान टाइम्स* में जयराम रमेश।
2. इंडियन मार्केट डेमोग्राफीज, द *कंज्यूमर क्लासेज,* एनसीएईआर, 1996
3. 'द न्यू मार्केट प्लेस', एनसीएईआर रपट का सारांश, *बिजनेस टुडे* द्वारा प्रकाशित, खंड-पाँच, अंक 4, 1996
4. वही।
5. प्रफुल्ल बिदवई, *फ्रंटलाइन,* 10 फरवरी, 1995
6. 11 मार्च, 1996 के *न्यूजवीक* में रूसी कम्युनिस्ट पार्टी के मुखिया गेन्नादी

युगानोव का उद्धरण।

7. 26 मई, 1996 के द *टाइम्स ऑव इंडिया* में अशोक सोली।
8. जवाहर लाल नेहरू, *एन ऑटोबायोग्राफी, पूर्वोक्त,* पृ. 510
9. *इंडिया टुडे,* 15 फरवरी, 1996
10. 26 फरवरी, 1996 के द *पायनियर* में गौतम मुखर्जी।
11. *इंडिया टुडे प्लस* के उद्घाटन अंक, पहला त्रैमासिक, 1996, में अरुण पुरी।
12. 30 मार्च, 1996 के द *पायनियर* में एस. एच. वेंकटरमणी।
13. द *इंडियन एक्सप्रेस,* 31 दिसंबर, 1995
14. 28 अगस्त, 1996 के *आउटलुक* में नमिता उन्नीकृष्णन का उद्धरण।
15. 27 अप्रैल, 1996 के द *हिंदुस्तान टाइम्स* में नमिता उन्नीकृष्णन।
16. *आउटलुक,* 28 अगस्त 1996
17. राजीव देसाई, *द टाइम्स ऑव इंडिया,* 21 अप्रैल, 1996
18. गुरुचरण दास, द *टाइम्स ऑव इंडिया,* 11 मार्च, 1996
19. *आउटलुक,* 23 जुलाई, 1997 में प्रकाशित निष्कर्ष।
20. वही।
21. कृष्ण कुमार, द *टाइम्स ऑव इंडिया,* तीन अगस्त, 1996
22. ईशान जोशी, *आउटलुक,* 14 फरवरी, 1996
23. 7 फरवरी, 1996 के *मास्को ट्रिब्यून* में रूसी लेखक एलेक्जेंडर टेरेखोव।
24. शियाओ तुंग फी, *द अमेरिकन जनरल ऑव सोशियोलाजी* (1946)।
25. आर सुदर्शन, द *हिंदू,* 22 जून, 1996
26. अमित भादुड़ी और दीपक नैयर, द *इंटेलीजेंट गाइड परसंस गाइड टु लिबरलाइजेशन* (नई दिल्ली, 1996), पृ. 107-8
27. वही, पृ. 117
28. सुभाष अग्रवाल, *आउटलुक,* 10 अप्रैल, 1996
29. शेफाली राखी, *इंडिया टुडे,* 15 नवंबर, 1995
30. अमित भादुड़ी एंड दीपक नैयर, *पूर्वोक्त,* पृ. 117
31. जे. के. गालब्रेथ, 'वर्ल्ड इकोनामी, द लार्जर पर्सपेक्टिव', 1992 में राजीव गाँधी इंस्टीट्यूट फार कंटेम्परेरी स्टडीज में दिया गया व्याख्यान।
32. प्रफुल्ल बिदवई, द *टाइम्स ऑव इंडिया,* दो अगस्त 1996
33. मोहन गुरुस्वामी, द *पायनियर,* 8 नवंबर, 1996
34. गुरुचरण दास, द *टाइम्स ऑव इंडिया,* 22 अगस्त, 1997
35. शियाओ तुंग फी, *पूर्वोक्त।*
36. साक्षात्कार, *इंडिया टुडे,* 30 सितंबर 1996
37. सिद्धार्थ वरदराजन, द *टाइम्स ऑव इंडिया,* 7 दिसंबर, 1996
38. यूएनआई द्वारा दी गई सर्वेक्षण की खबर, द *पायनियर,* 15 फरवरी, 1996

39. एंथोनी लेविस, *इंटरनेशनल हेरल्ड ट्रिब्यून*, 9-10 मार्च, 1996
40. विलियम फोफ, *इंटरनेशनल हेरल्ड ट्रिब्यून*, 16-17 मार्च, 1996
41. विलियम फोफ, *इंटरनेशल हेरल्ड ट्रिब्यून*, 16-17 मार्च, 1996
42. वही।
43. *द वाशिंगटन पोस्ट*, 12 जून 1996
44. क्लाउस श्वैब और क्लाड माज़्दा, *इंटरनेशनल हेरल्ड ट्रिब्यून*, 1 फरवरी, 1996
45. विलियम फोफ, *इंटरनेशनल हेरल्ड ट्रिब्यून*, 3-4 फरवरी 1996
46. एंथनी लेविस, पूर्वोक्त।
47. *द पायनियर*, 19 जुलाई 1996
48. के. एस. कृष्णास्वामी, द *इकोनामिक एंड पालिटिकल वीकली*, 27 जुलाई, 1996
49. द *हिंदुस्तान टाइम्स*, 21 फरवरी, 1997
50. 14 जनवरी 1997 के द *पायनियर* का संपादकीय।
51. श्रीवत्स कृष्ण, *आउटलुक*, अप्रैल 1996
52. क्लाउस श्वैब, *पूर्वोक्त।*
53. भारत की बड़ी कारपोरेट कंपनियों की सामाजिक गतिविधियों के लिए देखें, द *पायनियर*, तीन अगस्त, 1996
54. एंड्रयू सेल्शी, द *टाइम्स ऑव इंडिया*, 26 नवंबर 1996
55. गोपाल कृष्ण, द *टाइम्स ऑव इंडिया*, 4 अप्रैल 1996
56. जवाहर लाल नेहरू, द *डिस्कवरी ऑव इंडिया*, *पूर्वोक्त।*

विषय-सूची एवं नामानुक्रमणिका